云南大学史料丛书编委会

主 任 委 员：刘绍怀　肖　宪　黄凤平

副主任委员：吴道源　王晓珠　王志强　张文芝　雷文彬

编　　　委：朱惠荣　丁宝珠　肖祖厚　蒋一虹

校长信函卷（1922年~1949年）

主　编：刘兴育

主 编 刘兴育

校长信函卷

（1922年～1949年）

云南大学史料丛书

云 南 大 学
云南省档案馆 编

云南大学出版社

图书在版编目（CIP）数据

云南大学史料丛书．校长信函卷：1922年~1949年
/刘兴育主编．—昆明：云南大学出版社，2013
ISBN 978 - 7 - 5482 - 1497 - 7

Ⅰ．①云… Ⅱ．①刘… Ⅲ．①云南大学—史料②云南
大学—校长—书信集 Ⅳ．①G649.287.41

中国版本图书馆 CIP 数据核字（2013）第 061952 号

云南大学史料丛书·校长信函卷
（1922 年 ~ 1949 年）
主　编　刘兴育

责任编辑：李　红
出版发行：云南大学出版社
印　　装：昆明市五华区教育委员会印刷厂
开　　本：787mm × 1092mm　1/16
印　　张：21.75
字　　数：543 千
版　　次：2013 年 10 月第 1 版
印　　次：2013 年 10 月第 1 次印刷
书　　号：ISBN 978 - 7 - 5482 - 1497 - 7
定　　价：48.00 元

社　　址：昆明市一二一大街 182 号云南大学英华园内
邮　　编：650091
电　　话：0871 - 65033244　65031071
网　　址：http://www.ynup.com
E - mail：market@ynup.com

序　言

　　云南虽然地处边陲，但在近代教育的发展方面却不输内地。1922 年 12 月，时任云南省都督的唐继尧出资创办的私立东陆大学宣布成立，校址位于已有 400 多年历史的云南贡院。1923 年 4 月 23 日学校正式开始招生。1930 年学校由私立东陆大学改组为省立东陆大学，1934 年又进而改名为省立云南大学。1938 年，学校由省立云南大学成为国立云南大学。16 年里，从东陆到云大，从私立到公立，从省立到国立，学校几经改组变迁，先后有董泽、华秀升、何瑶、熊庆来 4 任校长，逐步发展，日臻成熟。

　　在云南大学的发展史上，最值得一书的是 1937—1949 年著名数学家和教育家熊庆来担任校长的 12 年。在此期间，学校进入了自己历史上最辉煌的时期。

　　1937 年抗日战争爆发，熊庆来教授接受云南省主席龙云的聘请，出任云南大学校长。当时的云大，只有 2 个学院 6 个系，30 多名教授，8 名讲师，302 个学生，教学设备简陋，教学质量不高。熊庆来原在清华大学工作，他以清华为蓝本，从云南实际出发，利用抗战初期各方人士南下昆明的机会，广揽人才，延聘了一大批著名学者如刘文典、顾颉刚、吴文藻、楚图南、陈省身、华罗庚、费孝通、庄圻泰、霍秉哲、华岗、尚钺、彭桓武等来校执教。当时云大师资阵容之强、水平之高，在全国大学中是少有的。熊庆来校长还亲自作了《云南大学校歌》，制定了"诚、正、敏、毅"的校训，要求学生具有诚实、正直、聪敏、坚毅的品格和精神。在熊校长的努力下，到 1946 年，云大已发展成为有文、法、理、工、农、医等学科门类较为齐全，有 5 个学院 18 个系、3 个专修科、1 个先修班、3 个研究室，在校学生达 1100 多人，图书馆藏书十余万册，理科各系有实验室或标本室，并有附属医院、附属中学、天文台、实习农场、实习工厂等设施较完备的综合性大学。到 40 年代，云南大学已成为美国国务院指定为中美交流留学生的 5 所大学之一。1946 年，英国《简明大不列颠百科全书》把云南大学列为中国十五所世界著名大学之一。熊庆来主校

12 年，云南大学蒸蒸日上，日新月异，被称为学校历史上的"黄金时代"。

中华人民共和国建立后，云南大学又经过了新的调整组合，其发展也经历了诸多曲折起伏，一路走来，直到今天。随着历史的延伸，国家的发展，今日的云南大学，无论是院系设置、师生规模，还是校园环境、办学条件，与80年前或50年前相比，都已不可同日而语。然而，学校的优良传统，却由一代又一代云大人传承下来，发扬光大。从私立东陆大学"发展东亚文化，研究西欧学术，造就专才"的办学宗旨，到今天"会泽百家，至公天下"的云大精神；从云大创始人唐继尧提出"自尊、致知、正义、力行"的老校训到今天"立一等品格，求一等学识，成一等事业"的新校训，都昭示着云大一脉相承的光荣历史。正所谓"八十余载，弦歌不断，薪火相传"。

在80多年的岁月里，云南大学积累了大量的文书档案资料。这些史料真实而生动地记录了学校一步步走过的艰辛历程，其中包含着几代云大人的心血和汗水，是前人留给我们的保贵遗产。随着时间的推移，一些历史文档已开始变质损坏。尽快整理、编辑和出版这些珍贵的资料，不仅可以完整地反映学校发展的历程，真实地记录历代云大人为学校作出的贡献，而且有利于我们总结80多年的办学经验，把握未来学校的发展方向；也有利于对师生员工进行爱国爱校的传统教育。这是一项有意义和有价值的工作，做好这项工作，既是前辈师生校友的心愿，也是我们后来者义不容辞的责任。

由于学校1949年以前的档案资料均已移交云南省档案馆保存，为了更快捷有效地查找整理相关资料，我校与云南省档案馆携手合作，计划用几年的时间，共同编辑出版多卷本的《云南大学史料丛书》（1922—1949）。在《云南大学史料丛书》完成编辑出版之际，负责此项工作的档案馆·党史校史研究室刘兴育索序于我。一方面因为我在学校分管档案和校史工作，另一方面也出于我个人对学校历史的热爱和兴趣，于是欣然从命，完成此序。

肖 宪

2008 年 8 月于云大会泽院

编辑说明

1. 体例。本书为混合型文献编著，采用引言与史料相结合的形式编辑而成。引言为编者依据史料所作的客观叙述，之后附有相关的史料。史料部分，根据内容大体划分，按照时间顺序编排，兼顾前后文联系，如同一事件的来函与复函因内容联系紧密，优先考虑归并。

2. 文字选录。由于档案文献的特殊性，原则上原文照录，尽量保持历史原貌。①文章中的繁体字，原文照录。②通假字词如"连"与"联"，"钜"与"巨"，"复"与"覆"、"蒐集"与"搜集"等，均不作改动。③异体字，除"於"或"扵"、"启"等改为"于"、"启"等个别常见字外，"布"与"佈"等字虽然在本书不同地方出现，但均原文照录，未予统一，其他如"塚"与"冢"、"週"与"周"、"疎"与"疏"、"誌"与"志"等均未作统一，所有字词处理标准依照2004年11月商务印书馆辞书研究中心编《古今汉语字典》进行。④一些习惯用语，如"会萃"与"荟萃"、"禀承"与"秉承"、"职教员"与"教职员"等，均未作规范。⑤数字用法。"壹""五"等均原文照录。涉及的中国旧式数码改为"一"、"二"等中国数字。⑥各种符号如"○""××"等均原文照录。⑦段落及格式。每份文件的段落，大多照原文分段处理。在格式上有所改动，如旧式书写格式中，竖排改为横排、省略"抬头"格式等。书信部分，按现行书信格式处理。⑧标点符号。原文大多无标点或断句，均按照国家通行标准统一处理。

3. 标题。除少数标题如报告、正文附件标题等不必改动外，大多为编者所拟。

4. 编辑加工符号。为慎重起见，在目前看来可能是错别字的，均未作处理，对确需处理的，以各种符号标示："□"为缺字符号；"☒"为难以辨别的文字符号；"〔？〕"之前的字为存疑待考证的字；"〔 〕"为对之前的错、别字的改正符号；"〈 〉"为缺漏增补符号。正文所缺或编者省略之处，均以"（上缺）""（以下缺）""（以下无内容）""（以下略）"等注明。

5. 纪年及日期。民国纪年或公元纪年，均原文照录，在标题之下的"（ ）"中注明公元纪年。由于历史原因，部分文件的时间无法查证，有的只能根据文件的内容及前后联系处理；部分文稿同时存在拟稿、核稿、覆核、封发等多个不同日期的情况，无法准确判断其发文日期，只能选择其一处理，难免存在臆断错误之处，敬请读者留意。实在无法查证的，以"？年？月？日"标示。

6. 注释。统一采用脚注，即在有需要注释的之处作注。

7. 所录档案资料（包括文字或图片），均注明出处。

编　者
2009年2月

目　录

目录

云南大学史料丛书·校长信函卷

目
录

云南大学史料丛书·校长信函卷

目
录

云南大学史料丛书·校长信函卷

云南大学史料丛书·校长信函卷

目

录

云南大学史料丛书·校长信函卷

目
录

目

录

云南大学史料丛书·校长信函卷

目

录

云南大学史料丛书·校长信函卷

目

录

二

二

云南大学史料丛书·校长信函卷

目
录

目

录

董　泽

（私立东陆大学时期 1922—1930 年）

董泽

云南大学首任校长董泽（1888—1972 年），字雨苍，云南云龙人，白族。幼年在家乡私塾读书，稍长前往大理书院求学，1907 年考入省城贡院的甲种农业学校，1908 年考取留日公费生，入东京同文书院。在此期间加入孙中山创建的同盟会。1911 年回国，投入辛亥革命运动，积极从事社会活动。回国后，任职云南军都督府秘书；公余时，积极从事社会活动，协同留日同学李全木创办云南基督教青年会。军都督蔡锷对董泽的才华深为器重，保送其赴美留学。董泽于 1912 年考入哥伦比亚大学，攻读政治及教育学。1915 年，袁世凯窃国称帝。唐继尧为发动护国起义起兵倒袁，电召董泽回国参加护国运动，董泽立即中断学业赶回云南，担任护国军都督府秘书官兼护国军驻香港联络员。护国战争胜利后，他于 1916 年再度赴美完成学业，在获得政治教育硕士学位后，再度考入伊理那大学攻读经济学，1920 年获经济学硕士学位。

1918 年，在滇、川、黔三省联合会议上，曾有三省联合设立大学的拟议。远居海外的董泽及何瑶等亦遥寄"云南应速办大学，广育人才以应时艰"之策论。1920 年，董泽多次向唐继尧建议云南单独创办大学，唐继尧甚以为然，并托董泽与时为教育司长的王九龄共同筹建，随令设大学筹备处于翠湖之"水月轩"。1921 年，云南发生政变，唐继尧出走，筹建中辍。1922 年 12 月 8 日，省公署正式批准成立大学，校长一职进行民主选举，董泽得票最多，唐继尧据选举结果函聘董泽为大学首任校长。因时局变化，他于 1930 年辞去校长职务。在他担任校长的八年中，提出过许多有建树的办学理论，使学校从无到有，逐步发展壮大。

董泽重视教师队伍的建设，他认为"要办好大学，物色师资，最是第一要务"。由他主持制定的《东陆大学组织大纲》明文规定教师资格为：一、曾在外国大学毕业者；二、曾在本国大学本科毕业者；三、有精深著述，经本大学教授会评定认可者；四、外国著名学者。他始终把聘任优秀的师资作为办学的第一要务，千方百计从欧、美、日归国的云南籍留学生中选拔"学力优良，经验宏富"的学者到校执教。在他的努力下，先后有 20 余位归国学人到校任教。如留美的杨克嵘、陶鸿焘、华秀升、周恕、范思哲、卢锡荣、肖扬勋、何瑶，留西欧的杨维浚、张邦翰、黄晃，留日的肖寿民、华振、李耀商等。私立东陆大学（以下简称"东大"）共有教员 53 人，其中留学归来的有 27 人，这还不包括香港学成归来的毕近斗、李国清。另外又引进四位外籍教师，讲授英文、法文，礼聘国学大师、清代云南唯一经济特科状元袁嘉谷担任国文教授。私立东大一时名师荟萃，人才济济。

在办学中，他坚持以云南建设需要培养人才。创办东大之初，曾拟定学校分设文、理、法、农、工、商、医7科，科中分系，系有主任，借收互助之实效，创办者可谓雄心壮志。但董泽强调："本校之创办，纯为国家培养人才，为地方发展文化。"又讲："云南特产丰富，将来交通发展，必然形成我国西南之工业中心，盖可断言。若然则需要各种人才，曷可限量。"并一再强调："本校之教育中心，以实用为依归，故所授课程，务以实际，不尚玄谈。"他说："大学内容，文实并重，然各国大学亦有先办文科后办实科者。但就滇之现实观察，觉工、机械各科，亦有可以同时筹办之机会。"办好一所大学，生源是关键。当时云南具备上大学的优秀生源少，为招收合格的学生入校，先办文理预科，预计招收200名。1923年3月22日，昆明举行大学预科生入学考试，全省推荐的300多人中，仅有30余人达标。面对生源不足，董泽没采取降分录取的办法，而是招收试读生、补习生来提高学生质量。1925年第一届预科生毕业，学校开始招收本科生。由于受地方教育经费、师资力量、学生质量、教学设备等限制，学校发展受到很大制约，他把有限的力量集中在培养云南急需的政治经济、公路建设人才方面，开办工科的土木工程系和文科的政治经济系。土木工程系主要开设公路建设的课程，这批学生毕业后大多投身云南公路建设中，有的成为公路建设的专家。如东大首届毕业生浦光宗新中国成立前曾任云南省公路局局长，新中国成立后任过云南省交通厅副厅长，主持过云南省重要公路桥梁的建设。

在办学中，董泽正确处理计划与现实的矛盾，既培养本省急需人才，又充分利用有限的财力、人力、物力，这是学校在各方面处于艰难困境中仍能发展的重要原因。

董泽对校园环境建设有其独到见解，这体现在学校的选址和建教学大楼上。他认为学校是教育场所，其地域必须宽敞，位置必须适中，建设必须独特，才能体现大学之精神。1920年11月22日，他与王九龄就大学校址向唐继尧陈述："学校地址，自以规模宏敞，空气清洁之区为适用"，还和王九龄等亲临考察省垣内外，先后考虑过将大观楼、旧贡院定为校址。开始他们认为"只距城西3里许之大观楼一所，尚觉相宜。该处向称名胜，虽房屋结构与学堂性质不同，但略加改造已可适用，较他处拓地建筑，事半功倍"。因距城略远，交通不便，加之房屋不济，文化渊源逊于贡院，故虽议终弃，最后选定明清贡院旧址为校址。明清贡院原为科举时代云南举行乡试之所，坐落于昆明城北，筑于东西走向的商山山脊之上，南临翠湖，而近省垣中心，北靠城墙而望蛇山，东接北门城楼而迎金马山，西向碧鸡关，所谓"左金马，右碧鸡，枕蛇山，面翠湖，所诒他省所无"。地理位置得天独厚，堪称风水宝地。云南首所大学选建在贡院，既可继承中国文化传统，还能重振昔日文化雄风，这是董泽等为云南大学选择的一个最佳教学环境。

1920年筹办大学之初，董泽等认为学校基金至少300万元。然而私立东大从筹办到1927年，动产和不动产合计180多万元，可见办学经费相当紧张。然而董泽认为：创办云南最高学府，校舍形式必须崇闳雄伟而艺术化，宁肯自己不领薪金，也要把钱省下来建盖一流的教学大楼。他建议参照哥伦比亚大学的建筑风格建教学大楼（即今日的会泽院），并由学建筑的归国学者张邦翰主持设计。新建的会泽院工程浩大，需要大量的石料、河沙、石灰、水泥、木料等建筑材料，据当时计算，其中需要太平石2000余车，条石470余丈，墙头石437块，整脚石230余丈，大方石83丈，窗石2900余个，转角石460余个，红青砖100万余块。这些材料除在本地生产外，有的还需通过外商从国外购进，如曾"向若利玛洋行定购黑木（柚木）2兜（火车皮）"，由滇越铁路从越南，经蒙自运抵昆明。虽未查找到建会泽院的完整开支记录，但购买红青石、河沙碎石等11项，就开支了262 595.25元。可见，建会泽院占用了学校相当大的经费。

经过一年多的修建，1925年竣工的会泽院气势磅礴，其独特建筑格调、严格的施工质量，经受近一个世纪风雨侵蚀，及抗战期间日本飞机的轰炸等天灾人祸的严峻考验，至今仍为云大精神的象征。踏入校门望见巍峨的会泽院，人们犹然崇敬董泽等创办人的远见卓识和艰苦创业精神。会泽院不仅是云大标志性的建筑，也成为云南高等教育发展的里程碑，从此云南就有了现代高等教育的殿堂。

董泽提倡"以自由研究为教旨"，活跃学术研究。《东陆大学组织大纲》规定："本大学以发扬东亚文化，研究西欧学术，俾中西真理融会贯通，造就专才为宗旨。"私立东大聘请的教师大多自欧、美、日留学归国，各人所受教育不同，形成不同的学术体系和派别，同一学科亦有不同学术观点派别，相互间为同一问题都会争论。董泽主张学术上"以自由研究为教旨"，认为各种学术观点应樊然并峙，这是思想自由即学术自由的通则，无论何种观点或学派，只要言之有理，持之有固，只要不到自然淘汰的地步，就应该让它们自由发展。他允许教师自带留学时用的教材教学，允许用中文或外文授课，国文、国史教师可自编教材；定期举办学术演讲会，教职员轮流选择有益于学术思想的问题演讲，还聘请周钟岳、黄炎培、陈光甫等名流学者到校讲学；学生讨论时各抒己见，不囿于陈说，不迷信权威；出版《东陆校刊》、《改造》等刊物，并由国学教授袁嘉谷主持出版《经传释词》、《疑义举例》。

董泽任校长后，以"自尊、自知、正义、力行"为校训，积极推行"自由研究"的教旨，规定师生间定期召开学术演讲会，教职员轮流选择有学术思想的问题演讲；学生中办有由教师负责指导的英文协进会、中文演说会、体育会、音乐会，及工科学生学行砥砺会。他掌校的8年中，禀校训、行校纪，承先古文明，借欧美科技进步、学术民主，对国民教育的发展颇有建树，其教育思想、实践至今仍有借鉴意义。

对于东陆大学的性质在筹备阶段曾有争论，唐继尧执掌政权的省督军署拥兵自重，凭借军事实力操纵着云南政治、经济、文化大权，不甘受制于北洋政府。为罗致和培植本省人才，发展本省经济文化，竭力支持创办私立大学。1922年11月25日，东大筹备处讨论学校组织大纲时，董泽秉承唐继尧的意愿，主张私立为善。对这个问题大家争论很大，筹备员杨子深发言说："无论公立还是私立，总是以多得基金为主"；筹备员王梦怀认为"大学用人行政原属独立，所谓公立、私立，不视拨款多寡而定"；筹备员肖敬业、杨季岩、陶季鲁主张"定为公立为宜"。因双方意见难以调和，休会。28日继续讨论。恰巧这时发生北京8所公立学校教职员因政府欠薪罢教之事，使原来主张办公立大学的人改变观点，支持将学校定性为私立大学。仿欧美私立大学办法，经费独立，达到自由发展的目的。

1927年2月6日云南发生政变，唐继尧被迫下野，5月23日呕血不治而死。依赖唐继尧政治地位生存的私立东陆大学"顿失重心，校务进行，缺乏指导"。主持云南省政务的省务委员会因军阀派系间争斗，致使财政混乱。省务委员会停发拨给学校的经费，致使私立东大每况愈下。正如1929年8月董泽在向董事会的报告中所说："本校创办人兼董事长唐公逝世，重心失堕，一年以来进行艰难。"由于经费匮乏造成学校危机，人心浮动，教学质量下降，学校办的东大公司欠实业公司"铅银矿区税"，无力缴付，校方以"校款艰竭"请求豁免；向校外订购的理化仪器到滇后，因筹措不足经费一直不能领取。

1929 年，云南政局经过 1927 年"二六"倒唐，及以龙云、胡若愚为首的云南地方两实力派间的两年左右争夺省政权的战争后，龙云一统云南省。随后，南京国民政府任命龙云为云南省政府主席。同年，龙云开始对省府机构进行改组。龙云执政后，尽管把整顿军队、金融财政放在首位，但对地方教育极为关注。在云南财政经济极困难的情况下，为保证教育经费不被军政费用挤占，批准将卷烟特捐资金划归教育厅专管，作为教育经费，实行教育经费独立。他支持私立东大维持原状。但另一方面也在考虑改变东大的状况。1929 年国民政府教育部颁布《私立学校规程》，该规程明确规定："私人或私法人设立之学校为私立学校，外国人及宗教团体设立之学校均属之。"并详细规定设立、变更的条件，东大是公立还是私立被再度提出来。该规定促使龙云下决心整顿东大，并把整顿东大的任务权委托给省务委员、新任的教育厅厅长龚自知。鉴于"东大"的"私立"性质早已不符合事实，为便于云南仅有的这所大学更好地发挥培养人才的作用，1930 年 8 月第 177 次省务会议上，通过了"东陆大学改立"的议案。议案指出"省政府为谋教育系统之调整，教育事业之联络及大学本身之发展计"，将东大由私立改组为省立，不再设立董事会，大学经费改由省教育经费支给，取消了大学的经费独立。原有校产设基金，组织保管委员会管理。在这次会议上为表示不忘创办人唐继尧的建校艰辛，保留东陆大学校名，称为"省立东陆大学"。董泽对改立极为不满。他后来在《云南文史资料选辑》第七辑发表的《东陆大学创办记》中说："龙云、龚自知等人对大学一向存在着嫉视、破坏，企图攫夺的野心。唐继尧逝世后，他们对我拉拢威胁，初则名位利诱，未达目的，则以停止大学预科逼我，阴谋断绝本科学生的来源。并设诡计拉走大学各部门教职员骨干分子，到其昆明市政府（当时庾晋侯任龙云政府的昆明市长）任以秘书长、局长等职，企图拆散大学台柱，使大学因之而垮台。"

参考书目：

1. 谢本书等编撰：《云南大学志·人物志（一）》，云南大学出版社 2000 年版。

2. 李作新主编：《东陆瑰宝》，云南大学出版社 2006 年版。

3. 中共云龙县委员会、云龙县人民政府编：《董泽》，云南民族出版社 2006 年版。

云南大学史料丛书·校长信函卷

一、肇始之基　艰苦卓绝

近代中国正规大学的创办，始于1989年戊戌运动时京师大学堂——北京大学的前身——的设立。其后，东南沿海、中原内地的一些先进省区、各大城市，纷起效学，相继成立了一些早期的大学。云南地处边陲，开化较晚，复以高山巨川，交通梗阻，经济落后，文化不昌等因，故大学之设，迟迟无从谈起。

1911年，辛亥革命成功。1912年，中华民国建立。国家建设，百业欲举。云南光复之后，以蔡锷为首的军都督府进行了一系列行之有效的重大改革，政治、经济、军事、文化、教育等，均有所发展。为了建设云南，急需各种人才，为了培养人才，急需发展教育，尤其是高等教育。1915年，全国教育行政会议召开，云南代表所拟计划案内，首次提出本省自办大学的建议，此为云南议立大学之始。旋因护国运动爆发，讨袁战争方殷，筹设大学之事遂至搁置。1918年，滇、川、黔三省召开联合会议，复由西南三省联合设立大学之议，但未定论。

1919年，"五四"爱国运动爆发，"民主"、"科学"之风吹遍全国，云南自办大学之声复炽，省垣昆明各界人士、学者名流，"或请愿议会，或建议政府，亦纷纷以（创办大学）为言"。如尚志学社龚自知等曾请愿省议会，要求即办大学。甚至远居海外的滇籍留学生董泽、何瑶等，每当论及国事，莫不"以滇省速办大学为作育人才、救济时艰之拟议"。当此之时，云南督军兼省长唐继尧，"外观世运，内审国情，慨人才之消乏，文化之颓废，毅然废督裁兵，振兴文治，作救国之远图"。为了"挽绝学于既往，牖文化于将来"，唐继尧明确表示："大学校之设，必期于成。已在酌定一切办法，俟稍就绪，再行饬财政厅筹发经费"，即可着手筹办。至是，云南自行筹建大学，已成定局。

1920年，董泽等留美学生回滇后，多次拜谒唐继尧，请商滇省独立创办大学事宜。唐表示赞同，且允资助。随令首设大学筹备处于云南市政公所所在地——翠湖湖心亭之水月轩，并嘱靖国军总司令部参议官王九龄和董泽主持其事。1921年2月，大学筹备正殷之际，唐继尧的部下，滇军第一军军长顾品珍突然倒戈相向，起兵反唐。唐被迫辞职，出走香港，董泽等也随之同往，筹备事宜遂至中辍。

1922年3月，唐继尧东山再起，重秉滇政。旋即仍令王九龄、董泽重操大学筹备事宜。筹备处设于平正街双塔寺省立工业学校内。唐继尧任命董泽为大学筹备处长，并聘请滇中名流、各界要员23人为筹备员。7月8日，筹备处拟就《东陆大学筹备处简章》，明确规定了筹备处的宗旨经费等项。7月中旬，筹备处召开首次会议，讨论云南大学的学制、校址等问题，决定先办预科，后办本科，拟请拨明清贡院建校。办学经费拟由政府拨款、私人捐助和学费收入等项筹集。

1922年11月，筹备处投票选举唐继尧、王九龄为大学名誉校长，董泽为校长。1922年12月8日，云南省长公署正式批准大学成立，启用印信。同日，唐继尧函聘董泽为首任校长，函云："查东陆大学一切组织均已大体就绪，定于明年春开学。校长一职，业经筹备员开会投票，选定台端充任。本校前途，为幸曷极。用特依据校纲，肃函敦请从速就职，以专责成。"同日，董泽就东陆大学校长职，正式以校长身份视事。私立东陆大学正式成立，并于次年春开始招生，开启云南现代教育的先河。在社会动荡、经济萧条的

董泽

20世纪初，在祖国边陲开办大学谈何容易？我们收集到的董泽信函可窥视一斑。创办者认为，学校既为教育场所，则地域必须宽敞，位置必须适中，环境必须幽静，建筑必须独特。为此"九龄等曾经于省垣内外亲履查勘"。筹办并不是一帆风顺的，如董泽在致刘伯明信中所说："承充筹备职务。绠短汲深，殊虞陨覆。再四坚辞，终不获允，惟有勉竭驽骀，尽心筹画，但值兹创办伊始，万绪千端，诸待兴举。我滇地处边陲，文化锢塞，兼以频年多故，帑藏告空，不特一切经费筹措困难，即教材师资亦属艰于物色。"1922年6月30日，董泽在致唐继尧的信函中写道："窃查前次奉令筹办为东陆大学，迭蒙钧座毅力提倡，俯予匡导且以创办之务，筹措经费，亟为先务，饬将所储公土九万有奇，交由周汝敦、陈天贵、李魁等共同负责，运外销售，所得汇额，即作筹办本校经费，奉谕之余，钦感昌似，方期善举克成，讵意变生仓卒，政局更易，该周汝敦等心，将领货售得汇额，及所生利息，竟行中饱，致令本校前途，感受莫大影响，今幸帅蠹旋滇，烛破鬼蜮。"如此艰难的筹备工作还屡屡遭到一些"小人"从中作梗。

东陆大学既属私立学校，其经费即非全部由政府拨款，而主要靠创办人赞助和省库部分拨款，广泛募捐与社会捐助，各县奖学金与学杂费等。但是经费筹措困难，办学步履艰难。为了保证如期开学，1922年8月，董泽在呈唐继尧信函中，再三强调"定于本年岁梢或明年岁初以前，无论如何艰苦，必须开始授课。惟是经费无着，施措困难。乏粒事饮，终嗟巧妇。除筹备委员从事捐募，设法筹助外，应请钧座俯念急需，提交省务会议，迅予筹给开办费洋拾万元。俾克祗领设施如期成立，以响后进而慰众望，实沾惠便。"11月，董泽再呈唐继尧，请将学校常年经费列入省财政预算，并"自民国十二年一月起，逐年按月拨给经费一万元，以资开用，而维永久。"1922年11月6日，董泽在致王九龄信中道："案奉本司训令开案奉省长发下贵处长呈建筑需款请准将东川矿业公司股票十万元抵押富滇银行息借现金六万元原呈一件。"

在四处筹备资金，抓紧建筑校舍的同时，董泽还通过各种社会关系网罗人才。1922年12月12日，董泽在给刘伯明的信函中写道："定于明春开学，当此逼近授课期间，物色师资最是第一要务。吾兄儒林望重，夹袋才多，尚乞关垂敝校。速代物色一国文教授及德文教授，以便函请担任。查国文教授一席本可就近相延，惟意中人物其长于文章学者或短于文字学，文字文章学均长者又或欠于文法学，故不得不仰恳绍介，期获全才。至德文教授一席除外国人外，只须吾兄巨眼赏拔，认为堪以胜任，其他决无何等要求也。"

呈省长唐继尧

为呈覆事。前奉钧座公函内开：拟就滇垣设立东陆大学一所，委任九龄等充任副校长各职等因。祗诵再三，惭感交并。窃念九龄等才庸学陋，愧深造之未能；西爪东鳞，恨流光之迫促，好大不逮。新智未开，辱以师资之任，益增覆𫗧之忧矣。惟念钧座南天柱石，东陆主人，于运筹帷幄之余，为作育人才之计，思进一般学子蔚为全国通材。硕画茝谋，当务至亟。九龄等备职左右，夙纫弘愿，顿忘谫陋，驱策所及，敢不奋勉?! 奉谕以还，屡经协议，除名称既确定为东陆大学外，诚如钧谕所云，当以校舍之地点、经费之筹画为先决问题。谨将筹商所及为钧座约略陈之。伏查学校地点，自以规模宏厂、空气清洁之区为适用。九龄等曾经于省垣内外亲履查勘，只有距城西三里许之大观楼一所尚觉相宜。该处向称名胜，虽房舍构造与学堂性质不同，但略加改造，已可适用，较

云南大学史料丛书·校长信函卷

他处拓地建筑，事半功倍，应请准予拨给本校，鸠工修葺，以垂永久，并恳转咨省长令饬所属一体遵照。又大学基金，切实筹计，至少须集叁百万元，按其生息所入，以作校中常年经费。根基稳固，措施乃克裕如。拟请先予立案，俟南北和议复开，即与中央交涉，将此项基金列入条件，一面恳由钧部先行筹给万元，作为开办经费，并由九龄等分途劝捐后，按集欵多寡，以定办学次序。再大学内容，文实并重，然各国大学亦有先办文科，后办实科者，但就滇之现势观察，觉矿工机械各科亦有可以同时筹办之机会。兹查有路南矿山股主赵伸、商办铁工厂股主李伟周汝敦等，因闻钧座倡办大学，欢忻鼓舞，愿将上项矿山工厂采掘试验营业各种全权，认送本校支配管理，将来三项专科，即可豫为成立，足见钧座德化所感，兴起此众，而该股主等热心公益，克副钧座储材之至意，居心亦至可嘉许。除请明令嘉奖外，并请令其自具认书，投递钧部立案，以为捐欵兴学者树之风声，实为公便。至该矿山工厂对于公家向有租金矿费各项，在大学未接收办理以前，一切应暂仍旧，以清界限。以上各节，系九龄等管见所及，略为敷陈，以供采择，仍冀钧座始终主持于上，九龄等尽心奉事于下。此日萌芽甫苗，不辞缔造之维艰，他时械朴兴歌，当佩陶成于摩暨矣。至一切学校规则及房舍建筑、管教各员之聘请、图书仪器等之购办种种详细办法，自以逐件经过后，再行拟缮清册，另文呈核外，所有恳请指拨校址、筹给基金及入手开办各缘由，是否有当，理合具文呈覆，仍候钧座查核批示指遵。谨呈联帅唐。

参议王九龄　秘书官董泽

民国九年十一月

致郭秉文、刘伯民等函

郭秉文
刘伯民 两先生道席：

蘋踪靡定，蝟务缤纷，未克肃笺祗候者几更裘葛矣。遥企鹄城，怏怅曷如。敬维道祉绥和，公私迪庆，为无量颂。窃泽一介疏庸，学无端绪，此次由外返滇，自分藏拙园田，躬耕读书，不欲与闻世事，迺会泽唐公嵩目时艰，当整军经武之馀，尤极关心文教，拟赓续创办东陆大学，仍谬以泽承充筹备职务。绠短汲深，殊虞餗覆。再四坚辞，终不获允，惟有勉竭驽骀，尽心筹画，但值兹创办伊始，万绪千端，诸待兴举。我滇地处边陲，文化锢塞，兼以频年多故，帑藏告空，不特一切经费筹措困难，即教材师资亦属艰于物色。先生乐育为怀，望重斗山，尚乞不加鄙弃，锡以南针，并代随时留意，物色教材，以便延聘相助，俾克速观厥成，共颂菁莪，朴棫之盛，则感不朽矣。临颖神往，弗知所言。肃楮，祗候

均安，并盼金玉

再贵校为东南模范，祈将办理规章经验心得详细示知，用资圭臬，是为至盼。

董泽谨启

民国十一年六月十日

迳启者。敝处已于七月一号假工业学校成立，筹备一切事宜，所有勤务杂役各项，均亟待需用。兹已遴选得三等中士张学之一名、上等兵王正昌一名，俾供驱使，应请贵处查核补给，并先行发给服装被盖，以资应用，是为至盼。此致总司令部总务处长李台

照，并颂

公祺

请迅于筹给开办费拾万元呈

呈为呈请核发事。窃职自奉钧令委任筹办东陆大学后，遵即尽瘁鞠躬，深思熟虑。两月之间，延致人员，成立机关，商磋讨论，拟具规章。一切情形，业经次第呈报。一俟校纲颁布，即应从速遵行，以期早著成效。且自钧座关垂文化，拟创斯校以还，微特本省士子欢得最高学府，闻风兴起，额手相庆，即各省生儒亦莫不欲速现厥成。藉资陶铸。若不积极经营，克期成立，何以慰一般学子殷殷向道之新心，更何以副钧座作育英才阐扬文教之至意。刻拟先行派员购备仪器图书，修葺校址校舍，定于本年岁梢或期年春初以前，无论如何艰苦，必须开始授课。惟是经费无着，施措困难。乏粒事炊，终嗟巧妇。除筹备委员从事捐募，设法筹助外，应请钧座俯念急需，提交省务会议，迅予筹给开办费洋拾万元。俾克祗领设施如期成立，以响后进而慰众望，实沾惠便。所有恳请先行拨给本校开办费各缘由是否有当，理合具文呈请钧核示遵。谨呈云南省长唐。

兼东陆大学筹备处处长董

民国十一年八月十日

为修建东陆大学校舍与省农业学校往来函

函一：董泽十四日致农校杨文清函

迳启者。窃敝处长自奉令筹办东陆大学后，即悉心规划，竭力进行。迭次开会讨论，拟具组织大纲，呈请省长衡核，业奉拟准颁布次第施行，查本校组织大纲第二条载，本大学根据历史上之关系，特定旧贡院为大学地点云云。现开办在即，修缮建筑，立特兴工。已由敝处一再研商组织建筑委员会，推定刘惠英、张西林、杨霁岩、毕仲坦、李豹岑、陶继鲁诸君专事其事，不日开始测量，鸠工修筑。应即互相设法，从速筹觅适当地址，备请迁徙。其未迁移以前，贵校需用地方，拟请暂为划出，所余部分及外层大门等处，先行划归本校，俾便着手修建，用免稽延。一俟贵校得地迁徙以后，再行通盘修筑，期于两便。所有敝处即待修建，请暂区划校址各情，除务令诸委员亲诣贵校接洽外，相应函请贵校长烦为查照，并冀见复。此致林业学校校长杨。

兼处长董泽

民国十一年八月十四日

函二：杨文清十七日复董泽函

迳复者。顷准贵处长函开："窃敝处长自奉令筹办东陆大学后，即悉心规划，竭力进行，迭次开会讨论，拟具组织大纲第二条载，本大学根据历史上文化之关系，特定旧贡院为大学地点云云"除原文有案不录外，后开："所有敝处即待修建，请暂区划校址各情，除务令诸委员亲诣贵校接洽外，相应函请贵校长烦为查照，并冀见复"等由。准此，窃查贵处筹办东陆大学，根据历史上之关系，特定旧贡院为大学地点，原为促进本省文化起见，敝校无不乐从。一俟贵委员到时，自当接待磋商。先此函复，请烦查照。此复东陆大学筹备处处长董。

云南省立甲种农业学校校长杨文清
民国十一年八月十七日

改总务科长为建筑事务所总理致杨克嵘函

迳启者，查建筑事务所成立后，业经函请充任总务科长，专司一切职务，以期早日落成在案。嗣后悉心讨论，科长名称，殊觉未尽允协。拟将总务科长一职，改为建筑事务所总理。庶几名实相符，较有统系。此后一切公文，务希查照办理，具为至要。此致建筑事务所总理杨台照。

董泽
民国十一年九月十八日

聘萧杨勋为建筑事务所佐理函

迳复者，查建筑事务，日渐繁杂，自非延聘佐理，不克速臻完善。萧君杨勋既属具有经验，品学并优，亟应聘充事务所协理，俾资臂助。除延聘外，用特函知贵总理查照，并将萧君到所服务日期通报，是为至盼。此致建筑事务所总理杨台照。公文一件随函发下。

董泽
民国十一年九月十八日

致王九龄函

迳启者，前承贵司长关垂教育，允将东川矿业公司公股拾万元拨作大学基金，并令速具关令前赴贵司领取股票息摺，以清手续等由。准此，钦感曷极。相应缮具关领，函请查照核发，俾资信守，是为至荷。此致云南财政司司长王。

附关令一份。

兼处长董泽
民国十一年九月二十日

致杨子深函

迳启者。查东陆大学业经开始建筑，工程既属浩大，内务亦极繁赜，自非多得长才相助为理，不克骤臻完善。先生学有专精，对于本校颇具热忱，用特肃函敦请对于建筑事务所工程部分时加督促，以利进行。至每月伕马各费，另由本处酌量酬送，希即赶期前往，会同事务所总协理筹计一切，俾克蒇观落成，是为至荷。此致杨筹备员子深台照。

兼处长董泽
民国十一年十月二十三日

呈唐继尧

呈为呈请核示事。窃查东陆大学蒙钧座毅力提倡，业经开始建筑，鸠工庀材，需款甚殷。他方筹措缓不济急，拟请变通办理。饬令财政司准将前送东陆大学之东川矿业公司股票拾万元，抵押富滇银行息，借现金陆万元作为建修费用，以期早日落成。恳即饬财政司转饬富滇银行遵照办理，以免稽迟。所有变通借款各缘由，是否有当，理合具文呈请钧长衡核示遵。谨呈云南省省长唐。

兼东陆大学筹备处处长董泽

民国十一年十月二十九日

呈为呈请列入预算按月拨给经费。窃查东陆大学字开始筹办后，仰荷钧座毅力提倡，督促进行，已属大备规模，定于明春开学。前此蒙拨各款祗足建筑校舍，购置图书及其他一切设别之用。现开学在即，应需常年经费，不得不从速筹措，以免临时参差。除由处拟具简章设法捐募并酌收学费外，应依据本校组织大纲第四条乙项，仰恳钧座令饬财政司列入预算，自民国十二年一月起，逐年按月拨给经费一万元，以资开用，而维永久，其不敷之数，由处另行筹补。所有根据校纲请给经费缘由，是否有当，理合具文呈请钧座衡核示遵。谨呈云南省省长唐。

东陆大学筹备处处长董

民国十一年十一月六日

致王九龄函

迳启者。窃查东陆大学自开始筹备以后，承台端关垂教育，毅力提倡，四五月间竟克大具规模，已定明春开学。当此密迩开学期间，所有延聘师资、招致学子与夫一切应行公文，在在须用校长名义，自应从速选定，然后纲举目张，办理有绪。特于本月四日召集各筹备员依据本校组织大纲第十四条规定开会，分别票选名誉校长暨校长各职。开票以后，其名誉校长席皆属省长暨台端票额，足徵名望所归，群心倾向，本校前途为幸曷极！其校长职以泽票数为多，殊觉惭惶无地，当即对众请辞，未获蒙允。以泽谫陋，何敢滥竽?! 除呈请省长俯予就职，加委台端，并另聘贤能充任校长外，所有选定名誉校长各缘由，相应函请查照，早予就职，以循众望，是为至荷。此致王竹邨①先生台照。

兼处长董〇

民国十一年十一月九日

唐继尧致董泽函

迳启者。查东陆大学一切组织均已大体就绪，定于明春开学。校长一职业经各筹备员开会投票，选定台端充任，本校前途为幸曷极！用特依据校纲肃函敦请从速就职，以专责成，并制就关防一颗，随函奉上，希即督收启用，藉昭信守，仍将就职启印日期见示为荷。此致董雨苍先生台照，并颂

政绥

唐继尧

民国十一年十一月九日

---

① 竹邨，即王九龄的字。

云南大学史料丛书·校长信函卷

呈唐继尧

呈为呈请俯予就职并分别给委延聘事。窃查东陆大学自开始筹备以后，上之仰荷我钧座督饬提倡，下之深赖诸同事热心匡佐。四五月间，竟克大备端倪，已定明春开学。当此密迩开学期间，所有延聘师资，招致学子与夫一切应行公文在案，须用校长名誉，自应从速选定，然后纲举目张，办理有绪。特于本月四日召集各筹备员依据本校组织大纲第十四条规定开会，分别票选名誉校长及校长各职。开票以后，其名誉校长席皆属钧座及王财政司长九龄。票额足征众望所归，群心倾向。本校前途，为幸曷极。其校长席以职票数为多，殊觉惭惶无地。当即对众坚辞，迄未蒙允。窃职一介疏庸，学无端绪，此次奉令筹备，已属尸位滥竽，何敢一再蝉联，致滋折覆。知大学为最高文化枢计，校长一职，必得海内名流，仰承钧命，乃获措施裕如，名实相称。职何人斯，敢膺重寄。伏乞垂念下悃，另聘贤能，以免丛脞。并祈曲循众意，兼任名誉校长职务，一面加委王财政司长，俾克从速就职，以利进行，实沾德便。除先行函知王财政司长外，所有恳请俯予就职，分别委聘各缘由，是否有当，理合具文呈请钧座衡核示遵。谨呈云南省省长唐。

董泽

民国十一年十一月九日

呈为呈请拨给经费以资开办事。窃查东陆大学自办开始筹办至今已觉大备规模，决定明春开学，所有不敷经费业经呈请逐年按月拨助在案。惟查本大学组织大纲，一切经费设有特则，会计独立保管，与教育司所辖各省立学校性质不同，关于预算决算均对校董会负责。现开学在即，应需经费不得不从速筹措，以免临时参差。除由处拟具简章设法捐募并酌收学费外，应行续恳钧座令饬财政司列入预算，自民国十二年一月起，逐年按月拨给经费一万元，以资开用。其不敷之数，由处另行筹措。所有根据校纲请给经费各缘由，是否有当，理合具文呈请钧座衡核示遵。谨呈云南省省长唐。

东陆大学校长董泽

民国十一年十一月十日

附：

云南省公署指令

呈一件为呈报被选为校长请另聘贤员并请省长就名誉校长职由。呈悉。查本省东陆大学纯系私立性质，该司长既被选任该校校长，应即承认，力谋进行，以期早观厥成，勿得固辞，其余被选名誉校长应准备案，勿庸由政府加委，仰即知照。此令。

省长唐继尧

民国十一年十一月二十日

致王九龄函

为咨覆事。案准贵司咨开："为咨明事。案据富滇银行呈称：案奉本司训令开：案奉省长发下贵处长呈建筑需款，请准将东川矿业公司股票十万元抵押富滇艮〔银〕行息借现金六万元原呈一件，奉省长批如呈照准一案，除原文不复详录外，后开：查此案昨奉发下原呈，当经转令富滇垦［银］行遵照办理去后。兹据呈东川矿业公司股票照市价仅值五折，以现在值价五万元之股票抵押六万元之多，与行章不符，惟筹办东陆大学系为作育人才，拟变通借给三万元，仍照行章由贵处长以个人名义立券担保承还，等情。查核尚属实情，应准照办，除呈报并指令外，相应咨请查照办理。"等由。准此，查富滇垦［银］行慎重将事，办理週详，自系维持行章，巩固行业。惟东陆大学纯属作育英才、培养文化机关，与其他私人团体迥不相同。既不相同，则促进提倡亦属盒有职责。现一切校舍业已开始建筑，应用基金纵力从撙节，必需七八万元。富滇垦［银］行为政府设立机关，斯校亦为政府倡办，以公济公，揆诸情理，似无弛悖。况欸系押借，政府业经允准于先，垦［银］行遵照办理于后，奉令施行，觉无何等妨碍。现敝处以十万元之股票押借六万，徵诸事实，并不为多，仍应咨请贵司长关垂教育，始终维持，饬令富滇垦［银］行遵照省长批令准予抵借六万元，一次借用，以期共成善举，实纫公谊。此咨财政司司长王。

兼处长董○

民国十一年十一月十九日

附：　　唐继尧任王九龄为东陆大学名誉校长令

呈悉。查本省东陆大学纯系私立性质。该司长既被选任该校名誉校长，应即承认，力谋进行，以期早观厥成，勿得固辞。其余被选名誉校长，应准备案，勿庸由政府加委。仰即知照。此令。

省长唐继尧

民国十一年十一月二十日

呈唐继尧函

呈为呈请核示事。窃查东陆大学校舍自开始建筑以来，得各委员踊跃热心积极进行，至今已具规模，垣墉基础不日可奠。惟大学为最高学府，奠定校舍丕基，不啻培树文化根本，询属最大庆幸。拟照泰西各国奠基仪式，定于十二月二十四日云南拥护共和纪念日，举行奠基仪式，以申庆祝。除派员精选基石，另请钧座题字备用外，所有拟定奠基日期议制各缘，是否有当，理合缮具礼单，先行备文呈请钧座衡核示遵，谨呈云南省省长唐。

东陆大学筹备处处长董泽

民国十一年十一月二十日

王九龄准再借五万元复董泽函

云南省财政司为咨复事。案准贵处长咨，建筑校舍需款，请令饬银行遵照省长批令，准予抵借陆万元一案，咨司查照办理。等由。准此，查筹办东陆大学，原为作育人才，现在建筑需款，前允借三万元，既不敷用，应即通融，再借贰万元，公合伍万元，以资应用。除呈报并令饬富滇银行遵照借给外，相应备文咨请贵处长查照，派员持证抵押取

云南大学史料丛书·校长信函卷

款，仍冀见复。此谘兼东陆大学筹备处处长董。

王九龄

民国十一年十一月二十四日

致刘伯民函

伯民如兄青鉴：

  前上啽书并挽联等物，计日谅邀督纳矣。东陆大学承省长唐公毅力提倡，各知己热心匡导，业已大具规模，定于明春开学。当此逼近授课期间，物色师资最是第一要务，吾兄儒林望重，夹袋才多，尚乞关垂敝校，速代物色一国文教授及德文教授，以便函请担任。查国文教授一席本可就近相延，惟意中人物其长于文章学者或短于文字学，文字文章学均长者又或欠于文法学，故不得不仰恳绍介，期获全才。至德文教授一席，除外国人外，只须吾兄巨眼赏拔，认为堪以胜任，其他决无何等要求也。弟学陋才庸，谬膺烦重，折鼎覆𫗧，在在堪虞，尤望时锡南针，俾免嗤诮，是为至荷。忽肃奉恳，敬颂

  文安，冬寒百惟珍摄

  再教授束脩月约滇币二百五十元以下、二百元以上。

如弟泽谨启

民国十一年十二月十二日

致市政公所张会办公函

莼鸥①仁兄会办青鉴：

  公书旁午，不暇走𫖮，殊悒悢也。迳启者。敝校从事建筑，承贵公所毅力赞勘，允将海心亭石料借用，感铭曷其有极。现敝校立待需用，请于明午十时派员亲诣建筑事务所会同丈量，以便异日偿还，是为至荷。忽此奉恳，敬矣

  公安

弟泽谨启

民国十一年十二月十三日

致蔡元培、熊庆来之函

子民②、迪之③先生道席：

  前上尺书，不邀赐覆，企仰之忱，与日并增矣。窃泽谫陋疏庸，学无端绪，归国以后，谬承敝省当轴不相鄙夷，委办东陆大学。任职迨今，悉心筹措，幸克大具端倪，定于明春开学。际此密迩授课期间，一切应修课程须博采周谘，斟酌釐定，期臻至善。贵校办理完备，模范全邦，用特函请将预科所授各项讲义与夫各种教科分别开寄，俾资借鑑，价值若干，容后奉还。先生儒林望重，乐育为心，对于敝校尤乞不分畛域，随时匡教，免滋折覆，是为至祷。遥望燕京江南，无任向往。忽肃奉恳，敬矣

---

  ① 莼鸥，或作"蓴鸥"，应为"莼沤"，即张维翰的字。

  ② 子民，蔡元培的字。

  ③ 迪之，熊庆来的字。

董

泽

著安，鹄俟金玉

董泽谨启

民国十一年十二月十三日

致谢无量、梅光迪函

无量、光迪先生史席：

久钦睽道范，晤教无由。翘企申江，悒怏曷如。敬维著作等身，文祉休愐，为颂。窃泽一介疏庸，学无端绪。此次浪游归国，谬承敝省当轴采及葑菲，委办东陆大学，数月以来，擘画经营，已觉大具端倪，决定明春开学。际此密迩开课期间，授教人员亟应从速延聘，以免临时参差。夙仰先生关心教育，学富品优，拟请不嫌荒僻，充任国文教授，俾敝校生徒得坐春风化雨。不识能惠然肯来否？如荷枉临，希即见示，以便备文敦聘。至每月束脩约定滇币二百五十元以下、二百元以上，特并奉闻。尚肃，敬俟

撰安，无任霓盼

董泽谨启

民国十一年十二月十四日

致黄冷观函

冷观先生道席：

辱书奖饰，愧不敢当。弟驽劣庸资，谬膺重任，一切规划殊欠详精，乃台端不嫌疏陋，力代宣扬，感镂之私，楮墨难罄矣。敝校现已粗告完备，于三月下旬举行预科入学试验，与考学生极形踊跃，湘粤川黔诸省来者颇多，曾严格取录学生一百五六十名，定于四月中旬开课，其各科教授除聘任洋员及向津沪方面敦请谢无量先生等来滇担任外，馀由本省留学欧美毕业各员中择尤延用，俾尽桑梓义务，将来预科修学期满，特斟酌情势先办文、理两科，以后逐年推广，期臻完善。至本校基金承创办人唐蓂赓先生竭力筹拨，已达数十万，一俟募捐完竣，当绰有餘裕也。台端报界领袖，笔大如椽，对于本校各项事务总乞随时嘘拂，并不吝金玉，绳墨常加，俾克日有起色，无任盼祷。临颖神往，未尽所言。匆此奉复，敬俟

文安，百惟原詧不既

弟董○谨复

民国十二年四月四日拟稿

刘沛泉致董泽等函

东陆大学诸公赐鉴：

昨奉大函并纪念票，均经收妥，当即发交飞机队散放，惟弟尚嫌纪念票太少，故谨撰祝词连夜饬敝校石印部赶印三千张，于今晨凌空散放。兹检送十馀张，希为察阅。专此，并候

公祺

弟刘沛泉启

民国十二年四月二十日

云南大学史料丛书·校长信函卷

致袁观澜、黄炎培两先生函

一件：函袁观澜、黄任之两先生送本校风景照片并述校中近况

观澜、任之①先生大鉴：

睽隔光霁，渴慕弥殷。比维鼎祜时亨，声华日懋，至以为颂。本校开办伊始，诸事草创，前此文旆涖滇，备承指教，举措有资，获益匪尠。现在内部诸务已具条理，新建校舍不日落成，循序渐进，不难日起有功，此固弟等所窃幸，而亦我公闻而欣慰者也。兹奉上照片二十一张，校中近况另纸录呈，即希詧阅，并望不遗在远，时锡规臬，俾有循率，曷胜企祷。专此，敬请

篆祺，诸维鉴照不戬

弟董〇谨肃

民国十二年五月三十一日

上海江苏省教育会袁观澜先生　台启
上海中华职业教育社黄任之先生　台启

附：　　　　　　　　　东陆大学近况

东陆大学开创迄今，瞬经一年。虽其历史尚短，无若何表现，然以积极振兴之故，进步颇速，前途希望正未有艾。兹将最近之企图撮要分述，想亦关心西南文化者之所乐闻也。

添设副校长卢君锡荣，云南陆良县人，留学美国哥伦比亚大学，得哲学博士学位，复往英法德各国从诸名贤游者二年，今春由欧俄西伯利亚方面归国，创办人唐公特聘为本校副校长。卢君学识既富，阅历尤多，故校务进行颇多贡献。

基金之筹集与业产之经营东陆大学系私立学校，其发展之程度与经济之丰蹇为正比例，故对于基金一项视为极要问题，特设经济部暨经济委员会分司执行筹议之责，已向各方面劝捐筹欵，有的作为固定基金。近在澂江湖口四周开辟曲层田万餘亩亦经就绪，并于城西三十里之玉案山一带实行造林，又拟于附近鑛产区域建设车路，以其餘利供学校扩张之用。以上各种事业，预计十年内必有成效可覩。

本科科目之决定本年终预科毕业二班，明年开办本科，其科目以适应滇省实际需要为准。滇省富藏于地，交通梗阻，鑛路两项需材甚众，故即开办鑛路专科。又滇省实行民治，关于政治经济教育人材颇感缺乏，故决办政治经济教育诸科以应之。

班次之扩充及附中之筹备今春添招预科学生二班，应考学生甚形踊跃，惟程度殊不齐一，爰拟于今秋开办附属中学，培养大学合格学生。

致陈钧、徐养秋两先生函

一件：致　陈鹤亭②先生　送赠本校照片由
　　　　　东南大学徐养秋

鹤亭仁兄大鉴：

---

① 任之，黄炎培的字。
② 鹤亭，陈钧的字，时任个旧县锡务公司总理。

本校成立转胸经年，内务诸务粗［？］具规模。凤叨关注，度必闻而欣慰，惟霓旌远隔，虽假鸿鳞，时陈梗概，究不若目在之亲且切也，用特分撮照片送请詧阅，尚祈加以指正，曷胜企荷。专此，即请

台祺

弟董○谨启

民国十二年六月三日

致徐养秋函①

养秋仁兄先生英鉴：

睽违芝宇，时切葭思。比维道履时绥，著作日富，为颂。敝校凡百草创，艰难倍臻，幸赖诸同志不弃，常加训迪，得以日起有功。今内部诸务已具端倪，新建校舍不日落成。知关董注，并以附闻外，各部照片捡寄左右，祈代转呈教育展览会陈列。尚望不遗在远，时锡南针，俾资循率，勿任盼祷。专此，藉请

教安，诸希爱照不备

弟董○○卢○○仝启

南京东南大学教育科徐养秋先生　台启

董泽致龚仲钧②信函

迳启者。本大学拟将预科改办高级中学，现正积极筹备，定于明春实行。凤仰台端学识渊湛，志宏作育，用特函请于出席第十一届教联会时就便代为调查沿途各处高级中学之组织、学科设备及各种事项，详晰见示，以资参攷，无任企盼。此致龚仲钧先生。

校长董○

民国十五年八月三十一日

致郑鹤声函

萼荪③先生鉴：

敝大学聘请台端为历史讲师，业将聘书送达，计荷詧及。兹拟请对于本科方面讲演中国文化史，每週三小时；预科方面讲授南亚史及东亚史，每週三小时，每月致送薪水滇币壹百元。除时间表另订送陈外，先此佈闻，顺颂

时绥

东陆大学启

民国十六年三月五日

---

① 此条年代不详。
② 仲钧，龚自知的字。
③ 萼荪，郑鹤声的字。

云南大学史料丛书·校长信函卷

二、严格招生　整肃管理

私立东陆大学于1922年12月成立后，经过紧张的筹备于次年1月开始招生。贴出招生广告及招生简章明确规定报考者应"曾在中学校毕业或中等同等学力"。入学考试分为三试：第一试：（甲）国文；（乙）英文或法文作文、翻译、听写、会话。第二试：（甲）历史：本国历史，外国历史；（乙）地理：中国地理、外国地理；（丙）理化：物理、化学；（丁）博物：生理、动物、植物、矿物。第三试：身体检查。第一试及格后始得应试第二试，第二试及格后始应试第三试，可谓明确清楚。在招生简章第十一条中规定："本省各县，得依据本简章，选送学生2~5名来校应考。"招生广告一经张贴，引来众多考生，为保证考生身份真实，符合报考条件，各县的县长、中学的校长等，专门致信董泽介绍本县所推荐的考生情况。如1923年1月23日，易门县知事为送学生文伯康投考，在致董泽信函中写道："毕业生文伯康一名有志投考东陆大学，恳请照章申送等语，到所当查。该生资格尚属相符，并即予以试验其文理亦尚清适。该生既有志向学，自应予以申送，以宏造就。"在这样严格的考试制度下，第一届报考预科的300余名学生中，最后符合录取要求的仅有33人。有的不符合招生条件的求学者，向董泽写信希望能够通融，如时任云南东南边防督办警卫第二营军需长邬河云，其学历仅是中学未毕业，不符合招生条件。他给董泽的信中希望"从宽试验恳恩录收准给大学肄业以受高等教育"。对于有这样请求的求学者，董泽坚持不降低考试标准，同时又考虑到他们求学心切，收为旁听生或试读生。

新生入校后，对于考试不及格的，无论是否有人出面说情，均按规章制度处理。如学生张铭绶被勒令退学后，有人写信请董泽通融使其复学，但董泽以校纪校纲为重，坚持不予复学，在他的回函中写道："该生到校甚迟，而且成绩低劣，品行欠佳，业经行政委员会议决不予收学有案，碍难允许复学。致妨校规，等语。弟处此情况之下，实属无可迴旋，缘敝校一切事项，胥准诸规章，取决众意，个人实无可为力，抱歉奚如。"

大学成立之初，全国很多大学均不招生女生。1924年10月31日，贵阳公立女子师范毕业生张花要求旁听。东陆大学是否招收女生，招生简章并未明确规定。对此，省务委员会决议："俟大学成立，办有成效，再添设女子大学部为女生升学之地。"董泽则认为："男女同校为原则，异校为例外。至于本国情形，自五四运动以来，北京大学及东南大学、岭南大学等处，均已一律兼收女生，诚以教育事业，首重普及，但属才堪造就，要无分男女。"经过努力，省署终于准许"特于本期试收女生为特别生"。以后历年学校均招收女生。

对于毕业班学生，董泽重视理论联系实际，力求培养出符合社会需要的人才，在经费极为困难的情况下，仍派毕业生出省考察。

请准予于东陆大学内招收女生呈唐继尧

呈为拟具招生办法请祈核示事。查本校筹备处自奉钧长委任筹办以来，对于校务一切进行计划，跌经处长率同筹备，各职员详密规划，分途进行。所有校舍建筑、科目分类、延聘专门学术教员等项，均经先后筹备，咸已呈请指示办理，或正在研议讨论中。

董泽

现时各部分应办事项，均已大体就绪。延聘各科专门人才，亦经多数函复允予就聘。数日以来，上得钧长提倡指导，下得各职员协办赞襄，将来成立开学，自属指颐间事。所有预定招生资格，自不能不先行妥拟办法，以便进行。处长查此东陆大学应招生徒，即拟自民国十二年三月，先招预科生四班，共计二百名，以后逐年添招，按级升进。虽不敢望聚臻美备，然循序渐进，逐年扩充，则根基既经稳固，以后之改革进步，自属较易为力。惟是招生办法有不能不请求指示者一事，敬为钧长约略陈之。查欧美各国大学情形，其内部之组织虽各有不同，就招生办法一项而言，均系以男女同校原则，异校为例外。至于本国情形，历史上虽无此种习惯，自五四运动以来，北京大学及东南大学、岭南大学等处，均已一律兼收女生。诚以教育事业，首重普及，但属才堪造就，要无分男女。东陆大学此次招生，拟即采用本国各大学先例，男女兼收，以宏造就。此种办法就经济方面可以减轻筹设女子高等教育之负担。盖以滇省目前财政状况论，欲再设一专门以上之女子学校，实属万难办到。惟有由大学内兼收女生，则女子中有志研究高深学术者，亦不必远道留学欧、美、日本，及国内各大学。于公于私，均可节省经济。而教育途径亦不至显有偏枯。就人才而言，则可以造就高深学术之女子人才。本省自励行民治以来，对于义务教育之计划，均已积极进行。就中如女子中学校，女子师范学校等，亦宜预备推广。此项女子中学职教员由大学内预备造就。将来自不至有乏才之叹。以上办法，处长系外审世界潮流，内察本国趋势，复参与滇省教育状况，觉大学内兼招女生，实属有利而无弊。惟是事关变更地方旧习，讨论不厌求详。用特呈请核示或提交省务会议讨论通过。如蒙允准，即将此节加入简章内，并列入招生广告，以示提倡。谨呈云南省长唐。

东陆大学筹备处处长董泽

民国十一年十一月十七日

[**唐继尧批语**]：俟大学成立，办有成效，再行添设女子大学部，为女生升学之地。

杨凤贞等及女师全体学生联名上书请求东陆大学开放女禁招收女生

请愿者杨凤贞、张琼华、张邦贞及女师校全体学生，为请求开放女禁，兼收学生，以顺教育趋势而符大学体制事。窃维人群演进，生事日繁。因实际生活之要求，而女子教育遂为人所重视。又以经济关系，势难多设女校，专教女生。而男女同学，更为不可避免之事实。欧美日本各项学校早已先后开放女禁，行之既以成效昭然。事例之多，不遑枚举。即以吾国学制而论，亦仅于中等教育明定限制，而小学大学原以男女同学为原则。近五年来，不但各大学相继开放女禁，即以国立各高等师范学校，亦兼收女子，每年收生。吾滇照案选送，只须程度相若，并未区分男女。负笈远游，关山万里，政府尚无限制，家庭尚无限制，家庭尚无顾虑，即社会亦未尝指谪非笑，目为怪事。乃本省设立之东陆大学，竟有缓招女生之议。揣其用意，当非漠视女子。盖以吾国礼教，男女之界限甚严。而本省风气缓通，积习未除，诚恐一旦开放，致引起社会之骇怪，故不能不出以慎重。然按之事实，未免过虑。在昔，女子师范教员，非年高德劭者不敢延用。后以各种学科，老宿不能担任，为事势之所逼，不得不延聘青年教师，以资教授。迄今十有余载，尚无何种流弊。现今本省中等各校，虽至未开女禁，然普通讲演皆设女座，亦未尝发生误会，致招讥评。意者政府诸公关怀大局，劳心治县，教育之理论，既未暇深求，教育之事实，亦弗得注意。遂便既经解决之问题，犹重付讨论，以已实行之事例，犹不无疑虑。用特续陈国内外近年经过大概情形，联名提出请愿，尤望纳所请，早释女

云南大学史料丛书·校长信函卷

禁，于本届招生时，即行兼收女生，免使增进社会文化之最高学府，形式上犹存重男轻女之瑕疵，致遭海内之讥评，而伤大学之体制。倘使仍前闭拒，藉词推延，不顺趋势，不察事实，则贞等为女子教育前途起见，只有一面呼吁政府，一面诉之舆论，以求最后之容纳，虽牺牲一切，亦弗计也。恳切陈辞，不胜迫切待命之至。除上省长及教育司外，谨呈东陆大学校公鉴。

请愿者杨凤贞、张琼华、张邦贞及女师校全体学生
民国十二年一月十日

云南省教育司请办开放女禁

迳启者，案奉省长公署发下杨凤贞、张琼华、张邦贞及女师校全体学生呈为请求开放女禁，兼收女生以顺利教育趋势而符大学体制等情一案，并据呈请到司。查大学兼招女生一案业经贵校前筹备处处长拟具办法，呈由省长提交省务会议议决，俟大学成立，办有成效，再添设女子大学部为女生升学之地等因，自应遵照。兹据呈请奉发到司，复查我国大学近日报考，已多兼收女生，潮流所趋，势难禁止。该杨凤贞等请愿各情，既经分呈有案，应请查酌并案呈核饬遵，相应将奉发原呈，备文函请查照办理，并希见复为荷。此致东陆大学校。

云南省教育司
民国十二年二月十四日

云南旅鄂学会请东陆大学校长收回成命招收女生函

云南东陆大学校校长钧鉴：

我滇之教育不振久矣。青年学子自中等学校毕业即无高等学校为晋升之阶。今何幸而吾滇东陆大学得产生于当局诸公之手。应如何发展为男女学子谋福利，以符诸公创办之初衷，查简章之初定，原不分男女同时招收，同人等虽见之报端，然揆诸校长发展教育之计划谅亦亦妄。教育界人士自此而深庆教育之前途之日跻于光明，男女智识之可达平等。而何以近日沪汉报章忽有省务会议表决缓招女生之记载。查此案定章，根据教育原理，顺应潮流趋势，并能顾及本省情形，力图男女均等之教育，自宜根据简章男女兼收，以谋教育之普及，展校长之宏猷。且东陆大学为吾滇最高之学府，又适产生于此女权萌芽正待发展之时代，即不能步欧美，亦当为西南树模范。今国内各大学专门及江、浙、湖、粤诸省之中等学校，已先后招收女生，亦殊可观，无丝毫之指责。乃东陆大学竟以省务会议之否决，推翻前案，诚同人等所不可解者也。同人等远居诸鄂，职究教育，心所谓危，不敢不告，初非轻清议而难政府也。伏祈校长收回成命，男女兼收。教育前途，实利赖之。

云南旅鄂学会谨启
民国十二年三月九日

董泽

学生王燮和呈董泽函①

具呈人东陆大学取录补习生王燮和为呈请收入试读生以资深造得以上进。窃以菲才，辱蒙取录在补习生之列，生于补习章程知晓一切，而于补习科目生曾在昆师习过，今幸蒙取录，仍属补修已习之科，不得闻高上之学，不能深造，加以生家贫，经济不能延支，愿祈转升试读，得以深造。等因。伏维钧长鉴核，使生得偿向学之诚，俾得深造，亦不负生求学之切。昨补考之期，生本愿呈请覆试，不料偶染风瘟症，以误考期，伏望我校长钧鉴，下怜寒士诚心向学，使得深造，仰祈校长鉴核训示。谨呈东陆大学校校长董。

具呈人王燮和
民国十二年四月十九日

李家昌致董泽信函

老博士钧鉴：

迳启者。有敝学生许恩兴，原由地方选送来学高师，到省以来，因见师校尚未开课，而东陆大学则预科届满，开办本科，专授理工诸学科，收效宏多。该生自以年龄较轻，资性较好，十年期内尽可专力于各种专门学问，以精益求精，较之学习高师毕业以后应献身教育界者正自不同。闻今春新招预班尚余名额，欲趁此机会诣校投考，插入新班，受同等之教育，以免虚掷光阴。如蒙收考，当即前来报名，听候试验。抑尤有请者，敝邑地处滇边，难于陆而易于水，向来有志之士多远地求学，来省者甚属寥寥，此次还恳宽予收录，俾边隅学子得因利乘便，源源而来，是亦奖进远道学生之一道也。如何，即祈赐示为祷。专肃，敬请

道安，诸惟垂照不宣

弟李家昌鞠躬
民国十三年四月二十四日

复省议会李家昌君函

家昌先生道鉴：

惠书奉悉。许生恩兴有志深造，自当通融照办，以资成就。兹定于五月三号照章举行入学试验，除悬示宣布外，即请转达前途，届时亲携笔墨并毕业证书、最近相片一张、履历书一纸、试验费一元来校应试为盼。耑复，顺颂

台祺

董○谨启
民国十三年四月二十九日

学生蒋玠呈董泽函

具呈恳祈附学补习。学生蒋玠，年二十三岁，贵州省黔西县人，曾在贵阳南明中学校毕业，久图升学，未能得便。兹闻招生，即行就道，无如路途远阻，每多停滞。比来

---

① 同年 4 月 21 日东陆大学批复："该生所请有碍校章，未便照准，仰即遵照。此批。"

云南大学史料丛书·校长信函卷

期过，投考莫及，欲待时日，则马齿已增，学业荒废；若徘徊咨嗟，则有负来志，徒为枉然。是以不揣冒昧，恳祈准予附学补习，俾得听授各科，以达升学之志是幸也。伏祈主任先生转呈校长钧鉴核准。

学生蒋玠谨呈

民国十三年七月□日呈

附： 东陆大学批

具呈人黔籍学生蒋玠。

呈一件恳祈准予附学由。呈悉。该生远道求学，志行可嘉，应准收为旁听生，俾资补习，仰即遵照。此批。

民国十三年八月五日

学生马之骢致董泽信函

呈为恳请收学插入预科肄业事。窃我滇自东陆大学成立以来，凡求学者免远道负笈之劳，得就近薰陶之利，追本溯源，则为省座热忱提倡、校长苦心经营有以致之也。生亦滇人一分子，正当求学之年逢此良机，忻跃莫名，乃于今春招生期间以由成德中学毕业之资格报名投考，谬蒙以第四名取录。方准备入校间，寒舍忽然发生要事，不得不暂回阿迷原籍。讵料牵延至今，甫获就绪，整装来省，而校中授课已经半载矣。瞻望门墙，曷胜浩叹！惟念情有可原之处，规有便通之时，素仰校长以广育人材为怀，伏乞垂念求学之心切，特准收学插入预科肄业，俾得与公门桃李同受春风之嘘植。生虽不敏，而对于普通科学自信不逊于人，以后尤当奋励努力学业，以报培成之盛德也。所请是否有当，敬候训示祇［祗］遵。谨呈东陆大学校校长董。

学生马之骢

民国十三年八月四日

学生张花君致董泽信函

贵阳公立女子师范毕业生张花君谨呈校长台前：

迳禀者。为志愿旁听肯祈收入以培学识而张平权事。窃生自幼在黔，由公立女子初等小学毕业，复入高等小学毕业，随又入公立女子师范毕业。民国十年，因家严游宦在滇，随同来省。前年受宜良县长聘任小学教员，因事未就，近年均在自修。兹闻东陆大学教授认真、学科完全，旁听女生颇得进益。生情殷向学，志切观光。窃揣平居学识诚恐弗胜，深喜同一文言，愿随旁听。礼门义路，早知内外綦严；圣域贤关，惟矢步趋是谨。自恃近居咫尺，随绛帐以联班，尤幸亲灸门墙，接丹铅而请业。倘蒙收录，不惟生学受益，即女界前途亦享光荣多多矣。为此，谨呈

云南东陆大学校长董

女生张花君

民国十三年十月

董泽

致萧敬业等七先生信函

一件：函聘本届入学试验委员会委员由

迳启者。查本大学预科学生入学试验，向系组织委员会办理。现在第三届预科学生业经佈告招考，订于二月廿五及廿六①考试，亟应查照成例，将委员会组织成立。素稔台端学术精深，衡鉴明协，用特聘为本届预科学生入学试验委员会委员，即希于二月廿一号午后七时莅校筹商进行事宜为盼。此致萧敬业先生、余秀生先生、周子如先生、龚仲钧先生、杨季岩先生、赵述完先生、华秀升先生。

校长董〇

民国十四年二月

致江燦北信函

燦北吾兄惠鉴：

两奉手书，祗悉一是。令郎刻苦求学，志行极堪嘉尚。重辱嘱讬，本当照办，惟据入学试验委员会报告，其考试成绩多未及格，碍于校章，势难列为正取，只好暂行收为试读生随班上课，俟一学期后成绩及格，即改为正式生。此特暂时之事，以令郎之聪颖好学，必能日起有功，遂其上进之愿也。专此佈达，顺颂

道安，诸希亮察，不具

弟董〇敬启

民国十四年三月十八日

学生徐其相致董泽信函

迳启者。传闻贵校设备完全，教授得法，生屡欲前来应考，但苦于交通未便，究不悉贵校内容组织如何，以及招生转学等章程又如何，请速赐示为荷。校长先生钧鉴。

生徐其相拜启

民国十四年十一月二日

请准收入预科随班旁听事函董泽

为恳请准予收入预科随班旁听事。窃学生林静诚，前曾卒业于电政学校，今派人无线电局服务，对于数理化之基本智识虽曾畧习，然因校中缺乏仪器，故少实验，致所学皆浅薄浮泛。自离校后，更不能自修，若欲受验入校，又因时间关系，种种未便。是以仰恳校长准予随班旁听，俾全学生急学之念，实沾德泽匪浅矣。为此，理合具报呈请鉴核施行，并祈示遵。谨呈东陆大学校校长董。

学生林静诚呈

民国十六年三月九日

---

① 该稿件此处日期另有"三月十一、十二两日"，但正式发文疑应写为"二月廿五及廿六"。

云南大学史料丛书·校长信函卷

附： 批林静诚旁听报告

一件：电政学校毕业生林静诚呈请旁听理化由

原具呈人电政学校毕业生林静诚。

呈一件为恳请收入预科随班旁听由。呈悉。查理化为实验科目，照章不能旁听，仰即知照。此批。

民国十六年三月十一日

呈请收作特别生致董泽函

呈为呈请收学事。窃生前曾呈请收为旁听生，随班旁听，未蒙允准。兹再呈请收为特别生，随班工课，以宏造就，而遂初衷。伏祈核准批示，不胜感戴之至。谨呈校长董。

学生林静诚谨呈

民国十六年三月十七日

附： 批复林静诚函呈

原具呈人学生林静诚。

呈一件呈请收为特别生由。呈悉。查本校定案特别生须经选修学科及教授考验及格，方准随班听讲。所请收作选修理化特别生之处，应仍到校请由理化教授考验，如果及格，再为收学。仰即遵照。此批。

民国十六年三月十八日

董泽

陆军步兵第二旅旅长李永和致董泽函

雨苍①司长仁兄道鉴：

多日未晤，渴念殊殷。想文祺履祉，俱叶懋泰，为无量颂。兹有恳者，敝亲锺嶽曾由中学毕业，志切上进，闻此次业经赴贵校投考完妥，浼为一言绍介，务乞推爱屋乌，准予收校肄业，俾他日有成，均出自我公培植之所赐也。诸费清神，容后晤谢。肃此，祗〔祇〕颂

文安，并希亮照不备

弟李永和谨启

民国十六年四月四日

致张维翰关于张铭绶复学事函

尊鸥仁兄道鉴：

昨承嘱令姪张铭绶复学一事，随又与校中同人磋商，金以该生到校甚迟，而且成绩低劣，品行欠佳，业经行政委员会议决不予收学有案，碍难允许复学，致妨校规，等语。

---

① 雨苍，董泽的字。

弟处此情况之下，实属无可迴旋，缘敝校一切事项，胥准诸规章，取决众意，个人实无可为力，抱歉奚如，尚希原宥是幸。专此，顺颂

勋祺，不戬

弟董〇谨启

民国十七年九月十九日

致省政府函

一件：呈省政府请通饬录用第一班毕业生由

呈为呈请通饬录用事。窃查职校文、工本科第一班学生于去岁毕业，当经钧府特准资送外出攷察，藉资参证。其工科学生赵洒广等六人，因公路需材孔亟，由建设厅留用，未曾出外，其馀文科学生梁英等二十二人及工科学生浦光宗均照预定计划循序攷察。现该生等已攷察事竣，陆续回滇，请转呈录用前来。查该班学生自民国十一年入校至十七年毕业，在校六年之久，对于所习学科均经深切研究，具有心得。此次远赴各处参观，尤获实地视察，印证所学，洵属学历两到，堪以致用。现值实施训政之时，各种事业在在需材，而该生等又为本省大学第一次毕业生，似应优予机会，俾资展布，而励后来。拟请通令省内各机关即予分别任用，以免投置闲散。是否有当，理合缮具名单具文呈请钧府鉴核施行，并祈示遵，实切公便。谨呈云南省政府。

东陆大学校长董〇

民国十七年九月十九日

呈为呈后复事。案奉钧府指令第三五二号，按据职校呈请，将文科政治经济系毕业生王锡光等二十二人及工科土木工程系毕业生浦光宗一人，分别任用一案。后开应饬详聘将该毕业生等姓名年岁籍贯及所学科目列册呈报，以便通令各机关分别酌量录用等因。奉此。自应遵办，除将该班现已回滇，学生、姓名、年岁、籍贯及所学科目列表呈核外。理合备文呈复请，祈钧府鉴核示遵。谨呈云南省政府

计呈表一份（略）

东陆大学校长董〇

民国十七年十一月九日

廖伯民致董泽函

雨苍司长钧鉴：

敬恳者。敝亲李君思齐，青年好学，材堪造就，曾于成中毕业，因回家来迟，以致错过东大考期，故特专函奉恳，鼎力维持，准予补考，以免向隅。使此子将来学成，则戴德者非特一人已也。此叩

道〈安〉

廖伯民顿泐

民国十九年

复廖伯民函

伯民先生伟鉴：

迳覆者。辱示奉悉，令亲李君思齐有志深造，殊堪嘉许，复承函嘱准予补考，应即从命，无如敝大学此次取录新生已过原定名额，教室有限，人满堪虞，只好稍延数日，如取录者未能按期到校註册，即当开除名额，再知贵亲来校补考。耑此函覆，即希谅鉴。顺候

戎安

董〇覆

民国十九年四月

任幹材致董泽函

雨苍校长尊兄伟鉴：

久未晤教，渴念良深。到府晋谒两次，均值尊驾公出，未得领教一切，抱愧之至。敬恳者。舍侄光汉、宗汉由地方中学毕业，小儿安汉在初中二年级，专意来省求吾兄教育。弟请紫台生伯转呈一切，辱蒙吾兄允许，格外培植，感激莫名。但小儿安汉已蒙试验，而舍侄光宗两汉尚在待命。因吾兄掌教育之中心，吸收欧美文化，培养国家英才，使专门人材辈出，诚为强国之本，教育完美无异欧西，因之崇拜尊仰吾兄之心最坚，欲受教之心更切，若未能遂其志愿，决意返里耕田，以免入他校反被不良分子同化，求学不得，祸即临身，后悔莫及。祈兄念其远道而来，求教之志最坚，特别培植准其补考，成绩合格收入预科，否则亦请为预科傍听生，俾得遂其求学志愿，将来学识稍有寸进，能有良善工作于社会人民，以尽国民之义务，皆吾兄培养成之赐，舍侄等荣幸不小，不惟弟感激不已，即家兄栋臣等亦感恩无涯矣。不胜感祷待命之至。肃此专函，敬请

公安

弟任幹材谨启

民国十九年四月四日

赵炳金致董泽函

呈为痛悔前非自知改善恳请准予收学俾终学业事。缘生于前日与本校庶务长小有纠纷，不幸一时性急，遂有无礼对职员之行为。校长为维持校风，将生革除学籍，闻命之余，实深痛悔，而家中自母亲以下皆怨詈交集。一朝之逞性，忘其所以累身而及其亲，将何以对校长教职员及各同学？午夜扪心汗愧，无以自容。如果从此离脱学校，领导之人既乏，堕落即将从此开始。自思入校本心，能无慨然！学业之荒废、人格之影响，默计前途，追悔莫及。只有恳祈校长开自新之路，于可转之机准予悔过收学，实沾德便。谨呈预科训育主任转呈校长董副校长华鉴核施行。

预二学生赵炳金呈

民国十九年七月三日

附：   **批　复**

　　原具呈人前预二学生赵炳金。

　　呈一件为痛悔前非自知改善恳请准予收学俾终学业由。呈悉。查该生既知自悔，姑从宽准予复学，改记大过二次，以示惩儆，并须向刘庶务长重道歉。以后务须遵守校规，勿得再蹈前辙，致干重究，仰即遵照。

　　此批。

民国十九年八月四日

三、惨淡经营　环境改善

董泽等人自筹办东陆大学之日起，就打算把其办成一所具有影响力的多学科综合性大学，因此图书、仪器、校舍等硬件设施的增加就显得实为必要。但是学校正值创办初期，经费支持甚少，且随着学校的发展，各项其他开支又不断增加，购置硬件设施的经费日感不敷。在此情况下，董泽多方奔走，苦心筹措资金，力求能够增加硬件设施，使东陆大学的教学能按预期开展。如1926年，董泽赴上海参观中华职业教育社，借机向该社负责人兼中基会执行委员黄炎培询及请款补助事宜，事后多次致函黄炎培，殷切之心可表。当得到初步允诺后，董泽慎重拟定《云南东陆大学请款书》，该书颇为详尽地汇报了东大的创办、现状、计划等，具体地提出了请款的项目和数额。为保证此次请款万无一失，董泽请求唐继尧亲自出马，致函中基会执委顾维钧、董事长颜惠庆，促成他们同意这一请求。

东陆大学成立初期，学生所用教材，多系教师留洋归国时随身携带的外文书籍，但是随着学校的发展，原有的图书教材，日感不敷应用，因此学校始以自行购置，同时得到各方人士的捐赠，不断积累和增加，满足学生学习日益增长的求知欲。如1925年1月，法国驻滇领事官白达致书学校，称因其"大学团女生"到滇游历，受到东陆大学的热情接待。为表达友谊，便由该领事代表法国印度支那总督，将一册中国名画赠予东陆大学。

致黄炎培信函[1]

任之[2]先生道鉴：

沪江判袂，蓂荚屡更，缅怀吉辉，时殷回溯，敬维顺时纳祜抚序凝厘，式符臆颂。本校拟要求美退庚款补助一事，业经备具请款书，函请北京中华教育文化基金董事会核办。本校对于西南诸省之关系及其经济状况，素承洞察，现在文、工本科俱已办至第二年级，而教学上必须之设备，尚未有全，非得巨款补助，无以弥此缺陷，而增进教学效率。一俟本校请款书分送至日，或董事会开会讨论时，务祈特别主持，并恳向董事诸公，力为说项，俾底于成。勿任感祷，颛此奉干。顺请大安，诸希亮察不具。

董泽

致中基会董事丁文江、
干事长范源濂、董事蒋梦麟和张伯苓信函[3]

在君[4]、静生[5]、梦麟、伯苓先生惠鉴：

---

① 此条日期不详。
② 任之，黄炎培的字。
③ 此条日期不详。
④ 在君，丁文江的字。
⑤ 静生，范源濂的字。

不亲芝采，弥切葵倾，敬维道祉繁庸，文祺懋介。为颂。滇省远居天末，屏藩全国，物产富庶，弃未经营。比年中等学校毕业生，岁有增益，苦无相当升学之所，大学之设，洵属急务。顾国是未定，财政支绌，筹建大学，势难望诸中央。滇省自护、靖诸役而后，牺牲太钜，亦复力有不逮。今省长唐公，有见于此，蒿目时艰，以为大学乃谋国至计，未可因噎废食，乃力肩巨任，创办东陆大学。成立迄今，昫息四载，得各方人士之赞襄，基础已日臻稳固。惟因设立未久，经费不充，设备方面，缺限尚多，补苴罅漏，刻不容缓。昨曾由校备具请款书，向北京中华教育文化基金董事会请求协助，以期设备完善，增进教学效率。窃查董事会补款方针，以科学为主。敝校向来设施以及今次请求补助之事项，顾亦归本科学，与董事会所定原则相合。且庚款由全国负担，分配不宜偏依。董事会第一次分配补款，既未润及西南诸省，则第二次分配时，对于此西南诸省唯一之大学，似不可再会向隅。

台端志宏作育，玉秤高悬，俟敝校请款书分送至日，或董事会开会讨论时，尚祈不遗在远，鼎力赞助。倘或如愿以偿，岂徒敝校之幸，抑亦西南教育文化之幸也。专此奉恳，毋任翘企。顺请道安，诸祈朗照不宣。

董泽

致云南旅沪人士、上海富滇银行经理任稷生信函①

稷生吾兄大鉴：

本校现向北京中华教育文化基金董事会请求补助，请款书已于本月八日发出。闻欲得该会补助款项者，宣传活动亦属不可忽视。故于该会董事，若顾少川、颜骏人、黄任之、范静生、丁在君、蒋梦麟、张伯苓诸君，已由唐公及弟分别函托赞助。周贻春君，并请华秀升、洪锡麒、浦薛凤三君代为函托。此外尚有郭鸿生君，现在美国，未便致函。又杜威、施肇基、贝克、孟禄、贝德诺、顾临诸君，素未谋面，未曾函达。

兄若相知，尚祈代为请托，并祈对于该会各董事，力为游扬鼓吹，期底于成。若该会对于本校请款书及学校内容等等有所咨询，为兄所能办者，即请就便代为办理，以省周折，至深企祷。附上请款书一份，即希察阅为荷。专此顺请时绥。

董泽

致工业、法政两学校校长函

迳启者。查敝校刱办伊始，应用椅桌各项尚未制造完竣，前拟暂由贵校借用墨板一块（连架）、听席棹五十张，已蒙允许，现需用在即，请先准备见示，以便派人于明后日运取，一俟新物制〈就〉，即行如数奉还。此致邓邹校长台照。

董○
民国十二年二月七日

---

① 此条日期不详。

董泽函谢董澄农捐款

澄农先生伟鉴:

咫尺光尘,至深渴企,比维兴履绥愉,诸凡迪吉,为颂。前承慨认东陆大学捐款三千元,并代向天顺昌捐款三千元,具见热诚公益,乐育为怀,至为感佩,兹者大学建筑设备等项,需款孔亟,拟请台端将所捐之款,并天顺昌款,一并迅赐交下,以应急需。深荷隆情,铭勒无既,耑此布恳,顺颂,台祺。统维亮察不备。

弟董泽顿启
民国十二年九月十三日

董泽与云南盐运使周钟岳往来信函

迳启者:

昨接贵大学募捐公启并册,自当勉尽绵薄,用襄盛举。兹筹捐银壹仟元,备函,并册封。呈,即冀查收。见复是荷。此致

东陆大学

计捐送银壹仟元捐册一本

周钟岳拜启
民国十三年四月三日

惺甫①运使道鉴:

接奉琅笺,并蒙赐捐银洋壹仟元,具征宏志乐育,热心利济。此日菁莪励志,群瞻有道光风。他年桃李成荫,永沨伊川化雨,拜领之余铭感无极,谨肃寸函,用申谢悃。顺颂勋祺。祷希垂照不戩

东陆大学校长董泽谨启
民国十三年四月

董泽

致法领事官白达信函

迳启者。敝大学成立以来,渥承贵领事官竭诚赞助,无任铭感。现在敝大学新建校舍不日落成,拟即部署一切,准备移入。闻贵署内有安南电气司一名,长于装置屋内电灯,拟请借用半月或十日,为敝大学安移电灯,以臻妥善。是否可行,即希酌核见覆为盼。此致

大法驻滇领事官白

东陆大学校长董泽谨启
民国十三年五月六日

---

① 惺甫,周钟岳的字。

法国驻滇领事官白达致董泽信函

迳启者。顷奉印度支那总督梅函开："前我国大学团女生到滇游历，备蒙唐联帅、东陆大学校长暨各机关长官竭诚优待，兹由该团领袖马若特女士送呈美国印刷中国名画一册。请转送东陆大学校长。兹将该册寄来，希即照为转送，以表交谊，籍申谢忱。"等因。奉此，用将该画册奉上。请烦董泽

白达

民国十四年一月十四日

黄炎培致董泽函

雨苍先生大鉴：

顷承惠临参观中华职业学校，甚为荣幸。适有他事，不克奉陪，滋歉。参观后感想如何，切尚希指教。中华教育文虎基金董事会分配款项原则及董事名单录奉一分，即希察收，请款只须备一计书，先述过去状况，次述以后进行方案，并拟具应需经费概算，用中英文各缮十六分，寄交北京石驸马大街。该会一分即存会，余备分致各董事。专此祇颂。行安。诸维。朗照不宣

黄炎培

民国十五年四月十六日

吴琨为个旧万发福房产抵偿债账事致董泽函

雨苍司长仁兄台鉴：

敬启者查，个旧万发福记前以房产抵偿债账案内，拨归东陆大学所有之坐落个旧绿冲花菜地一区，面积三百二十九方丈六尺。本甚荒僻，故仅作合价银一千三百一十八元。每年收纳租金二十元。惟其地址距敝公司又较近，尚可作为将来建造工房及炼渣处所。可否拟请衡核，即将此项菜地让与敝公司备作他日之用。由敝公司缴价承受，如不便让即请作租。仍按年由敝公司照纳租金，想台端热心实业，而东陆大学又系公司股东无不乐为赞成也。如何之处仍祈赐复为荷。专肃奉恳祇颂

勋祺

弟吴琨谨启

民国十五年十二月十二日

日本驻滇领事官中野勇吉致董泽函

东陆大学校长阁下：

拜启陈者，本月二十三日附外务省文化事业部第三二二号信函，向贵校赠送的二台机器，已委托滇越公司经海防运送到本省，或者由池贝铁工所直接寄送到本省，贵方的照会已收悉，拜阅。

下面内容是上个月九月二十一日外务省托委池贝铁工所制作二个装机器的木箱，将货物直接发送到东陆大学的相关事宜，为在东京及当地关税通关时，能顺利通过，之前，由外交司长安排为其提供方便，并于上月十月二是二日附本信函申请即在交纳进口税及

云南大学史料丛书·校长信函卷

通关税等时，考虑不予征收的结果。一切按上述信函办理。

日本驻滇领事官中野勇吉敬具
大正十五年十一月二十五日

致日本驻滇领事官中野勇吉函

敝大学承贵国政府惠赠工科实习机械三种，其一、二两种车床、钻机各一具，昨经收到，当经肃函鸣谢在旁。现第三种十二英寸刨床一具，亦蒙惠寄到滇，并已接受清楚。敝大学对于贵国政府赞助之盛意，极深感激，用特专函申谢。即请贵领事官查照转呈贵国政府鉴察为祷。此致驻滇大日本领事官中野君。

董泽
民国十六年五月十七日

致各主任函

迳启者。现中华教育文化基金董事会请讬朱仲翔先生调查本校实况，本校订于月之二十八日午后一时欢迎朱君到校参观。惟关于本校各部状况，调查时均须分别加以说明，用特奉达，务请届时莅校指引参观为盼。除分函外，此致萧、华、余、杨、赵、袁主任，何会计长、杨庶务长。

校长董〇启
民国十六年五月二十六日

附： 安排朱廷诂、朱仲翔参观事董泽与中华教育基金会往来函

迳启者。顷接大函，敬悉台端经中华教育文化基金董事会介绍，拟于五月廿七日左右前来敝校参观，毋任欢迎。惟是日因公祭唐总裁，时间短促，招待恐有不周，兹订于二十八日午后一时恭候文驾，即请惠临为荷。此致朱仲翔先生。

东陆大学启
民国十六年五月二十六日

致省财政厅函

迳启者。案准贵厅公函，据昆明县长呈请豁免开辟东陆大学运动场佔用田地钱粮一案，后开：查该县长呈报上年举办护国纪念联合运动会，开辟东陆大学操场，佔用莲花池村民李效忠等田地亩数是否相符，本厅无案可稽，相应函请查明佔用田地数目价值，造册函厅，以凭核办等由。准此，查上年举办护国十周年纪念运动会，开辟东陆大学运动场，佔用莲花池村民地叁亩陆分肆厘式毫、民田壹亩肆分柒厘，核查郑县长呈报尚属符合，相应开单函请贵厅查核办理。此致云南财政厅。

计送清单一纸。（略）

护国十周年纪念联合运动会正副会长唐〇〇董〇
民国十六年八月

董

泽

为促成请款事董泽致周钟岳函

惺甫尊兄赐鉴：

睽违尘教，时殷渴慕，敬经福随春至。德与日增，翘企乔云，式如承颂，顷接教厅函，祗悉台从为振兴吾滇教育文化起见，具书向中华教育文化基金董事会请款补助，敝大学亦蒙列入，仰见关垂，曷胜钦感。敝大学自基金会宣布协款办法后，当即根据该会定章，就校内所急需增备之理化仪器药品，土木系应用之材料，水力实验器械，采冶系应用之地质矿物标本器械，以及图书室书籍等。拟具请款书，送请基金会补助。当承接受，并托地质调查所技师朱仲翔君到校调查，朱君调查结果，认敝校关系重要，请求事项俱属必要，不过将请款数目，略予裁减，会党军北伐会务停顿，因循多时，迨北伐成功。该会改组，乃复派广东中大主任陈宗南汪敬熙两君，专程来滇复案，事后接该会来函通知，议决补助。敝大学物理化学图书三项购置费，各国币壹万元，嘱拟具购置计划，送会审核，以便发款，随经照办，是基金会虽允补助敝校三万元，而于敝校最感需要之土木采冶两系设备乃迄未达到目的，此次台从申请补助，置重科学教学，而教厅来函亦以造就路矿人材为言。正与敝校素旨相符，兹已拟就扩充土木采冶两系计划书，送请教厅汇办，书中要点，为设备土木系必备之材料试验器械，水力试验器械，以及采冶系必备之化学药品，地质矿物标本，采矿器械、冶金机械、选矿机械等，设置齐全，约需国币二十万零二千元。以三年完成，每年计六万余元。敝校凤荷掖进，此项请求，直接完成校内设备，间接增进教学效能，关系甚巨，务恳鼎力促成，以谋发展。又敝校已向基金会请准之补助费三万元尚未发给，并祈代为就近催促。不胜企祷之至，专此祗请旅安并希示复不戢。

小弟董拜启

民国十八年三月十三日

四、私立体制　举步维艰

　　1922 年学校制定的组织大纲中规定，学校行政管理体制为董事会下的校长负责制。校长通过评议会、行政会、教授会、各科及各系教授会，实施对教学、行政、人事的管理权。但在整个私立时期，除了设董事会，评议、行政、教授各会均未成立。而另设了由校长主持的各处科主任组成的校务会议。

　　董事会前后共三届，1922—1927 年为第一届，董事共 3 人，唐继尧因是省长、创办人，被尊为董事长；另外二人为陈均（个旧锡务公司总经理、个碧铁路总办）、王九龄（省财政司长、名誉校长），两人都是学校的财政支柱。1927 年 5 月，唐继尧去世，改组董事会，成立第二届董事会，龙云任董事长；董事有王九龄、董泽、陈均、唐绍骙（系唐继尧之子）。1928 年 9 月 24 日，又组成第三届董事会，董事长仍为龙云。

　　唐继尧作为创办人、董事长，自学校筹建到其逝世，就一直"提撕辅翼"，"以致知、力行悔诸生"，"以自由研究为教旨"，"筹措校费"，"无微不至"。而"一切计划悉有校长董泽氏为主持，如筹划经费、建筑校舍、招收学生、分班以及聘请教员等事，均属校长范围之事"。私立东陆大学创建时期，行政体制是董事会下的校长负责制，以唐继尧为首的董事会在办学思想上作指导，在校办学经费上给予支持，而校长则是学校行政的具体负责人。

　　这种管理体制，在云南这样一个经济不发达、文化落后、战事纷争的地方，运行起来困难重重。在东陆大学创办初期，这种体制还能勉强维持，但随着唐继尧的逝世，这种体制便名存实亡，最后连董泽也不得不被迫辞职。

董泽

致唐继尧函

一件：呈请省长转饬司法机关酌减前兼大学筹备员陈立幹刑期由

　　呈为呈请转饬宥减事。窃查前兼东陆大学筹备员陈立幹因误带烟土违禁被获一案，已由法庭判处徒刑，科以罚金并褫夺公权，现正分别执行。事关讼狱，何敢妄参？惟念该员素行端谨，颇具热忱，其协同筹备大学尤能竭力尽心，深资臂助。此番携带禁物，固属咎由自取，然事出错误，其情不无可原。现该员拘禁日久，愁病交生，兼以境况萧条，举室咨嗟。种种凄惨，目不忍睹！用敢不揣冒昧，仰恳钧座恩施逾格，令饬司法机关从宽酌减，予以自新。如蒙俯允，实沾德便矣。所有恳请转饬宥减各缘由，是否有当，理合备文呈请钧座衡核批示。谨呈云南省省长唐。

东陆大学校长○○暨全体职员谨呈

民国十二年二月七日

杨武勋致董泽信函

　　呈为学薄才庸难胜重任恳请准予辞职事。窃职猥以菲葑，上邀赏拔，民国九年筹备东陆大学，荷委文牍职务，历不数月，政局变迁，事遂中寝。迨至去年赓续筹备，复蒙钧座以为老马识途，仍委原职。固知学薄才庸，难膺大任，然既承垂爱，不敢坚辞，遂竽滥十一阅月。今幸大功已竣，学府告成，内部组织焕然一新，教职各员类皆硕彦，若犹以鄙陋寒酸掺杂其间，不但白璧有瑕，贻人嗤笑，即职亦自惭形秽，踌躇难安。思维再四，惟有恳请准予辞去秘书职务，俾免竽滥。至能否垂念勤辛加以保荐之处，伏乞钧裁。除预备交替外，理合具文呈请钧核示遵。谨呈东陆大学校董。

本校秘书杨武勋

民国十二年四月二十八日

由云龙致董泽信函

迳覆者。接准大函，嘱于廿六号（星期六）午后三至四时讲演。云学识荒陋，本不敢抗颜讲席，惟既承台命，谊不容辞，届时遵当赴校，其讲题拟为《历史上云南与大局之关系》。谨此奉覆，即颂

公绥

由云龙鞠躬

民国十二年五月二十三日

致唐继尧信函

为呈请事。案前东陆大学秘书杨武勋送请辞职，业已照准。查该员系云南法政学校毕业，文理优长，识见明达，前在大学筹备处充任文牍，佐理一切文书，深资得力，计任职十一阅月，对于校务进行不无微劳足录，拟请钧长俯赐衡核，着予行政委员或县佐存记，以彰劳绩，而励勤能。是否有当，理合具文呈请钧鉴。谨呈云南省长唐。

东陆大学校长董○

民国十二年六月七日

为招收贵州学生事宜董泽致唐继尧函

夔赓三哥大人尊鉴：

前由杨团长返滇，带到赐书，并佳酿六瓶。均照择登。即复一函交邮寄黔，未识已登荃察否。黔省连年祸乱交弃政纲紊杂，财源枯竭，民不聊生。吾哥统率义师，拯民水火，联络唇齿，金汤已固。袵席以安。彼都人士，爱戴之深，可以想见甚于霖雨苍生者。迩来庶政具兴，自必日臻上理。黔云在望，景仰何穷。惟素来贵体不甚坚强，尚希善自节劳，随时珍摄，是所至祷。滇中政局，甚见宁谧。各路匪风虽炽，刻正分道痛剿，不难次第荡平。至于教育设施，力图政善，虽成效难期，而慎于用人，不无起色之望。东陆大学开办已阅四月，设备一切，粗具规模。所有预科各项事宜，大政完备，刻正计划正科办法。弟对于管教学生，全取严格主义。故校风当见整肃。自惭德薄能鲜，时惕渊冰。深望吾哥时锡南鍼，俾免坐愆北辙。兹接来电尊意欲送贵州学生来滇入学，具见体持政本，以教育为前提。惟大学办法全系公开，凡有建议，均由校员全体通过。当将此事交大学校务会议议决办法数条。兹将议决案另单抄录，并将章程规则，以及教科书名目，送请督核，如荷赞许。即乞赐复，并寄募捐册十本，希鼎力代募。再将考试各科题目，拟出寄奉。月前，大哥政躬，稍有不豫，兹已见瘳。对于时局，势不能不事事劳心，所幸对内对外，均当顺手，总之财政奇绌，一切设施，不能十分舒展耳。敝寓现移入教

云南大学史料丛书·校长信函卷

育司署，逐日办公，稍觉便捷。贱躯尚称安适，令妹亦清顺如恒，堪以告慰，谨请尊府亦安，清吉，祈勿远念。耑此布达，敬请

勋安

贵部同乡诸旧好均此致候

妹婿董泽顿上　令妹附笔请安

民国十二年八月二十九日

照抄十二年八月二十三日东陆大学校务会议议决案一件

提议滇黔联军唐总指挥官拟送贵州学生来滇肄业，本大学案议决（甲）考取学生试验办法，须具有中学毕业程度，试题由本校拟就寄交唐总指挥官，就地考试，从严取录，取定后连同试卷送滇复试，其不极格者，仍不收录；（乙）检寄预科暂行规章，招考广告及正班现用各教科书名称；（丙）学生应缴本校各费照章办理；（丁）函请唐总指挥官代为劝捐，以资补助本大学经费；（戊）学生名额，第一期以四十名为限。

致唐继尧信函

为呈请事。窃东陆大学筹备处自十一年六月一日成立以来，业将筹备事务延访学识优长之士充任各筹备员在案。兹大学已于四月二十日开学，所有筹备一切职务除建筑校舍工程正在督促赶办以期早日落成外，其馀筹备处各务均于大学成立之日告终。查大学之事观厥成，非由泽独立所能规划，是皆筹备各员学具专精，长才佐理，和衷共济，积极进行，得群策群力之功，始克收此效果。今既一堂弦诵，共咏菁莪，百年树人，同赓棫朴，上以副钧长作育英才之至意，下以慰学子殷殷向道之初衷。缅溯前情，不得不归功于筹备各员之勤奋，拟请钧长饬制纪念章，上镌"东陆大学筹备纪念"八字，颁给各该筹备员，以励贤能，而昭激劝。再现任大学管理各职员，对于职务均见竭诚将事，协力同心，校内一切设施业已次第就绪。窃思校内管理人员，在校即为学生之矜式，对外即树社会之楷模，亦宜锡以褒荣，以资勉励。应如何奖给褒章之处，拟併请钧长俯赐衡核办理。至校内各职员在事未久，本不应率予请奖，第以东陆大学钧长志宏乐育，念切观成，创办艰钜，非寻常学校所可同日而语，故不得不先示鼓策，以彰缔造之难。是否有当，理合分别开具名摺，具文呈请钧鉴，伏乞训示遵循。谨呈云南省长唐。

计呈名折二扣。

校长署名

民国十二年九月一日

李承祖致董泽函

雨苍司长先生钧鉴：

两奉教言，均拜领悉，惟前后奉到财司指、训两令，均饬由承祖会同新任汤知事会商妥拟进行办法呈俟核示等因，并无会办结束及专任其役明文。承祖既已交卸，只好遵令办理，未便独断其事，当于五月七日交卸，于九日即将此案专案冷商会呈俟核，以便进行，乃汤任初似怀疑，并不表示何种态度，嗣再四促催，种种解说，又奉财司转令省长训令照准，以此项升价银两全数提作大学基金，又经承祖一再商确，始于前星期决定

着手进行，当将详细办法会衔分呈钧司及财政司在卷，虽呈内申明会呈后即着手进行，但此君过慎，又兼小有匪患，总于月外方能办有收入，陆续汇解。承祖现拟日内赴省面陈一切，至于会办已委托妥正绅士王燕臣、宋联元二人暂为代理催促，当不致稍有滞碍也。知关钧注，特此奉达，并请

　　勋安，诸维朗照，不宣

卸知事李承祖顿首

民国十四年七月十六日

汤祚致董泽函①

雨苍司长钧鉴：

　　日前寄呈芜禀，计蒙钧鉴。董幹升科事刻已积极进行，不日即亲往该地发照收费，一有成数即陆续汇省济用。现李君寿之已起程晋省，关于此案，祚当负责办理，力图报称，以副钧长维持教育之至意。至一切办事手续，因仓卒之间，容或有未能悉合程序之处，现钧长兼理财政，恳祈鼎力主持，特别通融。抑更有进者，董幹猂民，人情反覆，办理此事一惟以怀柔手段为主，若过激恐生变也。区区之愚，幸垂察焉。馀容续陈。肃此，敬叩

　　勋祺，诸维爱照，不备

汤祚谨肃

民国十四年七月十七日

胡若愚致董泽函②

雨苍仁兄大鉴：

　　辱教并以赞助校务进行见嘱，承示三项，祇须有机可乘，无不尽心力而为之。不过现在到防伊始，关于军事之编整正在着手办理，必待行有餘力，而后乃能旁及他事。重以台命，惟有随时留心。以后如有合于遵嘱之事，自当奉商办理，以副雅意也。复此，顺颂

　　麈安

弟胡若愚泐复

民国十五年四月一日

周钟岳致董泽信函

雨苍仁弟鉴：

　　文官考试试场昨日至省署斟酌，因大讲堂光线太暗，且亦不能容四百馀人，奉帅座批示，仍决定在东陆大学，拟定期于八月十六号举行，届时如校中业经开学，惟有请特别放假一日。至试场如何布置，将来主试襄试各员暂住何处，亦不能不先行商定布置。兹特派戴、姜科员奉谒，尚祈指导一切为感。专此，顺颂

----

① 该函系用"西畴县公署用笺"书写。
② 该函系用"蒙自镇守使兼东南边防督办公署用笺"书写。

云南大学史料丛书·校长信函卷

台祺

周钟岳顿

民国十五年八月四日

复周钟岳函

一件：覆周司长借用本校考试文官由

惺甫尊兄赐鉴：

姜、戴两科员来，奉读手示，敬悉文官考试试场决在敝校，当即派员引导姜、戴两君察看各处校舍，即祈于试期前数日派员到校布置，届期如已开课，自当放假一日，以便考试。专此奉覆，顺请

政安

小弟董○谨启

民国十五年八月五日

二

董泽致孟友闻函

佩乾①师长仁兄英鉴：

敝校经费拮据，进行困难。弟忝长校务，筹措维持，责无旁贷。因拟外出募捐，藉资补助。在外出期间，校内事务已有行政委员会负责执行，惟校外事务必须藉重鼎力。昨经趋谒台坫，面恳翊助，业蒙慨允，具见爱护先帅遗业，热心大学教育，引睇旌辉，无任铭感。兹将敝校行政委员名单开陈一纸，嗣后遇有劳烦清神之处，由各员请谒时即希赐予接见，指示一切，俾资维持，莫名盼祷。耑此佈悃，藉伸谢悃。顺请

戎安，诸维爱照不偒

附名单一纸。（略）

董泽

弟董○敬启

民国十七年二月九日

致马骢信函

伯安②委员仁兄大鉴：

（云前至无任铭感）。嗣后遇有劳烦清神之处，由萧扬勋、杨克嵘两君请谒时，即希赐予接见，指示一切，俾资维持，曷胜企祷。专此奉恳，顺伸谢悃，即请

勋安，诸维亮察，不具

二

弟董○谨启

民国十七年二月九日

董泽请陈钧、王九龄主持组织校董会函

迳启者，本校自唐公创办以来，于兹数载，厚承唐公任董事长，两公担任董事。校

---

① 佩乾，孟友闻的字。
② 伯安，马骢的字。

37

内事务诸蒙主持，得以日起有功。自创办人唐公逝世，董事长一席，久已虚悬，而董事会又未正式组织成立，于校务之监督指导，深感缺乏中心。为促进校务，维持久远起见，本校董事会实有从速组织之必要。应请两公鼎力主持，即将本校董事会正式组织成立，以利进行。不胜企祷之至。此致校董鹤亭、王校董竹村。

东陆大学校长董泽

民国十七年九月二十三日

董泽请龙云主持东陆大学函

迳启者，敝校创办人唐公为培植地方人才起见，创设东陆大学，迄兹数载，规模初具。不幸唐公逝世，敝校顿失中心，校务进行，缺乏指导。我公总维滇政，对于教育倡导备至。敝校既隶骈骦，自在维护之列，而于唐公创办之文化事业，尤复力加维护，无论公谊私情，均应恳请鼎力主持，以期进步，而垂久远。将来人才蔚起，皆出我公之赐也。此上龙主席。

东陆大学校长董泽

民国十七年九月二十三日

致东陆大学董校长泽致董事会辞职函

敬陈者。泽性本庸愚，系心国事，深信建设本根端在提高文化、造就专门人材。民国九年，由美国留学还滇，适唐公赏赍有剙立大学之议，命泽预为筹备，未敢固辞。甫具端倪，政变遽作。十一年唐公还主滇政，复命赓续进行，赖朋友之匡扶，社会之佽助，未及期月，诸务毕兴。当初议时，佥以大学之基础由唐公创建之，大学之规模尤望唐公扩张之，因取唐公别号以为校名。时滇省在自主期间，未便达部立案，乃将组织大纲呈奉省务会议核准。自经始以来，建筑校舍已费钜资，学校基金颇难筹措，政府诸公则就无碍正供之产业酌予提拨，又得热心人士踊跃输将，惨淡经营，规模渐备。校中事务则由教职员同心协力，夙夜在公，内外相维，校务乃日有进步。阅年而会泽院理化室实习工厂落成，图书仪器校具亦渐充实，乃按年招收学生，分科授课。训育不惮严格，讲授亦颇认真，故当学潮迭起之时，而本校卒不为所牵动，学生皆知以潜心求学为急，遂养成朴实凝重之学风。学生父兄益加信仰，各友邦亦以本校为有望，赞助綦多，如法如日，以及美退庚欵组织之中华文化基金董事会，或助以图书仪器欵项，或助以实习机械，皆其荦荦大者，若社会上各方之补助则更不能偻指计。本校创设至今不过数寒暑耳，然由草创而完成，由完成而得社会信任、国际同情以有今日者，是皆在校各职教员尽心竭力之所致也。泽德薄能鲜，无补于事，然奔驰筹维，心力固已交瘁矣。迨创办人逝世，本校尤难维持。泽疲苶之馀，诚不欲再肩重任，海滨遯处，期得少休。无如时局未宁，校事无人负责，同人函电交驰，责以大义，迫不获已，又赋归来。重荷政府眷顾，予以经常补助，校中同人欣然协作，凡百事务得免停滞。拟俟请准立案，即行退休。乃初则中央政府尚未统一，章制未佈，立案无从。泊国民政府建都南京，大学院颁佈私立学校规程，凡私立学校须有校董会，于是从事于校董会之重组，进而为立案之准备，而大学组织及私立学校规程又有变更。迨根据今制，将立案手续办理完竣，而本校改组之议复起，坐是本校立案一事荏苒至今，迄未实现。学校之变更未定，校务之难阻环生，屡欲知难

云南大学史料丛书·校长信函卷

而退，然责任尚未解除，不得不勉尸其位。顷闻省政府决议本校改组省立等语，泽幸得卸仔肩，不禁为之欣跃。回溯本校筹备期间，无一椽之蔽一厦之覆，今则校舍可容千人，设备足敷应用，蔚为西南学府，本预科生先后毕业数百人，亦尚足供社会之信用，即时隐退，亦可以告无罪于桑梓也。且自承乏以来，十易星霜，学殖荒落，精神颓靡，任兹艰钜，势有弗能。今幸大学改为省立，悉由政府主持，力量既宏，发展可望。此后斯校日益光大，人材蔚起，即唐公始创之功自不可湮没，而泽之心愿亦即于此完成。飘然远引，正在斯时。用是陈请准予即日解除校长职务，俾得游历海外，休养身心，备异日之贡献。徯装待命，毋任屏营，务祈迅赐施行，至深感祷。再现据本校全体职员以学校变更，职务当然停止，一致签请解职前来，合并陈明。谨上东陆大学董事会。

校长董泽
民国十九年八月

致陈钧函①

鹤亭校董大鉴：

　　窃泽前此外出，敝校事深荷维持，仰企高谊，铭感实为。现泽已于日昨返滇回校视事，敝校行政委员会代行校长职权并已照章解除，此后校务进行仍尽力予赞助，不胜盼祷。专此奉陈，顺申谢悃，即请志舟主席勋鉴、伯安委员勋鉴夔举先生道鉴。诸祈。鉴察不具

董○谨启

致华秀升等信函

秀升、屏洲、蔼耕、叔完、敬业、子深、云九、雨南、佐兴、滋伯、紫芗、伯庸诸兄均鉴：

　　别后不识起居佳善否？极念极念！弟因沿途待船，至本月十二日始抵鼓山，随即礼佛参拜虚老。本日请虚老主香做佛事，设斋供故僧，并为诸兄祝福，聊报诸兄爱我之厚谊也。鼓山名胜山川佳绝，古蹟繁多，遊览之餘，尤增出世之想。弟此行也，身心颇获休养，堪慰远怀。明日拟至福州城一行，购办船票，准于三数日后启程赴沪转往日本。此后尚望诸兄时惠德音，以匡不逮，为盼为感！暑热日臻，诸维为学自卫。手此，敬叩
　　公安

弟董泽谨上
民国二十年五月十五日

董

泽

---

① 此条年代不详。

致华秀升信函

秀升我兄如握：

前在鼓山曾寄一函，想已递到。不识近况佳善否？极念极念！弟于昨月尾已安抵东京，在市外就友人附近赁一小屋，聊安旅居，饮食绝对素食，生活极求简单。现正着手学习梵文，研究印度哲学，欲于佛陀真理加以深讨也。日本近来因经济影响，到处社会皆有"不景气"之现象及"恶化恶化"之论调，不出数年，其国中恐难免有一番之剧变，此亦盛衰无常、人类应有之过程也。吾国赤祸方张，统一复形破裂，民生疾苦念之痛心。吾滇治安较胜他省，不识近况如何，尚祈有暇时惠德音为盼。暑热，诸维为学自卫。手此，即请

公安，并祝潭福

弟泽顿

民国二十年六月六日

屏洲、佐兴、子深、雨南、赓馀、雲九诸兄统此致候。

华秀升致董泽信函

函一：

雨苍校长大鉴：

鼓山、日京两椷俱已奉悉，就稔究心禅悦，玉体清和，至为慰忏。大学各务仍如常进行，惟因交代事项，财厅欲予取予携，而同人则坚持须照合法手续办理。校内经费，财厅遂靳而弗予，致使改进计划受其打击，然同人为维持大学命脉计，初不因此而短气，自必坚持到底，期免物议，预料不久当可解决。校务受制于经费，自不免有多少影响，但同人则弥加奋励。前呈准提前收束预科，刻已于暑假期间实行补课，八月末即可毕业。又为扩充教育起见，开办暑期补习学校，招收初中毕业生来校补习，有学生近百人，于大学前途不无裨补。现决于下学期成立理学院，以完足大学编制，期便呈部核准。至呈部一事，已将各项手续办妥，呈请省府核转，预料当可通过，不致受部中挑剔。校内同人俱各清吉如恒，祈勿锦注。时当溽暑，诸维珍卫，顺请

旅安，不戬

弟华○○谨启

民国二十年七月十四日

函二：

雨苍校长赐鉴：

前陈寸笺，计达左右。敬维旅祺清胜，或如肥颂。本校在上学期因交代事与财厅争执，经费不能按时领获，进行颇感困难。近来交接均已办妥，经费已完全领到，并领获锡务公司息银二万馀元、修理费伍万馀元，拟将校舍大加修葺，并添购化学药品，以资充实。职员方面，刻新聘张蒙九任训育主任，姚继唐任体育主任，陈勋仲任编辑委员长，王雲九专任军训主任，袁蔼耕荣任民政厅长，辞图书主任，以严佐兴暂代。又秘书室亦添秘书员丁文炳一人，各部职员殆已设置齐全，而教员方面则范晋丞、陈勋仲、段继之、李颂鲁诸君相继归来，大学人材当以此时为盛。倘经费不成问题，前途颇可乐观。学生

云南大学史料丛书·校长信函卷

方面，预科一班已毕业收束，本学期升入本科者约半数，外招入试读生十馀人，尚可成立两班，此后从严管教，不难恢复开办时之学风也。金风送爽，诸维珍卫，顺请

旅安，不具

华○○谨启

民国二十年九月十七日

寄日本东京市外东中野上落合五四七东青庄

董泽

华秀升

（省立东陆大学时期 1930—1932 年）

华秀升（1895.5—1954.4），名时杰，蒙古族，云南通海人。

华秀升

幼年读私塾，清光绪三十四年（1908 年）到北京进入云南会馆内办的滇学堂学习，后以优异成绩考入清华学堂。在校 8 年，每天黎明就在校园背诵英语课文，与同学交谈也用英语。辛亥革命后，他受新思想、新文化熏陶，积极进取。他爱好体育运动，每天清晨练习跑步，在清华 1917 年百码比赛中以 10.4 秒的成绩打破清华短跑健将潘文炳在 1913 年创下的纪录，也是民国初年全国最好成绩，直到 1926 年无人打破。民国八年（1919 年）的五四运动中参加爱国示威游行，被捕入狱，经蔡元培等交涉获释。同年毕业于清华，被选送美国密苏里大学，1921 年 4 月毕业，取得文学学士。同年 9 月考入佛罗里达大学商学院研究生部，主修政治和历史，于 1922 年毕业，获硕士学位。他的硕士论文《政权分立及其在美国的应用》得到好评。同年，又考入哥伦比亚大学商学院读经济学博士学位。在佛罗里达大学，他是学校第一足球队主力队员，踢右边锋。半个多世纪后，该校档案馆的管理员还称他为"我校第一位来自亚洲的运动员"。他也喜爱打网球。

1924 年，因祖父去世，回国奔丧。事后留在国内，云南省政府任命他为云南高等师范学校校长兼美术学校校长。时任私立东陆大学校长的董泽，获知华秀升回到昆明，即向校董事会推荐华秀升担任东大教授。1926 年华秀升被东大聘为文科主任，便辞去其原任云南高等师范学校校长兼美术学校校长等职，一心投入东大的教学管理工作。他在东陆大学讲授经济学，还兼任工科的英语教学，并自编教材。他纯正流利的英语口语受到学生的欢迎。

1929 年 10 月，东陆大学副校长卢锡荣升任省教育厅厅长，省政府任命华秀升接替副校长职务。1930 年 9 月董泽辞去校长职务，省政府任命华秀升为代理校长。1932 年 9 月他辞去校长职务，离开云大到省政府任职。

华秀升掌校仅两年，但在这两年中，任劳任怨，积极推进校务，为学校发展做了不少工作，继承和发扬了东大的优良学风。他与董泽在办学思想上较一致。其任私立东陆大学副校长时，就为提高学校教学质量协助董泽向省外聘请有名学者来校任教，如聘请政治学专家浦薛凤（后为清华大学政治系主任）、心理学专家陈华庚等。改省立后，虽然学校经费困难，但他仍想方设法使这些教师继续留滇。他主张学术自由，聘请教师不问学派，只重专业特长。因此，当时教师的学术倾向均较明朗，如政治系的教师有用奥地利心理学流派解释价值和价格者，也有对苏联政治制度大加介绍并公开表示赞许者，还有对中国封建传统文化大加宣扬歌颂者。学校对这些现象未作限制和干涉，允许教师根据自己倾向的学术派别观点讲授，同时也允许学生阅读各种学术派别的参考书，提出看法和教师辩论，教师则在辩论中引导而使学生得出正确结论。

他认为培养学生的爱国意识、忧患意识是教育者的责任。1931 年《东陆月刊》正拟发刊时，爆发了"九一八"事变，为了激发师生的爱国热情，将《东陆月刊》改为《东大特刊〈对日问题专号〉》（以下简称《对日问题专号》），华秀升在卷首语中说，出这个刊物是"拿笔杆子来尽我们一点当国民的义务"。1932 年 1 月 28 日，日军又进攻淞沪，发生了"一·二八"事变，《对日问题专号》就继续出版，直到 7 月，共出 8 期（其中 3 月份未出），刊物内容主要是揭露日本帝国主义侵华及国际上对此事件的态度和我们应如何进行抗日的宣传，多为政论性文章，主要是教师所写，有些文章颇有水平，其中以陈复光的为最多；此外，还转载了一些译著，如林同济发表在英文刊物上的《日本在满洲铁路企业之政治观》也译载于该刊上。5 月，由于南京政府与日本签订了卖国屈辱的《淞沪停战协定》，开始对人民的抗日活动和抗日组织进行镇压和取缔，《对日问题专号》于 7 月被迫停刊。9 月，又改出学术性的《东大月刊》，其中还刊出了陈复光写的《李顿报告书公布后远东国际局势之推测》一文，其中分析了报告书对中国有百害而无一利，指出各帝国主义国家都从自己的利害出发决不会听从国际联盟的指挥。因此，中国人决不能不定自己的方针而随事态变化，让别人来替我们解决国事，放弃自己主人翁的地位；要积极备战，从备战中求和平，才能得到相当的胜利，这样得到的和平才是光荣的和平。这篇文章是根据陈复光对国民党昆明市第一区党部和云南警官学校的讲演整理的，其中主要的分析是深刻的，表现出爱国主义的情绪。这些文章表达了东陆大学师生的爱国激情和誓死抗日的决心，产生了很大的影响。他不仅办抗日特刊，组织师生进行抗日演讲，宣传抗日，还组织学生进行军事训练，亲自担任训练大队长，随时准备出征报效祖国，为抗击日本侵略尽一份公民的责任。

华秀升不仅自己热爱体育运动，而且是近代云南体育教育的一面旗帜，他倡导师生参加体育运动，将其作为教育学生的一个重要方面。为了给师生一个较好的运动场所，在校园东侧荒地上开辟了东陆体育运动场（今天的东一院体育场），全场周长为 800 米，有 400 米的椭圆跑道，200 米的直跑道及足球、网球、篮球场，这是云南省第一个符合国际标准的体育运动场。

1926 年 7 月 21 日，华秀升被选为云南省第一届体育协会暨云南省体育促进会的会长，为云南的体育运动发展做了许多有益的事。在他的倡议下，1930 年 10 月，省政府在东陆运动场举办了第一届全省运动会，他负责组织指挥，并任总裁判。为开好运动会，他邀请昆明市体育界的知名人士到家里通宵达旦地商量运动会的各项事宜，订出比赛项目及其负责人。由于准备充分，运动会的开幕式盛况空前，许多市民也纷纷前来观看，临时搭建的看台座无虚席。

华秀升

参考书目：

1. 刘兴育等编撰：《云南大学志·人物志（二）》，云南大学出版社 2003 年版。

2. 丁宝珠等编撰：《云南大学志·总述》，云南大学出版社 1993 年版。

3. 云南省地方志编纂委员会编：《云南省志·人物志》，云南人民出版社 2002 年版。

一、私立东陆大学改组为省立东陆大学

1927年2月6日，云南发生"二六"政变，唐继尧被迫辞去省长之职。经此变故后，唐遂一病不起，于同年5月逝世。唐去世后，赖其支持的私立东大"顿失中心，校务进行缺乏指导"。在1930年8月第77次省务会议上，通过了"东陆大学改立"的议案，议案指出："省政府为谋求教育系统之调整，教育事业之联络，及大学本身之发展计，决议改组为省立东陆大学，经费由省款支给。"董泽反对改组计划，并提请辞职。1930年9月20日省政府第185次会议上任命华秀升为省立东大代理校长。同时宣布成立省立东大筹备委员会，任命周钟岳、龚自知、陆崇仁等人为委员，对私立东大一切校产、校舍、校具进行盘查。1931年省立东大根据教育部规定，改文科为文学院，改工科为工学院，增加体育、军事培训部，同时预科中止。以下所列的部分往来信函，可看出当时改组中出现的问题以及对策。

致任稷生、朱少屏、黄發顽信函①

惠鉴：

睽违淑度，载赓寒暑。落月屋樑，良殷驰系。辰维文祉绥和，声华懋著，式如肥颂。现东陆大学经滇省政府决议改组省立，雨苍校长坚请辞职，政府令委秀升代理校务。自维疏庸，深惧弗胜，辞不获准，勉承其乏。此时改组办法业已确定，亟应进行立案手续，唯省立大学立案办法法令无规定，究竟应备如何条件、应具何种书类，拟请劳神代询部中知好，详为见示，以便照办，毋任感荷。遥企乔采，不禁神驰，尚祈时惠南针，藉匡不逮，是盼是幸。专此奉恳，祇［祗］请

春祺，不具

弟华○○谨启

民国二十年一月二十六日

致陆崇仁信函

子安厅长②勋鉴：

关于东大校产校具接收事，敝处奉令并接尊椷后，即转知原日代管人员，准备点交。据称，东大校产校具原系移交省大筹委会，筹委会派人来校清点，暂交本校各部职员代为保管，是本校各部职员保管之校产校具系受筹委会委托，此时当然须由筹委会接收后，再由筹委会移交基金会，方合手续，若由基金会敬向各部职员接收，似于手续稍有不合，各部职员断难负此重大之责任，等语。查属实情，特以转达，即祈查核办理为幸。专此，敬请

① 此信年代疑为1932年。该函分别寄上海仁汇路仁昌公司任稷生、上海寰球中国学生会朱少屏、上海商务印书馆黄發顽。
② 子安厅长，即财政厅厅长陆崇仁。

云南大学史料丛书·校长信函卷

大安

弟华○○谨启

民国二十年五月八日

致徐嘉瑞函

梦麟①兄鉴：

惠函诵悉。昨接陆委员长来榆，即经转知负责人员准备一切，惟尚有与兄面商之处。兹订于下星期三（廿日）正午十二时召集各负责人员在敝校敬候，即冀惠临是盼。专复，顺颂

日安

弟华○○启

民国二十年五月十五日

徐嘉瑞致华秀升函

秀升兄鉴：

奉陆委员长面嘱筹备委员会函已交贵校，嘱弟径向台端商定接收日期。究竟何日接收，请兄酌示日期，并转知负责人员以便按时趋候台教。伫盼赐复，即颂

仁安

弟徐嘉瑞上

民国二十年五月十五日

华秀升

致龙云信函

事由：呈报组织大纲请核示

呈为拟具组织大纲请核定示遵事。查本校现已改组竣事，亟应拟订组织大纲，以资依据，而便进行。当经遵照最近教育法令，参照国内大学现行办法，根据本校既成事实，拟订云南省立东陆大学组织大纲二十三条提经校务会议一再慎重讨论通过。就中有应行声明者二点：按大学组织法之规定，大学须设三个学院，又按省立大学改组意见书所载，本校三个学院得于三年内逐渐完成，第一步先设文学院及工学院等语，是则本校编制至少须设置三个学院，始得成为大学。若组织大纲内仅规定设置两个学院，则与大学组织法不符，恐中央不能通融立案。以本校现有设备师资论，除文、工两学院外，法学院及理学院亦可同时成立，故大纲学制一章拟订设立文、工、法、理四个学院，期符法令。此其一。大学组织繁复，各部职员需人甚多，故行政组织不得不稍趋完密，以期巨细毕举。大纲所拟行政组织，大都根据现状而酌加扩大，然各部职员为节省经费起见，并未设置齐全，所以从大处拟订者，盖为适合大学体制，多留伸缩馀地，以为将来发展之地步。此其二。所有呈拟组织大纲缘由，是否有当，理合呈请钧府衡核示遵。谨呈云南省政府。

————————————

① 梦麟，徐嘉瑞的字。

计呈组织大纲一份（略）。

代理省立东陆大学校长华〇〇

民国二十年七月三日

致财政厅陆崇仁信函

子安①厅长勋鉴：

　　关于接收东大校产校具一事，昨经会函教育厅检送清册，此项清册日内即可送交来校，希即委派代表莅校会商剖划，分别接收，以期早日了结。专此奉达，顺请

　　勋安

弟华〇〇谨启

民国二十年七月二十八日

----

① 子安，陆崇仁的字。

二、高瞻远瞩　延揽人才

　　华秀升原是私立东陆大学的副校长，还任过文科主任，青年时期曾在清华学习并留学美国。因此，在办学思想上与董泽一致。学校改为省立后，他仍然按照私立东陆大学的办法，由校长聘任教师，为提高学校教学质量向省外聘请知名学者来校任教。他主张学术自由，聘请教师不问学派，只重专业特长，允许教师根据自己倾向的学术派别观点授课，竭力邀请知名教授来校任教，哪怕是让一位好教授每学期讲上一两次课，他都将其看成是学校的荣幸。1930年在校担任法文教师的高玉麟以"事务较繁，时间不敷分配，恐于学生学业有碍"为由，提请辞职，华秀升收到高玉麟的辞职信后，立即回信竭力挽留："现在学期不久终了，法文功课适在中途，未便另觅他人代理，台端所任课程仍望拨冗继续教授，不胜感幸。"从这些信中可看出华秀升聘任教师特别是知名教师的苦心。

致穆理稚信函

　　事由：函聘穆理雅院长为本校医官

　　迳启者。顷由黄日光君面告，敝大学医官一职，承贵院长允许继续担任，并荷优待免收药资，敝校学生极为欣感！谨将聘书奉上，即请查收。至诊治手续，遇学生有病时，拟仍由校发给证片，在贵院长诊治时间，持片到医院求诊，合并附闻。此致穆理稚院长。

校长华○○

民国二十年三月二十一日

致袁丕佑信函

蔼耕①兄道鉴：

　　叠函奉悉，贵体违和，殊深惦念，日来当有起色。校课非兄莫属，仍请继续担任，俟贵恙告痊，再到校教授，好在暑假只有月馀，纵稍耽延，不难补足。屏洲、雨南同此心虔，尚望安心调养，无以为念。专复，即颂

　　痊安

弟秀升上言

民国二十年五月二十三日

陈勋仲致华秀升信函

秀升吾兄惠鉴：

　　前寄［？］函计达台览。王君去病为此间指名学者，现任考试院简任秘书，大学能聘为政法教授，利益匪浅。如何？请即决定电示。渠以吾滇气候对其身体甚为适宜，故颇愿牺牲一行，从事教书生活。弟自三月末由南昌谒何返京，即病痔二月馀，现已完全

---

　　① 蔼耕，袁丕佑的字。

好妥，惟友人多劝弟在此任事，中央仍令弟返省主持本年党务。昨谒总座，亦令返省一行，并任命弟任陆海空军总司令部参议。张静愚兄现任参试院委员兼中央军校教官，时相过从，亦常念及吾兄王君去病与静愚为好友，故其赴滇帮忙，静愚亦颇赞同。弟拟于最短期间返省一行，把握匪遥。馀不多及，即颂

公祺

弟复光顿

民国二十年六月十六日

叔完、敬业、佐兴诸兄祈代致候。

致陈勋仲信函

勋仲吾弟惠鉴：

昨承介绍王君去病来滇任教，极为欢迎，只以经费未能解决，不便遽然聘订，当已裁覆，计荷詧及。今接大函，具知王君牺牲之意，殊为佩感。本校经费大约一月内可望解决，一俟经费解决，即可决定延聘。吾兄不日返滇，此间友好均甚迫望，行期确定，希先示知。馀不缕缕。专此，藉颂

暑安

兄秀升顿

民国二十年七月十四日

致陆子安信函

子安委员长勋鉴：

本校对于东川矿业公司应派当然董事一员，本届公司改选董事时，因基金会尚未成立，权由校派杨子深君暂代本校董事出席会议，现公司股票已移交基金会，则本校董事应请由基金会委派，是否即请基金会正式委派杨子深君充任董事，抑或由会另行改派之处，尚祈酌夺示复为祷。专此，敬请

勋安

华○○谨启

民国二十年九月八日

徐建佛致华秀升信函

校长钧鉴：

前蒙秀山老师介绍，谬承贵校委任军训助教，本学期以来，因陈君外出，请雲久老师代理，每週二三小时，以王主任之精神时间，可无助教之必要，故建佛亦未到贵校服务。月前因闻陈君薪俸较佛为少，不明真象，便至会计股一问，因此得邓院长表示态度，佛已未到校服务久矣。惟迭奉贵校通知（多已失遗），此次因组织义勇军，加紧军训，又接贵校通知，佛诚不知何意？佛虽不学，略知义理，对于服务贵校，得益学识不浅，本极欣快，薪俸之有无原属无关。值此国难当头，国家存亡，种族生灭，前途黑暗，未可逆料，钧长领导全滇文化，振起金碧光辉，义军崛起，党国干城，凡属血性，莫不同钦盛举！佛爱国效死，何敢后人，倘不弃愚顽，有所驱策，愿竭犬马，每週三数小时之讲堂或教练，佛尚有馀力可以报劾，并愿纯尽义务，不受薪酬。区区愚忱，因奉大示，

故不惮直陈也。谨此奉达，敬颂

　　教安

后学徐建佛敬礼

民国二十年十月二十二日

致徐建佛信函

建佛先生台鉴：

　　接诵手书，具佩盛谊。惟敝校军训一科，现由王雲九先生代理，课程甚少，无添人助理之必要。至组织义勇军，事属初创，现有人员已敷分配，俟后扩大组织，再为借重。校中屡次通知，系收发人员错误，有渎清神，併此誌歉。专复，即颂

　　时绥

华○○敬启

民国二十年十月二十二日

陈玉科致华秀升信函①

秀升校长尊兄台鉴：

　　本年度大学党义课程既承盛意相约，本拟贯澈初志，再尽绵薄，无如因本职牵累，势难兼顾，与其旷误于后，何如辞职于先，特恳准予辞辞［职］，另聘贤能，以免遗误。冬假试验，若必须补攷，将来再由弟命题寄交教务处补行可也。区区愚忱，务请鉴原为荷。嵩函，并候

　　时祉

陈玉科谨肃

民国二十一年一月二十四日午

　　[批语]：函覆慰留。

致陈振之信函

振之吾兄惠鉴：

　　奉函敬悉。本校党义课程前承慨然担任，迄今多日，学生欣服，此后仍请继续，俾免中辍，好在钟点不多，抽暇为之，于贵务谅无妨碍。冬假试验仍须举行，即请命题定时补试为盼。专复，藉颂

　　日绥，诸希澄［詧］照，不具

弟华○○谨泐

民国二十一年一月二十六日

---

　　① 年月不详，疑为 1932 年 1 月。

致陈廷璧信函

秀山①仁兄大鉴：

奉示敬悉。曩承不弃，权任教课，循循诱导，学生获益良多，寸衷窃感。现值抗日期间，加紧军训，军事学科所关甚巨，仍请继续担任，以期全校学生多获指导，于救国工作裨益不浅矣。专复佈悃，即颂

党祺

华○○谨启

民国二十一年一月二十九日

陈廷璧致华秀升信函

秀升校长：

昨承不弃，聘以教职，自愧学疏，毫无建树，厚爱之处，私衷铭感无已。璧曩昔受教根底甚浅，历年在外均任军职，对于"教育"二字向无深切研究，实属盲目已极。在校两学期，光阴混过，毫无贡献，藉以改善，憾也何如！恳请准予辞职，以免两误，是为万幸。此后关于校务，力之所逮，自当竭诚爱护。区区愚忱，诸维鉴原。专此函达，敬请

崇安

陈廷璧

民国二十一年一月二十九日

黄日光致华秀升信函

秀升仁兄惠鉴：

弟以菲才，谬兼授校课以来，本拟竭尽棉薄，冀校务之进展，无如建设厅职务实属繁冗，鲜有闲假，且常出外视察公路行道树，以致校课每多荒旷，贻误青年，影响教育。抚躬反省，内疚良深。事与愿违，无如之何！惟有早谋解决，以免再误。兹已商淂徐君武之同意，将弟所授本校第二年级法文课程请徐君教授，徐君法文深湛，必胜任愉快，似此校务及弟个人均获益良多，谅亦蒙我兄之赞许也。耑此上达，并盼训示。敬候

道安

弟黄日光顿

民国二十一年二月二十日

复黄日光信函

日光仁兄惠鉴：

接奉华翰，以公务繁冗，拟辞去法文教课，不禁愕然。吾兄对于本校赞助良多，而于法文一科，循循教诲，嘉惠学子，尤著贤劳。现当改进校务之时，正欲借重硕学，共谋发展，法文教课，务盼拨冗继续担任，俾竟全功。荐贤自代，断难照办，吾兄热心教育，谅不至恝然舍弃也。掬诚挽留，敬希俞允，不胜企祷之至。专此，顺颂

---

① 秀山，陈廷璧的字，时任职中国国民党云南省党务指导委员会。

云南大学史料丛书·校长信函卷

教祺，不具

弟华○○谨启

民国二十一年二月二十二日

周锡夔致华秀升函

　　迳启者。夔前奉省教育厅令，命长昆华中学，受事以还，即苦无馀晷兼任功课，本应早日提出辞呈，以免贻误钧校功课，惟所任科目一时难于结束，故尔暂予维持。刻因专任制实施，复奉命解除各种兼职兼课，自应遵办，请从即日起夔所任钟点一律均予解除，另选贤能接替，以重学业，实纫公谊。肃此，敬恳院长邓核转校长华鉴核，尚希见复为荷。

文学院教育教授周锡夔谨启

民国二十一年四月十四日

复周锡夔函

栗斋①先生鉴：

　　奉手教，辞所任敝校教课，现当学期中途，替人遽难物色，本应挽留担任，惟为尊重功令起见，未便相强，将来遇有机会，仍恳继续教授，不胜盼幸。特复，即请

　　教安

弟华○○启

民国二十一年四月十八日

高玉麟致华秀升信函

华校长大鉴：

　　迳启者。麟以菲材，谬承不弃，约任本校文、工科法文功课，妄冀竭其驽骀，藉图报效，无如迩来以事务较繁，时间不敷分配，恐于学生学业有碍，拟请准予辞去所任功课，另请高明担任，以免有误。他日若有机会，再为报效不迟。耑此，敬候

　　道安

弟高玉麟谨启

民国二十一年五月二十六日

复高玉麟信函

玉麟仁兄台鉴：

　　手书诵悉。现在学期不久终了，法文功课适在中途，未便另觅他人代理，台端所任课程仍望拨冗继续教授，不胜感幸。专复，顺颂

　　日祺

弟华○○启

民国二十一年五月二十七日

---

① 栗斋，周锡夔的号。

致陈勋仲信函①

勋仲弟如握：

　　得惠书，备悉行止，慰甚快甚。大学前途，诸承关怀，纫感奚如。王君去病愿来滇任教，兄等已与之商妥，此诚最难得之机会。本拟即时去电聘请，但因大学校产保管问题财厅发生误会，由五月起扣发大学经费，以后何时领获，有无枝节，殊无把握，故不敢冒昧聘请，不过添聘教授，此间早有成议，故元良兄外出时曾讬其就便物色。王君之来极端欢迎，一俟经费问题解决，即可实行约聘，预计在最近数月内或可办到也。商定合同条件，大致可行，烦即将王君通信地址询明见告，以后如汇旅费与王君，以交何人代转为便，统希见示，以便照办。此间友好俱各清善。吾弟不久返滇，闻之甚喜，何日抵省，望先期示知，届时当到跕欢迎畅叙离悰也。专此，顺颂

　　旅绥

　　湄午兄及其夫人前祈代致意为荷。

兄秀升谨函 [？]

---

① 日期不详，疑为 1931 年 6 月前后。

三、严格招生　依章办事

华秀升在任时期，逐步加强了对学生的管理。学校遵令进行整顿后，出台了《学生请假规则》《寄宿规定》等管理措施，又据国民政府的要求，对报考新生进行严格审查，取消了报考同等学力的办法。凡报考学生，都要在报名时缴验自己在立案的公私高级中学或高级师范中学的毕业证或证明书，入学时还要填写入学志愿书，请住在昆明且在政治上无反对政府行为经济上殷实的工商业主担保并出具保证书。对学生无故旷课、成绩不及格者，无论是学生或是家长找学校说情，均按规章制度处理。以下收录的华秀升与学生及家长的往来信函，从中可以看出华秀升在学生管理上所持态度和处理问题的方法。

张高氏致华秀升信函

华校长大人钧鉴：

敬禀者。氏夫张南屏因犯共产嫌疑，被拘缧②，迄今将届陆月，尚未出狱，家慈因思子之故，现已染病在床，其势甚重，故特恳请校长念氏夫系张氏孤子及家慈望子心切，出为担保，作壹证明书呈请省府开释，令其迅速回普，以慰家母之疾，则不独氏夫终身感缴〔激〕，即张门合家亦感大德于生生世世矣。耑此，敬请

崇安

张高氏检衽拜

民国二十年二月十四日

〔华秀升批语〕：函省党部询问该生被捕经过及能否保释。秘书处办，并复张高氏。

卜兴绚致华秀升信函

校长：

闻得本校招生消息，不甚喜悦之至！只因环境所限，故未能急速按时抵省，所以我只能在惆怅之馀要求校长再给假三星期。

原因是这样：我家裡有薄田数十亩，置于阿迷管辖的地方——小龙潭附近，因为李绍宗叛变，所以我们阖家迁移蒙城居住，因此地方土豪张某以为我们距田庄稍远及欺吾父年迈无力顾及，所以连合该地匪党，强迫霸佔，于是起诉讼了。我是家裡较弟弟们年长的一个，家叔又不在家，家父又年迈无力，所以此次担负讼诉的人就是我了。此事已经在阿迷县署闹了两星期还没有结果，假使此次诉讼一失败，我对于求学的希望一定没有了，所以我只好再作一次挣扎，务要闹个水落石出方肯罢休。请校长体念我的艰难，再请给假三星期，等此次事件办理完竣后，即负笈入校补课，决不延误的。不知校长能否准许？请祈便中示知，以释怀念。专此，敬祝

康健

学生卜兴绚上

民国二十年三月六日

复卜兴绚信函

兴绚学友如晤：

　　函悉。既因讼事牵缠，不能如期到校，自应再行给假三星期，一俟假满，望即来校补课，勿再延误为要。此候

　　日祉

华○○

民国二十年三月十七日

复张高氏信函

　　迳复者。来函接悉。张生南屏被拘经过尚未淂知，除函询省党务指导委员会能否保释，一俟得复，再为酌办外，特先佈复，即颂

　　刻祉

华○○

民国二十年三月十七日

吴珣致华秀升信函

东陆大学校长钧鉴：

　　顷奉函谕，感悚交集。窃查小儿家骏辱承考入贵校肄业已将两年，深荷教诲谆谆，感激无已。惟该生时有旷课，实缘自前年染患伤寒病，体力亏损，去年复成走胆症，时愈时发，以致常形缺席，尚非自弃，亦非珣不督责之也。贵校奖掖后进，不遗馀力，可否念其实为病魔所缠，仍准收学？其有数科未及格者，勒令补习，则感荷隆情于无暨矣。专此奉恳，并颂

　　道祺

吴珣谨肃

民国二十年三月二十二日

陈钧致华秀升信函

秀升校长鉴：

　　敝同乡中有杨家鹏者，肄业东大曾已数年，去年以省亲回籍，未与考试，故至今未得上课。据其所言，只须补考，仍可照常入学，然必须得校长允许，乃能生效，故求为之一言，此种办法果于校规无碍，务乞俯允照办，免致失学，则感同身受。此颂

　　台安

弟陈钧顿

民国二十年三月二十七日

云南大学史料丛书·校长信函卷

杨熙先致华秀升信函

时杰①校长大鉴：

舍姪家鹏肄业东大曾已二年，深沐校长春风之化，时雨之培。弟正饬其努力间，不意家父忽遭危疾，子舍姪未攻学期试前便率其奔回看视。时因匆匆，未得请假，及由籍仍复率其来省，为时已久也。正拟代其具函证明间，乃接舍弟霈洲来函，谓贵校因其无故旷课，且少成绩，已承令其退学，弟殊为赧愧！盖因弟在省督教不严，遂促其怠惰成性，以致平日学行均差，弟知失也，但学期攻试实因匆匆回里，未得请假，并未虚构事实上蒙清聪，请校长曲宥已往，准其仍然入校肄业，并请准其补考。倘再复犯校章，弗仅贵校应即斥退，弟已决不姑宽也。为此专函请求俯祈赐允，准其悔过更新，则弟感戴无涯矣。此上，敬祝

道安，并希鉴察

弟杨熙先顿
民国二十年三月二十九日

苏鸿纲致华秀升信函

秀升校长赐鉴：

小儿树勲前由贵校预科毕业，因限于经济能力，欲改就他业，请求退学，已蒙核准，现因一时尚无相当事业，而升学所需费用亦已筹有成数，勉能支持，惟有恳请仍将小儿收入肄业，以广作育。台端乐育为怀，宏奖后进，尚希俞允为荷。专此，敬颂

教安，并盼惠覆

苏鸿纲谨启
民国二十年三月三十一日

华秀升

致张高氏信函

迳启者。昨接来函，请保释张生南屏，当即转函云南省党务指导委员会核办去后。兹接覆函开：查张南屏加入共党，负有重要职务，业经查实，始予逮捕，复由共案会审委员会讯决，判处徒刑四年零二月，发监执行在案。保释一节，自无可能。等语。特以佈达，即候

刻祉

华○○启
民国二十年三月三十一日

学生冯益谦致华秀升函

具呈人原附中第五班学生冯益谦为呈请给予证明俾便安心向学事。缘于本年二月十七日有本校同学张绍周、锺嶽生、李文书、陈增连、李进才等在生寄宿舍楼前游戏，一不经意，不知谁何遽将栏杆撞倒，斯时生因急于迁徙，未遑呈报，并以不干己事何以虑

---

① 时杰，华秀升的字。

55

为。讵于日前忽奉学校谕令,谓生有意损坏公物,饬即出校办竣此事,始准受课,等因。事变倏来,生不禁骇极而悲。窃思临尽幸险,远道就学,行时两亲依依嘱咐犹萦脑际,若因此不白而顿废学业,则生宁蹈海以洗此污垢,何忍对我慈爱溶和之家庭瓜田纳履。生固难辞其嫌,惟幸张绍周等犹可藉证,是以恳祈校长俯念愚衷,为青年前途辟一明迳,给予证明,俾便安心向学,实为德便。谨呈东陆大学校长华。

学生冯益谦

民国二十年三月

学生张懋成致华秀升函

呈为呈请查核转函事。窃查世界竞争,以教育为进化之基础,而地方之强盛亦以教育为改善之启源。诚以教育者一切人才之所自出,而各地之人才又皆由各地设法为之鼓励也。生籍隶黔南,地方虽系偏僻,然培育人才未始不与各省同情,故陈德文等前住本校,曾由贵阳政府每年补助津贴,况生前由贵阳省立师范附属高小毕业、省立第二中学修业,又于民国十四年由黔至滇,复在云南成德中学毕业。现入本校亦经两载,自应请求补助,以免独自向隅,且家道素微,现值生活过高,一切书籍各费逐渐增加,均难供应,若不设法补助,实难继续维持。理合据实呈请校长鉴核,伏祈据情转函贵阳政府照发津贴,以示体卹,而资进取,实为□德两便。谨呈云南省立东陆大学校长华。

第八班学生张懋成谨呈

民国二十年三月

复杨熙先信函

熙先仁兄台鉴:

按展惠笺,敬聆种切。敝校定章,凡学生一学期成绩有三科不及格者,即须退学。令姪家鹏,十九年上学期已有四科不及格,下学期则全缺课,是以照章令其退学。承嘱准其悔过自新,格于定章,碍难遵办。有方雅命,毋任抱歉,即希鉴原是幸。专复,祇〔祗〕颂

道安

弟华○○启

民国二十年四月一日

复陈钧信函

鹤亭先生史席:

奉示敬悉。敝校定章,学生一学期成绩有一二科不及格者得补考,三科以上即须退学。杨生家鹏十九年上学期有四科不及格,已不在补考之列,至下学期则全缺课,是以令其退学。嘱件格于定章,碍难遵办,尚祈谅宥是幸。颛复,敬请

道安

华○○谨呈

民国二十年四月一日

云南大学史料丛书·校长信函卷

复吴紫瑜信函

紫瑜先生道鉴：

辱教诵悉。令郎家骏十九年上下两学期成绩均有缺考及不及格之学科，照章应退学，盖敝校定章有一二科不及格得补考，至三科以上则须退学也。嘱件格于定章，实难遵行。有违雅命，抱歉良深，尚希鉴谅是幸。此复，即请

台祺

华○○启

民国二十年四月一日

复苏鸿纲信函

维三①校长台鉴：

辱示敬悉。令公子树勋仍欲入校肄业，按诸校章自无不可，惟本学期上课已久，学科教授甚多，恐难赶上，一俟本年秋季招收新班时，再为编入新班上课可也。专此佈复，诸维亮照，顺请

大安

弟华○○启

民国二十年四月八日

学生杨恩泂致华秀升信函

校长钧鉴：

敬禀者。素闻贵校创办以来，极称有名。生自肄业于敝省九中②，到夏季已满，正欲凭风起浪，直来贵校投名，但未知秋季有无添招新生，且生之资格是否符合贵校章程，叩请贵校校长赐覆一示并章程一份，俾有遵循，以便前来报名投考。肃此，叩请

讲安

学生杨恩泂叩禀

民国二十年五月二日

马骢致华秀升信函

本年东大招生，有友人杨仲泉君令郎杨心湛已报名应攷。该生质敏好学，英文亦有根底，尚希宽为取录，藉宏造就，至为感盼。此致华校长鉴。

伯安③

民国二十年九月四日

---

① 维三，苏鸿纲的字。

② 敝省九中，指广西武鸣省立第九中学。

③ 伯安，马骢的字。

复马骢信函

迳覆者。顷接手示，敬悉一是。查杨心湛投考敝校，现已取为试读生，即可到校注册上课。知关奉闻，并颂台祺。此致马顾问。

华〇〇顿

民国二十年九月十日

速送马顾问台启

赵子光致华秀升信函

东陆大学校长钧鉴：

我备受恶环境的刺激和压迫，并想做个专门人才，将来替国家尽一分子之力，所以很愿入贵校肄业，但自己的程度太差，尤其是英语和数学，不知贵校对于此等程度差池的学生有无补救办法？学校的待遇怎样？每年每学生的费用大约要多少？明年几时招生？祈一一指示！崇此，敬颂

公安

赵子光①上言

民国二十年十二月七日

来信请寄寻甸县立女子两级小学校冯质章转交可也。

复赵子光函

函悉。蓄志深造，深为欣佩。本校将于明年一月下旬招考插班生，可按时前来投考。至学校待遇及学生费用，具详《大学一览》，寄赠一册，希即督阅！此复赵子光君。

坿《东大一览》一册。

（校章）启

民国二十年十二月

王炳章致华秀升信函

事由：前周星期五职由黑龙潭率队返校，沿途幸无异状，不料夜间值星区队长王宪章遂学生之请，轮派巡查，而巡查长赵荫祖私携七响手枪，于换班时在寝室内退去子弹，不慎失火误伤袁绩亮臀部，此事校长归来后当明真相。查派巡查，以防盗贼，用意诚属可佳。私携手枪，误伤同学，罪亦实无可逭，王区队长宪章指导不周，防范不严，拟请撤职，另遴员接替。赵生荫祖虽粗率从事，自义勇军成立以来，尚属异常热心，从宽暂撤去班长职务，遗缺以龙志钧兼代，俟袁绩亮好妥后再为议处。至职近日以来因教导团事琐，实难兼顾，恳请准予辞职，以免贻误学生。是否有当，理合呈请校长华鉴核。

队长王炳章呈

民国二十年十二月十日

---

① 印章盖为"赵明之印"。

云南大学史料丛书·校长信函卷

复王炳章信函

雲九①吾兄惠鉴：

报告敬悉。赵荫祖误伤袁绩亮，诚属不幸，但事出疏忽，情有可原，应即将其班长撤去，以龙志钧兼代。雲五区队长尽心职务，学生悦服，此事纯出意外，非彼一人之过，应照旧供职，勿庸更换。吾兄热心教育，自编组义勇军以来，懋著成绩。现军训正待擘画进行，仍请分劳主持，以期日起有功，不胜企盼。专复，即颂

　　伟安

弟华○○谨启

民国二十年十二月十二日

学生戴永祥家属致华秀升信函②

华校长钧鉴：

凤仰盛名，钦慕时殷。比维广播文化，福庇滇人，为颂。迳启者。愚弟小子永祥赴省入贵大学修业，二年来深蒙贵校教职员之诲教，得明理达务，狂顽野性远释不馀，皆校长之所赐也。正望其弘造之间，忽尔家境顿罹顷废之险，加之室内无人照料，愚弟体弱多病，马齿徒增，愁衣食耽劳碌而图继子荫孙，苦于筋衰力薄，其奈之何！故特屡书快函，促永祥返里，俾老有所养，幼有所顾，家务嘱彼採理，又因愚子永祥上无长兄下无少弟，愈孤苦重累，因拟本年国历五月十二日命永祥草成冠礼，家务有所依托，始能再入贵校深造。至于校中应研课程，愚弟命彼于家自修，俾便还校补试。

再启者。日前弟询问永祥，校中有无未完手续，仍尚能俱实语告。图书馆失书之事，据永祥谓，此二书系☒友人遗失，故不能归还学校。愚弟继以校中书函追究之事谕永祥，并训以校内书物，勿得任意借人及有伤名誉等情。又复再三叮咛，于上省入校后急宜根究此书，若不能石出，惟有折洋赔偿，决勿使学校碍难办事。上言各情，祈校长下怜衷苦，准予常假，使愚子不致中途辍学，得望有深造之日，则余全家铭感不忘矣，并恳校长令学监准假登记。敬颂

　　时祉

愚弟戴绍昌

民国二十一年一月二十七

致学生戴永祥家属信函

迳复者。来函备悉。查戴生永祥去岁未经学期考试，即行离校，照章不能随原班上课。该生既有志向学，经贵家长证明，应准于本年下学期招收新生时免试入一年级新班肄业，以资造就。至该生遗失书籍，希饬负责归还，以重公物为盼。此复戴绍昌先生。

华○○启

民国二十一年二月十七日

---

① 雲九，王炳章的字。
② 年代不详，疑为 1932 年。

杨文清致华秀升信函

秀升吾兄勋鉴：

多日未面，念甚。舍侄士俊，前由成中毕业，曾攷入工校肄业一年，嗣因回家耽延，遂无相当班次插入。比闻贵校添招补习班，用特函恳逾格通融，准予随班上课，以宏造就，勿胜感祷。耑此，即颂

时祉

弟杨文清启

民国二十一年三月十七日

复杨文清信函

镜涵①吾兄大鉴：

奉示敬悉。敝校补习班已考竣上课，令姪欲随班补习，自可通融照办，请即令其缮具报告，正式呈校，以便照章办理为盼。专复，即颂

公绥

弟华○○敬启

民国二十一年三月十八日

杨益谦致华秀升函

秀升校长大鉴：

敝处处员马竹菴之女锡荃、锡蘩今春投考贵校补习班，已荷收录，上课多日。昨见贵校议案，饬令该生等迁入校中住宿，以便军事训练，本应照办，无如该生等在家补习国文预定课程尚未完毕，若使中道而废，未免可惜，且竹菴子女过多，锡荃、锡蘩每日餘暇均须扶持幼小弟妹，以分母劳，是以对于迁入校内住宿一节，势难办到。鄙意以为当此国难临头，军事训练固切要图，但于女生似当别论，矧值国学凌替救济挽回亦不可缓，今该生等在家补习国文，不为无见，用请台端推情照准，以竟全功，并希见覆为盼。专此函达，即矦

文祺

杨益谦启

民国二十一年三月二十八日

复杨益谦函

竹君②揔参谋长勋鉴：

奉教敬悉。查敝校补习班学生照章原不限令在校住宿，迁校住宿之议系发自敝校抗日救国会，意在实施军训。马君女公子既难移校寄宿，自可通融照办。除通知敝校抗日救国会外，即祈转达前途是盼。颙覆，祇［衹］请

---

① 镜涵，杨文清的字。
② 竹君，杨益谦的字。

云南大学史料丛书·校长信函卷

勋绥

华○○谨启

民国二十一年三月三十一日

学生李灿庚致华秀升函

迳启者。生此次请求插入本校文学院政治经济系四年级上课之事，现已拟具呈文讬由廖彬同学转为奉上，谅邀鉴及，尚希特予通融，准其收学为荷。如或未蒙邀准，即请赐函告知，请勿公开批示为祝。此呈校长华。

学生李灿庚谨启

民国二十一年四月十二日

复学生李灿庚函

迳复者。来函备悉。昨据呈请插入文学院四年级肄业，当经提交校务会议议决，所请与校章不符，碍难照准，随即批示在案。特再佈复，即希查照。此致李灿庚君。

华○○启

民国二十一年四月十九日

学生张福致华秀升函①

呈为呈请事。窃生于昨日上午十一时身着便服，独自前往昆华中学北院，要想会见冯天福（新平同乡）及李幼轩（蒙自人），未入校门，卫兵即来阻止。生乃立于门外，烦其入内代觅出见，卫兵遂问生欲访何人并其班次，生乃一一具告之。该卫兵忽而言此二人已出，忽而言星期日不会客。生明知此二人必守约而在校相待也，特一再烦其代为传达，乃该卫兵只言星期日不会客。当时生见其他着便衣或制服自由出入，会客或访客者亦不乏人，而彼毫不加以干究。生稍觉愤慨，便询其星期日不会客之意义，彼答以校中规章如此，生即追请以规章见示，彼遂厉声厉色答以"看甚么规章！"同时举枪作势而逐生，生见势不佳，急用右手下防，拟即抽身而退，不意斯校之体育主任张罗早已奔出，生见其出，乃尊之曰"张老师"，意欲恳其准与会此二人，岂意张罗横蛮成性，竟不问理由，不分青红，而以木板向生左右颜面及脑部连连痛击，而该卫兵亦助桀为虐，以枪托底冲击生之两膊，并以刺刀刺生。时同学何子荣至，见生被难，不禁向张罗声诉：此系东大同学，有事尽可以理解决，何必如此横蛮！张罗不顾，且刺打愈甚。生已昏乱不能逃，且不知动手打者除张罗与该卫兵外，尚有何人？张罗不以此为足，犹将生反接而缚于电杆之侧，生抗谓有法尽可按照处理，何乃缚为？该卫兵又以枪托击生，张罗置之不理。生以脑昏伤痛，终乃暂为屈服。时冯天福、李幼轩自内出，似已闻生蒙苦难，急向张罗求宽无效，逾时我校同学十馀赶至，急与张罗交涉，张罗初犹掘强，后经同学再四要求，彼始释生缚。嗣周校长唤生至校长室，留生在下，而命我校同学归后，周校

华
秀
升

---

① 6月6日省立东陆大学致函省立昆华中学："查所呈均属实情。该生受伤甚重，业经送请同仁医院检验。相应抄同伤单，函请贵校查照办理，并希见复为盼。"

长询生此事之起因及经过，生乃如上所述据实答之，并以伤示之，请即秉公处理。周校长乃命生往他室坐待。生如命坐良久，突有人来与生谈，盖乃素未相见之同乡戴锡侯，即斯校义勇军之大队长也。关于乡土风物交谈数言后，戴见生伤重，遂导生至队长室敷药，张罗去后忽又随至，戴即请张罗代为敷药，张罗忽似良心复现，善为敷裹。生以盼鲜心切，急出谒周校长，乃周校长已悬置此事而他出矣。生以未得周校长一言，故只好到冯天福及李幼轩之寝室坐待，迨至斯校之晚餐已罢，而周校长犹未返。后有人来唤生往见梁学监，见后梁学监命生且归校。生乃归时，斯校卫兵忽放弃职责不再守卫，张罗亦擅离职守不再监视矣。生归至我校门前，遇见主任，即随至事务处谒见校长，蒙询及兹事始末，当即略为陈述，又蒙派二同学随往同仁医院验伤调治，一切伤痕得有医生单据。归后即在寝室修养，惟觉脑部沉重，右耳重听，上肢酸楚。此实生有生以来绝无而仅有之无名冤屈奇耻大辱也。

据张罗言，其所以奔出打生者，以生先打卫兵也，又言以生抗欲闯入也，又言以生欲夺卫兵之枪也，不一而足。揆诸事实，未免冤人太甚！以平时言，生自治惟谨，待人谦和，一切无理之对待恒以一笑置之，从未与任何人发生纠葛，而张罗则轻率谩骂，横蛮甚于禽兽，动辄无端侮人，此实昭然如揭、尽人皆知之事实也。是张罗能出彼非人之行动而生决不致有越轨之举者一也。以当时言，彼校卫兵四五各持枪械，加以封豕长蛇之体育主任，而生则孤身赤手，前无援后无靠，生岂不知利害自投罗网而轻生丧义哉？是张罗能出彼非人之行动而生决不致有越轨之举者二也。又周校长谓生索阅规章之不该，此诚袒护之言。夫既谓规章，自是明文，平时固可不轻易示人，然一旦有事，又何不可出示之有？否则桀纣之专横，亦不过此！又託谓此系临时命令，故无明文，不能示生，此亦袒护唐塞之言。夫既语生以星期日不会客，何又不仍语其他便衣制服者以此？此等命令，是否只有施于弱者之权力而不能及于特殊阶级？若然，则所谓之"平等"、所谓之"理"，徒为其他星球上之珍品而已。总之，张罗之横蛮、张罗之非人行为彰然不可掩，生之受此不白之殴辱实彼有意之盲动有以致之。

张罗初谓彼不知生系东大学生，故尔刺打，然即使不知，亦不该不理是非即出此毒手，难道便衣普通人生来即当受曾受高等教育之体育主任之无故毒打哉？实则张罗之认识生也久矣，纵退万步言，彼初不知生，然当打得剧烈时，同学何子荣曾向彼大声抗言，宁彼犹不知耶？何以仍行刺打而犹捆缚耶？甚至我校同学赶至十许时，彼犹不即释生缚，宁彼犹不知？此等遁词究能遁避何所哉？生与张罗夙无仇怨，其所以如此摧残弱者，当不无意也。

再按张罗之动作亦可推究出此事实属张罗故意发动、横暴用事，若彼系合理，决不会有下列之事实：（一）不问一切即行毒打。（二）只打生之脑部。（三）何子荣言后愈加刺打。（四）打后毫不发落，只缚之于电杆。（五）冯天福、李幼轩说情无劾。（六）同学到后不遽释放。（七）缚时卫兵助纣发生餘波，不加裁制。（八）惧然躬自来敷药裹伤。（九）事后擅离职守不顾维持到底。（十）事后卫兵即不站卫。再从（九）（八）两项可以推出，没人心的张罗也会天良一现，做贼胆虚。

生自有生以来，虽曾常闻无名冤屈、恶打毒殴一切非人行为，然总心有所疑，疑世事或不致如此离奇也，不料今也躬自尝之，而犹不料尝之于曾受高等教育久在教育界之体育主任张罗之手。已矣已矣，夫复何言！当时既受尽殴辱，事后又复重负创痛，名誉有损，右耳失聪，生何不幸而至于此也！虽然是亦生之荣也，为公理而死，死于无理之下，死有餘光。今生别无他语，谨敢椎心泣血，伏恳向张罗提出严重抗争，务须张罗认错，赔偿名誉之损失，并负一切医药之责，以及以后不再如此对生，并将该桀犬卫兵重打革斥，以雪生恨，并快人心。生脑乱，手腕酸痛，书不成字，文不成章，谨祈洞谅。谨呈训育主任张转呈校长华。

工学院第八班学生张福亲笔

民国二十一年六月六日清晨

工学院院长致华秀升函

　　为签呈事。案据测量室仪器管理员毕谨报告工学院一年级二学期学生萧光云、马国昌、杨叔陶等三人于五月十日早八句钟上测量实习时，领取日造经纬仪壹部，十句钟下堂时未将仪器交回，迨后交来时已经跌坏，不能应用。等情前来。查该生等下堂后乃将仪器携往食堂，因搁置不稳，被同年级学生杨庚祺撞倒于地，以致破坏。按校中仪器购置不易，各生均应尽力保护，按时取出，按时交还，乃该生等任意破坏，本应责令照原价赔偿，惟念该萧光云、杨叔陶、马国昌三生等平素尚守规则，拟请按照华安工厂估计最少数修理费五百元之数处罚杨庚祺贰百元，萧光云、杨叔陶、马国昌三人各壹佰元，以示薄惩，并拟请饬知事务部在该生等未迁移出校前追缴此数。谨签校长华。

工学院院长①呈

民国二十一年六月十八日

[**华秀升批语**]：一并如拟办理。

华秀升

---

　　①　此处盖有"云南省立东陆大学工学院院长之章"，红色方形印章。

四、心系学校　关注社会

　　华秀升在任期间，虽然学校规模不大，教师不足50人，学生也不过200人，但作为一校之长，日常事务仍然繁多。再者，华秀升本人也是时刻心系学校发展大计之人，事无巨细，他都要亲自过问。他不仅需要处理诸如学校发展、师资聘任、学生管理等大的校内问题，同时还要兼顾接待外来求助者、赈灾捐款等校外事务。1932年，云南发生水灾，华秀升便积极劝说其朋友、家人以及东大教师捐款，并致信云南水灾赈灾委员会道："当即向外劝募，所有知交多在他处捐过，而大学教职员又已奉省政府令，每人由薪俸内捐助。三月八日经财政厅于应领经费项下照扣在案，未便再予劝捐。兹准函询，特由东陆大学捐滇票叁百元"，拳拳之心可表。

致子材信函

子材仁兄惠鉴：

　　舍间定于日内迁移至二麞街小土巷三号门牌，此处尚未安设自来水，甚觉不便，惟坿近各户均已安设新装，亦不费事，特请饬工赶日前往装置，以资使用。需费若干，自当照奉不误。专此，顺颂

　　日祉

弟华秀升谨启

民国十九年三月十八日

致李虚黄信函

虚黄我兄台鉴：

　　舍间电表承费神关说，业已买获，现定三四日内即行迁居，烦饬知安灯工人先将买获电表装于移住新宅二麞街小土巷三号，庶移居后即有光明，其原用之电表俟移住后即可拆卸归还。专恳感甚，顺颂

　　时绥

弟华秀升上

民国十九年四月二十九日

电灯公司李监察虚黄台启

致龙云信函

　　事由：呈请验印本预科及坿中学生毕业证书由

　　呈为呈请事。查职校文工本科四年级学生、预科二年级学生、坿中三年级学生现已修业期满，经由校分别举行毕业试验，其成绩及格各生照章应予毕业，计毕业学生本科十名、预科二十七名、坿中三十七名。该生等毕业证书现已填制齐全，理合具文呈请钧府查核，分别验印发还，以便转发，其本预科学生毕业证书，并祈钧座盖用私章，以昭郑重，实为公便。谨呈云南省政府主席龙。

计呈本科学生毕业证书拾张、预科学生毕业证书廿七张、坿中学生毕业证书三十七张。

代理省立东陆大学校长华〇〇

民国十九年十二月

柏励、李国清致华秀升信函①

秀升先生台鉴：

迳启者。敝校现拟订于五月四五两日在金碧遊艺园举行遊艺会，以募集基金。素仰台端名高望重，热心公益，敬请加入发起，以示提倡，实深感荷。专肃奉恳，并颂

台祺

云南私立达文学校董事长柏励、校长李国清谨启

程道隆致华秀升信函

校长先生大鉴：

迳启者。敝人前曾任贵校大学本科教授，一年所授科目为会计簿记等学，兹因铨叙部办理公务员甄别审查，亟需证明文件，务希迅予证明，无任感荷。专此，顺颂

公祺

程道隆谨启

民国二十年四月十八日

通讯处　南京市政府转

致清华大学吴校长信函

迳复者。接准大函，敬悉荣膺简命，就任国立清华大学校长，毋任欣忭。谨此申贺，即希鉴照是幸！此致国立清华大学校长吴〇

代理校长华〇〇

民国二十年四月二十三日

致私立达文学校信函

希文、镜华②先生台鉴：

接展大函，藉悉贵校拟于五月四五两日举行遊艺会募集基金，嘱加入发起，自应遵办，以表赞助微忱。耑复，即颂

时绥

华〇〇谨启

民国二十年四月二十九日

---

① 年代不详，应为 1931 年 4 月。
② 希文、镜华，分别为柏励、李国清的字。

朱少屏致华秀升信函

秀升先生大鉴：

贵校学生参观团孟君等来沪，获读手教，恍如觌面，曷胜快慰。承赐珍品拜领，谨谢。孟君等住沪七八日，凡市政机关、学校、银行等处，其足资参考印证者均曾往参观，并出席中华儿童教育社年会。前日赴杭返沪后，闻将赴京，想该团当已有报告到尊处矣。嗣后如有所嘱，请随时函示，自当尽力效劳也。耑此奉复，祗颂

台绥

朱少屏谨启

民国二十年四月二十九日

贵校章程乞寄掷一份。

王许氏致华秀升信函

秀生〔升〕先生足下青鉴：

春风瑟瑟，本叶纷飞。觐物伤情，弥增惆怅。敬维文旌时新，荣誉笃著，为颂为祝。兹有恳者，因先夫家林在外为国殒躯，刻将二载。顷接家驹三弟由宜来函，备言先夫为国阵亡，国府定有遗族恤金四仟馀元，已为先夫后娶之妇在外领去式仟余元，现尚存式仟余元，须要先生证明，国府始能发给汇来。氏接函之下，本应亲至省城登门拜恳大驾乞悯我孤寡，鼎力维持，将此欵领下，使我孤儿寡母生活有着，无如孤女幼小，氏又寡居，上路诸多不便，故欲行而又上者再也兹，故特修函上陈，想先生与先夫既属道义之交，谅能悯及遗孤，特为援手。倘蒙将此欵领到，则饮和食德，断不忘所自来也。临书神驰，不胜迫切待命之至。耑肃，敬请文祺，并希垂照不恭。

王许氏百拜裣衽

民国二十年四月三十日

致李松如信函①

松如仁兄道鉴：

敝亲苏君前在呼马山脚置地一事，厚承关照，商准缪厅长划拨该段地面一区，曷胜感荷。此项地区亟待进行工作，请即派员踏勘，早日划拨，并希惠复，毋任企祷。耑此，顺请

台安

弟华○○谨启

民国二十年

张伟致华秀升函

秀升校长道鉴：

敬恳者。敝府因填城河，需用轻便铁道，以便运土，恳请将贵校轻便铁道借用半月，用毕即行缴还，如有损坏，自当照数赔偿。我公关怀市政，务祈格外援助，以期早观厥

---

① 日期不详，应在5、6月间。

云南大学史料丛书·校长信函卷

成。兹特派杨科员携函晋谒，敬祈进而教之为祷。肃请
　道安

弟张伟顿

民国二十年五月一日

复张伟函

子俊①仁兄青鉴：

　　杨科员转交华翰，备悉一是。敝校前修建会泽院所用之轻便铁道，系向前交通司借用，迨工程完竣，即已全部归还，此时校中并无此物，无从借用。专复，顺颂
　公安

弟华○○启

民国二十年五月三日

复程道隆信函

懋泉②先生台鉴：

　　辱书嘱证明前在敝大学教授会计簿记等科，自应照办，证明书坿上，即请查收是盼。复此，顺颂
　履绥
　坿证明书一件。

弟华○○启

民国二十年五月七日

云南省立东陆大学证明书（用信笺写）

程君道隆曾于民国十四年在本大学任会计簿记等学教授，特此证明。

校长华○○（盖章）

民国二十年五月

复王许氏信函

王尊嫂粧次：

　　来函备悉，令先夫卹金系由中央直接汇发贵处，前此中央调查，鄙人业已代为证明，至卹金何时发给，现已致函前途询问，一俟得复，再为奉告。先此佈复，顺颂
　刻绥

华○○启

民国二十年五月九日

---

　① 子俊，张伟的字。
　② 懋泉，程道隆的字。

致张梦九信函

梦九我兄惠鉴：

敝同乡王君家林恤金一事，尚有二千餘元，应发其在滇家属，前曾由弟证明，烦由尊处转致前途，迳汇其家属具领。兹接张君夫人来函，嘱将此歀领下，不免误会。究竟此事现系何情，希即示知，以便转达王君家属为盼。专此，顺颂

　　日祉

弟华〇〇启

民国二十年五月九日

陈钧致华秀升信函

秀升校长鉴：

闻东大前日购办洋灰坭，置有试验仪器一具，现在敝公司购用此项洋灰为数亦复不少，若果购到时，拟送上少许，恳请贵校代为试验，合用再行收货，或者此种仪器易于搬运，即请将仪器暂假一用更好。如何？盼覆。敬颂

　　台安

弟陈钧手上

民国二十年五月十三日

复陈钧信函

鹤亭先生大鉴：

奉教敬悉，当即转询理化主任，据云洋灰试验仪器东大向无此物，前建筑校舍时亦未尝购备，等语。谨此奉覆，尚祈鉴詧。敬请

　　道安，不具

华〇〇顿启

民国二十年五月十三日

致朱少屏信函

少屏先生惠鉴：

奉读华章，颙聆种是。敝校学生参观团到沪，诸承指导，获益良多。遥企高谊，钦感奚如。便奉薄物，乃蒙齿及，弥滋愧恧。俟后如有劳烦之处，仍当专械拜恳。敝校章程刻正编印，一俟印就，即行奉寄就正。谨此佈谢，顺请

　　文安

弟华〇〇拜启

民国二十年五月二十三日

施敬康致华秀升信函

秀升先生大鉴：

上月初何元良先生来沪委办之跑鞋、跳鞋各陆双，因所开尺寸沪上鞋作无此木模，专

云南大学史料丛书·校长信函卷

事彫制，稍延时。至五月廿八日付邮，惟邮递迟迟，到滇时当在七八月之交矣。该价计跑鞋每双四元五角，共计念①柒元；跳鞋每双四元九角，共计念九元四角。邮费关税等共计陆元叁角式分。以上三共陆拾式元七角式分，至乞核收。又每双鞋底均一一代将原定人姓名写出，按图索骥，较易为力也。鞋须系讬熟友代办，系照批价办理，下次恐不能以此为例云。原发单及海关税单及鞋样等暂存敝处，待何元良先生来时面交带回也。此颂

　　大祺

弟施敬康顿
民国二十年六月十日

复施敬康信函

敬康先生青鉴：

　　六月十二日惠书诵悉。敝校何元良君讬台端代购之跑鞋、跳鞋各陆双刻已照数收到，远承匡助，感荷奚如。特此佈谢，顺颂

　　暑安

弟华○○谨复
民国二十年六月十日

陈钟凡致华秀升信函

秀升校长先生左右：

　　金陵一别，鳞羽萧沉。引领天南，愿言何极！顷接陶继鲁兄手书，转述盛意，本拟即日南游，藉倾积愫，奈春假由福州返校，即与此间郑校长约定暑中率史学系毕业诸生至北平参观，暑后再至日本东西京及奈良、朝鲜、关东等地作长期之攷察。尊处之约请，俟异时再图报命。倘行期决定，当即电达，最好利用夏令组织盛大之讲习会，多邀他友偕行，尤所希冀。未识卓裁以为如何？肃此，并颂

　　公安

弟陈钟凡再拜
民国二十年六月十六日

华秀升

复陈钟凡信函

斠玄②先生箸席：

　　睽违丰度，鹓蝉屡更。昨者陶继鲁兄言，文斾在闽讲学，可望来滇一游，亟讬其转邀，满拟惠然戾止，藉承麈教，适奉华章，乃知以他约不果，曷胜怅惘！此间人士酷望一亲色笑，本年有暇，仍希来滇一行，否则，惟有如嘱于明年组织夏令讲演会，再为邀请莅滇讲演。滇中山水清佳，天候平适，洵为逭暑胜地，来年今日，当不吝游屐也。专覆，即颂

---

① 念，即"廿"。
② 斠玄，陈钟凡的字。

文安

弟华○○谨启

民国二十年七月十四日

致龙云信函

呈为呈报事。民国廿年八月廿一日奉钧府训令,将停办坶中空闲校舍地址全部移交创办小学校筹备员接收,修建为校址。同日并奉钧座条谕:"东大坶中校舍,着即日拨交教育厅接收,作创设新民小学之用。"各等因。奉此,遵于廿二日将坶中全部校舍地址拨交教育厅赵科长树人接收。理合具文呈报,请祈查核备案。谨呈云南省政府主席龙○

华秀升

民国二十年八月二十一日

致韩复榘信函

事由:电复新安韩总司令赞同列名发起复修孔子林庙由

新安韩总司令勋鉴:

有电奉悉。公等发起复修孔子林庙,嘱列贱名,极表赞同。

云南省立东陆大学校长华○○叩

民国二十年九月十二日

致解仲元信函

仲元仁兄赐鉴:

久未晤谈,甚歉。启者,查大学所有锡务、矿业两公司股息,曾奉陆厅长谕,仍由大学收用,业将锡务公司息艮〔银〕领获在案。兹值东川矿业公司通告发息之期,自应照案领取。刻间敝校因办义勇军需欵应用,故特专函奉闻,请派员执持息摺,会同敝校来人张股长前往公司领取,以济急需,俟陆厅长返厅时,如不承认,请由敝校月领经常费内扣还归欵。专此,即颂

公绥

弟华○○顿

民国二十年十月二十二日

学生何非等致华秀升信函

窃生等仰承学校乐育,得以终业。留别纪念物之设,固已久悬心目,徒以所见未广,设计无由。此次外出攷察,多方借鑑,深以为值此国难临头、举国愤慨之秋,须有以振作民族精神者,庶可以激发国民同仇敌气〔忾〕之心,代表生等身受高等教育者应有之使命。兹查中法安南之役,吾滇以一省之力而殱法将孤拔,实我国光荣之历史,为吾滇人所不能忘者,且战胜而割地,实吾中华民族为之奇耻。提斯警觉,足为振作民气之绝好资料。爰多方探查,得悉此役奏凯归来之开花砲尚存军械局中,日昨曾亲往参观,此物已被弃于乱草丛中,斑驳损缺,已成废物,若任其湮没,殊为可惜!大学为文化泽源

云南大学史料丛书·校长信函卷

地，保存古物亦职所当然，拟请转呈省府饬令军械局拨给修补，陈列大学本部，俾触目惊心，因物兴感，唤醒其历史观念，激发其爱国热诚，俾益后进不少，而于该役死难健儿亦可少吐其气于九泉矣！所有呈请转呈各缘由，是否有当，理合具文呈请钧长衡核施行！谨呈校长华。

云南省立东陆大学第三班毕业生何非、沈燊、牛一坤、周传典

民国二十年十一月

致省政府信函

事由：呈转请饬军械局移拨安南战役开花砲作留校纪念物由

案据本校第三班毕业生何非等呈称："窃生等仰承学校乐育，淂以终业。（照录原呈至）亦可少吐其气于九泉矣。"等情。据此，查所请系为振作民族精神，保存纪念物品起见，是否可行？理合具文呈请钧府衡核示遵！谨呈云南省政府○

列衔署名

民国二十年十一月二十四日

致军械局郑局长信函

衡堂乡兄局长惠鉴：

敝校第三班毕业学生呈请转呈省府饬由贵局将安南战役奏凯归来留存之开花砲拨给敝校修补陈列，以唤醒历史观念，激发爱国热忱，已呈请核示。此种开花砲对于吾滇历史颇有价值，任其弃置，未免可惜。台端关心文化，爱重古物，一俟省府令行到局，尚希曲予成全，藉以存续此光荣之历史。敝校领到此物，当叙述原委，将台端赞助盛意郑重入文，以作纪念也。专此奉恳，顺颂

台安

乡弟华○○谨启

民国二十年十一月二十四日

华
秀
升

致个旧锡务公司陶总理信函

福鲁①仁兄总理赐鉴：

昨函谅达典裁［？］。此次敝校募集奖学基金，厚承慨允勷助，不綦为一般清寒学子喜。现此项基金拟于本月底结束，俾便明春实行奖励，即祈鼎力劝募，多多益善。至贵公司急公好义，久著声闻，并恳从优惠助，藉植人材。所有捐获欤项，请于本月三十一日以前彚汇来校，期便统计。劳烦滋歉，希维原宥，毋任企祷。顺颂

筹祺不备

弟华○○谨上

民国二十年十二月十二日

---

① 福鲁，陶总理的字。

致周锡夔信函

　　迳复者。接准台函，敬悉荣膺新命，就任省立昆华中学校长，长才克展，学人与社会同钦；校务聿兴，昆水共华山并永。咫尺芳邻，曷胜忭仰！谨此佈贺，即维亮詧。此致云南省立昆华中学校长周〇

华〇〇

民国二十一年二月十六日

缪安成致华秀升信函

　　迳启者。安成现就武庙上街五十七号开设太和医药房，惟创办伊始，人未周知。承亲友撰赐介绍广告一纸，藉有道之播扬，为鄙事之增重，恃叨挚爱，拟列尊章，重九鼎之一言，胜百朋之永锡矣。尚冀俯允，感祷同深。顺颂华秀升先生

　　道祺

缪安成谨启

民国二十一年三月

王忠致华秀升信函

华校长钧鉴：

　　会晤迄今，倏已数月，迭蒙钧座赐教，不胜感激。贵校招考补习班事想已办理就绪，敬候告之。素闻贵校图书最为丰富，不识可否借给阅览，俾供参考。恳乞奉覆，敬请

　　教安

弟王忠谨上

民国二十一年三月一日

复王忠信函

子实①仁兄鉴：

　　辱教敬悉。敝校招收之补习班已考试完毕，定期上课，该班应授之经济学一门，每周仅三小时，现有之教师已四五人，无从分割，容俟遇有机会，再为借重。嘱借图书一节，谨当照办。专复，即颂

　　文祉

弟华〇〇启

民国二十一年三月二日

复缪安成信函

静生②先生鉴：

　　辱惠书就悉。悬壶昆市，妙术济人。春暖杏林，钦迟曷似！自当广事宣传，奉扬仁

---

① 子实，王忠的字。
② 静生，缪安成的字。

云南大学史料丛书·校长信函卷

风，希即列入贱名，共同介绍，不胜企盼。专复，顺颂

道安

华○○启

民国二十一年三月十八日

致杨文清函

敬复者。本日辱承台钦，本当奉陪，祗因偶染微恙，行动为难，不克趋聆教益，尚祈鉴原是幸。专此，祗请

党安

华○○谨启

民国二十一年五月二十三日

[批语]：速送省党部杨委员镜涵　台启

致云南水灾赈济委员会信函

迳覆者。顷接大函，敬悉嘱将经手劝捐之欵早日送会。查此项捐欵前接贵会函送册据，当即向外劝募，所有知交多在他处捐过，而大学教职员又已奉省政府令，每人由薪俸内捐助。三月八日曾经财政厅于应领经费项下照扣在案，未便再予劝捐。兹准函询，特由东陆大学捐滇票叁百元，照填一千七百零一号收据一张，相应将捐欵连同捐册及未用收据一并备函送请查收办理，至纫公谊。此致云南水灾赈济委员会。

附送捐欵叁百元、捐册一份，收据四十九张（计自一千七百零二号至一千七百五十号止）。

华○○启

民国二十一年五月二十六日

华秀升

何　瑶

（省立东陆大学时期 1932—1937 年）

何　瑶

何瑶（1894.12—1968.2），字元良，云南石屏人，云南大学第三任校长。他生于书香门第，从小就受到文化熏陶。1908 年考入云南方言学堂，1914 年被保送到青岛德华高等学校，未几转入北京大学预科。1915 年，再转上海同济医工专门学校，专修外文。1917 年进入美国普渡大学机械工程系学习。1921 年获机械工程学士学位后，即在美国费城巴尔温火车头公司实习。尔后又在美国各地参观考察，对西方文明印象深刻。

1925 年，何瑶学成归国返回故里。随即受聘为东陆大学教授，讲授数学、热机关学、机械工程学等课。1926 年兼任东陆大学会计长。1930 年任东陆大学工学院院长。1932 年秋，校长华秀升辞职，省政府委任何瑶代理校长。1937 年 4 月因"学潮"辞职后，就任省经济委员会专门委员。

在他掌校的近五年中，开办了医学专修科；改省立东大为省立云大；恢复云大附中以及加强理工科，办学特色方面卓有成效，对云大发展具有深远影响。

早在云大创办之初就酝酿开办医科教育，1922 年建校筹备处制定的《东陆大学组织大纲》第六章中明确规定："东陆大学分设文、理、法、工、农、商、医科。"1927 年，中华教育文化基金董事会曾经派员视察私立东大。其视察报告也强调：云南地处极边，智识输入尤为困难，而"医学智识，更为幼稚，除用旧式医生外，学识重实，经验优良之医士极少。"因此，私立东大开办医科，"实较他处学校为尤急焉！"何瑶赞成这个看法。主张尽快开办医学院。他办医学教育思想较集中地反映在 1936 年给中法教育基金委员会的《请款书》上。他在报告中写道："云南兼有寒、温、热三带气候，且人口稀少，多是蛮烟瘴雨之乡，疾疫流行，人难久住，欲建设云南，开发资源，则对瘴疠的驱除、医药行政组织建立及医疗设备和人才的充实尤其重要。而医学院者，即负此重大责任也。""云南医药人才缺乏，先后由国内外医科学成回滇服务者，尚不足省市局部之用，则其余各地医药人才之缺乏可想而知。于此，充实本校医学院成为当务之急。"1932 年他接任校长后认为，酝酿多年的医科教育，条件已经初具，决定着手开办医科。呈报教育厅后，教育厅认为师资设备尚为缺乏，主张与云南军医学校合办，以暂共用师资设备。对此，军医学校也表示赞同。当年 10 月，省政府与军医学校的上级机关第十路军总指挥部会商后，发出指令："省立东陆大学内，应办医学专修科，与军医学校合办。军医学校仍由总部拨款办理，至现有班次办毕止。医学专修科经费由大学拟定，呈教育厅核发。"依此，10 月 10 日，教育厅作出《云南省教育厅办理省大医学专修科决议案》，明确规定："东大医学专修科，由军医学校代办，行政系统应保持统一，隶属省立东大。"自此云南大学创办医科教育，终成定案。医学专修科随即进行招生。经过严格考试，录取了35 名正式生及 8 名试读生。这是云南国民教育有史以来所招收的首批高等西医科学生。

医学专修科成立后，何瑶并未就此停步，他仍在为办成医学院而努力。在 1937 年初制定的省立云大《四年扩置计划书》中，明确学校拟设理工、文法、医学三个学院，"医学院先办医学专修科"。何瑶认为成立医学院最大障碍是经费缺口大，为争取到更多经费，除每年向教育厅提出经费递增外，还利用各种渠道争取经费。其中向中美庚款、中英庚款、中法庚款等委员会申请补助。正因为有他坚持不懈的努力，1937 年 8 月 1 日熊庆来走马上任后，第一年教育部就批准成立云大医学院。

1934 年，省立东大改为省立云大，表面只是改名称问题，实质是何瑶坚定地按国民政府颁布的《大学组织法》对学校进行改革，规范教学秩序的举措。何瑶上任后大力调整行政机构和教学单位，在学校成立了理学院、工学院、教育学院及医学专修科。1934年 9 月国民政府教育部认为经过他的这次机构调整后云大达到了 1929 年政府颁布的《大学规程》中有关机构设置的要求。国民政府为了加强高校管理，要求统一全国各省政府开办的大学名称，令省立东大改为省立云大，并明确规定学校隶属省教育厅。从此有了云南大学的校名。改名后教育部每年拨给云大一定经费，用于购置设备，缓解了云大的经费困难，使办学条件得到了改善。

东陆大学成立初期，为了保证生源和学生质量，1927 年成立了附属中学。1930 年，东陆大学由私立大学改省立大学，附中被裁减。何瑶掌校后，为了给教育系学生提供一个实习的场所，亦为大学储备生源，在 1936 年 1 月，向教育厅提出恢复附中的要求。他在给教育厅的报告中写道："云南大学学生对于教育的一切法理，必须加以实习，以资印证；而且现代中等教育，新近输入的理论方法，亦须加以实验，以供采择；兼之大学本科入学程度亦逐渐提高，更不可无附中以资准备。"在他的努力下，停办了五年的附中于1936 年 2 月恢复了招生。

云南"五金之矿，蕴藏丰富"早已闻名于世。学校创办之初，就开办了土木工程、采矿冶金两系，以此为开辟云南交通、开发矿冶、培养人才。何瑶生长在云南，对云南省情素为了解，所学亦为工科。因此，他对推动工科教育、培养工科人才、建设云南工业向为重视。他掌校云大后，在给资源委员会请款书中写道："本校所设院系，均以适应环境需要，培养人才以谋生产发展为主旨。因此，拟以理工学系为首要，推进工科教育为特色。"何瑶在历次"请款书"中，无不强调理工教育之重要、理工经费之短绌。如在请求"英庚"补助时，何瑶写道："云南幅员广阔，地形复杂，矿产丰富，生物繁滋，其能提供于学术上之问题甚多，而足为富国之资源甚大。"本校力谋理工教育之发展，"惟是理工设备，需款浩繁，非得巨款补助，不能树立相当基础。如承贵会概允协助，则不独边疆教育，得以促进，即于民族复兴，亦将影响匪浅也。"

为请款成功，何瑶充分利用自己的地位和人际关系等，虚怀若谷地分别以"后学""乡晚""愚小弟"等名义，分函党、政、军、学各界有关要员，请其"预为疏通"，"力勖玉成"。例如，他曾致函："党国先进、领袖群流"的国民党元老、时任教育部长陈立夫；虽无深交，但居重职的行政院秘书长、资源委员会主任委员翁文灏；"领袖乡邦、关怀桑梓"的滇籍高级将领、陆军大学校长杨杰；"科学巨星，数学泰斗"滇籍旅京学者、清华大学理学院代院长熊庆来等。

何瑶经过诸多努力、各方活动，每次请款，均获成功。例如某年，矿冶系即获"中

何
瑶

英庚款 4 万元、中基会（美款）10 万元、资委会 2 万元等的补助"。从此，颇具地方特色的理工教育特别是矿冶教育，日益成为云大的重点教育和特色教育，国立时期更是如此。《云南日报》曾对此专门报道云："云大采矿冶金系，年来蒙中英庚款委员会之补助，对各种设备，已粗具规模。此后拟再加以扩充，刻已在计划中。但采矿设备，至巨且贵。"经向中英庚款请求，已得其允助，"自本年起共 10 年，每年补助采矿冶金系国币 10 万元"。5 年以后，每年递减 2 万元，其不足者兮，由主管机关补助之。"此后，云大矿冶系之发展，定为该校各系之冠。且对发展云南工业，造就采冶人才，实为一有力帮助。"

云南大学（及其后续昆明理工大学）的工科教育成为特色教育，正是何瑶加强理工特色教育这一教育思想的充分体现。

参考书目：

1. 谢本书等编：《云南大学志·人物志（一）》，云南大学出版社 2000 年版。

2. 刘兴育：《私立大学改国立大学：云南大学发展史上的重大转择》，载《思想战线》2003 年增刊。

3. 谭茂森：《论何瑶的教育思想》，载《思想战线》2003 年增刊。

4. 昆明医学院校史办编：《昆明医学院校史（1933—1998)》，2000 年 9 月。

云南大学史料丛书·校长信函卷

一、依借社会力量　多方筹措资金

何瑶任校长期间，学校继承了私立东大的传统，为弥补经费的不足和学校发展的需要，何瑶抓住各种时机，借助社会力量，筹措办学经费。1935年2月，获知中英庚款董事会向全国各大学发放一批补助款的消息后，按中英庚款董事会的规定，拟请款书为云大扩展建筑、添置设备请求庚款董事会给予补助。为了请款成功，他四处求人，请求鼎助，分别致函教育部长陈立夫、陆军大学校长杨杰等，请其"预为疏通"，"力勖玉成"。经过努力，当年即得中英庚款董事会补助国币1万元。1935年5月，"蒋委员长在滇时，主动表示嘱请中法庚款补助云大"。此后，省政府即遵示于8月拨给学校滇币60万元，以作建筑理工学院及学生宿舍之用。1935年12月，教育部视察西南教育专员陈礼江奉命视察云大，也对学校采矿冶金教育甚表重视，建议对其加紧充实，以期日臻完善。学校当即拟就扩充计划和请款补助概要，面交陈礼江转呈教育部。以下几封信函均可看出何瑶筹措办学经费时，可谓费尽心机。

何瑶致陈立夫等信函

立夫、养甫仁兄勋鉴：

囊者京华晤聚，备承教益，雅谊拳拳，至今感佩。别后公私庞冗，未获常通尺素，致侯兴居。然翘首海天，未尝不时劳梦想也。敬维春祺懋介，勋向日隆，引领新猷，曷颂快颂。

兹有恳者：滇居边徼，教育落后，对于各种建设人才，异常缺乏，本省政府，爰有大学之设立。创办以来，虽已历时多年，而以地当边远，经济拮据，校内设施，往往心余力绌。今者，乃照章备具各项手续，请求中英庚款委员会拨款补助。昨已将各项表册、请求书迳寄至会，并分报教育部考察，计日已将到达。此事关于本校之发展至钜，弟忝长校务，亟盼能如愿做到。伏念吾兄党国先进，领袖群流，对于本校此项请求，务恳力勖玉成，与庚委会各关系方面藉重鼎言，预为疏通，俾提出得邀核准，圆满通过。斯不仅本校拜受嘉恩，即边省教育、国防大计，亦均利赖无穷。

临书专恳，敬颂勋安。并祈

惠复。

愚小弟何瑶手肃

民国二十四年二月十二日

致陆军大学校长杨杰信函

先生大鉴：

敬恳者，本省大学创办至今，已历年所，因限于经济，各项设备不能尽力于1935年2月12日扩充，实为边地文化建设之憾事。晚猥以轻材，忝长校务，心余力绌，抱歉良深。中英庚子赔款自归庚款委员会保管后，有补助各省教育之规定。今年春，爰由校照章备具各项手续，函请庚款委员会照章拨款补助，并分呈教育部考查暨分请各方尽量赞助，俾底于成硕。兹事体大，且请求补助者，闻已超过分配定额甚多，而本省又系初次

何
瑶

办理，恐手续或有未周暨主持不力，不能达到圆满要求。素仰我公，领袖乡邦，关怀桑梓，此次本校请求庚款补助事项，务请借重鼎言，向各有关方面力赐虚植，使所请得邀允准。斯不独本校之幸，即全省教育事业亦拜受嘉惠于无暨道安。宁候示复不备。

愚小弟何瑶

民国二十四年二月十二日

呈教育厅厅长龚自知①

事由：呈为请求中法庚欵补助恳祈转呈鉴核示遵由

为请求中法庚欵补助恳祈转呈鉴核示遵事。窃查云南地处边陲，国防綦重，而天然富源亟待开发，边疆文化尚需振兴。民国十二年，爰有大学之创立，所以培养各种专材而谋根本之建设也。自成立至今，为时不过十载，而各系科毕业学生计达四百餘人，服务社会，已得相当信仰，尤以工科人材供不应求，亟需扩置，亦可见本省建设事业之进展与钧厅作育人材之本旨实相需为用也。上年业经遵照教育部令，改校名为省立云南大学，院系编制改组为理工、文法及医三学院，行政组织于校长以下改组为秘书、註册、体育、会计、庶务五课，科学、图书二馆及训导、编辑等项委员会，分工办理，亦所以谋组织编制之健全，以促进校务之发展，而有以副政府维护本校之至意也。惟本校现有设备业奉教育部核示："图书仪器均不敷用，物理系高深仪器及土木、採冶两系之重要应用试验仪器与机器尤为缺乏，均须俨量添置，以图充实。"在案，且本校此后依照现有三学院之设置计划进行，则科系逐年推广，必需之建筑与设备非设法充实难敷应用。顾以本省地瘠民贫，财力有限，既不能筹大量之欵以充实本校，而大学教育为国家建设之基本事业，又不能长此因陋就简而可以达"研究高深学术培养专门人才"之旨趣也。本校正慎重考量、多方计划中，恭逢军事委员长蒋公临滇，昨日召见省会省立中等以上各学校校长暨教务主任时，对于本校垂询较详，关注尤切，而对于本校设备缺乏之观感与教育部前所核示者不谋略同，且蒙委座面示，云南蕴藏丰富，实为我国最适当之工业区，此后云南大学应注重工科之设置及各种工业人材之培养，至大学内容之充实，可向中法庚欵保管委员会请求补助，并可代为电达该会提前办理。职昨将委座爱护本校之厚意特提出校务会议报告，同人闻之，莫不深为感戴。金以由校迳向中法庚欵保管委员会请求补助，则对于请欵手续之办理尚需时日，且本校亟待请欵充实之设备项目即经教育部核示（实）有案，此后为充实本校工科内容之充实及工科学系之扩置计，尤以理工学院採矿、冶金及地质各学系之重要应用试验仪器与机器需要最为迫切，而文法学院之政治经济及法律各学系亦有添置讲座之必要，拟由校呈请钧厅查核转呈省政府鉴核，转请委座核准，电示中法庚欵保管委员会告知本校请求补助之迫切而特予提前补助相当之充实费也。再者钧长上年晋京，业经请准教育部允许每年补助欵项七八万元，以作促进边地教育及办理採矿、冶金与夫医学设备之费。又职上年赴京，亦将本校实况及经费支绌情形报告教育部部长王，并请求由国库补助。返滇后，即依照管理中英庚欵委员会请欵规则及息金用途支配标准，拟具本校第一期请求补助书表暨计划函送该会请予补助各在案，亦拟请钧厅核转委座鉴核，分别电饬，迅予促成，俾本校设备得以早日完成，则来日边

---

① 云南省教育厅 1935 年 5 月 24 日第 722 号指令省立云南大学校长何瑶："准予如请转呈。"

云南大学史料丛书·校长信函卷

疆文化之振兴、云南宝藏之开发实利赖之。以上所请是否有当，理合具文呈请钧长衡核转呈，并祈示遵。谨呈云南省教育厅厅长龚

省立云南大学校长何〇
民国二十四年五月二十二日

杭立武为请款等事致何瑶函

元良校长先生大鉴：

宥电奉悉，请款文件尚未收到，但已先行代为登记，将来当与其他请款各案，汇送敝会。教育委员会议讨论。弟亦自应尽力疏通，惟敝会本年息金收入可分配于教育文化事业者，就目前推算大约至六月底止，为数仅八十五万余元。而去年第一届支配所定各事业之补助，按照当时决议，大半须于今年继续拨付。此项应行拨付之数，计需一百卅余万元，彼此相抵，不敷尚钜。故今年支配时，倘非设法筹垫，即原定之各种补助，已感不能维持。职是之故，对于新收请款各案，诚恐不易为力耳。并此附陈肃后祗请教绥

杭立武拜启
民国二十五年元月三十日

国民政府行政院秘书长翁文灏复何瑶信函

元良先生惠鉴：

伏诵大函，承示贵校扩置理工科，已由省府拨款建筑，内部设备所需尚多，拟分年向中英庚款委员会请求补助。该会于文化及教育事业夙所注重。尊处既已备具请款书寄会审核，当能酌定。弟遇便亦当代为询明，以副谆嘱。专泐奉复，敬颂台祉。

翁文灏
民国二十五年三月十六日

熊庆来致何瑶信函

元良吾兄执事：

迩时叠奉来书，备悉一切，喜甚！云大近为当国重视，发展可期，良足庆幸。嘱及之事，弟自乐为尽力。关于请求中法教育基金会补助一节，弟曾与该会干事李润章（书华）君商及。渠与弟交甚厚，磋商颇为恳切。渠谓补助甚可能，惟庚欸机关联会之议案，各机关只以之作参攷，不必完全遵循（渠个人甚愿为云大说话），故即允准补助欸数亦不过为六万，请求时〈欸〉数稍多无防［妨］，补助只限一年，欲继续须再声请，手续只须备一公函并附一现况及计划书寄来即可（须于九月前寄到，计划书可用中文，能附法文或英文者一份更善）。允准与否，自与计划有关。弟觉国内大学大都所定范围过大而力不足以赴之，于是求充实不能、欲收缩亦不可，而形成敷衍之局面，即中大、北大、清华亦不免此病，现四川大学似亦复走此已错之路，可惜！吾滇筹欸较难，亟宜注意及之。国难严重，尤不容不力求实效。弟意因地治宜，吾滇应特别发展理工，于地质、採冶尤宜注重，致文法院则就切要者办二三系即可。医科极不易办，若非政府由中央拨给相当之经常费，不必轻于兴办，宜积极将理工科就小范围内尽力改进，使之臻于完善而成为国内第一等之学府，若是则不独培育桑梓人才，外省学子亦必自远而至，影响于国

何

瑶

家学术建设乃大。弟与李润章君谈及云大有意办医科，渠亦甚不谓然，故请求补助计划言为医学院建筑设备，不如言为理工设备较有希望（虽中英庚欵允许补助六万，但为数似尚不充足），至祈注意。弟尚有进者，学制宜参夜各国者酌定，不必拘于美制；教员宜提高待遇，慎重聘致第一流之能努力者。现国内各著名大学讲师教授薪金多半由二百八十元至四百元，甚至五百元，故以前函所示之标准论，至难物色硕学。若为教授一二年级之课，则聘留学生之庸常者尚不若聘国内毕业生之优秀者为善［可给与（予）教员名义），未识尊意以为然否（省中留日归来之人或亦有可胜任者］？谊属至好，事关桑梓，鄙见所及，敢为坦率言之。忙中草覆，即问

大安

诸老友祈致意

弟熊庆来上

民国二十五年七月十四日

复熊庆来函

迪之①如兄惠鉴：

顷奉十四日航空手书，藉聆教言。吾兄关怀桑梓教育热忱，不胜感荷之至。本省鑛产丰饶，生物繁衍，中外咸知，故本校自改组以来，即遵教部令设置文法、理工及医三学院，而着重理工各系之充实。本年度本省政府已拨定新币五拾万元另建完整之理工学院一所，并已指定与本校毗邻之昆华中学校全部及附近房地为理工学院校址，现已设计就绪，不久即可兴工矣。关于设备之充实，业已拟就计划，分别缓急，分期向中英、中美庚款请求补助，第一次请准中英庚款一万元作为添购理化仪器药品之用欤，曾经汇到，着手采购。本年度起又淂中英庚款补助八万元作为充实采鑛冶金设备之用，其他与採冶有关之设备如材料实验、电气实验、水力实验及机械实验等项，则向中华教育基金董事会请款扩置，现该会已来信允派员实地来滇考察后又再决定如何补助，一俟决定时当专函请求吾兄指示一切。至本校医科，自开办迄今已将近四载，设置确属简陋，然已稍具雏型，况本省地处边陲，向称烟瘴之区，各地蕴藏固多，设无医学人材辅助，则开发颇觉不易，加之本省医药卫生人员就昆明一市而论尚感不足，至若内地县份有医生之处更属廖廖，人民一旦染有疾病，往往求治巫师，人民生命既无保嶂，又属提倡迷信。上年中央派员来滇考察后，特令卫生署会同本省政府着手筹设医院，而此项医学人材之培养本校实负重大责任。同年本省教育厅龚厅长晋京，教部王部长又谆谆指示改进医科，其设备及建筑费用嘱向中法庚款请求补助，故所拟扩置计划中理工设备之充实业已请中英、中美两庚款按年赓续补助，而医学设备实专赖中法庚款扩置之。现正拟定请款书，特再奉渎吾兄敬祈婉言将此中情形向润章先生说明，如有未妥之处，即祈早日指示，以便遵办是感。嵓此奉恳，顺侯

旅祉

如弟何○谨上

民国二十五年七月二十一日

航空寄北平清华大学交熊迪之先生

---

① 迪之，熊庆来的字。

云南大学史料丛书·校长信函卷

云南省立云南大学请款书①

迳启者。查云南地处边陲，种族复杂，山川峻秀，物产繁庶，实为研究自然科学之最好场所。曩因交通梗阻，是以产业未兴，文化落后。民国十二年，滇中人士爰有私立东陆大学之创立。当时为应实际需要，先办文、工两科。十九年改组为省立，扩充为文、工两学院。二十一年，遵照大学法规，扩文学院为文理学院，工学院仍旧，并归并省立师范学院改为教育学院，以符三学院之规制。二十三年，呈奉教育部核准备案，并遵部令改校名为云南省立云南大学，文理学院改为文法学院，教育学院归并之；理工合并为理工学院，并添设医学院，先办医学专修科。各学院所设学系皆以适应边地环境及需要分别扩置，培养各种专材（才），以振兴边地文化而谋根本之建设也。依照呈准之设置计画，逐年推广，则必需之设备与校舍亟待按期补充，以资应用。顾云南素称贫瘠省区，遽筹大量之欤，势所难能。上年爰遵蒋委员长之训示，分别计画，向中法、中英各庚欵委员会请求补助。关于理工学院之充实，省府已指定地址，拨国币式拾伍万元，另行建筑理工学院一所，并已请准管理中英庚欵委员会先后补助国币玖万元，以壹万元作添置理化仪器药品之用，欵已汇到，着手采购；以捌万元作充实采矿冶金设备之用，分两年发给。关于文法学院之充实，如图书馆之建筑，各科图书之添置，业向中美庚欵请求补助，俟该会派员到滇视察后，即可决定补助金额。关于医学院之充实，本较其他学院需欵为多，且医学院之设置亦较其他学院为不易，但医学人材（才）在云南急待需要。盖云南境内山岳盘结，川泽四布佈，生物之繁衍，矿产之丰饶以及地质之构造，种族之派别等，非详加实地之研究与考查，则各地蕴蓄之富源莫由开发以资应用，且宝藏所在，素称煙瘴边鄙之乡，人多视为畏途，足跡罕至，如初步从事研究与考查，须先有多数医药人材分配各地，对于各项工作进行方可通畅无阻。是以云南各种建设事业之推进，应以医学人材为先导。此本大学医学院有积极扩充之必要也。现有基础，虽觉薄弱，亦不能不分别缓急，渐次充实，以应亟需也。且本省现设立之医院及卫生实验处，对于医药之研究常与本大学联络进行，而本大学现设之医学专修科明年已届四年修业期满，此后添办本科，对于医药设备更待充实，但需欵较巨，一次难以请求补助足数，特分期计画，以谋逐渐充实。兹拟具本大学医学院第一期充实计画，计十七目，请求贵会核准于二十五年度补助国币捌万元，内计医学用品采购费伍万柒千肆餘元，运费关税约弍万弍千餘元。查大学教育为国家社会建设之基础，内容充实，适应需要，则所造就之人材必愈健全可用。本大学之设立已具相当历史，徒以限于财力，不获尽量扩充，亟赖各方提携赞助，以策进行。敬仰贵会对于边地文化事业优予补助，造福良深，谨依照标准缮具本大学医学院第一期充实计划并连同大学实况报告书及图表，随函送请贵会审核，特予补助，并祈见覆是祷。此上中法庚欵委员会。

附送请欵书□份，云南大学医学院第一期请欵计划□份，云南大学实况报告及图表各一份。（略）

云南省立云南大学校长何○

民国二十五年八月

何瑶

---

① 中法教育基金委员会中国代表团 1936 年 9 月 2 日中字第 171 号复函："……嘱为补助等情到会，自当于本委员会下次会议时提出讨论，相应先行函覆，即希查照为荷。"

熊庆来致何瑶信函

元良吾兄大鉴：

又久未通音矣。迩来滇中情形何如？北平虽在严重局势之下，居此者率沉静持重，异于往昔，一切照常进行。前示及关于云大医学院情形，弟已为润章兄剖述，彼亦觉既已有基础等，应令其发展。昨日法大使宴客，弟亦在座，遇中法基金会负责者多人，于云大请求补助事弟又趁机与彼等一谈。中华文化基金方面弟亦曾代向孙洪芬先生疏说。迩年国中学术事业发展，向各基金会请欵者甚多，分配等甚困难，惟以国势言，西南似可较得统待也。匆匆草此，顺颂

大安

弟庆来顿

民国二十五年十月十九日

诸知友烦代候及

复熊庆来信函

迪之如兄大鉴：

昨奉十月十九日由北平寄来华翰，敬聆一是。敝校前向中法教育基金委员会请欵一事，曾经具文并造报请欵书到该会，嗣蒙复函，允提下次会议审查等语，惟迄今已逾三月有馀，尚未见发表，不知何时开会，殊以为念。日昨法大使晏［宴］客，又蒙吾兄在座乘机与各委员谈及，实为感激之至。兹将此项请欵书寄上一份，祈兄一览，更请代为鼎力就近进行，俾得早日促成，则全校同人均铭感也。兹有熊君光玠上季留法归国后，曾在敝校担任讲师之职，现因来平考察，弟亦托其顺便接洽中法庚欵事，如熊君到时有聆教之处，尚希指导是感。崇此奉恳，顺请

铎安

如弟何○谨启

民国二十五年十一月十三日

秦光弘致何瑶信函[①]

元良大哥台鉴：

在南京、北平等地所寄上之函想均已交到矣。昨报间批露英庚欵会四月初又在沪开会，弟决定廿七日到杭，持翁之龙之介绍函面谒朱主席，恳为开会时帮忙，但弟前函所请邮寄请求书之事未识已办否？良机切不可失，盼在四月底前寄南京山西路该会，是为至要！弟在汉口有二日之舷搁，即搭船赴九江转南昌赴杭州矣。此次周遊北方一转，获益殊多，计算火车所行路程约万馀里矣。校中想无事，医专闻系三年级者方受训，我校者或可不参加。弟颇盼能知校中近况，可否请仰庭或述徽暇时给我一信是祷（寄上海爱文义路爱文坊十四号郁仲肥先生转）？京滇遇览〈团〉刻已定储民谊先生为团长，若可能之处，请吾兄无妨与之谈谈，请其在中央帮忙帮忙，医学院或亦稍有补益亦未可知也。

---

① 月份不详，疑为3月。

专此，即候

　教安

弟秦光弘谨上

民国二十六年三月二十一日

大学同仁均请问候，恕不另。

王世杰致何瑶信函

元良校长先生惠鉴：

　　秦君光弘来，面送校中所拟四年扩充计画（划）纲要一件，并对于校务状况有所陈述，甚慰。经费事当为注意。扩充计画（划）已交主管司根据地方环境、学科、师资、设备及邻省大学设系等状况加以研究。特先佈复，并颂

　教祺

王世杰复启

民国二十六年三月二十五日

　　[何瑶批语]：速同秦君各位交陈秘书长拟具请欵办法。

民国二十六年三月三十日

何
瑶

二、体用兼顾　博而能精

1937 年 4 月，何瑶在《云大特刊》的刊词中写道："夫大学教育之使命，以研究高深学术为体，以养成专门人才为用。"在这里，何瑶把"研究高深学术"即所谓体，作为大学教育使命的第一方面，而把"养成专门人才"即所谓用，作为大学教育使命的第二方面，此一独具创新意识的体用划分，体用区别，形成了他的办学理念。他还写道："为谋高深学术，研究也，则大学之内容务期其博，为求专门人才之养成也，则大学之造诣务希其精。体用兼顾，博而能精，然后大学教育之功效乃宏，此中外著名大学，所以必具之历史与长期之努力也。"

何瑶不仅提出自己的教育理念，而且身体力行，积极地将其付诸实际。在培养学生素质方面，不仅重视理论知识学习，也重视理论的应用。在开办医学专修科后，就提出"从速筹设医院"。为使毕业生适应社会需要，他竭力推荐毕业生参加教育部组织的就业培训，及在云南开展的铁路勘测工程项目，多方筹款让医学专修科毕业生出省参加集训以及考察学习。从以下的信函可以看出何瑶的这一办学理念及实践的状况。

学生贺斐然致何瑶信函

元良校长钧鉴：

逐启者。窃生前以离职私立华南学校校长一席，赋闲省垣，适值中央招生专科以上毕业生就业训导班，乃呈并函请钧长保送，承蒙如请照办，感深腑肺。兹已于日前于教育厅履行体格手续完竣，定期于本月十日由滇起程赴京，惟因行动匆忙，未得晋趋面辞，实为罪甚。仅此函陈，敬祈原宥。谨请

教安

学生贺斐然谨启

民国二十五年九月九日

（住昆明东大街青龙巷五号）

致专科以上学校毕业生就业训导委员会电

函电一：

专科以上学校毕业生就业训导委员会公鉴：

兹据敝校保送学生朱元光报称："蒙贵会审查取录为第一期备取生，理应静俟递补，无如自毕业后，因家道寒微，又无力出外，恳祈转请体念生长边区，特准通融提前叙补为正式生。"等情前来。查该生所报尚属实在，其在学成绩亦优良，且此次兼程来省，希望正取心颇恳切。兹特据情转达，即请贵会为边远培植人材（才）计，特予提前叙补，则实叨公谊。如何之处，并望赐复。

云南省立云南大学校长何瑶

民国二十五年九月十九日

函电二：

专科以上学校毕业生就业训导班委员会公鉴：

敝校第一期正取生接通知即起程，何宏道母病回藉，已赶程来昆转京。京滇途远，恐迟到，均请变通录取。

民国二十五年九月三十日

[云南大学批语]：请刘书记长照缮一份，交庶务课俟今午发出。

民国二十五年九月三十日

叙五致何瑶信函

何校长座右：

久闻说项，恨未识荆。遥瞻皓月，弥想高风。比维道祺康茂，教化深宏，为颂为祝。敬恳者。顷淂亲友转告，藉知小儿慕儒有从贵校退学之举，闻之殊深忧闷。窃查慕儒投入医科已久，毕业之期转瞬即届，今中途辍学，弃其一篑之功，未免可惜，但彼之退学究出于自己甘愿，抑系校方之斥革，俱未淂悉。总之，无论其为何种原因，均望校长格外体卹，俯念家长希望之情殷而悯其年幼之识浅，准其重入宫牆，照常复学，再受春风之感，毕沾化雨之恩。若慕儒将来稍有寸进，不啻校长之所赐。倘蒙春风如旧，则饮德弥深矣。专此布达，敬候海安

后学叙五谨上

民国二十五年十月二日

由云县第一区爱华镇叙五缄

[何瑶批语]：秦主任签明斥退，该生情形由秘书课拟复。

民国二十五年十月十六日

何

瑶

致就业训导委员会信函

迳启者。查本大学保送就业训导班受训学生业承贵会审查分别取录通知在案，惟滇省地处边陲，途程需时，且省内交通不便，近三年内毕业生散居各地，对于训导班之开办得讯较迟，即取录各生接通知后，乃兼程到省，而已届开学之期矣。此滇省之特殊情形，不能不请求贵会准予通融，对于滇省保送各生宽予收学也。兹有本科毕业学生何宏道已蒙贵会取为正式生，通知到滇时，适因其母有病，由省返家，抵家后方接转到录取函件，现复由家返省，即启程到京受训。深恐有误入学日期，用特函达，即请查照，准予收学，以体念远道学子求学之苦衷，至纫公谊。此致就业训导班委员会。

云南省立云南大学校长何〇

民国二十五年十月三日

迳启者。查本大学保送就业训导班受训学生业承贵会审查分别录取通知在案，但滇省地处边远，途程需时，且省内交通不便，近三年内毕业生散居各地，对于训导班之开办得讯较迟，即取录各生接通知后乃兼程到省，已届开学之期。此滇省之特别情形，不能不请求贵会准予通融，对于滇省保送各生宽予收学也。兹有毕业生朱元光，曾蒙贵会取为备取生，接到通知时，该生以向学心切，即由原籍普洱到省等候，并呈请教厅暨本

校转请贵会提前叙补在案。兹查滇省此次保送学员因时间仓卒，仅有十馀人，而正取生中尚有赵炳金、林洁二名现已不能前来受训，拟请贵会体念边地人材，即以朱生提前叙补。此外尚有备取生董思恭、杨名时二名亦因向学心切，到京时一并请求从宽叙补收学，以宏作育。此致就业训导班委员会。

云南省立云南大学校长何○

民国二十五年十月十五日

秦光弘致何瑶信函

查该生操行仅得列丙等，而学业之劣有五科不及格，照校章无继续求学之可能，曾经校务会议议决不准注册，现将该生成绩表附呈，请为函覆该生家长是荷。此上校长何

台鉴

秦光弘谨上

民国二十五年十月二十九日

[何瑶批语]：秘书课照签函复。

民国二十五年十月二十九日

学生董思恭致何瑶信函

元良校长钧鉴：

敬禀者。生由校拜别以来，转瞬一月有馀矣，孺慕之思，无日不神驰左右也，维有敬祝玉体金安为念。生此次来京，意欲请〈求〉递补入班受训不能时，将文凭及成绩表〈取〉出，候有相当之招考处前往投考，于本月十五日到全国学术工作谘询处探问，得回函言已早日发还各原校等语。兹寄上航空单挂号邮三角八分，到时请校长将生之文凭及成绩表一并代（带）来南京珠江路八百八十号朱瑞星转交生为感。馀容后禀。耑此，敬请

教安

门生董思恭谨上

民国二十五年十月二十三日

学生杨名时、董思恭致何瑶信函

元良校长钧鉴：

临行仓卒，未及告辞，歉甚！生等偕何君宏道、朱君元光于十月廿三日吉抵香港，惟就业班业已开学，日期迫促，刻不容缓，故抵港后即于次日廿四日搭太古公司轮赴沪。兹有恳者，回忆生前在滇时曾上有呈文一通，呈请校长以学校公函致意该训导班垂念生等系远道前来，离乡万里，此行若抵京后递补名额不上，则必致陷于日暮途穷进退维谷之境，前途茫茫，实属不堪设想，惟有恳请校长体念生等苦衷，速将生等困难各情致函中央就业训委会，请其无论如何均希收纳，以免在外流离失所，则生感受大德于无既矣。忙中草此，字多不工，尚祈鉴原。肃此奉恳，竚盼裁成是幸。顺请

钧安

学生杨名时董思恭叩

民国二十五年十月

[何瑶批语]：前已办过，存查可也。

民国二十五年十月二十九日

复叙五函

叙五先生台鉴：

　　来函敬悉。查医专科学生管慕儒每学期均有不及格课程者数科，上学期成绩既有五科不及格，而操行仅列丙等（因常缺席，属诰不改），昨经校务会议议决"应照章饬令退学，不准註册"等语纪（记）录在卷。此乃为校章所限，实无法变通。特此奉闻，并候

　　台安

（盖校章）谨覆
民国二十五年十月三十日

致教育厅厅长龚自知信函

　　事由：据土木系学生呈请核转准予参加滇黔铁道勘测队工作祈核转示遵由

　　为呈请核示事。案据本校理工学院土木工程系第□班学生何宏远、任克一、苏志刚、金雪渔［？］、王攸立、郑松寿、邹玉堂、杨兴邦、杨春达、李维垣、丁育武、沐镇寰、丁长治等呈称："生等在学，将满四载，至本学期底即届毕业之期。按照本校理工各学系前例，于将届毕业之一学期，对于实习特加注重，故本校理工各科毕业生服务社会尚能胜任愉快，未始非注重实习之效果也。顷阅《云南日报》载有铁道部组织滇黔铁路勘测队经费拟与省府分垫之新闻一则曰：'省府昨准铁道部张部长电，略谓：本省政府同意合资兴筑滇黔铁路办法，至欣且佩。该路究竟需资金若干，非经实地勘测难以详细估计，兹大约估计需国币七八十万元。勘测队则正在组织中，一俟组织就绪，即可出发。至勘测经费，拟先由部省各半垫拨，俟将来数目确定，再行电告云。'又查十一月廿四日省府会议：'主席提议铁道部所定滇黔铁路勘测费国币九万元，由本省负担一半，分三个月汇部等由一案，议决滇黔铁路勘测费本省负担半数四万五千元，应暂由新银行拨垫，并即由行分期照汇。'各等因。生等逖聪之餘，敬悉滇黔铁路兴修在即，不惟本省与中原之交通愈形便利，生等亦得铁道实习之机会矣，拟请校长核转省府电请铁道部特准生等参加勘测队工作。"等情。据此，查该生等本学期末即届毕业之期，前曾由校呈请钧厅核转铁道部酌派该生等到国有铁道实习，以期印证所学，尚未奉到指令饬遵。兹据前情，能否准予该生等参加勘测队工作之处，理合据情备文呈请钧厅核转示遵。谨呈云南省教育厅厅长龚。

省立云南大学校长何○
民国二十五年十二月四日

学生董思恭致何瑶信函

何校长钧鉴：

　　敬禀者。生于前月之下旬曾由航空呈上一函，内附邮票三角八分，请校长劳力将生之毕业文凭及成绩表一并寄来，俾生得持证件投考他校，再望上进，以宏深造。今已日

何
瑶

久，未奉赐示，故生蚁悃，再函祈校长于最短期间寄来珠江路八百八十号朱瑞星转交生，不胜沾感之至。餘容后禀。嵩此，敬请

教安

生董思恭上

民国二十五年十二月十日

[何瑶批语]：限星期二以前用航空信寄出。

瑶

民国二十五年十二月十二日

学生杨卫邦等致何瑶函[①]

〈呈为〉恳请电呈〈中〉央准予收入就业训导班受训使将来获得相当职业以尽所学而免向隅事。窃思人尽其才，总理垂为遗训；学以致用，先哲早有明言。生等自幼得蒙政府之培植，师长之教导，深知救国为青年要务，学问为事业泉源，欲对国家社会有所裨益，个人事业有所建树，非受高等教育难期成功。是以负笈远来，力图深造，虽历尽艰苦，亦所不辞。自入本校以来，复蒙钧长之教导有方，各师长之谆谆善诱，知识学问实多进益，曷胜感戴。然目下虽已毕业，惟或因机会不良，或受环境限制，故于职业方面毫无办法。此种情形，不惟有失政府培植人材（才）之本心，抑且有负钧长关切爱护之至意。今幸就业训导班第二期瞬即开学，是以沥陈下情，恳请电呈中央准予收入受训，俾知识方面有所增益，职业问题得资解〈决〉，〈则〉生等之前途皆出〈钧长〉之所赐，自当镂心刻骨，没世不忘此恩也。是否有当？理合具文呈请鉴核示遵。谨呈校长何。

第九班教育系毕业学生杨卫邦、涂向仁、陈世典、高瑞云、何寿椿、余祥麟谨呈

民国二十六年一月十八日

[何瑶批语]：秘书课照转就业训导班。

民国二十六年一月十八日

---

① 1937 年 1 月 19 日省立云南大学转呈南京教育部"查核示遵"。

云南大学史料丛书·校长信函卷

三、慎选师才 注重培育

学校的中心是教学，教学质量优劣的关键是教师。何瑶认为要培养出合格的人才，必须要有合格的教师。他在1936年出版的《云南大学一览》的《推进计划·慎选师资》中明确提出：为了提高教学效率，增进学生成绩，"则于各科教授，自应严慎其选，实行专任。拟凡各系主要学科，概以专任教授担任"。他主张破除门户之见，摒弃畛域之分，甚至打破省界、国界，坚持按标准选师资。

为了严聘师资，网罗具备真才实学的人才，他主持制定了《聘任教员规约》，规定"教员授课，务宜确实认真，充分准备，详细讲授。遇学生质疑，须尽量解答"，"教员请假，如不能遴选相当代理人，得将该科课程暂时停授，聘书即归无效"等。根据何瑶提出慎选师资的原则和《聘任教员规约》，云大聘到袁嘉谷、郑鸿藩、范师武、杨克嵘、秦光弘等一批教授名流到校任教。

对于在校教员，何瑶重视更新知识，一有机会尽量安排教员外出学习提高。为了争得学习机会，他致函给教育部负责人，竭力推荐本校教员参加学习，进而提升学校的教学水平。从以下信函中，可以窥见何瑶对于师资的重视。

王齐兴致何瑶函

元良校长赐鉴：

昨邓巨源先生莅舍，敬悉台驾盛谊，曷胜欣感，曾面达邓君继续劾劳，何敢食言！惟经长时间之攷虑，兴自由京抵滇后身体大感不适，虽经休养有日，而迩来因会务繁冗，不能不躬亲照料，稍用精力，即觉昏晕难支，兼以本会①徵募运动即将开始，势必再予休息，俾届时免致误事。承蒙厚爱，允为酌减时间，并予暂时请人代课，足徵关垂之盛谊。惟兴自揆本学期必须淂长期之修养，始足以恢复健康。设现在竟贸然上课，精神不支，必难尽力教授，不惟自问愧心，且属贻误学子。再四思维，实难勉力劾劳，庶免贻误将来。凡上所言，全属诚意，并非有所推辞，谊属至交，当荷原谅。本学期教务尚希允如所请，遴员代理，一俟贱躯恢复，会务较暇，明春自当继续劾劳，藉副盛谊也。耑此佈达，不尽区区，敬颂

教绥

萍洲兄处并祈致意。

弟王齐兴谨启
民国二十五年九月十二日

[何瑶批语]：邓院长一阅后存。

---

① 本会，指云南基督教青年会。

杨家凤致何瑶函

元良兄：

承聘为教育实习指导委员，本应遵命，惟念此系教育实习教授职责，协赞人员亦以专任教授为主，方为有济。弟每周仅到校之两次协助指导实习，往返奔走当非一次，势有未能，仍请鉴原准予辞卸为荷。嵩覆，即颂

时祺

愚弟杨家凤顿
民国二十五年九月二十五日

苗天良致何瑶函①

元良先生钧鉴：

迳启者。前蒙垂青，邀任省大工业化学，当时因盛意难却，担任二小时，藉表在下效力及拥戴之微忱。今者良奉命兼任筹备制革公司事，以初入社会之人兼任数事，势有所不能，力有所不及，以其负盛望而误人子弟，何若明言情节？恳乞准予辞教，来日方长，在先生之下效力之日尚多也。谨此，敬请

钧安

苗天良谨呈
民国二十六年一月

杨克嵘致何瑶函

元良吾兄赐鉴：

前函谅达。现拟不日旋滇，教务容俟面商，惟今旅囊告罄，请即惠借国币叁百元电汇上海富行转交，以作川资。如何，请即赐覆。专此，并颂

教安

弟杨克嵘顿
民国二十六年一月十四日

致杨克嵘函

季岩吾兄大鉴：

顷接十四日由沪航邮寄来手书，藉悉兄允转滇，不胜欣慰，校中教务，务恳肯定电允回校，以便谢绝他方预留教席，否则临时殊感困难。任教钟点及月薪，因经费问题，恐难变更。吾兄素具热肠，谅能鉴弟苦衷。校中开课在二月下旬，特此报知，务请早日起程为荷。所需国币叁百元即由富行电汇，至祈照收，以式百元作为路费，壹百元作为预支下学期薪金。嵩此奉覆，并颂

旅安

弟何○顿
民国二十六年一月二十二日

---

① 日期不详，应在1月中旬。

云南大学史料丛书·校长信函卷

致庸僧经理函

庸僧经理仁兄大鉴：

顷由贵总行电汇至沪交杨克嵘（字季岩）先生国币叁百元，以式百元作为校中给杨君回滇任教路费，壹百元作为预支下学期薪金，至时请兄取具收条，照数清交杨君，并将收条寄到敝校，以便存查。诸劳清神，不胜铭感。嵩此，敬颂

大安

弟何瑶顿
民国二十六年一月二十二日

杨克嵘致何瑶函

元良学兄：

来示敬悉。汇款亦收到，大约二月廿前后可以抵滇，现既蒙委兵工职务，当难照前担任数目，务请酌减时间，以期两便为要。专此奉覆，并候

近祉

弟杨克嵘顿
民国二十六年一月二十七日

以后何日抵滇，奉告时烦转知舍内。如果时期迫促，或拟由飞机转来。

廖品卓致何瑶函

元良兄鉴：

敝同学李肇义君承推情延致，彼甚感激，惟以时间无多，仅能担任经济地理及商业组织两门，钟时多寡、待遇如何，均非所计。昨日李君曾经走访，以驾出未遇，特再代为函达，即希亮鉴为幸。此颂

教祺

弟廖行超①顿
民国二十六年三月二日

致廖品卓函

品卓仁兄勋鉴：

手教奉悉。日昨李君肇义过校，弟因事失候，未得晤谈，甚以为歉。现李君允担任课程，请兄转达，其迳向邓院长屏洲洽订。又在日本专研铁道之李君俟商定后，亦当迳向彼接洽延聘。敝校诸承垂注，迭代介绍优良师资，感荷实非言可宣矣。肃此佈覆，敬颂

勋祺

弟何〇顿
民国二十六年三月三日

---

① 廖行超，字品卓，时任滇黔绥靖公署参谋长。

品卓仁兄台鉴：

　　昨承台端介绍李肇义先生到敝校任教，当即延聘李先生担任文法学院讲师，所任课程亦接洽排定。至聘李先生担任教授之处，一时为部章所限，顷准中山大学电称，李先生于廿五年上学期亦在该校文法学院担任社会学系讲师也。知关厪注，谨将聘书一件奉请转达。嵩此，并候

　　台安

弟何○谨启

民国二十六年三月二十四日

四、因地制宜 创办医学

19世纪上半叶，西医传入中国。随着西医传入，中国人开始学习使用西医，创办学校。云南西医高等教育的酝酿，始于私立东陆大学，董泽在其所拟《东陆大学进行计划概略》中，规定大学扩充程序为："初期开办文科，二期开办工科，三期添设医科"，首次提出了开办医学教育的主张。1932年，何瑶认为酝酿多年的医科教育，条件初具，依据教育厅意见，与云南军医学校合办医学专修科，并制定了《省立东陆大学医学专修科设立计划》，规定修学三年，实习一年，从民国二十二年春开始招生，每期招收人数30~50人，招生对象为高中毕业生或师范毕业生。

医学专修科开办后，逐年购置了医疗教学设备，培养了一批教学人员，为云大创办医学院奠定了基础。何瑶认为仅办医学专修科远不能适应云南开发建设的需要。1936年8月，在向中法教育基金会申请拨款充实设备建立医学院的报告中，详细阐述了理由后提出："云南各种建设事业之推进，应以医学人才为先导，此本大学医学院有积极扩充之必要。"在他创办医学院的过程中并非一帆风顺，有人担心云大缺乏办医学院的巨额经费、教学人员和教学设备，报请教育部成立云大医学院的报告迟迟未得到批准，包括熊庆来在内的一些关心云大发展的在京滇籍知名人士，对云大成立医学院持有不同的意见，劝说何瑶放弃成立医学院的念头。但何瑶抱定建立医学院的决心，1937年年初，省立云大所拟《四年扩置计划书》中，载有"本校现有理工、文法、医三个学院"，"医学院先办专修科"等明确内容，同时何瑶还耐心向省外滇籍名人作解释。从以下信函、公函中可看出何瑶办医学院的目的，遇到的困难及他如何争取社会各界的支持。

何瑶

云南军医学校致何瑶函

迳启者。案准贵大学公函开："案奉云南省教育厅训令第三○三号开：案据该校长呈覆修改附办医学专修科经临预算并该科如延至本年下学期再为开办则学生来源或可较为丰富请核示一案到厅，当以'查此项东陆大学附办医学专修科，刻为从权计，与军医学校合设，但为日后便于划分办理起见，本厅只能筹给临时设备各费旧滇票贰万元，其用途以用于可以划拨移动之器物图籍为主，修理等项求少用，其月领经常费只能以教师及学生按照教育上之成例待遇为限。其自主任以下各人员及办公纸笔柴炭灯油等项开支，每月只能以旧滇票捌百元为限，拟饬该校照此另行覈实，编拟预算。至招生一节，能在本学期成班固佳，但本学期合格学生因大学工教两院招生关系，势必大减，拟即如该校长意见于暑假时招生成班。'等因呈请省政府核示。兹奉指令第二八四九号开：'呈及附件均悉。应予如呈照准，仰即遵照办理。附件存。此令。'等因。奉此，合行令仰遵照。此令。等因。奉此，相应函请查照办理。"等由。准此，遵查敝校筹划医专事务已属至再至三，所需经费亦系减无可减，迺对于人员薪公各费仍以捌百元为限。既茀减必不可省之经费，巧妇何能作无米之炊？准函前由，实难另行编拟。特此事系属创办，千绪万端，其起源及分配进行各项或尚有不蒙明誉致滋疑虑者。兹谨复陈条列于后：（一）敝校长前鉴于滇省医材极感缺乏，为拯救人民疾苦、普及卫生行政起见，即不得不广培医务人材，以本省医务教育尚未设施、敝校规模粗具，暂为目前急需计，如能添班并办，为费大省，故不分军民畛域，遂与龚厅长磋商会呈结果，乃有医学专修科之设。敝校长赤忱为国，毫无权利之贪恋，应先声明，务请亮詧。（二）因上列情形，热血中浇添生併办之议，动自我方，如以从前会呈计划一时仓卒，顾虑未週，认合办为不妥，即根本呈请取销前议固无不可。（三）如以敝校长学识不足以导羣英、德行不足以符众望，以及有掷黄金于虚牝之惧，则主任一席及该科内办事人员尽可完全令简贤能，不必犹豫，免误事机。至需用一切，敝校长仍当尽力相助。盖事但求于公有济，决无畛域之分也。（四）万一仍嘱敝校长代办，则前此最后所拟经费预算数目实已认真核计，无可缩减，否则难以进行。（五）专修科人员组织名称未奉颁订，一时难以着手，以前所拟人员不过署请津贴，系属仓卒之间，暂仍沿用敝校军事固有名称，俟将来实行举办，自应按照教育系统定以规章。如目下即须正名，应如何办理，请贵大学改正之可也。以上各项，即祈贵大学查核转陈为荷。此致省立东陆大学校长何。

云南军医学校（印章）
民国二十二年五月十六日

致王世杰信函

案奉钧部医壹一第 10256 号训令内开："案据本部医学教育委员会呈称：关于奖助医学专科以上学校师资云云，合行检发该项办法令仰该校知照。"等因。计发办法一份。奉此，自应遵办。查云南地处边陲，山川交错，对于各地资源之开发与各项建设事业之举办，均须以医学人材为先导。本校爰有医学院之设置，为应亟需计，并呈奉钧部核准，先开办医学专修科在案。现已筹设附属医院，则医院管理人员更待急需。兹查有医科讲师魏述微君，其资历与办法所规定者相符，由校徵求魏君同意，特推荐魏君参加本年度医学师资进修科别《中医院管理实地考察》一门，以备本省正式成立医院之张本。奉令前因，理合遵照办法填具请求师资奖学金表暨健康检查记录各一份，随文送请钧部核发医学教育委员会审查示遵。再者此项公文因地处边远，奉令稍迟，尚祈体念边区医学人材之缺乏，特予格外变通收学，优给奖金，俾魏君得以进修，则将来对于边地文化获益匪浅。谨此陈明，实沾德便。谨呈教育部部长王[①]。

计呈请求师资奖学金表及健康检查记录各一份。（略）

云南省立云南大学校长何○
民国二十五年九月二十五日

致教育部医学教育委员会信函

事由：函送后君长德报名入热带病学讲习班请查照收学见覆由

迳启者。案准贵会函开："案准行政院卫生署笺函略开：'本署为应发展各省卫生事业之需要云云，推选相当教员报会候核。'等由。准此，自应照办。查滇省地居边陲，对于热带病学之研究尤感需要。兹准前由，特推选本大学医学专修科教员后长德先生前来参加讲习，以应急需。查后先生曾在法属安南河内巴斯德研究院防疫部研究，并亲身前赴云南南防思普一带疟病区考察及从事预防治疗，颇著成效，相应照章取具后君志愿书、

---

① 王，指王世杰。

云南大学史料丛书·校长信函卷

请求奖学金表及保证书随函送请贵会查核，准予报名，从宽收学，并提前补给奖学金，以示优待边地医学人材，是所至祷。再者本大学于十二月八日方奉到公函，已逾报名日期多日，兹为本省培植医学实用人材计，尚请通融准予报名收学，并祈迅予由航空邮寄，早日见覆为荷。此致教育部医学教育委员会。

附送志愿书、请求奖学金表各一张，证明文件四张，保证书二份。

云南省立云南大学校长何〇

民国二十五年十二月十一日

致教育厅厅长龚自知信函

为呈请发给旅费以便按期入京受训事。自奉训练总监部令全国医科学生集训之命令后，生等以西南数省文化之最高学府不可不与其他大学一致，且受训以求知，并可参观各医学校各医院之一切设施，受益诚非浅鲜，不惟生等有所进长，学校地位亦不致为他人所轻视，久为他人讥笑之山国云南亦稍可给他人以认识，因此种种情由当即呈请校长予以设法筹给旅费在案。旋奉校长面谕："受训期间，照学生派出实习待遇之定案，由学校津贴，不在旅费例内。至于往返旅费，再由学校商同教厅发给一部分，一部分由学生自备之。"查往返旅费以极俭计算，至少每人须国币壹百弍拾元，生等以自身计，以学校声誉计，甘愿不顾一切困难勉力负担半数外，恳请学校发给旅费每名国币陆拾元，并恳于最短期间如数发给。至于派出学生实习津贴，亦请照案同时发给，以便生等准备一切，能于本月二十日以前起行，则不惟生等幸甚，学校幸甚，亦云南之幸也。谨呈校务会议公鉴。

医专学生①

朱兆麟	陈文藻	李南生	赵国栋	朱道安	曹锺璞	杨尔昌	唐继周	王永丰
张子宽	杨振新	戴其煜	周以敏	周泽雷	邹荫芳	陈天锡	范少泉	周　倬
刘建华	龚及昌	周以信	周以恒	周以熹	段琴仙	李岱岫	马锡繁	沈立慈

民国二十六年四月

何
瑶

呈教育厅②

事由：据本校医科学生呈请核发赴京受训旅费转请核示由

案据本校医学专修科学生朱兆麟等二十七人呈称："为呈请发给旅费以便按期入京受训事，云云，亦云南之幸也。"等情。据此，查该生等所陈各节尚系实情，惟本校经费向有定支，该生等所请补助军训往返旅费及实习津贴之处，拟请钧厅核准，每人由省教费补助出省受训往返旅费国币壹百弍拾元之半数，计国币陆拾元。又拟由校派职员一人率领前往，其旅费亦请钧厅核给，以便按期启程，赴京受训。以上所拟，是否有当？理合据情备文呈请钧厅查核迅予指令饬遵。谨呈云南省教育厅厅长龚。

省立云南大学校长何〇

民国二十六年四月一日

---

① 以下名单大多盖有个人印章或签名。

② 1937年4月17日云南省教育厅字第1400号指令省立云南大学："呈悉。准按实去受训人数，每生补助国币叁拾元，事后不得请求增加。至所派带队人员，着予併案补助国币壹百伍拾元。合行令仰该校长即便遵照办理。此令。"

熊庆来

（国立云南大学时期 1937—1949 年）

熊庆来

云南大学史料丛书·校长信函卷

熊庆来（1893.10—1969.2），字迪之，云南省弥勒县人。他幼时读私塾，1907 年考入昆明的云南方言学堂。1913 年，他考取公费赴比利时学习矿业，入包芒学院预科。1914 年 8 月，熊转往法国，因巴黎矿校关门，乃改学数理。在法七年，他先后就读于巴黎大学、马赛大学等校并获蒙柏里大学理科硕士学位。1921 年回国后，任教云南工业学校及路政学校。不久赴南京，参加创办东南大学算学系。1926 年经叶企荪推荐受聘清华。适清华刚由留美预备班改为大学。1927 年，正式任系主任。1930 年，代理理学院院长兼代地理系主任。1931 年，他又到法国庞加烈研究所研究函数论。1932 年，完成《关于无穷级的整函数及亚纯函数》论文，获法国国家理科博士学位。1933 年回国，继续在清华大学任教。

30 年代，云南在省主席龙云的积极整顿下，经济有所发展，急需各方面建设人才。1937 年，省立云南大学发生学潮，校长空位，龙云四处物色人选，经夫人顾映秋等人的推荐，派人与熊洽商，应允熊提出的争取云大改国立，省政府不干预学校行政、人事、增加经费的条件。熊即接受聘请，离开清华，于 8 月 1 日到云大视事。

他总结在东南、清华大学办系经验，既以清华为蓝本，又从云南实际出发。在办学方向上，认为：必须尊重学校已奠定的历史基础，并从云南地方的实际条件和需要出发，明确表示云南大学的使命为"培养中学师资，造就地方实际建设人才，并就本省天然物产加以研究（如采矿冶金、植物学等），以期蔚为西南学术重心"。他对学校的定位，确定了学校的办学方向，把云大的发展目标定在成为西南学术重心，是基于云南的区域和政治地位，云南与西南各省在历史上就有的密切联系提出来的。这个目标前几任校长未曾提出过，但又不好高骛远。熊庆来在办学中实事求是的精神和脚踏实地的工作态度，成就了云大第一次辉煌，成为当时中国十五所著名大学之一。

他根据云南地处边疆、多民族等历史特点和抗战后方的现实，将文法学院中的"中国文学系"改为"文史系"，增设"社会系"；将理工学院分为理学院、工学院，在理学院中从云南多种气候带动植物繁衍的特点出发，听从严楚江建议争取植物系留云大并发展为生物系；因云南有色金属矿藏丰富及抗战建设需要，在工学院中加强矿冶系，充实土木系；从云南医疗卫生落后及适于农林，但又缺乏医护、农林技术人才的实际出发，积极筹建医学院和农学院。在建立医学院上，熊庆来极力利用云南地方近代历史上形成的西医以法国医学派别为主这个有利条件，为医学院找到教师、设备、资助来源和学生实习、就业的方便。从这个实际条件出发，筹办医学院就以法派专家为主，形成云大医学院法派医学教学的特点。

当时尽管办学十分艰难，然而他对云大仍寄予很大希望，对办好云大抱坚定信念和乐观态度，他曾作《云南大学校歌》一首。歌词是："太华巍巍，拔海千寻；滇池森森，万山为襟。卓哉吾校，与其同高深。北极低悬赤道迎，节候宜物又宜人，四时读书好，探研境界更无垠。努力求新，以作我民；努力求真，文明允臻。以作我民，文明允臻。"这歌词倾注了他对云大的热爱和希望，反映了他"求新"、"求真"的办学思想。在云大十二年间，他历尽艰辛，"在个人生活极艰苦之时"，"学校环境极动荡之际"，仍兢兢业业，为国育才，奋力办好云大。综观这一段历史，其着力推进的工作可概括为两个方面："内则力求加强教学工作，培养研究空气；外则时谋与国内外学术机构联系，冀得学术上的合作，或物质上的补助"。现分四个问题，分述如下。

1. 慎选师资提高学校地位

熊庆来认为"教育学术为百年大计"，要把学生培养成具有"诚、正、敏、毅"品质的人才，教师是关键，因此在他改进云大的措施中慎选师资列为首条。他受任云大校长职务后，就在平、津、京、沪一带延聘专家教授来校任教。当时抗战刚爆发，局势如何发展，尚难预料。而云南地处边疆，交通极为不便，不少人视云南为畏途，为了聘请有声望的专家教授，他采取了一些措施。一是设置讲座。经他与中英庚款委员会商榷，在云大设置讲座五席，由经济学家肖遽、采矿专家张正平、数理专家赵忠尧、冶金专家蒋导江、土木工程专家顾宜春担任。薪金由中英庚款基金会补助发给。二是借聘，解除内地教师应聘来云大后不能回内地的后顾之忧。三是对有真才实学的新秀，大胆擢用。如吴晗，在学生时代从事明史研究，崭露头角。毕业后留清华任讲师。熊庆来以教授职称与待遇，向清华借聘来云大任历史教授。

随着抗日烽火蔓延，1938年以后，清华、北大、南开相继迁来昆明成立西南联大，中山、中法、同济、华中等大学和一些研究机构也纷纷迁来云南。昆明成为抗日后方文化中心，人才荟萃。熊庆来抓紧这一时机，延揽了大批名流学者来校执教。其专任教授最多时达到187人，兼任教授40多人，人才之多，质量之高，在云大历史上达到鼎盛。

熊庆来聘请教师"一向重质不重量"，对不甚了解的人要求来云大任教，他亲自登门拜访，多次交谈，有所了解，方肯聘用。他对职称、待遇掌握也较严。王士魁留法十年，第一年只给讲师职称。

熊庆来预见到，随着抗战的胜利，必有部分教师将随原单位复员离开云大。为此，他采取多种措施：①争取云南籍教师继续留任云大；②延揽一批不能或不愿复员的学者专家；③延聘一批留学生执教。④培养本校青年教师和优秀学生。因此，抗战胜利后，在迁来云南的大学、研究机构纷纷复员的情况下，云大教师阵容依然较为整齐，至1949年，仍有教授140多人。

2. 立足本省发展院系学科

熊庆来在扩充院系学科时，处处注意到地方需要，扎根云南。在成立医学院时，他说："其目的，一方面在培养社会需要之医生，一方面即在开发西南，谋解决医药上之困难也。"实践证明，凡能与本地区特点结合紧密的院系学科，根子扎得深，发展比较快，也较稳定，成效也显著。

在这个思想指导下，熊庆来对云大院系学科逐步作了调整和扩充。原来的两个学院（文法、理工）、七个系（教育、法律政治经济、中国文学、土木工程、矿冶、数理）、

熊
庆
来

一个专修科（医学），到 1946 年，已具有五个学院（文法、理、工、医、农）、十八个系（文史、外语、法律、经济、政治、社会、数学、物理、化学、生物、矿冶、土木工程、铁道管理、机械、航空工程、农艺、森林、医疗）、三个专修科（电讯、蚕桑、采矿）、两个研究室（西南文化研究室、航空研究室），以及附属医院、疗养院、凤凰山天文台、附中、先修班、农场、林场等机构，成为当时西南地区学科门类较为齐备的一所高等学府。这不仅造就了云大的辉煌，也为新中国成立后，云南高等教育及科学研究的发展奠定了基础。

3. 充实设备培养研究风气

培养研究风气，是熊庆来办学思想的一个重要组成部分。他认为"大学的重要，不在其存在，而在其学术之生命与精神"。学术的生命与精神是什么呢？他解释说："其生命表现于所有的教学工作、研究工作，以及师生之种种高尚活动；其精神，内则表现于教学之成绩，钻研结果，与夫德行之砥砺，外则表现于师生对社会之影响，校友对社会国家服务之努力。"其实质是要求学生成为有用之才，为国家和社会作出贡献，也是他孜孜以求的"求新"、"求真"精神的体现。

熊庆来深刻认识到，要培养浓厚、活跃的学术风气，没有一定图书资料和一定设备是不可能实现的。但当时云大的图书资料和仪器设备都极其简陋。1936 年年底统计，全校图书仅 4 万册，仪器仅 700 多件，标本仅 23 件。要发展研究工作，实在困难。因此，充实设备，成为亟待解决的问题。

然而，无论增加图书资料，还是充实仪器设备都需要钱，钱从哪里来？在国民党统治区，文化教育濒临绝境，教育经费本来就少得可怜，拨给云大的经费就更少，国民党政府又用种种借口，七折八扣，所剩更是寥寥无几。在这种情况下，维持教学正常运转已属困难，何能充实图书设备！然而，熊庆来没有被困难吓倒，踯躅不前，他到处奔波，通过各种渠道，求得资助，使学校的教学设备得到充实。熊庆来还力促各院系以合作方式，与有关单位合作，开展研究活动。如社会学研究室 1939 年在教育部、中国农民银行、美国罗氏基金的资助下，对云南农村经济、乡镇行政及工区、工厂的劳工状况进行调查，后又得省经济委员会资助，将调查成果出版刊用。这些调查受到国际重视，译成英文，编入太平洋学会报告和哈佛大学社会学丛书。通过这些活动，不仅弥补学校图书资料、仪器设备不足，培养了学生的能力，学校也获得资助，而且可以促进经济建设事业的发展，扩大学校的影响。

为了培养研究风气，熊庆来鼓励各系师生成立各种学术研究会，开展各种学术活动，举办各种竞赛活动，学校学术空气颇为活跃。经济系 1947 年就举办过统计、会计、毕业论文三次竞赛，有利提高研究水平。

出版学术刊物和丛书，是培养和鼓励师生进行学术研究的重要方法，熊庆来对此十分重视。于 1938 年成立了编辑委员会，在经济拮据、纸张昂贵的情况下，学校还是创办了《云南大学学报》，分第一类（文史版）、第二类（外文版）出版。还出版了《云南大学丛书》。各院系也出版了自己的刊物，如医学院出版了《云大医刊》；政治系出版了《人文科学》季刊；西南文化研究室出版了刊物两种和丛书八种，反映该研究室对滇、黔、康（西康）民族历史文化和西南缅越边界民族历史调查研究的成果。这些刊物和丛书内容都比较丰富，有一定的学术价值，特别是其中许多著作，紧密联系西南或云南的实际，对地方建设有一定指导和参考价值，受到社会欢迎。在艰苦情况下，熊庆来也以能看到学校教学和科研有所发展、有所前进而深感快慰。在 1949 年 4 月的一篇文章中，他写道："姑以一年来之情形言之，因时局剧变，财力艰难，物价狂涨，待遇调整，远不能适应需要。同人物质生活，每濒绝境。然弦歌从未中辍，而课外之研究工作，继续推动者仍复不少，以因深感庆幸。"

4. 严格要求提高学生素质

严格要求，是使学生成为有用人才的必经之路。熊庆来对学生要求很严。他到校后，开始整顿学风，整饬校纪，严格考试制度，纠正考试中的作弊行为，陆续修改制定了学则，严格加以施行。他注意学生平时学习成绩，规定平时成绩占总成绩的三分之二，学期考试成绩仅占三分之一。为了提高入学学生质量，从 1938 年起，比照西南联大办法，规定入学录取线，如 1939 年，入学考试七门课程，平均各科成绩在 55 分以上，无零分科目者，方可录取。但考虑到云南文化教育较为落后，云大招生应主要面向本省，为此，又规定云南籍学生平均成绩可低于外省籍学生 10 分，无零分科目者可录取。

熊庆来在注重质量的同时，也注意数量的增加。他来云大前，学校规模较小，在校学生人数少，毕业生更少。1923 年云大开始招生，到 1936 年的十三年间，本科毕业生仅 266 名，其中文法 207 名，理工 59 名。预科毕业生也只有 143 人。1936 年在校学生人数只有 302 人。学校规模太小，不利于文化教育和建设事业的发展。熊庆来到校后，积极采取措施，扩大学校规模，增加入学人数。至 1937 年年底，在校学生增加到 680 人，至 1949 年夏增到 1500 人，比 1936 年增加了五倍。

参考书目：

1. 谢本书等编撰：《云南大学志·人物志（一）》，云南大学出版社 2000 年版。

2. 云南省纪念熊庆来先生百周年诞辰筹备委员会编：《熊庆来纪念文集》，云南教育出版社 1992 年版。

熊庆来

一、临危受聘　励精图治

何瑶任校长的后期，办学经费不足更突出。教师薪俸不及外省大学教师的三分之一，不少教师对教学工作不够积极，引起学生不满。1937年4月2日，云大发生"驱何"学潮，要求撤换校长，学生组织校务改进会，轮派学生守卫大门，拒绝教师到校上课，表示将以罢课手段达到"驱何"目的。省政府多次派官员到校调解，劝导学生复课均无效果。6日，龙云亲自出面，召集全体学生，作最后一次训诫。在龙云强烈的威胁下，平息了学潮。

这次学潮促使龙云认识到，要建设云南，非办好云大不可；要办好云大，非增加办学经费不可；要办好云大，还要有一个懂教育、孚众望的校长。

龙云的夫人顾映秋20世纪30年代就读于北平师范大学，因同乡关系常到熊庆来家中求教，知熊庆来学问、人品，她和时任省建设厅厅长、熊庆来留法时的同学张邦翰等竭力保荐，促使龙云决定聘请远在清华大学供职的熊庆来继任云大校长。熊庆来当时已是清华享有名气的学者，不仅在学术上有成就，而且在繁华的北平有一定的社会地位，可谓正处在事业发展的鼎盛时期，如果接受龙云的邀请，他不仅要放弃优越的生活环境，到偏僻贫困的云南生活，而且他对云大办学经费不足、师资力量薄弱、生源不足等较差的办学状况早有所闻。对一心追求在数学领域有所作为的他来说，接受不接受聘请，是人生的一个重大抉择。一向热爱三迤父老子弟、关怀桑梓文化教育的熊庆来，在龙云的盛情邀请下，最终放弃了清华的优越条件，决心力肩巨任，服务乡里，于是带着一家老小，风尘仆仆，远道返滇。

1937年7月16日，《云南日报》对这位国际知名学者作了专访报道。熊庆来在回答记者时说："此次承龙志公（龙云）主席及龚厅长（龚自知）函电相召，促返省服务。自愧绵薄，恐无以慰厚望。惟以桑梓亲切，各方友好，亦以省大（省立云南大学）为西南学府，允宜返滇服务，义不容辞，故乃专返。惟辞乡多日，情形隔膜，尚冀各方指导。记者次叩熊氏，侧闻省府将以省大校长责任借重先生，未悉对于今后省大改进，计划如何？熊氏谦逊，谓本人年来致力学术研究，行政非所长，长校恐无以慰厚望，惟愿以全力辅助进行，以促其发展。次乃谈及省大改进事宜，谓年来志公主席及龚厅长，致力于省大之改进，各方极为重视。……国内各大学，科目纷繁，人才不敷分配，于是品流复杂，粗制滥造，殊非国家设学育才之意。个人意见，各大学及专门学校，宜就其学校历史及环境需要，将学科集中，设置讲座提高地位，聘请专家教授，负责领导，以期早就专门人才。云南省大所负使命，为培养中学师资，造就地方实际建设人才，并就本省天然物产，加以研究，如采矿冶金、植物学等，以期蔚为西南学术重心。"

熊庆来到任后，根据龙云对他的承诺，整顿校纪校风，改革行政机构，提高工作效率，聘请省内外知名学者到校任教，增设院系，用政府赠拨的经费，购置设备，改善办学条件。1938年7月1日，国立云南大学正式宣告成立，改直隶省政府为直隶教育部。根据《省立云南大学改国立云南大学办学》规定，省立云大校产一律移交为国立云大校产。他以此为基础，通过政府拨款、社会捐款及专项补助来进一步扩大校舍、充实设备。社会捐赠包括学校募捐及社会各界的主动捐助。专项补助主要有中基会、中英庚款、中法庚款、联合国有关机构和有关国家、社会各界的常年补助、临时补助以及奖学金、救济费、生活补助等。

在省政府的大力支持下，学校利用各种渠道获得资金，征购了北门外城壕一带，即今东一院一片林地。1937年医学院成立后，征购了昆华中学北面旷地十余亩，即今之物理馆和南学楼一带，用于建医学院，1938年接受顾映秋的捐赠建立女生宿舍，1939年接受滇军要员卢汉的夫人龙泽清的捐款建立女生食堂。同年，云大在呈贡征购360亩土地办农林场，为成立农学院作准备。1940年农学院成立后，又在学校西北片建立五福寺实习农场和蔬菜园艺场。同年，接受"商业巨子"董澄农的捐赠建立医学院细菌馆。1944年在弥勒建立木棉场，订购教学实习用的显微镜、自动水力试验机、水平仪、矿场标本、图书资料等。特别是1945年抗战结束后，趁美军战后撤离昆明，留下大批器械的机会，通过熊庆来等人工作，获得报废飞机机架数架及大量航空器材。

熊庆来任校长后，学校经费仍有很大缺口，但学校在此期间发展很快，新办院系增加，人员增多，尤其是社会动荡，时局不稳，物价飞涨，导致通货膨胀，货币贬值，其经费常有入不敷出之虞。为此，学校出现了教师罢教的情况。尽管如此，在他"惨淡经营"云大的12年中，仍不负众望，将一所濒临绝境的省立大学，重振雄风，一跃而成为全国15所重点大学之一。

致省主席龙云电

省府龙主席：

责重轾才，惧不胜任，敢请物色贤者，于可能愿从旁尽力。

熊庆来
民国二十六年五月三十一日

复云南省主席龙云函

主席龙公钧座：

走①猥以轾才，渥蒙垂注，欲畀以主持省大之任，由西林先生函告。闻命之下，惭幸交集。窃走受桑梓厚植，义务所不敢辞，但以种种原因，未容拜命，曾请西林先生转陈，乃复蒙钧座託渠函劝，并亲电促及。词意殷切［切］，鄙怀愈深感激。然反覆考虑，觉省大在此困难情形之下，整顿必须长才。走自顾疏拙，且于省中情形复多隔膜，计难胜任，用敢仍伸辞意，恳钧座另任贤者主持，走如有可效寸能处，愿从旁尽力。由电谨覆，谅邀俯鉴，惧词简不达，用再渎陈，有负钧座期许及父老属望之厚意，罪憾实深。临颖无任惶悚。敬颂勋安。

熊庆来谨上
民国二十六年六月二日

熊庆来

---

① 走，疑为熊庆来的字。

龙云复熊庆来电

清华大学熊迪之先生鉴：

世电诵悉。省大事此间同人迭经商酌，咸以为非兄莫属，务请乘此暑假返滇，以便面商以后一切进行，是所至祷，并盼先期见示。

龙〇

民国二十六年六月三日

复省主席龙云电

省政府龙主席：

隆意深感，愿归助筹划，下月中可到。另函意见，务恳俯纳。

熊庆来

民国二十六年六月七日

龙云致熊庆来电

清华大学熊迪之兄鉴：

齐电诵悉，甚慰。希即早日启程，何日动身，并希电告。

龙云印

民国二十六年六月九日

复函云南省主席龙云

主席龙公钧鉴：

又蒙赐电，期许益殷。私心怀感，莫可言喻。曾经电覆，想荷鉴察。父老迫望如是，走何敢复事踌躇？今决即返滇，一尽寸能。走意校长仍宜由一年高望重者任之，走愿尽力从旁辅助。然一校之大，非一手一足之力所能济事，至望各方面均予以助力，庶众擎易举，使西南有一良好学府之基础。特有陈者，无米之炊巧妇所难。省政府迫望省大发展，于未改国立前须每年指拨经常费国币至少二十五万元（他省同等学校如河南大学、重庆大学等经常费皆在三四十万元），方可稍增加设备，提高教授待遇，使有相当规模。改革之始，尤须酌筹临时费，以为建筑或特殊购置之用。至大学组织上，为易发展计，亦须有所变更，走拟即草一计划，以供商讨。清华考试事尚未结束，又走对于中央研究院及中国数学会亦均负有责任，未能立即交卸。一俟各事结束，即当由海道返滇，到省须下月中旬。倘大学计划须早定，以便聘人及招生，则走可由航空飞返。忙中草陈，语不尽意。敬颂勋安。

熊庆来谨上

民国二十六年六月九日

致省主席龙云电

省政府龙主席钧鉴：

为省大约有二人，可否即来帮同筹备，恳电示。旅费各三百元。走后日离平赴京，海道返滇。

熊庆来

民国二十六年六月二十三日

云南省政府秘书处电稿

事由：据熊庆来电约二人来筹备省大请寄旅费一案电复并分令由

清华大学熊迪之教授庆来先生鉴：

漾电悉。如电汇六百元，已饬由财政厅汇寄，收后请转交并电复。

民国二十六年六月二十四日

致袁丕佑信函

霭耕学兄秘书长勋鉴：

弟决八月一日午前十时到校接事，惟监盘人员应否委派何人之处，时间已迫，烦兄报请主座速赐核办，是之为感。专此敬颂。勋绥

弟熊庆来肃

民国二十六年七月三十日

致李书华函

润章①我兄先生大鉴：

云南幅员广阔，地势特殊，气候寒热温兼备，矿产丰富，生物繁夥，水力之利所在多有，人种之复杂尤为他处所鲜见，其能提供于学术上之问题甚多，而足为富国之资源至大，且地介英法两大势力之间，国防上亦是重地。云南省政府有鉴于此，急谋整顿云南省立大学，以冀促进文化、开发利源，而固我边圉，迭电招来回滇主持，来以桑梓义务，固辞不获，已允回滇帮同滇中贤者筹划。然滇本贫瘠，筹款不易，云大经费不过国币拾馀万元，院系范围又复甚广，以此维持，几为无米之炊。承英庚款董事会慨允补助设备费八万元，今后于工作上可增加不少便利，惟滇处边徼，又困于经费，罗致教员至属困难。兹幸英庚款有设置讲座之办法，拟再请求下列各讲座，俾得延致良师，课务得以改进，研究亦可进行。弟晤杭立武先生曾说明此意，渠甚表同情，且谓讲座事本须自二十七年度起方可实行，惟云南大学于二十六年度既有特别困难情形，可提前办理云云，务恳我兄在开会时鼎力疏说，俾得多设讲座，并提前自二十六年度起实行。果得通过，则云南大学之蒙惠定非浅鲜也。专此，敬颂

大安

弟〈熊庆来〉敬上

民国二十六年七月

一、冶金讲座一　拟聘蒋导江先生

二、採鑛工程讲座一　拟聘王宠佑或张正平先生

---

① 润章，即李书华的字，时兼职中英庚款保管委员会。

三、土木工程讲座一　拟聘黄育贤先生

四、植物讲座　拟聘严楚江先生

五、医学讲座一　拟聘秦教中先生

致教育部高教司函

迳启者。九月二十八日大函已获奉悉。来以樗栎之材，猥蒙钧部拔擢，拟呈请任命为国立云南大学校长，拜悉之下，不禁惶悚。任用审查表已填就，兹连同证明文件文聘凭二纸、聘书一纸，由航邮挂号奉上，即请检收转呈是荷。此上教育部高等教育司。

熊庆来谨启

民国二十六年十月五日

附一：　　　　龙云致电陈立夫

重庆教育部陈部长立夫兄勋鉴：

卫密查云南大学改为国立，诸蒙鼎助，现校事已遵命移交，惟该校校长熊庆来硕学闳通，历年在清华大学任教，去岁由弟邀约回滇，任职以来，萃集精神，不辞劳怨，殊为难得，今浚学校前途关系益大，校长一职，若骤易生手，诚恐多所窒碍，迪意仍以熊君继续担任，俾一切进展顺利，西南学府永奠邦基，亦以副吾兄改组之厚意，专此电陈，如何仍祈示复

弟龙〇

民国二十七年十月十二日

附二：　　　　陈立夫致龙云电

昆明。

省政府龙主席勋鉴：

卫密。文（十二）秘电奉悉。云大校长已呈行政院转请国府简命熊校长（庆来）继任，希释厪注。

弟陈立夫叩

民国二十七年十月十八日

[**龙云批语**]：抄送熊校长知照。

吴有训致熊庆来函

迪之先生：

顷奉十二月廿九日航函，敬悉一切。蒋导江君不悉曾否与尊处通讯？弟已促彼即日动身矣。关于中法庚欸补助费，清华并未领到，昨与梅先生商谈，觉拨归尊处应用甚属妥善，已由校方备正式文件向中法庚欸董事会表明该项意见，请尊处应即进行为荷。中央研究院理化两所主任丁巽甫、庄丕可两先生前在此表示，或须搬滇工作，一切盼予以帮助，特托先为介绍。内人仍留平，一切尚好。专此，敬请

云南大学史料丛书·校长信函卷

104

年安

熊太太恕未另，秉均此问好。

弟吴有训叩

民国二十七年一月六日

[熊庆来批语]：酌覆一函。

一月二十日

张福延为推荐杨衔晋等人事函熊庆来

迪之仁兄惠鉴：

曩承恳切相招，近又两接汤君来信，令其筹办林学系务，自当竭其绵薄，以期无负高谊。惟窃以为当此国难正急、物力维艰之际，欲举办一学系，必须以现代国家社会所迫切需要解决之现实问题为对象，而后始能收事半功倍之效，顾欲求达此目的，除最低限度之实验研究所需之图书仪器等设备外，更宜注重实地材料之搜索试验、研究机构之创立，何况森林事业之极关国计民生、极有地方性者，尤以此为不可或缺之工作。值此开办初期，尚未授及主科功课之际，所应积极举办者：（一）实验研究机构之设备，即于院内设置苗圃、树木园、标本林区，院外设置演习林场（校外林场可为学校基本财产）。（二）实地材料之搜集，即调查云南全省森林，并采集搜寻关于森林之各种标本资料，俾全系师生得有丰富切实之实验研究材料，以为解决林业上种种问题之所资。盖云南有最丰富优良之天然森林资料，若能善于搜索利用，有裨于林业前途自当较他处为大也，至于规模大小、进行步骤以及目前特须注重之业务，容后商酌办理，但欲求上列事业之得以积极举办，除视经费如何外，更须先罗致颇较健全为着手开办时所不可缺少之干部人才三四人，其人选另纸开呈，是否有当，即祈指正赐覆为祷。弟前所推荐之徐澄宇君，因其迁居，书信辗转日久，今日始收到其著作一册寄上。专此，教请

道安

弟张福延拜上

民国二十七年三月十四日

　　附：杨衔晋浙江嘉兴人，本校森林系毕业，前任本系助教两年后就中国科学社之聘，尔时月薪百二十元，现已两年，擅长森林植物，为我国森林植物家后起之秀。吾滇森林植物不惟为全国各省之冠，即世界亦罕与比伦。英美法等国耗数十万之金钱、费一二十年之光阴，虽发见新种甚多，然于林业上之供献尚微。本省最高学府既有林系，即宜积极调查研究，如聘其任助教，并可请其担任植物学及树木学或森林植物学讲师，月薪至少百五十元许。（现伊已从事著作，不久即可付梓。）

　　周光荣［?］浙江大学农学院森林系学生，后转本系毕业，现在本系森林化学室研究利用及森林化学已近两年，得庚欵文化金补助一年，至今年暑假为止，对于上森林利用及化学颇有心得。

　　郑兆崧本系今年毕业生，资质颇佳，成绩颇优，对于森林经营方面亦颇擅长，令其管理苗及林场堪称适当。

　　[熊庆来批语]：祈参照汤先生意酌覈。

六月二十六日

蒋中正就抗战事电熊庆来

云南省立云南大学熊校长并转全体教职员同鉴：

接诵感电，无任欣慰。抗战必胜，尚赖多助。建国有成，首重育才。幸念时艰，共固国本，以副所望也。蒋中正艳办四鄂印。

民国二十七年四月

致蔡元培函

子民①先生道席：

日前具备请求补助计划书，请中华教育基金会补助敝校理工、医各学院建筑、设备经费七十六万七千二百元，当荷先生鉴查。值兹抗战时期，云南尤为后方重镇，敝校所负使命已觉重大，有急待充实之必要。先生硕德重望，万流仰镜。特恳鼎立主持，予以赞助，则不独边疆教育良深利赖，于民族复兴亦必裨益匪浅也。专函奉恳，敬颂

道绥

后学熊庆来拜启

民国二十七年四月七日

致中华民国驻苏联大使杨杰将军信函

耿光先生勋鉴：

京门一晤，倏尔经年，每怀高标，信深仰止。弟承乏云大，年来承政府当局之提携，各界贤达之赞助，得稍稍扩充院系，增聘师资，并于建筑、图书、仪器、标本各方面，得有相当之充实，不过距离理想较远。当此财政紧缩之际，政府既兼顾为难，用是发起募捐，呈请各界人士群力相助。素稔台端勋望卓著，登高一呼，定卜响应。……兹送上募捐册一份，敢望鼎力为助，俾将来计划，得以实行。则全校学子，咸拜嘉惠，西南文化艺术，亦食报于无暨矣。专函奉恳，顺叩勋祺。

熊庆来

民国二十七年五月

翁文灏、钱昌照为云大矿冶系请求补助事函熊庆来

迪之先生惠鉴：

四月七日大函奉悉，因事迟复，为歉。关于贵校矿冶系请求补助事，自极同情。最近中华教育文化基金会在香港开会，议决每年补助采冶系经费为数较多。本会不再分年补助，惟当贵校矿冶系开始充实之时，本会深原酌量协助。设备费用会中当另有公函奉达。知劳锦注先此奉复。嵩颂见示，如果设备方面尚感不敷，仍当勉励协助也。专此布达，敬颂

台祺

弟翁文灏、钱昌照拜敬

民国二十七年五月二日

---

① 子民，蔡元培的号。

云南大学史料丛书·校长信函卷

致顾映秋女士信函

龙夫人映秋女士大鉴：

前承慨允捐建敝校女生宿舍，热诚厚谊，全校同钦。即请梁思成先生及林徽因女士共同设计，（该建筑）具有中式建筑优美的兴趣及西洋近代建筑适用之特长，且充分利用本地建筑材料，以求经济。梁氏夫妇苦心经营，将来建筑落成，不仅莘莘学子得沾庇荫之惠，而营造设计另辟蹊迳，在云南建筑史上亦可放一异彩。估计（建筑）价值约为国币二万五千元。建筑名称拟为映秋学舍，聊表纪念之意。专函奉达，即颂大安。

熊庆来顿启

民国二十七年五月七日

致孙洪芬函

洪芬吾兄先生道席：

昆华小聚，邑挹清前。倏尔分襟，倍殷怀想。弟于奉五月十七日手教后，曾肃一函驰谢吾兄关切云大之盛情及贵会补助之厚意，谅邀青及。商讨各点经面陈本省政府当局，并告知採冶系同事，均极赞同。教部方面，实现改国立后当更不成问题，教部参事陈石珍先生来滇时亦已谈及。为节省时间计，已将贵会补助原函连同函商各点由校正式具文分报教部及本省政府备案矣，一俟批复，即根据尊函所示原则组织指导委员会，进行一切。特此奉闻，并盼随时赐教，早日促成为荷。专复，并颂

勋祺

弟熊庆来拜启

民国二十七年六月十三日

致黄子坚信函

子坚先生台鉴：

尊处来函已奉悉，谢谢。昨接伯苓先生赐书，示以国立云大筹备会会议託执事代表，下次会议即请拨冗出席是荷。特此奉达，敬颂

大安

弟○○○顿

民国二十七年七月四日发

致吴俊升司长信函

俊升司长道兄执事：

闻梅校委言钧部有令，令云大将教育系归併联大师范学院，办法正等，又闻植物系归併联大。就目前论，自亦妥善，惟为永久计，弟觉有不能不向钧部陈明者：一、云南地带关系，植物特别发达，当时设立之意在研究地方性各植物，造究师资仅一端耳。二、敝校医学院及将来之农学院皆与动植物有关，此时如归併，将来仍须重设，是否更不经济。三、云大经费困难，一人所任责任甚重，本系主任严君工作虽忙，极感兴趣，如归併联大后，联大人才济济，严君又有投閒置散之感。当兹国难方殷，人思努力，且严君

熊庆来

将其平生所集捐之云大，其江南家已全破，并不之惜，则其努力事业之心可见，是否应当加以鼓励。质言之，以此系归并联大，联大得益无几，而于云大则有损，此实在情形也，况联大仍须迁回北平，云南方面之植物仍以就地研究为宜，将来仍将分还云大乃为合理，不如不归并之为愈也。弟意如此，望婉达部长，趁云大改组未竣之时，犹能补苴也。尚颂

勋祺

弟熊〇〇顿

民国二十七年八月五日

致中法教育基金会函

迳启者。本校成立十有六年，逐渐扩置，设有文法、理工两学院及医学专修科，从廿六年度起，因鉴于滇处边区，瘴疫特著，而医药卫生人才极感缺乏，加以药用植物种类繁复，有待研究，特创设医学院以应环境之需要。迩年本校一再承中英庚欵委员会、中华教育文化基金会拨欵补助，渐得发展，但均侧重工学院、文法学院，而医学院、理学院方面，仅于上年蒙教育部补助三万元，并贵会补助五千元设备，虽初有基础，以言适应需要距离尚远。自抗战军兴，云南成为后方重镇，于医药人才之培养本校更负有重大责任，于医学院不得不力求充实。该院教授已有适当人材，殆全为留法回国专家之最优秀者。院长范秉哲系法国国家医学博士，曾任法国达腊尔城（Tarrale）医院院长，现兼任昆明法国甘美医院外科主任医师，学问精湛，经验甚宏富，可谓胜任。又理化系为工医等科基础，现有设备尚属简陋，不得不积极充实。该系由赵雁来教授主持，彼留法甚久，获得法国国家〈化学〉博士学位，曾从大化学家格里宜氏作重要之研究，□□□□担任课程外，并继续从事研究。赵主任之外，该系中教授如李季伟、李清泉等，均留法中之特出者。又赵忠尧教授，知名于时，并关于研究工作亦曾与法国学者有相当关系。是以学校之组织及各教授之学历言，必能灌输法国学术之特长，又以滇越密迩，且所欲购置之仪器亦求选购法国出品，俾法国科学技术之优点亦得见重于吾国。本校同人认为此种教学设施于吾国既属切要，而于中法文化之沟通裨益亦必非浅鲜，以是贵会特予补助，俾计划得以实现，计医学院设备壹拾伍万佛郎，理化系设备费拾万佛郎，共式拾〈伍〉万佛郎。所有拟请补助各缘由，相应造具设置计划书函请贵会查照酌议见复，实纫公谊。此致中法教育基金会。

校长熊〇〇

民国二十七年九月六日

呈陈立夫函

事由：建议教育部于云南大学下年度添设农学院呈请核示由

民国二十七年八月廿日，本会开第五次筹备会议，据张委员邦翰提议称："窃大学教育之设，以适应地方需要为主旨。云南大学创办以来，院系设置逐渐扩张，文理工医以次设立，惟农学院尚付缺如，未足适应地方之需要，殊为憾事！诚以云南面积广袤，土地肥沃，兼有寒温热三带气候，为极优良之农业区域，且可供垦殖之公荒私荒，弥望皆是，尤以红河、沅江、澜沧江各流域，千里膏腴，更具开发之价值。值兹国难严重，需

云南大学史料丛书·校长信函卷

欤浩繁，增加生产愈为要图，对于云南农业之开发甚感迫切，是应于云大方面从速添设农学院，培养专门人才，本试验研究之所得，指导提倡，改进农事，以纾民困，而裕国力，夫若是则大学教育始不致于落空。今于云大改组之时，极应于此注意。当否？希请公决。"等语。当经提付讨论，经众议决："张委员主张云南大学添设农学院，系为造就农业专门人才，适合地方需要计，甚属切当，惟本年度云大招收新生院系，早经教育部核定公佈，筹备不及，且经费亦感不敷，应建议教育部于下年度统筹增设，本年先行由校酌划定经费，先设农场，以为实验之准备。"等因，议决纪录在案。所有建议于云南大学添设农学院各缘由，是否有当？理合具文呈请钧部鉴核令遵。谨呈教育部部长陈○。

国立云南大学筹备委员会主任熊○○

委员龚○○　陆○○　张○○　缪○○　蒋○○

梅○○　张○○　任○○　李○○　何○○①

民国二十七年九月十二日

基金会孙洪芬致熊庆来函

迪之吾兄尊席：

由港转来上月廿日专示核查前请代办护照二份，业承办安案港，诸费清神，铭感无涯。兹特将尊垫照费十元，由邮汇赵即祈登收归垫为毕。昨接咏霓先生八月十六日来函，表示愿就云大矿冶系指导委员，并对系中课程组织及学生实习办法等事，极为关切。谨将原函录副附奉，藉便参阅。弟原拟本月下旬南来，现因事将行期略为展缓，约于双十节左右成行，并照附闻。专此敬颂秋祈

弟孙○○

民国二十七年九月十六日

致基金会董事会

迳启者。贵会本年度补助本校採矿冶金系国币拾万元，顷已分拟国币及美金概算两种，国币概算计叁万捌千玖百伍拾元，美金概算计壹万捌千伍百美元（按美金壹元合国币叁元叁角计算），合国币陆万一千零伍拾元，两共合国币拾万元。惟以法价向中央银行购买外滙难邀核准，若照市价购买，则法价与市价高低悬殊，所拟之概算美金部分必短缩过半，势不能购置本年度预计购置之各种急需仪器矣。本校矿冶系设计委员会于十月二十日开第一次会议时曾议决以现在外滙逐渐高涨，不易照原计划增置设备，应将所拟设备概算声请中基会设法补救等纪录在案。相应捡具甲、乙两项概算函请贵会查核筹商补救方法，仍冀见覆为荷。此致中华教育文化基金董事会。

校长熊庆来

民国二十七年十一月十五日

---

　　① 委员全名分别为龚自知、陆崇仁、张邦翰、缪嘉铭、蒋梦麟、梅贻琦、张伯苓、任志清、李润章、何奎垣。

致孙洪芬函

洪芬先生吾兄惠鉴：

前奉陷电，久稽裁覆，歉甚。贵会补助敝校矿冶系经费图书仪器购置部分，已承惠允拨发美金，不受滙水影响，能如预定计划进行，嘉惠教学至深感谢。其他迳发学校应用之国币部分，昨由上海滙来壹万八千元之数，谅系贵会补助之欵，经向金城银行取获，餘欵尚盼早日滙下为荷。矿系赖贵会补助，精神特振，同人工作甚形紧张。周劢教授刻已到校，课程亦渐臻完备矣。知注併覆，敬颂

　　大安

弟熊庆来敬启
民国二十八年一月十四日

孙洪芬复熊庆来函

迪之吾兄左右：

展读十四日惠书，欣悉贵校矿冶系近日工作发展情形，至以为慰。承示收到金城银行汇去壹万捌千元之欵，查该欵系敝会汇付贵校本年度第一、二两期补助费国币部分，嗣又于本月十四日续由该行汇上第三期补助费国币玖千叁柒拾陆元伍角，两次汇欵时，均另有公函通知，现在当均已收到矣。至第四期未付之欵，照章应俟四月中旬方能再拨，知念特以奉告。再因财政部于本月十五日通告，自本月份起，将海关担保赔债各欵暂时停付，以致敝会以后每月庚欵收入完全无着，故对各机关补助费改发美金部分，自本年一月份起敝会无力续付，现正设法筹欵，以期能照原通过数额支付国币。此事日内即将由敝执委会正式决定，至时再行电达，坿以奉陈，并希谅詧为幸。在此国难时期，凡百事业，莫不受其影响，良足浩叹。此函尚未缮竣，适又奉贵校一月十日公函，嘱在沪拨付兴华公司定购天枰货欵一四二〇．二五马克，又礼和洋行定购刚尺经纬仪货欵五九．四五元美金及九五．一〇英镑，敬承一一，惟付欵办法，前经规定声请格式，拟请饬查照敝会上年十二月三十日去函，将格式填寄过会，即当遵嘱照付。专此，复颂

　　道祺，不一

弟孙〇〇拜上
民国二十八年一月二十六日

致孙洪芬函

洪芬总干事吾兄惠鉴：

敝校矿冶系拟向上海园明园路一六九号泰慎洋行 Harvey·Ma—indeo. 定购 Watts 测量仪器乙宗。查该行无驻滇代表，关于双方应行商定条件，诸感不便。此项货价共合二八四．一三英镑，请由中基会对敝校矿冶系补助费项下支付，现先付定洋一五〇英镑，特烦清神，在沪代为办理。惟与该洋行交涉时，并注意以下各项：（1）货单所载之价，均系九折。（2）现所付定价一五〇英镑，约当货价之半。（3）须运至昆明或海防交货。（4）由英运昆之装箱、运输、保险等费，须俟货及各费发单到后，当连同货价尾数一併仍请中基会代付。（5）四个月内交货。（6）请将该洋行应签具之正副承揽单等各四份寄下。（7）由该洋行另请 Watts 公司致送木制 Vernier 模型乙具，以便于讲授时使用。如有未尽事宜之处，并请代为

云南大学史料丛书·校长信函卷

主持。除通知该洋行外，兹将申请书及货欵单一并寄奉，敬祈查照见示，至为感荷。敬颂

勋祺

弟熊庆来拜启

民国二十八年三月三日

中基会孙洪芬致熊庆来函

迪之先生道鉴：

顷奉三月三日尊致敝孙干事长函，托向上海泰慎洋行代订 Watts 测量仪器一宗，并承示应行商订之条件等因，敬悉一是。孙干事长现尚未返沪，贵校对该项仪器或需用甚急，故先与该洋行经理哈斐君（Inr. Alec. Harvey）面洽，渠对尊提条件第一条至第五条皆同意接受，并估定货价约需英金式百陆拾捌镑六先令九辨士（定货单所列第一项至第十一项均照原价九折计算），该货准于订定后四个月内由英运抵海防，再讬中国旅行社由海防运至昆明交货，所需之包装、保险、运输等费，现时不能估计，俟货物运到时凭发票或收据照付，向 Watts 公司要求免费赠送木制 Vemier 模型一具，哈君亦已允去函商请。承揽单四纸，经由哈君迳行寄奉，如尊处察核后决定签订，即请见示，以凭拨付该洋行定洋英金壹百伍拾磅。相应函达，统希台洽。又张正平教授二月二十三日为订购此项仪器事，曾致函敝孙干事长，嘱接到尊处正式通知后，即为代订。兹拟请将此间接洽经过情形转致张教授查照，是所企荷。专此，敬颂

台祺

中基会启

民国二十八年三月二十八日

熊
庆
来

蒙自关监督办事处公函

案准贵校长本月十一日大函，以证明附中所运仪器十六箱系中央研究院化学研究所赠品，免税手续经由化学研究所办理，嘱转饬碧色寨分关放行，俾得早日运校，等由。当经转知税务司令饬放行矣。相应函复，即希查照。此致国立云南大学校长熊。

蒙自关监督（关防印章）

民国二十八年四月十九日

复张海秋函

海秋吾兄惠鉴：

顷奉手翰，备悉种切。承吾兄允主持本校林学系，惠荪先生与弟均同深欣慰。所示各节，极佩卓识，将来林系发展可操左券。仪器图书，以后自当筹商设备，俾免工作困难。关于经费，弟已呈请发给，教部亦极力扶持，当不至发生何等困难。至人材方面，弟昨与惠荪先生商酌同意，即请杨、郑二君襄助，详情已由惠荪先生函达，兹不多赘。现在林系正积极进行，务请兄早日命驾惠临，襄导一切，至深企盼。专复，敬颂

教祺

弟熊○○谨复

民国二十八年六月二十六日

张福延^①致熊庆来函

迪之吾兄惠鉴：

赐信两函及聘约一件均已收到。此间^②虽曾再三挽留，业已毅然谢却，现功课全经结束，廿五日起开始放假，稍事拼挡即可返滇矣。弟前所拟之工作计划，既蒙十分赞同，自应积极进行，惟人力殊感不足，且闻农学系除主任外，曾聘定教授两人。林学系确为系务上之迫切需要，至少亦应聘请教授两人，加聘助教一人，除商筹办理林学系各种设备外，对于树木园林场之规划、教材之准备皆为目前所急需，若非目前所急需者，自可从缓罗致，即虽目前所需未得其人，亦应俟物色到确能胜任者而后罗而致之，则教育前途其庶有艾乎。又窃以为吾滇现已成为国防及国际交通之枢纽，并有成为文化中心之倾向，而云大又为南疆固有之最高学府，观瞻所系，对于树木园及林场等之布置，除发挥地方固有之特长外，更宜使之有艺术化。兹推荐敝学友陈养材先生负此方面任务，伊系专攻造林与造园，学识经验俱优，为汤惠荪兄同乡同学，其经历如何，勿待缕述，即祈聘为林学系教授，至于其他应聘之教授一人，俟仔细斟酌后再为推荐。曩所推荐杨君衔晋，学识确有超迈他人之概，弟亲往北碚向中国科学社植物部主任钱雨农先生要杨君帮助，惟钱先生坚不放杨君，且非讲师名义无以罗致杨君，尚祈吾兄不弃前函所请是祷。郑君兆崧当令其与弟同来，惟郑君希望给伊若干川资。至于森林利用方面，设备材料之搜集拟邀陶君永明负责，陶君系敝校森林系毕业留校，任助教三年于兹，年少英俊，虽可聘为助教，但待遇应较郑君稍高。以上所陈，务请加以权衡，俾各方面均得以平均发展，非惟林学系前途之幸，实学校前途之幸矣。耿耿愚忱，未识以为然否？请飞函赐覆为祷。会晤非遥，曷罄所言。专此，敬请

铎安

弟张福延拜启
民国二十八年七月十九日

复张海秋函

海秋吾兄左右：

奉七月十九日手书，敬悉一切。吾兄林界硕望，规划自极详密，良用敬佩，惟农院成立伊始，经费颇为拮据，故惠荪兄与弟愚见，认为农艺、森林两系刻衹［衹］能各聘教授兼系主任一人，此外拟聘病虫害及土壤肥料教授各一人，又因本省环境适于园艺，故拟先聘园艺教授一人为园艺系奠筹备之初基。二十八年度起，农院仅有一年级学生，尚无农林专门功课，陈养材先生拟于下年度再行聘请。至杨衔晋君，拟请以技士名义先请屈就，一俟来校一二年，再行改为讲师，不识杨君有无著作，请即告知，以便商改。来示命给郑君兆崧以资若干，本应遵办，惟本校对新聘教职员向无津贴旅费之规定，惟郑君初经毕业，负担旅费自属困难，拟多发一月薪金以资补救。关于聘请陶永明君，拟俟吾兄抵滇再为商酌办理，未审以为如何？农院现正积极进行，甚盼吾兄早日莅滇，共策进行。专复，敬颂

---

① 张海秋，即张福延，字海秋，曾任云南大学教务长，农学院院长等职。

② 此间，应指国立中央大学。

云南大学史料丛书·校长信函卷

教祺

弟熊〇〇拜启

民国二十八年七月二十五日

熊庆来为申请经费事函龙云

主席钧鉴：

敬肃者，职校因新设农学院两系及社会学系一系，共增三系，而医学院年级渐高，设备消耗益大等，于新设加以三次招生，本年度分发新生将近四百人，院系人数亦加多，生活程度增涨，原有经费实难维持，当呈请教育部特予增加。刻奉部令开"查本部编造廿九年度教育文化费概算草案，已将该校经费照廿八年度数额增加十万元，列为五十二万元。兹值库帑支绌之时，能否邀准，应俟前项草案经奉核定后公布，后再行饬知"等因。奉此，查部令所指五十二万，系包括省欵廿五万及教部原定经常费十五万（建设费十万在外），农学院两万，共四十二万。兹列为五十二万，实系增加十万。现在已呈行政院核示，尚未核定。恐国库支绌，审核之际，一经变更，即难支持。拟恳钧座电请委座及孔副院长，特予照教部原案核准，以资维持。在库帑支绌不时，校长亦惟有尽力节约。校长亦知库帑奇绌，仰体时艰，不敢再三晓渎。无如院系人数不断增加，为事实所必需，故不得不具据实呈请。如蒙喻允，即请早日去电，俾免发生变化变。专此肃陈，敬请钧安

校长熊庆来谨呈

民国二十八年十二月十九日

王世杰为办学经费事函熊庆来

庆来先生惠鉴：

接奉大函，承嘱贵校二十九年度请求增加经常费十万元。于国防最高委员会审议时特予注意。现查二十九年度预算业于去岁十二月成立。贵校经常费列为四十二万元（内云南省协拨二十五万元），与去年相同并未增加。将来如有专案到会时，当如嘱留意。专此奉复，敬颂

教祺

弟王世杰

民国二十九年元月九日敬复

致呈贡县政府公函

迳启者。查本校农学院现在贵县属碚臼村筹设农场，曾栽培各种农作物，以作实地试验，诚恐附近居民不知爱护，对于各种作物任意摧毁，敬烦贵县府晓谕居民，并饬当地乡保长等随时切实注意保护，俾无损伤，而利工作。相应函达，请烦查照办理，并冀见覆，至纫公谊。此致呈贡县政府。

校长熊〇〇

民国二十九年二月二十六日

致董澄农信函

澄农先生惠鉴:

迳启者,敝校医学院拟建筑细菌研究所一所,以作细菌研究及各种病菌、血液排泄等检查之所。惟当此工科高昂之际,实觉心长力绌,非得社会人士热心毅力之赞助,何能成此大厦?

先生对教育事业平时即热心赞助,此次敝校复蒙慨允捐助国币六万元,不但嘉惠青年,有功学术,抑且惠及痌瘝,造福梓桑,垂诸永久。……刻已命设计者,从速估价,以便进行。特先布达,敬申谢忱。并颂仁安。

熊庆来顿启

民国二十九年三月七日

董澄农复熊庆来信函

迪之校长仁兄有道:

昨奉华翰,敬悉一是。吾省大学,自兄主持以还,除陈布新,力加整饬,教育进步,一日千里。仰见才识宏富,令人敬佩。现既有兴办事件,需为效力,自应尽其天职,以副雅望。且病菌之研究,于吾人健康有重大关系。吾兄既提倡建馆检查于前,弟当竭其全力以助于后,俾增学子研术之兴趣,而冀有所发明也。昨允捐助之款……但此桑梓义务,份所应尽,弟虽于大理及其他各校略有赞助,均未敢籍以沽名,咸请守密,祈勿鸣谢。此次捐款,亦同此心,仍请勿登报端,或公开发表,是所盼祷。专函布意,敬颂道安。诸希亮照不戬

董澄农敬启

民国二十九年三月十六日

复吴俊升函

俊升司长道兄勋鉴:

前小石先生来函悉。尊体违和,甚以为念,昨奉手书,度已康复,小石先生亦当得与执事良晤,并代达一切矣。沈复彭先生学品均优,甚所钦仰,曩曾函约面谈无讵,以为已他往,昨晤及,始知是函未达,憾甚!兹决延致,因预筹不敷,而英庚补助讲席适有一缺,拟即推沈君补任,已致函英庚会徵同意,祈执事就近再为向杭立武先生一言,俾能促成为幸。敝校医学院同人近甚努力,与法甘美医院合作办法已商妥,三年级学生月来赴该院及慈群疗养院实习,得益颇多。社会对医学院同情日见增加,最近有富商董澄农君慨允捐建价值国币柒万柒千元之楼房一座,以作该院之用,不日即可兴工。关于卢冀野先生事,小石先生想已与执事谈及。忙中草草,不尽欲言。敬颂

勋祺

弟熊庆来顿上

民国二十九年三月十八日

云南大学史料丛书·校长信函卷

复董澄农信函

澄农先生惠鉴：

迳启者，顷奉来函，敬悉一切。吾兄慨捐钜资，兴学育材，现已与秉哲兄从事设计建筑。澄农细菌室落成以后，不但嘉惠青年，抑且造福痌瘝，非高瞻远瞩，曷克臻此？顷读来教，嘱勿登报申谢，益见吾兄劳而不伐，为而不有，谦挹为怀，弥深钦佩。惟报馆方面，已先有访稿，不及阻止。而仁者服务梓桑之精神，亦岂可湮而弗彰？况急公之风，将自此愈振，表扬之意义，尚不止此也。特此奉复，敬申谢忱，并请仁安。

熊庆来顿启

民国二十九年三月二十二日

熊庆来为建女生宿舍事函梁思成

思成吾兄惠鉴：

敬启者，昨枉驾到校。对于女生宿舍建筑，兄为设备救救正，感荷奚似。拟请早日代为设计，并请贵社派工程人员一员，常川到校视察监工，由校酌致报酬。俾克早观厥成。勿任感祷，专此奉渎。敬请

仁安

弟熊庆来敬启

民国二十九年四月三十日

呈教育部部长陈立夫函

本校医院自成立以来，以限于经费，设备未能完善，而建筑一项，尤为缺乏。兹有本省缙绅董澄农先生，慨认捐建该院细菌学馆一幢。……董澄农先生热心教育，慨捐钜款，正属难得。除由校将该馆命名澄农馆以资纪念馆外，理合备文呈请钧部鉴核备案。并恳照章赐予褒奖。

谨呈教育部部长（立夫）

熊庆来敬启

民国二十九年六月一日

致中法教育基金委员会信函

案准贵会五月五日大函，以补助本校医学院之补助费系分四期拨付，关于其利息及汇费收据，应以汇欤人坿言为凭，不再分别另给收据，并坿寄第二期空白收据乙纸，请速签印寄会。又第一期补助费收据亦嘱迅予寄会。等由。准此，查第一期补助费收据业经本校于六月七日寄奉在案，惟第二期之补助费迄今尚未收到，未谂已汇出否？如已汇出，请即代催，并请将汇出日期及交汇银行示知，以便查询，否则即请迅赐汇发，以应急需。至收据当俟汇欤收到，即行签印寄上。相应函达，即希查照惠予办理见复，实纫公谊。此致中法教育基金委员会。

校长熊〇〇

民国二十九年六月二十一日

熊庆来

115

致弥勒县王县长公函

查本校农学院于去岁奉令成立，关于该院农场林场均亟待扩充，惟以经费有限，举办辄感困难，而吾滇现为后方重镇，农业人才之培植及生产方式之改进，尤为不可缓之要图。贵县长对于建教素具热忱，于本校培植农业人才之旨谅荷赞助。贵县气候温暖，土地肥沃，森林繁茂，农产丰饶，敝校农学院拟在贵治所属大江边一带设一林场，并在竹园坝设一农场，因学校经费支〈绌〉，拟就公有或无主之森林请求政府划拨，闻如此之山林地区颇多，敢请贵县长代为作初步调查，以后再由校派人勘测。倘能如理想，为学校奠立一研究及生产之基础，则不独裨益于百年树人计，而吾滇及国家之建设前途影响当亦非浅鲜也。用特函达，敬希惠予查照俞允办理，实深公感。此致弥勒县政府县长王。

校长熊○○

民国二十九年六月二十五日

致国外征集图书委员会主任兼西南联大常委张伯苓信函

伯苓先生道席：

迳启者。英国方面慨允捐赠吾国各大学图书一批，顷闻已有一部分送达昆明西南联大，且有一部分系重复本。查敝校藏书无多，不敷应用，而经费困难，无能多购。拟恳贵委员会将英国方面捐赠之书划拨一部分与敝校应用。倘荷愈允，此间学子受惠实多。专此奉达，不胜盼祷，致颂道祺。

熊庆来

民国二十九年六月二十八日

李书华致熊庆来函

迪之先生大鉴：

贵校致中法教育基金委员会六月廿一日云字第一四三三号公函及皓日代电，会中均收到。查贵校本年第二期补助费确于本年四月九日由彭志云先生经手，在渝托中国银行汇滇，信汇号数九四四零号。志云先生关于此事所来详函一页，前已由中法教育基金委员会职〈员〉陈廪君面交贵校秘书，祈详查，并请就近询问昆明中国银行为盼。又第三期补助费已照拨付，想已收到矣。专此，即颂

时祺

弟李书华拜启

民国二十九年七月三十一日

熊庆来复李书华函

书华先生惠鉴：

顷奉大函，备悉种切。查中法教育基金委员会补助费系分一、二两次（即第一、二、三、四期）汇发，各国币五千元，均已如数收到，劳神之处，至为感谢。佈复，敬颂

台祺

弟熊庆来顿

民国二十九年八月十九日

国立中山大学公函

迳覆者。准八月二日大函，以本校迁址粤北，在澂所用校舍能否义让，请将详细办法见覆。等由。准此，查本校在澂借用公共寺观庙宇，未经加建或改造者，现决于腾空时逐一交还县政府点收，至自行加建之房舍二十餘所，因筹建之时蒙当地政府赞助，予以种种便利，得以依期完成，现既迁址回粤，此项房舍拟捐赠县府为地方公用，经呈请教育部核示在案，俟奉核准，即当列册移交。如贵校须借应用，请迳向县府接洽。相应函覆，希烦查照为荷！此致国立云南大学校长熊。

国立中山大学代理校长许崇清

民国二十九年八月三十一日

致陈立夫快邮代电

重庆教育部部长陈钧鉴：

育密。申文电奉悉。密查本校迁移地点业经决定滇东会泽，现正积极准备迁移，其迁移费用前仅就物资署加估计，至少约需二十万元，曾经电呈在案。现作较详密之计算，仅迁移物资一项，二十万元之数仍属不足，而教职员同人咸感经济困难，一旦移动，旅费所需尤将无力自筹，故本校对教职员本人及其直系家属不得不参照联大拟订之办法酌拟发给迁移津贴。又学生多属生活困难，迁移虽可步行，亦不得不酌给补助。以此数端，并因迩日汽油及与运输有关之物价值节节高涨，总计迁移费最低限实需六十三万元。兹特开具预算表呈请钧部鉴核，将欤如数迅赐滙发，以便从速进行，无任盼祷。

国立云南大学校长熊庆来叩

民国二十九年九月二十一日发

为云大遭敌机轰炸事孔祥熙与熊庆来往来函电

译转国立云南大学熊庆来并转全体师生均鉴：

寒代电诵悉，暴敌摧残文化，同深痛恨。贵校损失惨重，尤为轸念。兹汇奉国币壹万元作为紧急救济、抚慰之用。希即查收，酌量师生受灾轻重，量予救济，为盼。孔祥熙，寒机渝

民国二十九年十一月十六日

重庆行政院孔副院长钧鉴：

本校遭敌机惨炸，蒙钧座电问并汇国币万元救济，抚慰师生，至深感激。专此电覆并伸谢悃。国立云南大学熊庆来率全体师生同叩

民国二十九年十一月二十二日

为欢迎缅甸新闻记者访华团事梅贻琦函熊庆来

迪之先生大鉴：

昨夕在省党部召集之欢迎缅甸记者访华团筹备会。规定廿六日中午为联大与贵校欢宴，地点在贵校，下午二时在联大演讲。因是日开会，先生未曾出席，恐有未明，为此

熊
庆
来

再行奉告。弟意招待席定为两桌，中餐西餐均可。惟须略备点心，以防如值空袭，可以携带。该访华团共为七人，兹附上。弟拟之请客名单，尊意有无增减，即希卓裁。并祈即行掷下，以便由敝处缮发宴席。拟烦贵校办理时间定为廿六日中午十二时，以便下午二时之演讲不致耽误（因下午四时尚省市商会之招待）专此奉达。顺颂

道安

梅贻琦谨启

民国二十九年十二月二十六日

熊庆来电呈林森主席、蒋中正委员长报告本校被敌机轰炸受损事

（重庆国民政府主席林钧鉴）

重庆军事委员会转呈委员长蒋钧鉴：

敌机于［昨］日袭昆，职校再度被炸，中弹十余枚，会泽院、新女生宿舍、医学院澄农馆实验室，均被破坏，其他校舍垣墙震毁者尚有数处。师生幸赖庇阴无恙。敌人此种暴行，违反人道，破坏文化，全校师生同仇敌忾之心愈益坚强，誓在我最高领袖领导之下，努力工作，期对抗建大计，贡献涓涘。除继续上课并呈报主管机关国外，谨此电呈。

国立云南大学校长熊庆来叩之印

民国三十年五月十三日

熊庆来致电蒋中正感谢对学校关怀①

重庆国民政府军事委员会代呈委员长蒋钧鉴：

代电奉到钧座轸念教育，关怀学子，代电传来群情奋发，咸感春风之拂，更切敌忾之心，愈葛仰体。钧意力图奋勉，除公布，通知宣扬领袖笃念学校之至意外，谨此电呈

国立云南大学校长

熊○○叩筱印

云大遭敌机轰炸事国民政府文官处电函熊庆来

国立云南大学熊庆来校长勋鉴：

电悉并奉谕，该校师生奉告无患并能继续上课，足见该校长领导有方，全体职教同学奋斗精神愈益坚强，应即复电嘉慰等因。特达。

国民政府文官处

民国三十年五月二十一日

请题云大医院匾额函呈省主席龙云

志公主座钧鉴：

敬呈者。查职校医学院实习医院刻已筹备成立，惟大门尚缺横匾一方。窃以钧座望

---

① 此处日期不详。

云南大学史料丛书·校长信函卷

重天南，拟恳惠题"云大医院"四字，每字约一尺八英寸见方左右，以便刊刻，藉昭光宠，敬请俞允，无任仰祷。专肃，敬请

钧安

校长熊〇〇顿

民国三十年七月七日

致马光辰函

光辰先生台鉴：

李清泉先生前代本校领获无线电机一座，寄存（上海）华中矿务局筹备处业务组。兹将李先生亲笔函件坿上，盼于返滇时冷取携回。费神之处，至深感荷。专问近祺。

熊制〈庆来〉敬启

民国三十年八月六日

马光辰　旧函地址南京西华门西华里一号

致陈立夫函

查本校于上年暑期，因敌机随时进袭昆明，滥施轰炸，迭奉部令饬积极迁移，以避免无谓之损害。当经将工学院迁移会泽；理学院迁移杨林顺龙桥，农学院迁移呈贡，附中则先时业已疏散路南。各学院迁移外县，经择地布置后，均经继续上课，所有学生尚能安静读书。惟是院系分散，交通梗阻，行政事件，虽经本校以最速之方法处理，然仍颇感困难，以致各院系公文，间有不能如期办理，呈送来校。故对于钧部限期呈报文件，迟延逾限，在所不免。拟恳均部鉴核体念本校情形，准予备案。嗣后对于迟延文件，应请逾格通融，予以办理，理合具文呈请均部鉴核示遵。谨呈教育部部长陈

国立云南大学校长熊庆来

民国三十年九月五日

熊庆来

致吴俊升函

士选①司长先生大鉴：

连奉手示，敬悉一切，幸甚荷甚！敝校原有预祘过低，而学院甚多，支持极难，各系需要之教员因受经费限制，至今未敢聘齐，而多数学系尚无一助教，职员方面亦未如其他大学例应有尽有。凡此情形，皆在贤者洞鉴之中，无待详述。三十一年度预祘，务祈台端鼎助，特予增加，所拟壹佰玖拾餘万元之数，实根据最低需要编拟，至盼照数邀准。实习医院本校勉将已有教员学生宿舍拨用一部分垫欵修理开设，以各教授深得社会信仰，维持似尚不难，惟屋舍不敷，设备亦少，不足适应需要，目下工资料价甚高，追加之八万元中除以五万元用于农院外，至多可拨用二万元于医院，以之弥补旧屋修理费

---

① 士选，吴俊升的字。

尚属不足，添建合用新屋等是无法，拟呈请钧部准予于卅一年度特拨医院开办费十五万元，以五万元为设备费、十万元为建筑费，以建能容纳病床四十张之普通病房一座，俾学生有充分之实习机会。政治经济已遵部令分为二系，铁道管理系仍使之属于工院，以工程学科为基础。蚕桑专修科招生不易，拟呈请改为蚕桑系农业经济，因惠荪为专家，讲师杜君修昌研究成绩亦佳，故有设系之议，然尚在攷虑中。弟觉云大范围已广，扩充请求不敢轻于提出也。敬颂

勋祺

弟熊庆来顿上
民国三十年十一月二日

钧部诸公祈致候。

致顾毓琇、吴俊升函

道兄勋鉴：

文藻兄飞渝，特託代表晋谒部长报告本校近状，并向执事诸兄致意。渠来书言，部长于云大甚加垂注，而诸兄关怀尤殷，得悉至深感奋。本校被敌惨炸后，虽疮痍满目，然文、法、医、农各院，弦歌早已恢复。迁会泽计划由工学院先出发一部分，组步行团，于十月二十六日离昆，虽经不少困难，已安抵该处。继因霪雨，道路泥泞，步行车行均不可能，其馀各生最近始随同教职员乘车前往，图书仪器亦运往一部分，三五日内即可开课。致于理学院本拟与工院同迁会泽，因鉴于所经公路坡峻路曲，且无路面，运输万难，理化仪器运往必多损坏。又鉴于时局较前好转，乃稍变计划，权就嵩明县属之马坊村（去昆明六十馀公里）筹备开学，日内亦可复课，且仪器多已运往，实验可照常开设也。近来百物价涨，学校维持至难，本年度竭力撙节，且有滇越铁路公司及其他方面补助，仍不敷十馀万元。今文藻兄来书，谓卅年度预祘仅增一贝呈，则为数不过四五万元，如何能适应需要？本校情形特殊困难，原因厥有数端：（1）廿九年度增加经费标准，以学系计，而不以学院计，本校所增数特少，今更以廿九年预祘为标准，则受偏枯［估］影响更甚。（2）来年各方补助欵必较少，如滇越铁路公司本年度除补助实习工厂设备费国币四万元外，尚补助讲席费越币四千五百元，且允以后每年补助越币玖千元，但时局如此，以后将难实行。（3）迁出外县，灯油消耗较大，保卫亦增担负。（4）本校职员工警待遇较其他机关为低，不得不酌予增大，其他物价继涨等普通原因尚不必论也。校中同人年来艰苦支持，所期望者卅年度预祘有相当之增加。今情形若此，深感失望。弟思钧部对于上述各节必皆洞悉，补救当另有办法，敢祈诸兄于有其他办法时特予鼎助，俾得调济，而资维持。兹思及者有数点：（1）建设费请酌增。（2）本校医学院、社会系、生物系、农艺系、森系、附中均增级设备，应增消耗亦将较大，增级费应请特予增拨。（3）农场初有基础，应增较多经费，以资经营及发展。（4）医学院现有四年级生应有切合需要之实习医院，务请由部拨相当专欵，以作建筑设备费。（5）训育卫生等费亦盼多予拨给，以资弥补经常之不足。此次被炸之屋，一部分应从速修理，需费十馀万元，向钧部呈请，尚祈执事诸兄从中促成。至最近核准拨发之临时费九万元，除弥补廿九年度亏欠之数外，拟稍添医、农两院急需之建筑，并作防空卫生等设备之用，并以奉告。专此渎恳，敬颂

勋祺

均此问候。

弟熊庆来顿上

民国三十年十二月五日

致陈立夫函

立夫部长钧鉴：

敬呈者，兹有滇省缙绅董澄农先生，热心公益，前曾捐建本校细菌学馆。兹复承慨允捐建本校房屋一院，约值国币百万元，作为本校附属医院一部分，名曰国立云南大学附属医院西校分院，该项建筑不日即可落成。窃以该绅如此热忱，实属难能。为纪念该绅，籍昭光起见，拟请钧长俯赐题书（小字）"国立云南大学附属医院西校分院"、"澄农院"及年月题款等字样匾一方，匾用直形，长八英尺，宽一英尺五寸五。每字方一尺五寸，发交刊镌，以资矜式，而留纪念。再查本校并另请

于右任院长赐题"澄农院"三字，敬恳钧长便中再为面请，惠予赐题。实深仰祷，耑肃敬请

崇安

校长熊庆来

民国三十一年七月十七日

石充致熊庆来函

谨签呈者。矿冶系远在会泽，交通不便，每次通信往返恒需半月之久，而际此米珠薪桂之际，开支皆需现款，设一旦週转不灵，势必影响教学，用请校座垂念此中艰难情形，准予一次发给矿冶系流动金叁万元，俾资应用，是为公便。此呈校长熊。

矿冶系系主任石充呈

民国三十一年十一月十八日

[批语]：此件已办，系准支式万元。

十一月十八日

顷奉校长条谕："矿冶系流动金定为式万元，即应照发。"等因。奉此，特此通知，即烦查照办理为荷。此致。①

民国三十一年十一月十八日

范秉哲致熊庆来函

窃职院为造福人群，服务社会，及解除无力医院流浪街头之男女乞丐痛苦起见，可以免费施诊。如以死亡而无亲属掩埋者，职院可实施棺木装埋。兹届严冬，致病死街头之乞丐，每有所见。病者街头号痛，无人过问，死者往往暴尸数日，无亲属收埋，为状至惨！请函知云南省警务处转饬本市所属各警察局，如遇有病倒街头及死亡而无亲属医

---

① 该便函应为致石充的函。

治及掩埋之乞丐，可随时送来北门外云大医院施诊，或通知施棺掩埋。

　　谨呈校长熊

职范秉哲谨呈

民国三十一年十二月

李书华致熊庆来函

迪之吾兄大鉴：

　　送上中法基会致云大函及中央银行支票一张、收拒一纸，祈将收拒签盖送还为盼。云大医学院设备费原定为三万元，嗣因此次向四联借欵，中央银行扣去此次借欵利息，至明年正月初（原以为仅扣至本年六月底），同时又扣去上次中法基会借欵去年一年利息（原以为后边案不由此次借欵扣息），以致医学院设备费仅为二万六千五百馀元，并以奉闻。此请

　　大安

弟李书华拜启

民国三十二年一月十二日

致李书华函

书华院长吾兄赐鉴：

　　顷接手书，敬悉壹是。承转中法基金会致敝校函壹件，附补助敝校医学院设备费式万陆千伍百柒拾元、支票壹张及收据壹帋，已遵命祗领。收据签盖送上，并附致中法基金会谢函壹件，请祈一并收转。诸蒙关垂，云情稠叠，感荷无涯。耑此布谢，敬颂

　　道绥

弟熊○○谨复

民国三十二年一月二十日

　　迳覆者。案准贵会本年一月十二日公函，以补助敝校医学院设备费式万陆仟伍百柒拾元，照数开具中国银行支票壹张及收据壹帋，嘱予查收，并将收据签名盖章送还，等由。准此，具徵贵会注重科学教育之至意，曷胜钦感！除祗领外，相应泐函申谢，并将收据签名盖章送还，即希查照为荷。此致中法教育基金委员会。

署衔名

民国三十二年一月二十日

致顾毓琇函

一樵①次长仁兄勋鉴：

　　顷奉大札，敬悉本校各事均承关照，感谢无已。所拟出售南屏街地基以售价建筑教职员宿舍等一节，顷准兴文银行商洽该行，本以公济公补助学术文化机关之旨，愿以每方丈四万五千元之价照购，请免招标，以省手续上之困难。查此价衡之市情，实符最高价额，不举行招标反较快捷有利，当即备文报部，敬祈鼎力助成，以利进行，无任企祷。

---

　　① 一樵，顾毓琇的字。

云南大学史料丛书·校长信函卷

专此拜恳，并疾

道安

弟熊庆来拜启

民国三十二年二月二十三日

致顾映秋信函

龙夫人映秋女士勋鉴：

　　近承夫人继续慨捐国币四万元，作敝校映秋院建筑不敷经费之用，祗领感荷！敝校因学子激增，房舍不足应用，又限于经费，修建维艰，曩承关怀，惠捐巨款，于女生校舍，得着手兴建。虽物价不断高涨，致超过预算甚多，然宏丽之建筑，卒观厥成，莘莘学子，得蒙广厦之庇，饮水思源，无不感激！本应早日专函拜谢，因赴弥勒调查农产，刻始返省，至歉。建筑费开支情形，当编为报告送呈。台端嘉惠学子之盛意，除呈报教育部外，专此谨表谢悃。敬颂曼福，主座前并请代为致敬。

熊庆来顿启

民国三十二年三月十五日

致顾毓琇函

一樵次长吾兄勋鉴：

　　迳启者。敝校矿冶系此次迁回昆明，以经费拮据，一部分物资尚未能运省，加以特别教室、实验室尚付阙如，亦必需速事添建，以应需要。昨曾备文电部，请求向国家银行担保借欵贰百肆拾捌万元以作迁建费用，并拨一部分以补助附中作迁建之费用，事属迫切需要，用特函达渎恳台端惠予鼎助陈明部长赐准，俾得早日洽借，庶克成就，不胜企盼之至。矿冶系已有良好设备，早在洞鉴之中，倘不从速运昆佈置应用，至为可惜，故切盼该欵能如数借到。又中基会补助欵减少，务恳钧部于核定预算时照前呈请之数特予增加，俾维维持，并请台端关切促成为祷。耑此奉恳，敬颂

公绥

弟熊庆来顿启

民国三十三年一月

李储文致熊庆来信函

　　迳启者。敝会为扩办同学福利事业起见，拟举办学生沐浴、饮水、早餐等设备，并扩建学生服务处、阅览室、办事室等，刻经拟定预算共需国币乙百万元之谱，该欵一面由敝会在当地筹募，一面请由重庆全国学生救济委员会拨助。为此，敬请钧长赐予公函，略申赞助上项计划之意转致全国学生救济委员会，则于该案之通过当有莫大助力也。此上熊校长。

昆明学生救济委员会执行干事李储文谨启

民国三十三年正月十日①

 熊庆来

①　正月十日，此处应指公历 1 月 10 日。

印度学者到校开课事冯友兰与熊庆来往来信函

迪之我兄左右：

印度来联大两学生中一研究梵文，一研究波斯文。皆已得硕士学位，颇欲将其所学在中国施教。如云大学生中有原学此种文字者，不知可请其开课否。弟今日赴渝，约二星期即归，如急需决定，望通知汤锡予兄，为荷。此请

近安

弟冯友兰谨启
民国三十三年一月十七日

芝生①我兄道席：

手示致悉，承介绍印度来联大两学生教授梵文及波斯文课程，甚感。惟本学年课程拥挤，已难再行开班。拟俟下学年再引设法借重，有方雅命，尚希。鉴原此复，致颂

教祺

弟熊○○顿
民国三十三年一月二十二日

致全国学生救济委员会公函

迳启者。顷接昆明学生救济委员会执行干事李储文②君函称：为扩办昆明学生福利事业起见，拟举办学生沐浴、饮水、早餐等设备，并扩建学生服务处、阅览室及办事室等，预算共需国币壹佰万元之谱，恳予赞助，俾得完成此举。等语。查该会成立以来，对于会务之推行甚为努力，兹复扩办学生福利事业，尤见热心，拟恳贵会从宽拨发款项，以利进行，而广救济。曷胜公感。除函复外，相应函达，请烦查照办理为荷。此致全国学生救济委员会。

校长熊○○
民国三十三年一月二十四日

致顾毓琇函

一樵次长先生勋鉴：

敬恳者。此次孔副院长面允由国家银行借本校国币壹百万元作週转金，承蒙鼎助玉成，雲情厚谊，钦感曷既。关于担保一节，兹备具正式呈文，随函奉达，务祈转呈部长俯赐批准，俾便洽借，并希示复，不胜企祷。耑此奉恳，敬颂

勋祺

弟熊庆来顿启
民国三十三年三月二十五日

---

① 芝生，冯友兰的字。
② 同日函复李储文先生，该复函略。

云南大学史料丛书·校长信函卷

124

致赵明德函

明德院长仁兄大鉴：

附属医院承吾兄主持，年来蒸蒸日上，进展颇速，良用佩慰。来教所云，未免过事谦抑。当此国家艰危，医学教育千钧一发之际，一切规划整顿，正有赖于贤劳。遂而请辞，万难遵命。用特崇函恳留，尚祈俯如所请，是所盼祷。

专此致颂

教祺

熊庆来谨复

民国三十三年五月十三日

致杜聿明信函

聿明总司令仁兄勋鉴：

昨函谅达典籖矣。关于运输敝校马坊器物一节，兹再派教授兼总务长蒋惠荪先生前来奉商，祈即惠予面示，毋任感荷。崇此，敬请

勋安

弟熊〇〇顿启

民国三十三年九月六日

呈防守司令部公函

　　事由：请佈告马坊附近驻军严禁迁往敝校留守处驻扎（布告请掷敝校张贴）希查照办理见复由

　　迳启者。查敝校马坊分校现拟暂迁回昆明开课，原校址兴龙寺、新旧李家祠堂及王家庙等四［等］处尚有其他用途，拟请贵部佈告马坊附近驻军禁止迁驻（佈告请缮四份，掷交敝校前往张贴。）相应函达，至希查照惠予办理见复为荷。此致防守司令部总司令杜。

校长熊〇〇

民国三十三年九月十一日

王树勋、姜震中、冯式权致熊庆来信函

迪公校长钧鉴：

　　迳启者。关于理化系改名为化学系事，前曾由赵院长与钧长商洽决定易名，且已徵得教部吴司长同意，准于招生时用化学系名称，一俟校方请求易名呈文到部后立即批准。近闻钧长又有依旧用理化系名称之议，不胜惊愕。缘理化系更名事，并非赵院长一己私见，于每次系务会议中，同人等皆曾作详尽之讨论，认为有更名之必要，即在校及毕业同学于每次聚会时亦皆有同样之要求，此固为钧长所谂知者。今谨将更名理由条陈于后，敬希鉴察。

　　1. 就设备及排课方面言之，理化系之课程一向即悉照部定化学系课程排订，初不过因经济及其他关系採用理化系之名耳，盖按课程之颁佈，大学理学院无理化系之设也。至系中设备，属于化学者多，属于物理者少，而物理仪器亦仅可供化学系所需物理课程及实验之用。

2. 毕业及在校学生多以理化系之名不切实而屡次要求分系或易名，分系目下既不可能，则只有更名之一途。毕业生已曾感觉谋事困难，而在校学生则更虑及将来出路问题而傍徨犹豫，近闻有因此而转院转系者。为学生前途计，为理学院前途计，当以更名为上。

3. 就学校信誉言，亦以更名为善。盖吾校本年度招生时，即已用化学系名义，而学生方面亦早知钧长曾有此决定，并曾征得部方同意，设仍改用旧名，部方固谓学校处事有头无尾，即学生方面亦认校方朝令夕改，失其对学校之信心，此后对学校法令之推行亦不无影响。

4. 理化系改名化学系，并非取消物理课程之谓，化〈学〉系学生亦应有坚强之物理基础，改名后物理课程不但不减，且更应谋增加，俾学生能于理论及实用皆有相当知识，俟学校经济情形允许时，再成立物理系亦无若何困难。

综上意见，以仍维原议，将理化系改名化学系为上。敢进刍荛之言，敬希垂察。此颂

教安

理化系教授王树勋　姜震中　冯式权

民国三十三年九月二十日

附：

为拟自本学期起将理化系改名为化学系俟将来情形许可再为分系可否祈核示祗遵由

查本校理学院理化系过去偏重化学方面，学生毕业出校，亦以服务于工厂者为多，但查国内其他大学院系设置，化学均专成一系，与物理合设者极少，因是社会对于本校理化系往往不问内容而顾名思义，加以"所学不专"之批评，因之学生出路每受影响，该系师生多有请求易名为化学系者。前钧部高等教育司吴司长到校视察，于此亦表同意。本校有数学、航空、工程、土木等系，物理固亦重要，现有设备亦属不少，惟多增一物理系，经费不免困难。今拟恳钧部暂准将理化系改为化学系，以应目前要求，俟下年度情形许可，再筹设物理学系，俾完成组织。可否之处，理合备文呈请钧部鉴核示遵，实为公便。谨呈教育部部长陈。

（署全衔名）

吴肖园致熊庆来信函

迪之校长赐鉴：

敬奉启者。查贵校附属化工厂曾因采办原料，承嘱向敝行借用款项，除经陆续收回者外，计尚欠本息尾数玖万陆千贰百柒拾壹元叁角。时逾半载，迄未清偿，节经函催，亦不置理。现总行对于已放到期款项限期收回，用特肃函奉恳，敬祈转知该厂迅予归还，俾清手续，毋任企盼。匆布不一，顺颂

公安

吴肖园谨启

民国三十三年十月十一日

云南大学史料丛书·校长信函卷

张治中为聘著名教授演讲事函熊庆来

迪之校长先生惠鉴：

　　本团为促进文化建设，辅导学术思想起见，特举办特聘学术讲座。敦请国内著名教授分赴各地讲学。第一期讲座业于本年夏季举办，承各学校当局协助，学生欢迎，结果尚属完满。第二期办法刻经订定，各区主讲人现正分别洽约中，短期内当可前往贵校讲演。素稔先生教界名宿，热心学术，斯举谅邀赞同。兹先检送是项办法一份，即希察阅，赐予协助是荷。专此并颂

教安

张治中敬启

民国三十三年十月十二日

致赵雁来函

　　迳启者。案准金城银行十月十一日函开："查贵校附属化工厂云云，毋任企盼。"等由。准此，自应照办。查此项借欠关系学校信用，应即赳日归还，以清手续，相应通知，即希查照办理为荷。此致赵雁来先生。

校长熊〇〇

民国三十三年十月十六日

致金城银行吴肖园信函

肖园吾兄经理大鉴：

　　顷奉手教，敬悉一是。敝校附属化工厂尾欠玖万陆仟式百柒拾壹元叁角尚未归还，良深歉仄。兹已转饬该厂负责人赳日前来清结矣。特此奉复，至希鉴原，即颂

　　台绥

弟熊〇〇谨复

民国三十三年十月十六日

致重庆航空委员会信函

重庆航空委员会公鉴：

　　案查敝大学前遵奉教育部电转委员长蒋谕，饬设置航空工程学系。时以物资困难，设备多付缺如，教学上甚感不便。近又奉令增设物理学系，特别注重电讯气象等科，以与航空工程学系配合。惟所需器材，目前罗致匪易。拟请贵会将此次昆明美方遗下或接受美方之仪器、飞机及器材等，择有关可供航空、电讯、气象等教学需用者，分别拨赠敝校一部分，以应急需。事关教学设备，谅荷惠允，特此电达。即希查照电知昆明办事处，予以办理，无任感纫。并附请拨器材单一纸。

熊庆来

民国三十三年十月十七日

熊
庆
来

航委会主任周至柔上将复熊庆来信函

庆来吾兄大鉴：

十月三十一日惠书奉悉。贵校成立航空工程系，嘱拨赠美国移交器材一部，自应协助。惟所缺何项设备器材，尚未详悉。请将所需器材之名称、种类、型别及规范、数量等，详细列单寄下，俾可酌办为荷。专复顺颂公绥。

弟周至柔

民国三十三年十一月十七日

复周至柔信函

至柔主任仁兄勋鉴：

承赐复函，敬悉一切。吾国航空事业之发展，诚非由教育机构着手不为功。执事高瞻远瞩，乐予翊助，至弥感佩。兹特抄陈各项器材详单一纸，即须鉴察。并乞电令昆明主管部分速为拨赠，俾敝校教学便利即得增多，研究基础亦得树立为幸。

又前晤台端，承面告经费亦可补助，今另有公函商请，亦祈惠予考虑，决定示知，俾计划能早日推进。此不独弟个人之幸，建国前途所受之影响，应非浅鲜也。专此敬颂勋祺。

熊庆来

民国三十三年十二月五日

关于赠云大航空材料事周至柔函熊庆来

庆来吾兄大鉴：

十二月五日惠书敬悉。附单所列各项器材，除了少数项目因本会存量无多未克拨发外，其余已分饬各站厂库拨交贵校，请即派人前往洽领为荷。此复。顺颂。公绥

弟周至柔代

民国三十四年一月一日

附拨发情形单一份

[批] 请王绍曾张天湘两先生负责洽领

1. 发动机　　由昆明第二航空器材总库拨
2. 降落伞　　由昆明第二航空器材总库拨
3. 螺旋桨　　由昆明第二航空器材总库拨
4. 仪器　　　由昆明第二航空器材总库拨
5. 飞机　　　由昆明第十航空修理工厂拨
6. 气象仪　　由昆明空军第五据站拨
7. 无线电　　由成都通信器材库拨

致大理喜洲华中大学卞校长信函

大理喜洲华中大学卞校长勋鉴：

　　××贵校江汉作育，声誉早著，军兴迁滇，备极艰苦，而奖进宏育，绝歌不辍，使文化落后之区顿成邹鲁。念载懋绩，士林同钦！欣逢盛典，弥切颂忱，谨电驰贺。

国立云南大学校长熊〇〇

民国三十四年十一月三日

国立云南大学快邮代电

教育部部长朱钧鉴：

　　案查本校曾于本年九月十五日以云字一二八八号呈请××钧部转呈××军事委员会将战地服务团所建昆明美军第三、四、十、十一等处招待所分别拨作本校本部与农学院及附属中学使用一案，迄今月馀，尚未蒙核示，现在昆美军次第返国，各处招待所房舍已陆续腾空，如不从早设法，或将为其他机关接收。谨再电呈前情，即祈迅赐转呈核拨饬遵，实为公便。

国立云南大学校长熊庆来叩

民国三十四年十一月三日发

致美国援华会总署署长蒋廷黻信函

廷黻署长吾兄勋鉴：

　　迳启者，敝校以医学院设备简陋，前闻美军昆明第一百七十二医院器材交由尊署接收，并分配与医药教育机关。曾于上月28日电请尊署，优予分配，谅邀鉴察。

　　顷闻美国援华会运来大批农产物资，可赠送农业机关及学校。敝校农学院亦希望能接收一部分，俾能充实教学研究设备及附属之生产事业，如农林场、畜牧场及农产制造厂等。吾熊对于敝校，关怀素切，想必乐于注重也。专此奉恳，敬颂勋祺。

熊庆来

民国三十五年

熊
庆
来

致汪德耀快邮代电

国立厦门〈大学汪〉德耀校长勋鉴：

　　昨准大函，忻悉荣膺新命，司铎大学，萃闽粤之菁英，同沾化雨；树百年之大计，端资薰陶。云大引领，颂忱弥倾。谨电覆贺，并颂教祺。

国立云南大学校长熊〇〇

民国三十五年一月二十五日

致国立西北农业专科学校齐校长代电

国立西北农业专科学校齐校长勋鉴：

　　接准来牍，欣悉荣膺新命，为国家培植专材，应社会建设需要。仰企新猷，倍切钦迟，谨电覆贺，并颂勋祺。

国立云南大学校长熊〇〇

民国三十五年一月二十五日

晏玉琮致熊庆来函

迪之校长吾兄勋鉴：

　　元月二十四日大函奉悉。关于贵校所需航空器材，在可能范围内自当尽量拨助。经饬本军第十飞机修理工厂办理，请即派员迳往该厂洽领。专此布覆。敬颂。勋绥

晏玉琮启
民国三十五年二月十二日

致中国蚕丝公司总经理葛敬中公函

　　迳启者。查本校农学院蚕桑专修科本年春期为供学生实习起见，租用昆明县政府小屯地方桑园十五亩，拟即制造无毒改良秋蚕种四千张，供给国内改良推广之用，惟所需一、二化原蚕种卅五张（一化十七张、二化十八张），拟请贵公司惠予配付价让，价歉若干，自当照付。再该项蚕种制成后，亦拟售与贵公司推广应用。如何之处，相应函达，敬希查照惠办见复为荷。此致中国蚕丝公司总经理葛。

校长熊〇〇
民国三十五年三月六日

周至柔复熊庆来函

庆来校长吾兄勋鉴：

　　一月一日大函暨附件均敬悉。嘱拨航空器材一节，除无线电器材外，经以谋信丙京171号拨料单，饬本会成都通信器材库交使机运昆，由本会空军第五路司令部接收贵校外。兹以京丙字第49号拨单，饬本会第十飞机修理工厂及第二航空器材总库拨发，如附单并饬五路部转饬十修厂拨给陈旧之弗立时及莱茵机各一架，请即派员分别前往接洽领，可也。专此布复，并颂。勋祺

弟周至柔敬启
民国三十五年三月十三日

空军第五司令部晏玉琮复熊庆来函

迪之兄勋鉴：

　　六月三日大函敬悉。查发动机两具已由十厂拨交贵校航空工程系王主任具领。至新式飞机，沾雨接收有美军P－51C驱逐机乙架可供教材之用，业已报会，请拨待奉，批后再行奉告。专此敬复。并候。勋祺

弟晏玉琮（章）
民国三十五年七月六日

致王景贤函

　　迳启者：查本校会泽院大楼，现已呈奉核准修理。素仰台端经验宏富，关于该项工程之设计、监工事，宜兹敦聘台端负责办理。尚须愈允，并早日设计，俾便兴工，毋任企感。此致

云南大学史料丛书·校长信函卷

王景贤先生

校长熊庆来

民国三十五年十月二十二日

呈云南省审计处公函

迳启者。查敝校修建会泽院屋顶委托上海兴文银行副理陈鸿藻君及本校旅沪之农学院张院长海秋就沪採购油毛毡一百卅卷一案，昨经商准贵处同意代为函请上海市审计处会同监购，应请惠将公函迅赐办交敝校，俾便寄交张院长转洽。相应函达，即希查照办理见复为荷。此致审计部云南省审计处。

校长熊〇〇

民国三十五年十二月十八日

致云南省建设厅农林改进所公函

迳启者。据本校蚕桑场案呈："准贵所本年三月十五日农蚕字第一二三号公函，检送与楚雄县政府订立卅六年春期售购蚕种合约，嘱予查照同意。等由。准此，敝校极表同意，至应得种欵即由敝校李莘农先生按期前来洽领。"除将合约存查外，相应复请查照为荷。此致云南省建设厅农林改进所。

校长熊〇〇

民国三十六年三月二十七日

致云南省建设厅及大姚、姚安、盐丰县政府公函

迳启者。查本校蚕桑专修科为研究蚕桑改进，辅导地方增产，使教育与社会发生直接关系起见，本年春季特于大姚、姚安、盐丰等三县蚕桑较盛之区设置蚕桑推广实验区，敦聘蚕桑科副教授韩惠卿女士为实验区顾问，讲师李莘农为实验区主任，于日内前往各县筹备，所需经费由自筹，不取给于地方。除分函查照外，相应检附原计划大纲一份函请贵查照，惠予协助，并予以便利为荷。此致。

附送计划大纲一份（略）。

校长熊〇〇

民国三十六年四月十四日

致蚕丝产销协导委员会公函

迳启者。本校农学院蚕桑场今春制造改良蚕种四千张，以供本省之用，曾由农民银行昆明分行于四月十一日贷欵壹仟式佰万元在案，现除秋期已经推广壹仟张种欵转供秋种制造外，尚剩春制春种叁仟张，兹因资金不易週转，拟请贵会转请中国农民银行予以每张押贷壹万五千元，合计国币肆仟伍佰万元，并请饬由昆明分行就近付欵，以利办理。可否之处，相应请查照办理见复为荷。此致蚕丝产销协导委员会。

校长熊〇〇

民国三十六年十一月十八日

熊庆来

呈省政府公函

迳启者：查去年国民政府主席蒋公六十诞辰，贵府卢主席曾发起于本校建盖中正图书馆，以纪念蒋公丰功伟业，奠立西南文化教育基础。本校亦复呈请教育部核拨专款，补助建盖。旋奉令核准补助建筑费四亿元。惟是数目有限，与建筑费总数相差甚巨，而本省捐款筹集亦尚需时，只得设法逐步进行。顷闻市区城墙将全部拆除，为使此图书馆能减少筹款困难，拟请贵府准予拆除城墙时，将北城墙起至凤翥街东口，属于本校范围内一段之城砖基石全部捐赠本校，充作中正图书馆建筑材料之用，以成兹不朽盛事。是否可行，相应备文函达。敬希贵府查照办理，见复为荷。

熊庆来顿启

民国三十六年十二月十六日

致徐继祖议长函

述先①议长仁兄勋鉴：

本日午后三时，敝校欢迎贵会诸先生适与省府茶会时间冲突，敝校茶会时间可稍延迟，敬希台端转告参议员诸先生仍舍驾惠临为盼。费神之处，无任感荷。此颂勋祺。

弟熊制〈庆来〉敬启

民国三十七年

致唐培经函

培经司长吾兄勋鉴：

七日寄陈一函，谅达左右。顷奉五日来书，泝感。蒙钧部核拨壹千万元作收容寄读生增班设备之用，甚幸，但本校校舍原已不敷，且一部分旧屋如衡鑑堂西寝室（教员住）、东寝室（学生住）、南红房（教室）等建造已久，或破陋，或有倾塌之虞（日前东寝室有二椽断折，瓦片下坠，幸仅一人受轻伤），宜即澈底翻修，以免意外。又以人数剧增，不能不添建教室宿舍一二，目前材料工资昂贵，约计所需添建及修茸之费至少为三亿元，日前曾电呈请求。又教员名额仍不敷用，亦请核增三十名，切盼能如数核准，统乞鼎力玉成是祷。专复，敬颂勋祺。

弟熊制〈庆来〉敬复

民国三十七年三月十二日

致云南人民企业公司两份公函

公函一：

迳启者。查敝校农学院前于战事胜利结束，由呈贡复员迁昆，各系科实验场所均付阙如。兹因蚕桑专修科员生实验实习需要，辟置桑园需要桑苗甚夥，欲向江浙一带购买，事实上既不可能，如自行培育，按之昆明气温，又非五至六年之时间不能成长，实属缓不济急。素仰贵公司扶植教育不遗馀力，敢请惠予转商云南蚕业新村公司就草坝桑园分让敝校卅亩面积之湖桑，俾便转移昆明种植，以利教学。事关提倡蚕桑事业，相应备文

---

① 述先，徐继祖的字。

云南大学史料丛书·校长信函卷

函达，请烦贵公司查照惠允，鼎助促成，毋任企感。此致云南人民企业公司。

校长熊庆来

民国三十七年五月七日

公函二：

迳启者。查胜利以后，本校农学院自呈贡迁昆明以来，该院蚕桑专修科员生实验实习尚无桑园可资应用，现在滇越路未通向江浙蚕桑区域，采购桑苗既不可能，而自行育苗以昆明气温较低，需五—六年时间，又属缓不济急。素仰贵公司开发企业、提倡教育、注重学术研究、爱护青年学业著有声誉，为此函达，拟请转商云南蚕业新村公司就草坝原有桑园拨让湖桑三十亩面积之桑株移植来昆，以利教育。区区之数，在该公司广大范围内殊属有限，而在本校则事关造就全省高级蚕桑人才，供给教授实验研究倚俾殊殷，千祈鼎力协助，惠允促成为荷。此致云南人民企业公司。

校长熊〇〇

致澂江县政府公函

查澂江蚕桑事业原有相当基础，惜自中山大学迁离后即陷停顿。本校有鉴于此，曾派蒋同庆、李莘农两教授前往探察，咸以沿堤公地桑树既多，而各村农家桑株亦夥，货弃于地，诚属可惜。为此，拟即派员前来就地试育优良新品种，一俟成功，下届蚕期即可大量推广，指导农民饲育，增加农村收入，至为有利。惟本校来此缺乏蚕室及桑园设备，拟请（一）转饬拨借小西城三教寺（原中山大学医学院旧址）、洋老营关圣宫（原中山大学农学院蚕桑系旧址）两处原供育蚕之房屋；（二）并请出示晓谕乡镇保甲一体知照，共襄此举；（三）且为避免采桑困难，拟请贵府发给采桑证明书五份，以便转给采摘工人应用。事关推广蚕桑，务祈不吝协助为荷。此致澂江县政府。

云南大学校长熊〇〇

代行拆农学院院长张〇〇

民国三十七年五月十五日

胡若愚致熊庆来函

庆来吾兄礼鉴：

京中共聚一堂，会议国是，时间虽仅一月，但民主自由之基石已经奠定。国政能否革新，端视政府能否实行大会各议决案与夫权能是否配合而定，惟我代表等在任期内同心协力，继续努力是望！别来正念念间，适奉令尊讣告，惊悉之余，不胜悼念！然令尊福寿全归，吾兄当能于孝思之中属哀而不伤之感，移孝于民族，作育人才，建设富强康乐民主自由之新中国。乡国前途，实利赖之。弟以蜩务留京，未得登堂拜祭，深为歉怅！兹谨奉上悼词一纸，并遥望南天，敬此拜奠！

宪督会由政府延聘自由参加之代表为委员，兄如欲参加，请于六月十五前填附上之登记表，并附照片二张，迳寄国大会堂三楼宪督会筹备会汇册送总统府，知注并闻。特此函达，敬候礼安！

弟胡若愚上

民国三十七年六月七日

熊庆来

致长坡农场董事长公函

迳启者。查本校农学院蚕桑专修科复员以后，自呈贡迁回昆明，尚无桑园，所需桑苗若向江浙购买，长途运输颇不易成活，如在昆明就地育苗，因气温较低，又非五六年之时期莫办，而该科员生教学研究实习实验需要桑叶昼夜不断，且甚迫切。兹闻长坡农场除正式使用加工培育之湖桑七十馀亩外，尚有夹杂实生苗中之湖桑一万五千株，是项湖桑出茎有限，该场利用殊微，拟请惠予转知分让或拨借敝校八千株，由本校自行移昆栽植，以利教学而应急需。贵场提倡蚕桑，扶助教育，素所钦仰，于所请谅荷惠允也。相应函达，即希查照办理见复为荷。此致长坡农场董事长张。

校长熊庆来

民国三十七年七月一日

致刘家俊函

家俊仁棣惠鉴：

兹有瑞士公使寄赠本校书籍两册，特将原函附上，至祈代领寄下。费神之处，无任感谢。日来校务纷迫，容缓再详达一切。专颂近祺。

熊制庆来敬启

民国三十七年七月二十二日

致尹泽椿函

泽椿先生惠鉴：

大函奉悉，承示本校以修理围墙所遗碎石亟应清除，甚感事关公德，自应注意。除饬庶务组即派工办理外，特函奉达，至希谅詧是幸。此颂勋祺。

熊庆来敬复

民国三十七年八月九日

致黄绵龄函

绵龄吾兄：

七月二十三日来函，所询关于图书馆使用外汇一节，系汇英国、美国各肆千美元，包括欠欤在内。祈即日照汇为要。地址如下：

Messis Baine's of Noble，Dnc.

1055th Avennue

New York City U. S. A.

Messis W. t. G Foyle，Ltd.

119 – 125chaning Cross. Road.

London W. C. L England

汇出时祇［祗］须说明是云南大学图书欤，该公司即可照寄书册。因订单等件三十六年春间即已寄去矣。

熊庆来启

民国三十七年八月十一日

前讲武学校第五分校建唐公建侯德教碑亭办事处致熊庆来函

云南大学校长熊钧鉴：

　　敬肃者。敝武分两校同学先后曾坐唐健〔建〕侯先生时雨春风之化，得驰驱于疆场之间。自公殁后，景仰前徽。兹为缅怀教泽与尊师重道起见，公议于本市圆通公园山阳建立德教碑亭一座，以志永久纪念。上年曾呈准省市政府即已兴工，兹已落成，兹择于八月廿七日教师节举行揭幕典礼，恭请钧座莅临训示，以资策勉。是日已商请各报社特出专刊，并祈先期赐颁训辞，藉以振励末俗，俾资登载，用是肃笺併恳。专此，敬候钧安。

前讲武学校第五分校建唐公建侯德教碑亭办事处启

民国三十七年八月十五日于五福巷四十二号

　　[国立云南大学校长批语]：由郑幼三先生拟词赠送。

民国三十七年八月二十一日

　　附：　　　　　　　题唐公建侯德教碑揭幕

青山远眺画图开留此碑亭不染埃

绛帐春风传月殿杏坛教泽表云台

致位北县长函

位北县长仁兄勋鉴：

　　前函计达左右，承慨允由田赋处捐护会汽车轮胎六个，至感高谊。兹因舍亲姜纯嘏君来县之便，特嘱其趋谒，即请将轮胎交姜君手收不悮。专佈，顺颂政祺。

弟熊庆来敬启

民国三十七年九月一日

尹泽春致熊庆来函

迪公校长赐鉴：

　　贵校修理民强巷围墙，屡将遗渣留下，不予清除，居民殊感不便，数向工人言之，均不理。此次修理，所遗渣石尤多，近秋雨数日，贵校水沟所出量又多，路面更不能行。吾公素以道德称，敬恳饬经管部门予以清除，居民不胜感祷矣。耑颂教祺。

校友尹泽春上

民国三十七年九月八日

　　[熊庆来批语]：条知庶务组注意清除，并覆。

九月八日

熊庆来

135

致李鑑之等公函

迳启者。查敝校附属中学奉令解散结束，所有该校前借用龙头村棕皮营公产公物，兹派教官徐谦前来清还。又该校历年承地方父老绅董之赞助，或腾让房屋，或拨借公产公物以及种种一切精神上物质上之奖借与便利，自当铭感盛意，永誌隆情。特为函达致谢，即希詧照为荷。此致

李鑑之先生	李卓然先生	马遂初先生	桂子範先生
范镇长筱庄	桂副镇长国灿	张一农先生	李荫村先生
李茂先先生	洪子适先生		

校长熊庆来
民国三十七年九月九日

致刘家俊函

可亭①仁棣台鉴：

昨函计达。本年七月廿三日因瑞士公使寄赠本校图书两册，当将原件随函坿上，请吾弟代领寄昆。不知前件已否收到，望即复示，以免悬悬。专此，顺颂近祺。

熊庆来手启
民国三十七年九月十七日

张孟闻致熊庆来函

迪之师座尊前：

迳启者。绛帐东移，未获展拜，为憾。兹从友人得知，教部又有美欵分发各校添置书物，不识贵校有所新需否？华宇实业公司经理范祖淹兄为旧东大同学，经营仪器图书，倘愿订购，甚望赐洽。⊡ 在《科学》长刊广告，似助甚多，故以举荐云。此请铎安。

生张孟闻拜启
民国三十七年九月三十日

《科学》每期寄呈，乞示尊见，俾知遵循也。

潘仲鲁致熊庆来函

迪之校长仁兄道席：

夙慕文名，足喻碎金积玉、繡虎雕龙，良深景仰。本年双十节为敝报周年之期，敬希不吝珠玉，于七日以前惠赐鸿文，俾光篇幅，是所企祷。专此布恳，请著安。

弟潘仲鲁拜启
民国三十七年十月四日

附： **1948年国庆日恭祝平民日报週年纪念**

平乱建国　民之喉舌　日新又新　报道精捷

熊庆来题

---

①　可亭，刘家俊的字。

贺私立金陵大学六十周年校庆题词

功高作育继前贤，惨淡经营六十年。

试看春风披拂处，南金东箭总阘之。

私立金陵大学六十週年校庆

熊庆来敬贺

民国三十七年十月二十六日

[国立云南大学校长批语]：照书祝贺。

十月二十六日

复张孟闻函

孟闻吾兄台鉴：

大函奉悉。承介绍华宇实业公司代购图书仪器，至感。惟本校此次分配之款已由中和公司代订，嗣后如有需要，当向范君接洽也。专复，顺颂撰祺。

熊庆来敬启

民国三十七年十一月八日

吴俊升复熊庆来函[①]

迪之先生大鉴：

展诵本月二日惠书，敬悉一一。云大经费既属困难，农业经济系自宜缓设，蚕桑专修科亦可无须扩充。至卅一年度各校经常费编制情形，已于代顾次长复函内述及，即希参阅。实习医院经费一节，容俟明年支配时转陈核办。专此布复，并颂

教祺

弟吴〇〇敬复

十一月十五日

致张邦翰函

西林[②]厅长吾兄勋鉴：

前欲约请吾兄于本日赴呈贡农场一游，兹以校中正举行考试，加以天雨，拟改期前往，当再定期函达也。专此，并致歉忱。此颂勋祺。

弟熊庆来谨启

民国三十七年

熊庆来

---

① 此条年代不详。

② 西林，张邦翰的字。

张质斋致熊庆来函

函一：

迪之校长吾兄勋鉴：

关于贵校向银行界借款一事，日昨曾在中央银行会商，由各行筹借后向央行转贴现，央行及各行负责人均已同意如此办理，一俟央行向总行请示奉准，即可照办。前由敝行代表答复贵校，弟当随时催促央行，俾可早日解决也。耑此，并颂教安。

弟张质斋再拜

民国三十七年十一月二十三日

函二：

迪之校长吾兄勋席：

今晨与央行及银团各行负责人洽商减让贷款息金事，幸不辱命，减按前次贷款，以月息三十六分计算，较之市息六十六分，仅合半数稍强，当派敝行同事韩进之来校办理手续，期明日即可支付款项。昨间恩收录敝亲李骁入先修班攻读，辱蒙惠允，现渠原在同济大学先修班证件正讬友请领中。交通梗阻，迟未寄到，请通融准予补缴。兹饬趋谒，敬祈赐示为祷。耑此，并颂教祺。

弟张质斋再拜

民国三十八年二月二十四日

复张质斋函

质斋经理吾兄惠鉴：

手书奉悉。借款事承鼎力协助，至感。令亲李骁入学事，已批交教务处办理，且曾指示该生註册情形矣。缓缴证件事，暂亦无碍。敝校即开课，诸务纷迫。耑此佈谢，顺颂筹祺。

弟熊庆来敬复

民国三十八年二月二十八日

熊庆来致唐培经函

培经司长吾兄惠鉴：

时局剧变，首都疏散，迄未通问，至滋系念。得普文治君来书，知钧部迁穗，已正式工作。台驾刻亦抵穗，甚幸甚幸！刻下本校已如期开学（本月一日），惟以战局影响，各地学生又请求寄读旁听者纷纷来校，人数剧增，师资校舍均感不敷。前请求增加员额，尚未奉批。现再就实际需要请求增加员额三十名，并电请核拨扩充改良费金元券叁亿元，俾资应付。本校校舍不仅应稍增建，且一部分房舍因年久有坍塌之虞，休葺不可复缓，需欵甚是迫切，且为数应如所请，鼎力促成，无任企祷。专此，敬颂勋祺。

弟熊庆来敬启

民国三十八年三月七日

云南大学史料丛书·校长信函卷

熊庆来致顾毓琇函①

一樵次长吾兄勋鉴：

本校为同人稍减困难，拟添建简单屋舍，曾蒙钧部核准变卖废钢铁等物，然目下人工料价增涨不已，仅以该项废物售价作建筑费用，实不济事。继查本校有坐落南屏街地基一块，久置无用，拟招标售出，以所得添作教职员宿舍或其他建筑费之用，曾呈请钧部核示，迄未奉批复，请兄代查询，并鼎力促成为荷。近日昆市物价复涨，米高至一百三十元，炭每百斤三百七十元，面［？］每斤三十元，同人恐慌异常，苦不堪言，其中一部分尤特别困难，生活将不能维持。弟虽种种设法，亦未能解决其问题。前者委座曾赐西南联合大学教职员国币贰拾万元作临时补助费，本校同人以与联大教职员同居昆市，所受生活上之压迫原无二致，深望能同沾雨泽。弟不得已，曾肃函请部座代为转陈，不知事属可能否？同人喁喁仰望，意至迫切，请兄代为探聽函示，倘有可能，并为进言，无任企祷。专此，敬颂

勋安

弟熊庆来拜上

一月六日

唐培经复熊庆来函

迪之校长吾师钧鉴：

展奉三月八日惠示，敬领种切，藉稔昆市安平，云大已如期开课，为慰为颂。关于受战事影响，南来学生之收容寄读云大，已由部核拨补助费壹千万元，前经奉陈，谅邀垂鉴。又在京办公时，云大曾签准自去年八月份起，增加员十名、工八人，文不知已否到校。部中现以人事易动，经费亦感拮据，各校员额已于上年分配完竣，平津各院校之余额经呈政院，请予由部支配，亦未奉准。遵嘱拨扩改费及再增加员额，以部中目前实际困难情形，实无法支配，有方雅命，尚恳亮照是幸。崇肃奉陈，叩请道绥。

生唐培经上

民国三十八年三月十六日

呈教育部部长朱家骅函

查本校会泽楼乃前云南省长唐继尧将军建盖，为昆垣有数之大建筑物。民国二十九年及三十年，日机肆虐，两度遭受轰炸，每次均有数弹落于周近，并有一弹正中，洞穿屋顶、楼板以达地面，屋顶加盖之铅片（因平顶昔经地震漏雨，修补不易，盖以铅片）毁折大半，内部横梁亦多损裂，檐口被毁四丈余尺。抗战期间，库帑支绌，未蒙核拨必要之修复款项，故仅作临时之修葺，每值雨季，仍多漏雨之处，且不时泥土随之而下，危险殊甚。又被震损裂之铁筋洋灰大梁四根，日见下曲，现暂用木柱支撑，建筑师见者，多以为关系极大。若不将屋顶墙基修复，加固横梁，将有倾圮之虞。万一倾覆，不仅员生性命难以保障，而修复则非数十亿巨款不可，情形极其严重。本年雨季前不得不认真

熊
庆
来

---

① 此条年代不详。

彻底修理，实难再延。经确切估计，工程费用仍需国币一万万二千万零七十一万八千二百五十元，应恳钧部迅赐照拨，俾可早日动工，以策安全。……上述修建费均系依照目前物价实况估定，无法再行低减，务恳俯予核拨，以便着手兴修。否则工程困难进行，员生安全，殊为可虑，校长责任攸关，不敢不据实缕陈。

熊庆来顿

民国三十八年五月二十日

致汤惠荪、陈植函

吾兄台鉴：

此次在穗，得数度畅叙，并荷优款，至泝感幸。弟于本月三日午后二时平安抵昆，校务纷迫，未早裁候，至以为歉。本校目前勉可以维持，已于本日复课，但币制未改革前，终无根本解决办法也。

中山大学迁海南确否？已开始迁移否？

农村复兴委员会迁蓉，想已开始迁移。对于滇省农村问题现有计划否？本校盼能获得补助。弟在穗曾与孟隣先生晤谈，望兄于机会到时惠予关切是祷。

鳞鸿有便，尚希时惠德音。专此佈谢，顺颂台祺。

弟熊庆来谨启

民国三十八年六月二十八日

致陈人龙函

人龙吾兄台鉴：

此次在穗，既得畅述，复荷优欵，至泝感幸。握别后，于三日午后平安抵昆，承惠寄之申请补助书样本已收到，俟将来办理申请时至祈鼎助。本校目前暂得安定，于本日复课，但在币制未改革前，维持终无根本解决办法。闻广州政府机关已有部分迁渝，不知确否？贵会想仍作迁蓉计。鳞鸿有便，尚希时惠德音。专此佈谢，顺颂勋祺。

弟熊庆来谨启

民国三十八年六月二十八日

昆明市弥勒同乡会筹备会致熊庆来函

查本会于六月十九日召开成立大会，并当场投票，选出理事九人、候补理事三人、监事三人、候补监事一人，负责会务。台端当选为第一届监事，遵章订于七月三日下午三时假云瑞中学，嵩请全体理监事举行复选会议。事关公益，草创伊始，务祈拨冗按时出席，共襄盛举，是为至荷。此致熊先生迪之。

昆明市弥勒同乡会筹备会启

民国三十八年六月三十日

复弥勒同乡会函

迳复者。接奉大函，知同乡会理监事均经选出，并悉来承同乡诸君厚爱，得当选第

云南大学史料丛书·校长信函卷

一届监事，至洝欣感。惟来校务纷繁，实少暇暑，对于各项会议，恐难每次出席，有碍会务，用请同乡诸君原谅，惠允辞去监事名义。至关于会务，如有可以尽力之处，自当随时襄助也。特函奉达，至希詧照。此致弥勒同乡会筹备会。

熊庆来敬启

民国三十八年七月四日

致张质斋函①

质斋总经理吾兄惠鉴：

此次本校以经费拮据，向本市八银行借款金元拾式万元，辱承鼎力促成，并由台端领导下之兴文银行为代表行，至洝感纫。惟同人待遇菲薄，值此校款奇绌之时，对于利息及期限仍希转商各行惠予优待，俾得减轻困难。吾兄对本校关怀素切，用敢渎陈，至冀鉴及，续为鼎助是幸。专此佈谢，并颂筹祺。

弟熊庆来敬启

一月十日

金汉鼎为捐款事函熊庆来②

迪之校长吾兄：

有道日昨晤谈甚快，贵校弘扬学术极所钦仰。兹将汉鼎全年俸给三十万元送陈台端。即将该款作学术研究及编纂用途，区区之数殊觉汗颜，惟出于汉鼎一片至诚。想台端当不见拒也。嵩此祗颂

道安

弟金汉鼎拜启

八月三十一日

熊
庆
来

熊庆来函谢金汉鼎③

铸九先生尊兄勋鉴：

执事以革命老成，负军风纪巡察重任，有功抗战，何逊于斩将搴旗者。远维贤劳，无任钦仰。又復高瞻远瞩，于百年树人之大计，备极关切。昨聆教益，尤深欣幸！承慨捐国币三十万元，兹遵嘱分由刘文典先生与何衍璿先生收作研究及编纂之用。何先生近著《近世几何》一书。刘先生近著《说苑斠补》一书。脱稿不久，将来书出当各以一册奉赠台端纪念。肃此敬谢盛意，并颂

勋安

弟熊〇〇敬上

十二月七日

---

① 此条年代不详。

② 此条年代不详。

③ 此条年代不详。

141

致大定发动机制造厂关于拨给航空材料函①

迳启者。查本校航空系成立未久，教学器材颇感缺乏。近闻贵厂储存旧发动机附件及拆装工具甚多，拟请配赠本校若干，以供教学之用，并闻贵厂储有发动机，特性甚好。至以工作收实效，矫空言敷衍之陋习，实致力航空热心教育之一大贡献。并请惠赐数台，借资观摩。相应函达，至希查照惠允见复为荷。此致大定发动机制造厂

校长熊〇〇

致晏玉琮函②

玉琮司令吾兄勋鉴：

本校航空系蒙执事热心翊助，赠大批航空器材，公私铭感实无涯俟。惟据航空系王主任称，前拨各件多有残缺，学生观摩难以举一反三，日昨王主任与十厂陈厂长晤谈深悉厂中现有发动机多具，曾经美军破坏损伤，轻重不一中，有虽未经破废，而亦不能应用者若用作教材，则可使学生得窥全貌。据陈厂长谈称，所奉拨赠云大器材之指令中未曾确定，难以擅赠，应先向台端陈明。特再函达，请惠赐考虑，倘能将上述发动机拨赠本校一两具，则更感幸（最好每种式样各一具）。又曾经报废之新式飞机中，未经拆卸之机身、机翼，亦恳拨赠一两种，俾学生明悉机身、机翼之装置及结构为荷。如蒙俞允，本校即派员前往十厂洽商。祈即赐复，是为至祷。特此奉恳。敬候。勋祺

弟熊庆来敬启
五月三十日

致第十飞机修理厂公函③

迳复者。顷准卅六厂外昆字第 1817 号大函，奉令拨交敝校游览机一架，嘱即查照派员前来洽领。等由，准此。兹派本下航空系郭景纯先生特此前来洽领。即希贵厂查照。洽领。毋任公感。此致卅八年第十飞机修理工厂

校长熊〇〇

致严燮成函④

燮成理事长先生台鉴：

昨日造访，备承明教，甚幸甚快。本校修建校舍事，承首肯协助，至佩热忱与远见。国是如此，培植下一代之人才实甚重要，而大学之能有一进步，任何人皆知重视。敝校经近年之惨淡经营，一部分课室虽尚简陋，而教授大都陆续迁入校内，现仅一小部分尚无住所。年初曾计划建一农学馆，将现有农学院用屋改作住宅，则同人之住屋问题可完全解决，而农院教学研〈究〉工作亦有较适当之屋舍矣。是馆所需之砖瓦木石等材料殆

---

① 此条年代不详。
② 此条年代不详。
③ 此条年代不详。
④ 此条年代不详。

已购齐，因工价高涨，无建筑费，遂搁置至今，同人深以为憾。故此项建筑之完成费力虽已不多（将尚需金二十余两），而于敝校关系实大。今得台端鼎助，自可拭目，以观其成。校中同人闻之，咸极兴奋，将来落成之日，弟意拟题为苍逸馆，以酬高谊，并以纪念令先君于不朽也。兹由张院长海秋兄持图、施工说明书等前来具体商洽，敬希赐教为荷。专此佈达，顺颂筹祺。

熊庆来敬启

致黔灵中学董事会公函①

敬复者。前奉大函及贵校筹募基金捐册收据等件，原应代募，以副雅命，惟目前情况本校同人均属心余力竭，除本人敬助半开弍元外，未便向他方启齿。兹将捐款册据奉上，即希督收。专此，并致歉忱。此致黔灵中学董事会。

熊庆来敬启

（捐册校长拿去，此信缓办）

沈镇舟致熊庆来函②

庆来先生伟鉴：

此次文斾莅台，敝公司未尽招待，乃承惠赠隽茶，复荷函谢，益增愧仄，尚乞不时惠教，用资策励为幸。敬请伟安。

弟沈镇舟敬上
十一月三日

熊庆来

---

① 此条年代不详。
② 此条年代不详。

二、广招贤才 优待教员

从熊庆来邀请学者到校任教的信函中，可以窥视出他一贯主张的"慎选师资，努力提高教学质量"的办学思想。对于那些经验宏富、学识渊博的学者，亲自写信，极力礼聘，使一批在国内外享有盛誉的学者来云大做专任教师，如顾颉刚、赵忠尧、刘文典、胡小石等。对这些学者，不仅给他们办好护照，请沿途的官吏给予关照，而且解决他们家眷的旅费问题。有的知名学者因各种原因不能来云大担任专任教师，他就采取"借聘""兼任"或者"办讲席"的方式延揽贤才，如华罗庚、冯景兰、冯友兰、严济慈等，爱才之心不言而喻。同时，熊庆来大力支持这些学者到校后开展科研工作，为他们外出研究调查尽力提供方便；推荐优秀教师出国深造。而对于那些学识平平、不甚了解的学者，他则不轻易聘用。

熊庆来到校后，大力整顿学校的行政机构及教师队伍，让能者上、庸者下，这引起一些教职员的不满，有的人曾写信指责他"对于旧留之滇籍教员有所歧视"，但他并未就此而停止整顿工作。

在熊庆来长校十二年中，正值抗日战争和国内战争时期，硝烟不断，致使市场物价飞涨，通货膨胀，货币贬值，教职员工怨声不断。为了稳定教师队伍，保证教学活动正常开展，他不断地向教育部、省政府反映教师的生活状况和呼声，想方设法争取更多的补助，增加教师的薪俸待遇，减轻教师的生活负担。但是他做的工作，有时只是杯水车薪，在当时的大背景下，教师薪俸的增长速度远远跟不上物价的飞涨速度，这就引起了教职工的不满，并随之发生"罢教"。因此熊庆来在后期也感到非常的沮丧，几次提出辞职，并在一些信函中坦言：认为自己已经尽全力办好云大，但是始终未达到自己的目标。

寰球中国学生会总干事朱少屏信函

校长先生大鉴：

迳启者。敝会自创立以来，于今卅载，会中一切事工早已彰彰在人耳目，对于出洋留学青年凡能尽力之处，莫不竭力劝劳。兹以欧美各大学秋季始业时期大都在九、十月间，有志出洋者必须将一切出国手续从早着手准备，而尤以赴美者为最繁，必须即日去函接洽，方不致发生困难。贵校为国内最高学府之一，本届员生当不乏壮志远遊之士，用特专函奉达，如有欲出洋遊学而需本会代办各项手续者，敝会极愿为之助理一切，尚祈赐予转达。兹附上调查表一纸，请代查明填就寄还为荷。专此，祗颂

教祺

寰球中国学生会总干事朱少屏敬启

再另邮寄奉本会特刊一册、概况一份、月历一组，敬求指正。

民国二十四年四月十二日

[云南大学批语]：已覆。请物色数理、教育科教员。存公函卷。归请教员类。

五月二十日

复电杭立武

汉口福煦街五号杭总干事立武兄：

　　寒电悉。朱不来，即请聘萧，并促速来。

弟来

民国二十六年一月十五日

致杭立武函

立武仁兄总干事大鉴：

　　奉四月十九日手示，诵悉一切。各补助教授月薪改订情形，曾于四月十八日函请酌夺计达青睐。兹嘱将各教授资历薪额等项详细汇送以凭决定，自应照办，列为资历表薪俸表各一份，随函寄请查照外，有请协助天文气象研究费函一件，希即提会审查为荷。专此敬叩

弟熊谨复

民国二十六年四月二十五日

杭立武致熊庆来函

迪之先生大鉴：

　　欣奉教书，就谂贤劳佳况，至深佩慰。承示贵校拟设之各项讲座，均甚切要，遵当提付敝会会议讨论，惟敝会所拟组织之科学教育委员会，因时局关系，一时不易召集，且讲座制度亦诸待商量，诚恐短期间难有定议也。辱荷委嘱，敬布以闻，尚祈蔼照是幸。耑此，祗颂

　　教绥

弟杭立武拜启

民国二十六年八月四日

熊庆来

董泽致熊庆来函

迪之吾兄校长赐鉴：

　　比维应聘伊始，校务一新，硕筹所及，行见本省最高学府日益振兴，曷胜忭贺。迳启者，兹有省大科学馆职员谢沅君自弟主办东陆大学时，即在校服务，迄今将及十载，颇著勤劳，且好学不倦，对理化实验素有心得，益以历年服务富有经验，诚为滇中不可多得之技术人才。兹值兄力图改进校务之始，闻对该员已决定继续任用，并面加勉励，故特专函介绍，併拟请将该员职位待遇酌予改善，俾得专心服务。吾兄奖励人才，扶植青年必所乐为，如承推爱及之，则不仅谢君之幸，亦弟所深感者也。耑此致托，顺候

　　新禧

弟董泽谨启

民国二十六年八月六日

145

复董泽函

雨苍仁兄台鉴：

辱示奉悉。谢沆君在校服务多年，资历甚深，重以尊托，自当续用。现已改委为理化系助理，待遇较前亦略加提高矣。知注特复，即颂

台绥

弟熊庆来顿
民国二十六年八月十日

复杭立武函

立武先生大鉴：

顷奉覆示，就谂关垂一切，至深感荷。敝校拟设讲座，已备具正式请求书，由云南教育厅厅长龚仲钧先生携交贵会，并代面达一切，不日当邀督及。敝校改国立事，本年未克实现，经费奇绌，对于请设讲座，关系学校前途甚大，各方亦属望至殷，务望贵会特加允许，俾弟能照已定计划进行，为西南文化立一良好基础。仍祈鼎力为助，设法促成是荷。专肃再恳，祇［祗］颂

勋绥

弟熊○○拜启
民国二十六年八月十日发

再致杭立武函

立武先生惠鉴：

前肃芜笺，计达左右。云大请设讲座事，请求书内原列九席，就中所拟边政讲座林同济、採鑛工程讲座张正平、工业化学讲座张洪沅、植物学讲座严楚江诸先生，自来已分别接洽，承允专候贵会决定即可来滇。前奉大缄，以科学教育委员会因时局关系一时不易召集，且讲座制度亦诸待商量，本应静候定议办理，惟接洽承允诸人既未便诿谢，而校中经费奇绌，又无力延致，且改革伊始，端赖有学问经验深厚者多人支持①其间，庶足以慰滇人之望，而为国家奠一文化之巩固基础，用是渎请台端设法早日促成。若会议一时不易召集，似可通信商讨，捝期自本学年起得以实现，即全数不获所请，而边政、採冶、工业化学、植物四席特请鼎力为助，提前允设，使学校得人而人才亦得其所，敝校之困难稍减，而各方之观感则大增矣。执事关怀边疆文化，重视国家人才，定必同情，敬布以闻，诸希朗照不一。嵩此，祇颂

勋绥

弟熊○○拜启
民国二十六年八月二十一日

---

① "持"，或为"撑"，此字模糊不清。

云南大学史料丛书·校长信函卷

杭立武致熊庆来函

迪之校长先生大鉴：

　　迳启者。平津各大学之善后问题，敝会现正协助教育部筹商办理，并已决定大纲，在湘、陕各成立临时大学一所，集中上课。按平津各大学各科人才向均充实，现既集中上课，自必有多馀之人才，同时边远及内地各大学或尚需求各项专门人才，为调剂此项供求之不相应，特与教育部协商，由敝会酌提的款聘送一部分平津各大学名教授前赴贵校及四川大学、广西大学讲授课程，期限暂定一年，至薪俸则照其原校所订数额另加川资。上项计划仅系大体，其详细办法尚待拟定，惟因事关协商进行，谨此函徵先生高见，敬祈不吝赐教。另附表格一纸，并乞督酌填明示复为荷。嵩此，祗颂

　　教绥

弟杭立武顿

民国二十六年八月二十四日

杭立武致熊庆来函

迪之校长先生左右：

　　廿一日教书奉悉。关于补充教授事已有另一办法，经于本月廿四日专函奉达，谅邀督及矣。将来此项人选，当就可能范围内对已接洽者加以考虑，惟大体上须就平津各大学教员中选择耳。嵩此布复，祗颂

　　教绥

弟杭立武顿

民国二十六年八月三十一日

朱家骅致熊庆来函

庆来先生大鉴：

　　台札敬悉。承嘱以英庚欵设置贵校讲座一节，自当遵办，惟此事详细计划本须另组委员会通盘筹议，始能决定。兹重以尊嘱，当为特别设法提前办理，藉副雅意。嵩此布复，敬颂

　　台绥

朱家骅拜启

民国二十六年八月三十一日

复杭立武函

立武先生道鉴：

　　顷龚仲钧厅长返滇，转知台端对云大请设讲座困难各情，备聆壹是。弟于八月二十一日由航邮专函请允提前设立边政、採鑛工程、工业化学、植物学四讲座，并以会议一时不易召集，似可用通信商决办法贡献左右，谅邀洞鉴。倘弟前请对于设置讲座之变通办法仍碍难实行，即祈按照尊意暂时惠予补助，亦云大之幸。林同济先生因南开惨遭轰〈炸〉，慨允南来讲学，并作南疆问题之研究；张正平先生以唐山交大不能开学，此间事

熊
庆
来

有可为，亦愿就聘。此二君皆受战事影响而来，敢望对于两君之待遇允由贵会担负，此与执事援助敝校之临时办法适合，当蒙惠允。弟鉴于国难严重，后方责任甚大，苦心焦思，力谋滇中教育之进展，以求于国家人才建设署有裨益，是以不避烦琐，再渎左右。区区之意，当蒙鉴察也。专肃拜恳，仍冀赐覆，祇〔祗〕颂

　　台绥

弟熊○○拜启

民国二十六年九月一日

致杭立武函

立武先生左右：

　　八月卅一日惠书奉悉，拜聆一是，惟廿四日手教未奉到，想系邮递迟滞矣。关于补充教授，承示另有办法，当就可能范围内对于平津之教授加以考虑，感荷莫名。林同济先生自南开惨遭轰炸，慨允就聘，并作南疆问题之研究；张正平先生以唐山交大不能开学，此间事有可为，亦愿就聘。两君皆受战事影响南来，与大示所定人选标准极为脗合，务望予以成全。林君日内即可抵滇，惟张君尚无来滇确息，敢烦就近商洽，促其成行，以慰切望。再此间物理教员尚乏硕学，查有曾任北平师大理学院院长文元模先生（字范村）及南开大学物理教授王恒守先生均系平津大学有名教授，有来滇可能，若承为云大延致其一，勿任感盼。又敝校土木工程教授亦感缺乏，能同时允为罗致一人，尤所深感。严楚江先生日内亦可到滇，其所欲致研之问题关系于国家学术之发展甚大，前已陈及。渠虽非避战祸而来，但向亦在北方讲学，故此间甚望贵会亦加以补助。弟鉴于国难严重，人才建设允为当务之急，苦心焦思，力谋造成一后方学术中心基础，于国于滇交受其益，是以不避烦琐，再渎左右。区区下怀，当蒙鉴督，诸惟鼎力成全。即此，祇〔祗〕颂

　　台绥

弟熊○○拜启

民国二十六年九月十日

致聂体仁函

雨南①先生台鉴：

　　日来面晤，足下以任务纷繁，固辞附中主任，挽留不可，只得勉徇尊意。兹已改聘杨春洲先生，函知于九月十一日到校接收，希即移交杨君办理。拟致送台端一月半薪金，计旧币玖百元正，希即查收为荷。专此，即颂

　　台绥

弟熊○○启

民国二十六年九月十日

---

① 雨南，聂体仁的字。

云南大学史料丛书·校长信函卷

致杨春洲函

迳启者。兹敬聘台端为本校附属高中主任，自二十六年九月十日起至二十七年一月底止。除通知旧主任聂雨南君移交外，相应函请查照，于九月十一日到校就职接收具报为荷。此致杨春洲先生。

云南省立云南大学校长熊○○

民国二十六年九月十日

致杭立武电

南京山西路中英庚欵管理委员会杭总干事立武兄：

真电敬悉。函表未奉到，林同济、严楚江已来，希照补助，张正平、蒋导江亦可来，盼照聘，并敦促土木讲座急需，若张昌龄不就，请另约化工张洪沅、经济张梦麟，盼探聘。若张不来，盼聘清华张大煜。医讲座暂缓，另需物理讲座一，盼于师大文範邨、南开王恒守、清华任之恭间择聘。敝校经常仅十五万，至恳鼎助。

弟庆来叩

民国二十六年九月十三日

致袁丕佑电

霭耕①秘书长吾兄执事：

兹有紧急电一道，恳省府代发，俾能速达。电费若须云大付，当补奉。专〈此〉，敬颂

大安

弟熊○○顿

民国二十六年九月十三日

朱家骅致熊庆来信函

迪之先生台鉴：

关河修阻，少接清尘［塵］，每怀芝晖，辙泳葭溯。关于贵校设置讲座事，敝会科学教育委员会尚未能即时成立，一切规章均未订定，故对此案无法考量，惟以贵省地域重要，已特别议定俟先聘送教授，请贵校即将所需学程教授开示，俾便进行，无任盼幸。耑此奉复，敬颂教安

朱家骅拜启

民国二十六年九月十四日

致南京中英庚款会电

南京中英庚欵会：

寒电悉。赵君甚好，惟文君已允就，可即离平来滇。彼系师大名教授，黔人，来此

熊
庆
来

---

① 霭耕，袁丕佑的字，时任云南省政府秘书长。

为宜。可否二君均请津贴代聘？

熊庆来

民国二十六年九月十五日

复朱家骅信函

骝先①董事长先生大鉴：

顷奉手书，祗悉对云大请求设置讲座，允为特别设法提前办理，具徵台端关怀边疆，奖进学术之至意。拜聆之餘，欣感莫名，谨肃誌谢。鹄候裁决，并颂

勋绥

熊庆来拜覆

民国二十六年九月十七日

函聘程仰秋教授为本校教务长

仰秋先生大鉴：

台驾不远而来，至为欣。感前电聘，提及台端兼代文法学院长一职，兹因林院长同济已到校负责，未便再烦兼代，现时教务长何奎恒先生课于事务，难兼顾。改请代理教务长，兹送上聘书一份，希即俯允并冀鉴谅，是荷。专此敬颂。教绥

计送聘书一份。

弟熊敬启

民国二十六年九月十八日

致南京朱董事长电

南京朱董事长勋鑑：

巧电敬悉。敝校有四院十系，经费实绌，林、严及前电商各教席薪均求补助，校方勉力担负百分之十，旅费可减至三百，盼贵会津贴。张正平薪可四百。闻张梦麟已他就，请改聘南开王赣愚，俾与林合作，侧重边政研究。此间已开学，恳速照准至祷。

熊庆来叩

民国二十六年九月二十一日

致张正平电

上海法租界麦琪路美华里 15 张正平先生：

英庚款已定聘，请向该会领费来滇。

熊庆来

民国二十六年十月七日

---

① 骝先，朱家骅的字，时任管理中英庚款董事会董事长。

云南大学史料丛书·校长信函卷

致长沙圣经学校梅月涵校长电

长沙圣经学校转梅校长月涵兄：

阳电悉，幸甚。云大功课差可维持，庚款教授望得名师，经济讲席切盼叔玉兄能就，祈与岱孙兄设法促成，并望迳电英庚会。

弟来

民国二十六年十月八日

致南京中英庚会函

南京中英庚会公鉴：

张正平、张洪沅电覆，愿就聘，即来。经济拟改请清华萧蘧，盼照聘。

熊庆来

民国二十六年十月八日

致南京教育部周枚孙电

南京教育部周次长枚孙先生：

庚欵经济教席盼浔名师人选，请为注意。至感。

熊庆来

民国二十六年十月九日

复朱家骅函

骝先先生勋鉴：

顷展惠书，示以贵会特别议定佽先为敝校聘送教授，深以为感。学程教授表经于九月廿三日正式开送，昨准贵会电复，决聘采鑛、冶金、化工、经济、物理五种学程教授，无任欣忭。人选方面，采鑛张正平、化工张洪沅就聘情形曾经电达贵会，当荷鉴及，至冶金蒋导江、物理文範邮想已代接洽进行。经济一席，盼得一硕学担任，此间拟聘清华大学教授萧蘧先生，想贵会必可同意，敢望速为接洽，来曾电长沙梅月涵校长代探询萧先生意见，若彼不肯就聘，则请贵会另为物色相当人材。又此间土木工程教授极感缺乏，倘能增聘一席，甚所欢迎。事关敝校发展至大，特再渎恳俞允为荷。即颂

台绥

熊〇〇拜启

民国二十六年十月十一日

致张洪沅电

上海四川路卜内门公司韩组康君转张洪沅先生：

英庚讲席已准，盼向该会领费。

熊庆来

民国二十六年十月十一日

熊庆来

致王赣愚电

长沙圣经学校南大办事处转王赣愚先生：

旅费计达，庚歆未允。与同济兄商定，聘先生为教授，月薪暂式百，自十月起，乞速驾。

熊庆来

民国二十六年十月十三日

致长沙圣经学校梅月涵校长电

长沙圣经学校梅校长：

来示悉，谢甚。商科经济教授此间拟聘燕京侯树彤或南开丁佶，盼代促成。毕君后再借重。

来

民国二十六年十月十九日

致杭立武电

南京杭总干事鉴：

商科经济教授闻萧已有任务，拟聘燕京侯树彤或南开丁佶，倘不就，又无其他名师，拟请改聘清华地理教授张印堂。可否？电示。

熊庆来

民国二十六年十月十九日

易文烺与熊庆来关于购救国公债一事往来函

函一：

启者。弟于救国公债曾向张君西林自由认购，又以军法处全月薪俸认购，现在学校方面似可免购，若不能免，即请查照最低度办理是荷。此请迪之仁兄校长

午安

弟易文烺上言

民国二十六年十月二十二日

函二：

崇皋处长①仁兄大鉴：

来示奉悉。救国公债执事在他方面虽已自由认购，但事关救国，无虑重繁，在本校方面即如嘱以最低度额数认购也。耑复，顺颂

时祺

弟熊○○启

民国二十六年十月二十五日

---

① 崇皋处长，即滇黔绥靖公署军法处处长易文烺，字崇皋。

云南大学史料丛书·校长信函卷

致南京中英庚会电

南京中英庚会公鉴：

　　有电悉，幸甚。文範邨亦恳代聘。张洪沅不来，已由校另聘人。化学讲席取销亦可。

云大　寝　叩

民国二十六年十月二十六日发

职员包崇仁致熊庆来信

迪之校长赐鉴：

　　查云南大学自创办以来，经政府及各界人士之竭力赞助维护，多方改进，始有今日之成绩。本学期开始，政府复于国难当头、财力竭蹶之际，不惜以滇省民脂民膏增加大学经费，诚以本省人才缺乏，非力加保障与培植不足以资鼓励，而赴事功，而钧长适于是时荣长大学，滇省最高学府深庆得人，行见大学前途发扬光大，日起有功。崇仁以一介庸愚，谬蒙不弃，保其旧职，俾得与于优良者之列，受宠若惊，感激无暨。本应力尽绵薄，报答知遇，助成大业，为滇省光，惟以崇仁滥芋大学，于兹已近十年，所幸历届校长委琐之任，皆无贻误之处，奈何用非所长，对于现时职务颇觉枯燥，加之于学识经验上更难望获益，深感年岁日增，岂容因循苟安，不得已乃决意辞别有十载服务历史之大学，另觅途迳。爰请恩开格外，准予辞去出版课主任之职，并祈截至即日止准予停止到校，是所盼祷！然社会一般有不知情者，每妄言钧长对于旧留之滇藉职教员有所歧视，致已多数离职他就，崇仁此举似觉增长议论，于心实为抱愧！但崇仁言出赤诚，几所陈述，全为自身前程设想，毫无意气用事。爱好崇仁之如钧长者，当能同情而加以谅解也。统此奉陈，顺颂

　　教安，诸维垂察不宣

包崇仁拜启

民国二十六年十一月一日

熊庆来

复包崇仁函

仰亭①吾兄执事：

　　校中聚首，倏已三月，经营擘划，弥念贤劳。忽奉手翰，具悉将另觅途迳，决辞校职，一何缘浅乃尔，不胜怅惘！本拟力挽俯就，共图始终，弟念久屈长才，有妨云路，惟有暂全盛意，将来别图藉重耳。专此奉覆，不尽所怀，即颂

　　台绥

弟熊○○顿

民国二十六年十一月四日

致张正平信函

　　迳启者。兹聘请台端为本校工学院教授兼采冶系主任，待遇前经本校向中英庚歀委

---

①　仰亭，包崇仁的字。

员会商请补助，拟为来滇旅费国币三百元、月薪国币肆百元，现又电请英庚欵方面照前议办理，俟得函覆，即送致正式聘书，希即先行就职，负责进行系务为荷。此致张正平先生。

云南大学校长熊庆来启

民国二十六年十一月九日

周锡夔致熊庆来信函

迪之校长先生钧鉴：

奉函敬悉，饬填应聘书自应遵办，惟兹尚需商请指示者。夔以末学，承畀教授职务，任重责专，理宜专务，曾向教厅一再请求辞去兼职，未蒙邀准，而本校教授一职又属专任，显与功令违连，用特恳请自十二月份起改为兼任，待遇则公私两便。素荷辱爱，故敢直陈，尚祈便中裁酌示知，俾遵填聘书，以清手续。专此肃覆，顺颂

教绥

弟周锡夔谨启

民国二十六年十一月十九日

蒋导江致熊庆来信函

庆来夫子校长钧鉴：

自别尊颜，何胜孺慕。每想教言，无任景仰。本年秋季承大人俯召，本当应命前来，追随左右，藉得时亲教言。适因永利钸厂之事尚未告一段落，请假不遂，有辱尊命，良用疚心。事变以来，钸厂仍努力迈进，虽历遭三次轰炸，亦未气馁，惟自上月中旬起战情急转直下，京畿震撼，钸厂亦无法维持，此时适吴正之兄由长沙来电，催生前来就事，当即乘此时电覆应允离职来汉，同时曾电钧座，谅达左右矣。生到汉后，函电吴兄数次，尚未得覆，或者系近来交通异常不便所致。现生留汉九日，因旅居不便，决今日返舍，当函正之兄如有函示，请直寄舍下（湖北沙市下新厂），惟念现在交通不便，正之兄或尚不清楚，拟恳大人俯赐一示（最好航空邮寄），俾生知所行止。引领南望，无任神驰。肃此，敬颂

钧安

受业蒋导江谨上

民国二十六年十二月一日

致杭立武函

南京董杭总干事大鉴：

两电均悉。丁君暂难借重，甚歉。蒋君至盼其早来。陈序经启程否？若不果来，可否仍聘朱炳南？因朱君现表示可来也。

弟庆来

民国二十六年十二月二日

蒋导江致熊庆来函

庆来夫子校长钧鉴：

久违雅教，何胜遐想。前在系得正之兄电催赴滇，当覆钧座及正之兄允前来听教。到汉曾停留九日，虽迭函电致吴兄，未接覆信，因不便久候，即返石首新厂舍下，临行并发一航信，未审钧座寓目否？迄今已两星期，未得覆示，甚念。究竟生可否前来，应何时到校？尚希明示，以定行止。又现在海道难行，陆路不知以取道湘黔路或由重庆经黔入滇，何者为宜？恳便中示知。肃此，敬颂

钧安

受业蒋导江谨上

民国二十六年十二月十五日

电报由湖北郝穴黄局长转，通讯处湖北沙市下石首县新厂。

复蒋导江函

导江学兄左右：

前于十二月五日获展来书，当于六日及十五日将所示住址两次电知中英庚欵委员会，请接洽敦促来滇，并于十二月十一日由航空函覆左右，请向中英庚欵会商定旅费待遇各项，即行来滇。兹接十二月十五日手书，得悉前次覆函尚未收到，或系邮递迟误之故，仍盼照前函速为进行，早日来滇。至取道湘黔或粤汉，外方情形此间亦不甚明瞭，希就近查酌为荷。专复，即颂

时绥

熊○○顿

民国二十七年一月十二日

寄湖北沙市下石首县新厂

杭立武致熊庆来信函

迪之校长先生左右：

迳启者。关于敝会补助各教授薪俸，不日即当汇请转发，其拨付手续已由敝会釐订办法送请查督。至各教授支薪起讫日期，因到校各有早迟，拟即按其到校之月份起支，此中虽略有不齐，所幸敝会补助费期限系扣足一年计算，且各教授未到之前，亦仍支原校薪给，故结果尚属相等。惟折扣一层，各校除生活费五十元外，有六折者，有更少者，颇不一致。敝会因所聘教授皆为优秀份子，故拟定为除生活费外一律八折，此种折扣或与贵校其他教授未尽相同，未识亦有不便处否？尊见奚如，敬乞赐示，是为企感。崇此布达，衹［祗］颂

教绥不庄

弟杭立武顿

民国二十七年一月六日

熊
庆
来

杭立武致熊庆来电

昆明云南大学熊校长迪之兄:

　　萧蘧可就经济学讲席,如何?乞示。

弟杭立武

民国二十七年一月十四日

杭立武致熊庆来信函

迪之先生左右:

　　顷奉本月七日教书,承示贵校佳况暨兄台努力发展情形,至深佩慰。教部方面,自当力为揄扬。关于聘请顾颉刚先生事,因顾先生现方担任敝会西北教育工作,俟与商量后再作定夺。至曾昭抡先生来滇旅费,为数无多,能由贵校担任,以免多一提案冣好,但若有困难,亦或可商量。因属知好,率摅衷忱,尚祈亮詧为幸。耑此,祗颂

　　教绥

弟杭立武顿

民国二十七年一月十八日

复杭立武函

立武总干事先生左右:

　　顷奉大函,敬悉一是。关于贵会补助各教授薪俸起讫日期,前曾将敝校各补助教授到校日期报请酌定函复在案。贵会定为自到校之月份起支,扣足一年计算,自系正办。至折扣一层,敝校各教授薪俸自廿七年一月份起除五十元生活费外,拟照七折致送。贵会对于补助教授之薪俸定为除生活费外一律八折,此种办法与敝校对一般教授之待遇出入不多,尚甚属适当,希即依照大函所示各节办理,迅赐汇发。又补助敝校採冶系之设备费亦请从速续为汇下,俾便积极增购仪器等项。耑此布复,祗颂

　　台绥

弟熊○○拜启

民国二十七年一月二十五日

杭立武致熊庆来信函

迪之先生大鉴:

　　迳启者:案查敝会对于补助聘请教授薪金标准,先后订立办法两种。第一次办法系以各教授上学期原校薪额为准,嗣因鉴于原校薪额各有不齐,同时又以此项教授皆系择尤选聘,故后从优订立补充办法五项:(一)初回国任教者每月薪额叁百元;(二)回国后任教三年以上者每月薪额叁百伍拾元;(三)回国后任教五年以上者每月薪额肆百元;(四)上学期原校薪额在上述标准以上者,仍依原校薪额照送;(五)如回国后任教年数已在三年或五年以上而上学期在原校所支薪额在前述二三两条标准以下者,淂依据标准酌量提高。均经函送贵校查照,请为酌定照发,并请将酌定数额及各教授资历暨任教年数等列表送会,谅荷詧及。关于贵校所聘各教授薪额,依上述标准,顾宜荪先生应支原

校薪额；张正平、萧叔玉两先生富有资历，应可照服务五年以上者支薪。至赵忠尧、蒋导江两先生资历，弟则不甚浗悉，应请先生依照标准按最优条件即为酌定。至各教授在未到校尚未起支薪金以前（按照规定系自到校之月份起支），应仍向其上学期原校支薪，此层各原校大都可以承认，拟仍请由各教授自行洽领，如遇困难，再由敝会代为接洽。尚有一事，即各教授来校之初，其有因旅途躭搁以致两方支薪时期不能衔接者，是亦不应使教授蒙受损失，即请贵校就一个月至两个月薪金数目之内酌量补助，好在敝会补助之欵系以全年十二个月计付，此中侭有伸缩餘地也。敝会对于补助聘请教授一案，虽系临时性质，定期一年，但目标所注则甚望其能发生远大之效果与影响。区区之意，统祈朗督，是为感幸。专此，祗颂

教绥

弟杭立武顿

民国二十七年四月二日

复杭立武信函

立武总幹事仁兄大鉴：

日前航寄二函谅登记室。四月六日接奉手翰，对于补助本校教授，承示可按最优条件酌定，甚表赞同，惟在四月五日函内敝校业将各教授薪俸酌拟奉达，请贵会查酌见复。其中，对于萧蘧先生月薪系定三百六十元，赵忠尧先生系定三百四十元，并未提高。兹承示及各情，自应如嘱补行声请，将萧蘧先生月薪改拟为四百元，赵忠尧先生月薪改拟为三百五十元，其餘张正平、蒋导江、顾宜孙三先生原表所拟之数大致与尊意相符，若稍为提高，亦等请执事裁决见复。又贵会补助敝校之设备费国币捌万元，现仅收到计□□元，至盼贵会从速继续拨发，俾便积极购致，以应急切需要，是为至感。专复，敬颂

台祺

弟熊庆来拜启

民国二十七年四月七日

熊庆来

致杭立武函

立武总幹事先生大鉴：

在汉淂聆教言，至幸。匆匆未获畅谈，为憾。弟留汉一旬后飞蓉，在彼复逗留一週始回滇。归来琐务纷迫，又复小病，致迟未奉书，歉甚歉甚。在蓉曾拍奉一电至港，继被打回，谓驾已行。关于敝校请求补助，顾颉刚、萧公权来校讲学事，想已由贵会通过。顾先生甚望早日来滇，萧先生为兼顾川大、云大两校计，拟本学期提早于五月中结束后来滇，想贵会均可淂意也。在汉时一樵次长谓吴文藻亦可南来工作，曾电执事请贵会代云大延聘，想亦代提会通过矣。下年度敝校拟更积极充实。关于设备方面，至盼贵会继续补助，声请书亦即寄上也。专此，敬颂

大安

弟熊○○拜启

民国二十七年四月九日

致杭立武函

立武挹干事仁兄大鉴：

昨上一函，补行申请将赵忠尧月薪改拟为三百五十元、蒋导江先生月薪改为三百四十元，谅达左右。兹因赵忠尧先生以贵会补助川大物理教授吴大猷君之待遇月系四百元，相形不无见绌，请酌办前来。查赵比吴资历较深，其研究亦较有成就，弟所深知。兹再补行申请，拟将赵月薪改订为四百元。又蒋导江与赵后先同学，在校及服务成绩均优，其待遇亦拟改为三百五十元，如此较为持平，盼即主持併同前函酌定示复为感。专肃拜恳，即颂

台绥

弟熊○○拜启

民国二十七年四月十三日

<hr/>

杭立武复熊庆来函

迪之校长先生左右：

本月十三日大函诵悉。关于敝会补边［助］各大学教授薪额，曾拟有两种办法等，经先后公函奉达，并于本月十四日肃复一笺，谅邀鉴及，请即按照规定各项将贵校赵忠尧、蒋导江、张正平、萧蘧、顾宜孙诸教授资历、任教年数、原支薪额、抵校日期、现拟规定薪额及折扣办法详细列表示知，以凭决定。至于拟规定之薪额，如拟略为提高，务请参照办法中规定服务年限为准，仍请酌定为荷。尚复，祗颂

教绥

弟杭立武顿

民国二十七年四月十九日

张正平致熊庆来函

迪之校长吾兄大鉴：

迳启者。客岁七月奉召南下，过沪时曾电吾兄是否需弟入滇，适沪战开始，五十餘日后始得复，是以延至十月始到校，弟已将此情报告杭立武先生。近据管理中英庚欸董事会函，谓"其因途中躭延过久，以致前后两方不能衔接者，自不应使教授蒙受损失，经由另函学校，请就一个月或两个月薪额范围内酌为弥补。"云云。故特专函奉请照其办法，准予弟自八月起薪为荷。谨此，祗请

大安

弟张正平谨启

民国二十七年四月三十日

致张正平函

正平吾兄大鉴：

来示奉悉。自八月份起薪一事，自应照办，俟报明中英庚欸委员会后，即饬会计课

云南大学史料丛书·校长信函卷

请送也。此覆，并候

时祺

弟熊○○谨覆

民国二十七年五月一日

致顾颉刚函

颉刚先生道席：

前承不弃，辱许来滇讲学，私心欣幸，延跂为劳。日昨在同济宥辰伯诸兄转述尊意，亦已祗悉。目下车舶交通畅捷无阻，宝婺南来，必无不便。庚欵会杭立武先生覆札已到，极表赞同，并望执事稍分餘暑，为北平研究院史学会主持大计。所幸润章先生亦已抵此，时间如何分配，一切皆易商榷。要之敝校方面，但冀文旆远来主持研究，以为光宠，任课多寡，悉随尊意，务请仍如旧约，早日惠临，以慰饥渴。数月以来，同学盈堂，望公如岁，左右乐育为怀，度亦不忍恝置也。以立武先生覆到稍迟，故至今始能奉其诚悃。敬颂

旅祜，并候德音

弟熊○○启

民国二十七年五月二日发

交甘肃兰州贤侯街四十五号

陈元龄致熊庆来函

为恳请俯卹艰窘准予依照职员待遇给支正式薪水事。窃职前届毕业本校土〈木〉工程系，蒙工学院院长授予管理本校测量仪器职务，在职二月有餘，勤勉任务，不敢稍有忽急，惟待遇一项，系照旧日兼职例规未正式支薪，只月给津贴国币四元五角。窃思为母校服役本系，应尽天职，原无计较薪俸之理，奈职毕业以后，有家室担负，现又在校听课，不能兼任他职，且本年度以来实习班次加增，尚有校舍建筑事项，较前事务繁多，每日上午十二时至下午五时不能离开职务一步，非如过去情况每週实习只二三班管理任务，仅须于每次取还仪器时十数分钟即可俊〔竣〕事可比。职在学生时代，本系半工半读，毕业以后，此生活高涨之际外，而负担重重，内而妻啼女号，实属〈痛〉楚万状。素仰钧长仁慈为怀，视遇诸生厚逾子女，敢不惴冒昧，沥情恳请例照别部职员给支薪水，俾职能继持生计，得以继续工读，感德无涯矣。理合谨呈工学院院长杨核转校长熊钧鉴。

测量仪器室管理员陈元龄谨呈

民国二十七年五月

杭立武致熊庆来函

迪之校长先生大鉴：

四月二十七日大示并附表两份，均经诵悉。敝会补助贵校延聘各教授薪俸，往返商洽，历时已久，现请即以附表所列薪俸数目为准，按月致送为荷。惟贵省政府规定薪俸减折时期与中央所属各机关及各省政府颇有出入，即以敝会职员薪俸而论，自去年十月起即遵照中央明令减为八折。敝会补助各大学延聘教授亦均遵此办法，对于在贵校教授似亦未可独异。如台端为归一律计，仍拟自本年一月起方减为八折，弟亦甚为赞佩，惟

熊庆来

159

以前不足之数拟请贵校由自身经费内设法补足，好在为数不多也。如何之处，仍祈酌夺，并盼示复，毋任祈祷。尚复，祗颂

　　教绥

弟杭立武顿

民国二十七年五月三日

　　[**熊庆来批语**]：照庚会办法，自十月起折扣。

五月八日

致杭立武电

英庚会杭总干事立武兄：

　　灰电敬悉。补助教授延期办法可同意，惟总盼鼎助，俾减困难。

弟熊庆来叩

民国二十七年六月十三日

伍纯武致熊庆来函

校长钧鉴：

　　前承聘任本校训导主任，厚爱深感，惟自本月起，职谨从遵命担任教课二小时，在职务名义方面似宜稍有更改，未悉钧意以为当否？专呈，并请

　　教安

职伍纯武谨启

民国二十七年六月十六日

致杭立武电

汉口福煦街五号中英庚欵会杭总干事立武兄：

　　吴文藻可来敝校，盼贵会补助讲座，请提案并促成。

弟熊庆来

民国二十七年六月二十五日

杭立武致熊庆来函

迪之先生大鉴：

　　前奉有电，适以在港开会稽覆，为歉。关于贵校拟聘吴文藻兄任教，嘱由敝会补助事，谨当负责提会，请即正式致函重庆城外两路口玉川别业敝会为荷。专此布复，祗颂

　　教绥

弟杭立武顿

民国二十七年七月十日

基金会孙洪芬致熊庆来函

迪之我兄道席：

　　前奉六月十三日环云，藉悉关于敝会补助云大发展矿冶系一事，已由尊处向教部及

云南大学史料丛书·校长信函卷

云南省府分别呈洽，无任欣忭。查指导委员会职责重要，委员人选以熟谙矿冶工程为必须之资格，虽组织委员会须待主管机关批准后方能著手，但对于人选一项，云大与敝会似可早日交换意见，藉作准备。弟意时贤如翁文灏、缪云台诸先生，于矿冶工程之学识经验并皆丰富，如肯担任委员，必与云大之矿冶系及全国之矿冶工程教育有极大裨益，拟恳便中与正平兄等会商，将尊意见示为叩。又弟为与云大合作事，今秋仍须来滇。如乘海轮经安南而行，需要经过越境护照。现时上海无颁发护照机关，香港亦复如此。不识可否拜托左右在昆明接洽代领，以资将来旅行之便利？兹坿上弟之照片三张、个人事项壹纸，如有未备之处，请为（如需图章，请就滇代刻一个。）酌填，需缴费用并恳代垫，需保亦求代任。如经办就，祈寄香港邮政总局信箱第一五四九号王显廷先生收转，因弟赴滇以先，必须往港也。琐琐劳神，铭渌图报。嵩肃奉恳，敬请

夏安

弟孙○○拜启

民国二十七年七月二十四日

致孙洪芬函

洪芬吾兄先生执事：

贵会滙送酬金已收讫，谢谢。此次审查，効劳甚微，乃承厚酬，受之有愧矣。云大现正筹改国立，大约两三星期后可有具体方案提出，经费总数闻系定为伍十万，倘明文尚未奉到，採冶系得贵会慨允多数补助，此后倘仍系弟负主持学校之责，当特别注意，使得迅速发展，以求副贵会诸公重视西南採冶教育之至意。关于委员会，弟甚盼能早日成立。最近翁詠霓先生介绍朱熙人兄任经济地质教授，弟由各方探悉，熙人兄于经济地质国内殆无出其右者，一再斟酌后，弟已表示同意，深盼将来提出委员会可以通过。台驾何时可再到昆明，至为翘盼。敬颂

勋祺，并候潭府全福

弟熊庆来顿上

民国二十七年八月六日

赵雁来致熊庆来信函

迪之仁兄惠鉴：

前数日接施来福先生函，言在河内入口困难，希学校当局与以证明书一件航寄广州，以便早日起程等语，弟因脚部受伤，浮肿不能着履，故未能趋校面谈，今将原函奉上，即希由学校备一公函（用中文最好），声明持函人施来福 W. Schlapfer 系应学校之聘来滇等语，想即无问题矣。前数日到校时曾留字一帋，陈述理化系新建房屋未完工各点，特请饬命改修详情，由顾建中君就地指导等语，不知已否入览？念念，一俟弟脚稍好，即当到校详谈也。专此，即询

刻佳

弟雁来

民国二十七年八月十七日

（施来福法文信函略）

基金会孙洪芬复熊庆来函

迪之吾兄道鉴：

　　昨奉本月六日大札，敬悉一是。关于翁咏霓先生介绍朱熙人君担任贵校经济地质学教席一事，敝会极表同意。兹将昨复翁先生函录副坿呈，敬祈台洽。弟因家事，日内须赴津沽一行，返沪约在三星期后。如前恳代办护照能于九月间就绪，届时当再度赴滇请益也。专此布复，敬颂

　　铎祺，并俟潭福

弟孙○○敬启

民国二十七年八月二十一日

致河口督办陈自新函

自新督办仁兄勋鉴：

　　兹有敝友南延宗先生率眷由香港来滇，携带行李多件。查南君品行纯正，弟特为保证，于其入境时敬请饬属验明放行，并予便利，实为感荷。专恳，敬候

　　勋祺

弟熊○○敬启

民国二十七年十月十九日

致吴正之电

长沙联合大学吴正之先生：

　　云大请英欵代聘蒋导江兄，盼代劝促。

弟来叩

民国二十七年十一月九日

致南京中英庚会电

南京中英庚会公鉴：

　　贺电敬领。燕京侯树彤最宜，盼先接洽电示为感。

熊庆来

民国二十七年十月二十二日

李季伟致熊庆来函

迪之校长仁兄先生惠鉴：

　　计违雅教，瞬近三月，俗冗羁迟，未能裁笺，歉甚，罪甚！敬稔公私迪吉，动静迎祥，定符私祝，为忭以欣。伟自八月初旬离昆，月底乃达蓉，托福清平，堪以告慰。本拟早日返昆，总为俗冗所阻，今乃如愿，定明日与仲甫、国素二君由公路绕道渝筑前来，计达时（苟途中无意外觥延），当在十一月初三四或不致过晏也。日昨得忠尧先生来函，谓昆明将有二大纸厂开办，似此则吾人前计划之小厂当然不能实现矣，不过伟意吾人动念难成功艰，今致用纸厂已署具规模，印有草章，蘧然中断，似乎可惜，既不办纸厂，

则将就原事原人原股改办化学工业社，制造日用品如墨水、牙粉、牙膏、靴墨、味精、化学、酱油等更易着手，费资不多，获利颇丰。川大化学系同人及助教等（均前伟所授学生）曾于成都有所组织，资本仅二千元，为时才三个月，成绩特着，获利极夥。以成都购料之不便，尚有如是结果，则吾人在昆明气［？］办更属易为（先收股千元租一小屋已足），且资本较多，前已将此意告忠尧先生，托其转达，想已邀聪听，不识高明以为何如？若认为可办，则请先收股千馀元租一小屋（内三间房足矣），十数日后伟到即可开工，数日即可出货，希注意是荷。馀容面罄，敬请

　　道安，并颂潭祺

弟李季伟拜上
民国二十七年十月二十三日

致何鲁电

重庆张家花园亦园何奎垣兄：

　　尊恙瘥，请速来，校中问题多待帮忙。上月薪已滙奉。

弟庆来
民国二十七年十二月十二日

顾宜孙致熊庆来信函

迪之校长仁兄道鉴：

　　弟适患猩红热症，须长期休养，而云大职务不便久悬，故电约王君敬立前来代理，期以三月，当将鄙意讬邹恩泳兄转陈，幸蒙台允。王君系由清华土木系转入唐山土木系，于民国十九年毕业，在清华时为吾兄高足，后在美国以列诺合大学研究构造学，颇有心得，回国后历任北宁铁路、川滇公路工程司，武汉大学构造门教授等职，于教学及实际工作颇有经验，此来谅可称职也。本校建筑事宜已讬邹恩泳兄代为办理，王君来仍可借重。至待遇一层，在王君代理期内，仍请维持原约，不胜感祷。专此奉达，顺颂

　　道安

弟顾宜孙敬启
民国二十八年四月

岑家梧致熊庆来函

　　迳启者。家梧前承管理中英〈庚〉欵董事会协助，遣派来校从事科学研究工作。现拟前赴本省嵩明县调查花苗文化，特函恳请钧长发给随身护照一纸，并函知嵩明县政府饬属保护，俾便进行调查工作，实为感荷！此上国立云南大学校长熊。

中英庚欵协助科学工作人员岑家梧
民国二十八年四月五日

　　［批语］：护照函件办妥后交图书馆周玉麟先生转交。

李炽昌致熊庆来函

迪之校长台鉴：

　　查土木系设置书记张隐民系兼办工学院及本系一切文书印图及杂务事项，事务亦颇纷繁，自到职以来，试用已经三月，颇能勤劳任事，忠于职守，应请正式委用。兹与杨院长商决，将其职名改为助理员，月薪定为国币叁拾肆元，并请自四月份实行，即希核准施行，俾便安心服务，是为至盼。

主任李炽昌

民国二十八年四月十三日

　　[熊庆来批语]：名义照改，月薪四月下半月起照增，由教员薪金项下开支。

五月二日

复顾宜孙函

晴洲①吾兄台鉴：

　　手示奉悉。贵恙尚祈安心静养，以期早日康复。校中课程承介绍王敬立先生代理，自表同意，惟康复后仍盼由兄继续担任。关于薪俸，按月仍由出纳课致送兄处，王先生代理期间之待遇，拟恳由兄直接斟酌办理，以省手续。专此函覆，并祈重珍，即颂

　　痊安

弟熊○○谨覆

民国二十八年四月二十六日

顾宜孙复熊庆来函

迪之校长吾兄台鉴：

　　接读来示，谨悉一切。贱恙承问，甚感！大约再有三星期之静养可以复原矣。承嘱健康恢复后仍在云大继续担任，弟个人似有困难之处，盖王敬立先生远道来此代理，约定以三月为期，待遇则无旅费而支，弟云大之原薪短期内自未便变更也。今日诸生来此面恳，亦以此意告之，即祈台洽为幸。顺颂

　　台安

弟顾宜孙敬启

民国二十八年五月二日

复顾宜孙函

晴洲吾兄惠鉴：

　　手示敬悉。贵恙于短期内康复，良为忻慰。本校课程仍盼吾兄继续担任，如中途变更，不但使本校学生陷于失望之境，且因庚欵补助，关系牵联甚大，直接间接于学校均有莫大之影响。至王敬立先生，其学植固亦弟所钦佩，但吾兄留此，可请兄介绍至唐山工学院，即可两全。本校甫改国立，土木系小有基础，尚望共济同舟，鼎力扶植，西南

---

　　① 晴洲，顾宜孙的字。

云南大学史料丛书·校长信函卷

文化树之风声，不独学生等鼓舞欢忭，即来个人亦忻幸无既矣。特此奉覆，顺颂

痊安

弟熊○○拜启

民国二十八年五月六日

岑家梧致熊庆来函

敬呈者。家梧前由校发给护照，前来嵩明县调查苗族，经于日昨抵嵩明县第七区邹甸苗村工作。该处苗族较少，日内即可调查完竣。兹查悉嵩明邻县寻甸县属苗村甚多，家梧拟于週内前赴寻甸县继续调查，特函呈请钧长另发前赴寻甸调查花苗护照一张，并函请寻甸县政府饬属保护，俾得前赴调查，实为感荷。护照及公函办妥后，请即挂号寄到嵩明县教育局李局长伟收转为盼。谨呈熊校长。

管理中英庚欵董事会派遣在校科学工作人员岑家梧谨呈

民国二十八年五月八日于嵩明旅次

外者：护照上考察地点一项请书明："前赴昆明、武定、嵩明、寻甸、路南、弥勒、澂江一带调查苗族"，以备长期携带之用。

附： 　　　　　　　　　**列衔护照**

为发给护照事。兹查管理中英庚欵董事会派在本校科学工作人员岑家梧先生前赴昆明、武定、嵩明、寻甸、路南、弥勒、澂江一带调查苗族，俾备研究，所有该员沿途经过军警交通机关及所管县政府即希验照放行，予以便利，并随时引导保护。该员亦不得携带违禁物品，致干未便。须至护照者。

右照送交岑家梧先生收执。

民国二十八年五月九日

周传典致熊庆来函

迪之先生台鉴：

余蒙聘约到工学院土木系任教，诚应如先生之希望：于授课之时间外尚能随时到公。惟余因兼任防空司令部之职，虽系义务，实为现在抗战之要务，既不便辞脱，又不能不尽心力为之。夫如是，则不能随时〈到〉校，当然与先生之希望不符，致发生前日之不满意，余诚引以为憾。近来余之事务较前尤为繁忙，于授课之时间内亦不克分身前来，对于学生之学业不无影响，请先生即予解除聘约，另聘他人继任。用特函请台鉴，并请赐复为祷！

周传典（章）敬启

民国二十八年五月十三日

[**熊庆来批语**]：自五月半起即予解除聘约，希通知会计室及土木系，并酌覈。

五月十三日

165

呼吁本校同仁劝募捐款函

迳启者。查敌机肆虐，四处狂炸，兽行惨酷，人道灭绝。本市为后方重镇，时有遭受空袭之虞，对于难民之救济亟应未雨绸缪，以免临时张皇。来以地方义务，担任空袭紧急救济联合办事处劝募事宜，并准办事处送交捐册二本，嘱负劝募之责。事关公益，义不容辞，尚希本校同仁解囊捐助，踊跃输将，共襄义举，庶可集腋成裘，以便汇送，勿任企祷。即颂教祺。

熊○○谨启

民国二十八年五月二十七日

致郁生督办公函

郁生督办仁兄勋鉴：

迳启者。兹有敝校政治经济系主任林同济先生前往河内讲学，随身略带行李，行经贵处时，拟请吾兄饬属予以便利，免予检查，俾利崇行。有劳尊神，至深感荷。佈此布达，敬颂

勋祺

弟熊○○谨启

民国二十八年八月三十一日

令附中主任

（列衔训令　字第 4704 号）

为令饬遵照事。兹有本校社会学系专任讲师李有义及助理郑安仑两先生拟赴路南调查社会经济状况，作供研究之参考，惟初赴该县，对于地方社会情形不免生疏，除函请路南县政府转饬各乡镇长随时引导及保护外，合行令仰该主任于郑、李两先生到达时予以协助，俾利工作。切切！此令。

校长熊○○

民国二十八年九月十三日

致石声泽函

迳启者。查敝校生物学系植物生理讲师一席现尚虚悬，兹拟聘贵校教授石声汉先生为敝校植物生理兼任教授，每周授课三小时，用特函恳贵校允予兼任，俾惠学者。可否之处，相应函请查酌见覆为荷。此致国立同济大学校

校长熊○○

民国二十八年九月十三日

王士魁、陆子芬、张福华致熊庆来函

迪公校长道鉴：

同人等自追随先生服务云大以来，转瞬两载于兹，加以先生兼绾系务，时得日夕相从，辱承教益，良匪鲜浅，而同人等对于教学职责素未敢或懈，谅亦为先生所深悉。迩者昆市物价日涨一日，同人等家庭负担殊觉难以维持。查本省各机关公务人员皆已普遍加薪，即本校各院系同人亦有蒙学校特别优待者，惟本系同人虽在先生直辖之下，待遇方面反较为薄，此则同人等深感惶憾［惑］而不敢缄默者也。为是用敢直陈，务恳先生有以改善之，幸甚！专肃，敬候

崇安

后学谨上

民国二十八年十月三日

[国立云南大学校长批语]：自十月份起，王士魁月薪增为叁百元，陆子芬先生〈月〉薪增为贰百元，张福华先生月薪增为壹百元。

十一月二十九日

冯友兰致熊庆来函

迪之我兄：

久未晤，惟一切佳胜。联大历史系教授钱宾四先生留上海不能来，拟请吴辰伯为代课，计中国通史每周三小时，想与云大章程不致有碍，乞俯允。谨此，顺请

近安

弟冯友兰谨启

民国二十八年十月十六日

秉明考入联大，可贺！

住址：小东城脚十六号（唐记）

复冯友兰函

芝生①我兄道鉴：

顷奉手教，藉悉钱宾四先生留沪，不能来滇，嘱请吴辰伯先生代课中国通史，每周三小时，遵命所嘱，自当照办，请并代达吴辰伯先生为盼。小儿考入联大，敬祈时赐教诲，至为感荷。专复，并颂

教祺

弟熊〇〇谨复

民国二十八年十月十八日

熊庆来

---

① 芝生，冯友兰的字。

致巴杜便函

巴杜经理先生左右：

逐启者。查敝校文史系主任兼教授闻在宥先生前因赴沪省亲，刻下返校供职，但行抵开远，以车路阻滞，致未能即行赴昆。刻因敝校业已开课，学生功课未便久旷，拟请大力代为设法，俾能早日晋省，则敝校及闻先生均受惠实多。诸费尊神，容百〔?〕感谢。专此，敬颂

台祺

弟熊〇〇谨启
民国二十八年十月二十三日

[熊庆来批语]：请施先生译发。

二十三日

致闻在宥函

在宥吾兄左右：

关于吾兄晋省一事，刻已函滇越铁道公司总经理巴杜先生，请其速为设法，俾能早日启行。如万一不能设法，则另有开蒙垦殖局公函一件，请即就近调查垦殖事宜可也。专颂

旅祺

计坿公函乙件（略）。

弟熊〇〇谨启
民国二十八年十月二十三日

致钱昌祚①函

辛觉②吾兄厅长勋鉴：

逐启者。关于航空应用木材调查采集，前由曾赆经先生与森林系主任接洽合作，曾拟定详细计划，由赆经先生转陈航委会，唯该项计划仅系采运适用木材提供研究，而云南距离太远，运输困难，即运输费用亦恐不在少数，不如分区采集就地研究较为经济。敝校农学院森林系刻已成立，由张海秋先生主持。海秋任教中央大学历有年所，学识、经验均极丰富，且籍隶云南迤西，对各县森林分佈及木材性质知之较稔，又森林系现在仪器设备已足供研究，如由敝校采集研究较为切实，敝校森林系师生亦愿努力从事，俾对于抗战建国间接有所贡献，至于研究及采集经费，俟决定后再为另拟呈核。如何之处，仍候覆示。专此，敬请

仁安

弟熊〇〇敬启
民国二十八年十月二十三日

---

① 钱昌祚，系航空委员会技术厅厅长。

② 辛觉，钱昌祚的字。

致陈盛清函①

盛清先生台鉴：

　　顷奉手示，敬悉种切。此次台端赴渝，因碍于师友之命，已另有高就，势难屈留，惟敝校失一良师，殊为怅惘耳！台端薪俸前已送至十月份，兹再多补送十一月份薪俸，经于十一月廿九日由金城银行汇上（系信汇，故无汇票）。除扣印花税、所得税壹角肆分外，合国币叁拾伍元捌角陆分，又内复扣除汇费式角，实合叁十伍元陆角陆分，即请查收。坿上薪俸单据一份，请于加盖尊章后寄校，以便报销。专此函达，即希查照见覆为祷！敬颂

　　台祺

弟熊〇〇启

民国二十八年十一月三十日

致陈立夫函

立夫部长钧鉴：

　　敬肃者。新生补试业已完毕，成绩即日呈部。孟参事到滇，敬稔部长对职校之期许提挈，忻感骈集。昆明生活之高昂实为历年仅见之事，职校教职员均能仰体时艰，刻苦自励，无如此间生活有加无已，职校薪水原日规定即系从最低标准，现在省立机关一再加薪，待遇已超过本校以上。近闻联大亦已迫于事实之需要，兼蒙钧部酌增经费，决定自一月起增加教职员薪金一贝呈，同济则向照八折发给。职校教职员薪向照七折，而职员底薪又复甚低，若不设法改定，实属不易维持。昨奉令示以将发给教员参考书津贴，仰见钧部体恤之至意，惟此项津贴未能视为增薪，同济之发八贝呈薪金，当仍有领取此项津贴之权，联大之增发一贝呈亦是在此项津贴之外。职校相形之下，倘不照增一贝呈，必难维持，已将困难情形面达孟参事，请其转呈钧长，并具呈恳请将职校教职员薪金自一月起加一贝呈发给，呈文到时，祈特予核准，则感激无既矣。专此肃陈，敬请

　　钧安

校长熊庆来谨启

民国二十八年十二月五日

严楚江致熊庆来签函

　　本系下期所聘遗传学教授陈席山先生现学期结束在即，请将聘书发出为盼，名义为兼任教授，每週授课两小时，每小时国币肆元，月薪为国币叁拾式元，从本年三月份起薪，至七月底止。此呈校长熊钧鉴。

生物系主任严楚江签

民国二十九年一月五日

熊庆来

---

① 此函发出日期为12月2日。

附：
致西南联大公函

迳启者。查敝校理学院生物学系遗传学课程自本年度下学期开始，拟聘贵校教授陈席山先生兼任，每周授课时间为二小时。如荷贵校同意，则青年学子受惠实多。相应函达，即请查酌见覆，以便致送聘书。无任感祷。此致国立西南联合大学。

国立云南大学

民国二十九年一月六日

致军事委员会公函

迳启者。查本校农学院森林系教授陈植先生及理学院生物系主任严楚江先生将于寒假期内入川作森林及植物之调查，闻川滇公路本月业已开始通车，该员等为求工作迅速及往返便利起见，拟乘贵处汽车循该路入川，拟请贵处准予发给免费乘车证各壹张（由昆明至泸县往返约两个月），以便收执应用，相应函达，敬希惠允见覆，至纫公谊。此致军事委员会西南运输处。

校长熊〇〇

民国二十九年一月十二日

马轶群致熊庆来信函

迪之先生校长勋鉴：

敬复者。贵校教授拟赴泸州古宋等地攷察，本应予以乘车便利，惟查敝处车辆因特殊情形，到达不多，尚不敷公务应用，故定班客车暂不开行，一俟客车运到开办客运时，再当通知，尚希亮詧为荷。专覆，并颂

台绥

弟马轶群拜启

民国二十九年二月五日

［熊庆来批语］：文书组通知拟赴泸州古宋等地考察之教授。

二月七日

致昆阳、晋宁、玉溪等县县长公函

迳启者。查本校社会学系教授费孝通、助教张之毅两先生，在昆阳、晋宁、玉溪等三县进行农村社会经济调查，藉供研究。费、张两先生到达贵县调查时，特请贵县长转饬所属各乡保公所随时协助保护，俾利工作。相应函达，敬烦查照办理，至纫公谊。此致××县县长。

校长熊〇〇

民国二十九年四月十七日

云南大学史料丛书·校长信函卷

吴文藻致熊庆来函

迪之校长尊鉴：

昨天临时因病未能赴会，十分抱歉！今晨热已退体，仍乏力，惟院务急待处理。校长如愿于明日午后召集文法学院系主任会议，弟当勉强出席，以免延误公务，时间、地点务请于今晚或明晨专函通知为感。专此，顺颂

公绥

弟吴文藻敬上
民国二十九年四月三十日

萧叔炯与熊庆来往来函

迪之吾兄道座：

久疏致候，近想佳善，为颂。弟仍厕赣省府，自南昌撤退后，即住泰和所兼农业院事，虽在战事进行中，仍照常推广，差可告慰故人，惟在前方人才奇绌，办事极感困难，然实际则处境宁静，物价廉贱，生活远较西南各省优，特此情形非一般所知，故各该技术人才仍多趋向后方。即顷各友人来函，力荐冯言安、汤惠荪两君来农业院任事，或兼在中正大学教课，两君学业能力如何，性情能否共事，以何因缘而且离去贵省，均恳不吝惠示，为至盼祷。此外，弟需用农业技术人才甚多，农具及农艺、化学、畜牧、森林、作物皆所需求，兄如有所知，甚盼能惠赐推荐，以便延揽。前方之待遇虽不若后方之优厚，然生活较廉，亦足补偿，且各项物资续给不似西南各省之贫乏，绿增多数流亡，即感捉襟见肘也。战局现甚稳定，惟欧战蔓延日广，前途变化颇难预测。兄公馀之暇，希不遗在远，时惠音问，不胜祈恳。专肃，敬颂

道安

弟萧叔炯谨启
民国二十九年五月十六日于泰和枫山

叔炯吾兄左右：

久未通讯，驰系正殷，忽奉来函，宽慰渴望。吾兄在火线之下努力建设，佩慰奚似。汤惠荪及冯言安两先生在本校农学院均有重要工作，不能暂离，嘱介绍技术人才，已斟酌开列一单附上，以供参考延聘。特此奉覆，敬颂

仁安

弟熊〇〇敬覆

附名单一纸。

兹将江西农业院长托为物色之专门人才开列如次：

（一）农业机械方面

詹纯鑑 江西人，劳动大学农学士，比利时壤卜卢农学院农业工程师，专门研究农业机械、农具、农业土木工程及水利，现任四川省立教育学院农艺教授。

通讯处 重庆磁器口教育学院

（二）土壤肥料方面

秦含章 江苏人，劳动大学农学士，比利时壤卜卢农学院农业化学工程师，并在英德等国工厂实习，曾任无锡教育学院教授，现任复旦大学教授。

熊庆来

171

通讯处　重庆北碚黄桷树镇复旦大学农村教育班？

（三）森林经营方面

黄菊逸　江苏人，日本鹿儿岛毕业，研究森林经营及造林，曾任江苏林务局长、保定农学院森林系主任、河南大学农学院森林系主任，现任浙大农学院教授。

（四）林产制造方面

鲁昭祎　安徽人，中央大学农学士，日本东京帝大农学部，专攻森林化学，曾任广西大学农学院教授、河南大学农学院教授，现任四川农业改进所技师。

通讯处　成都外东净居寺侧四川省农业改进所

致教育部快邮代电

重庆教育部部长陈钧鉴：

查本校前奉××钧部高壹5字第一三六六五号训令，饬详细调查教职员及其眷属与学校工友食米数额按照规定所需呈请津贴费用数额，编造追加预算呈送核夺，等因下校，业经遵令编造呈报在案。兹查昆明生活程度日增无已，而本校职员薪金素较其他机关为低，艰难苦撑，实非容易，拟恳××钧部鉴核，准将该项预算迅赐核定，以资救济，实沾德便。

国立云南大学校长熊庆来叩

民国二十九年九月十一月发

陈庆宁致熊庆来函

迪之校长钧鉴：

宁自任教云大以来，对于学校课务严谨从事，未敢稍有疏忽，其目的不外欲献身教育，为国家尽匹夫之责。乃近感学校待宁之处有欠公平，故特冒昧书陈各点，请校长详为审考，并赐覆指教为感。

查工学院正式始业日期为三十年十一月二十日，而宁廿四日午即抵会泽，院方课务毫无贻误。黄劭显先生先宁一日到院，学校发聘书时即书明三十年八月起至卅一年七月底止。宁与黄先生到任时间仅差二十四小时，何以聘书上之日期竟相去两月之多？又侯国珍先生今年元月一日始到院任事，担任化学课之高先生迟至昨日方抵会泽，闻校方亦发三十年八月起之聘书。宁服务时期比侯、高二先生多一至二月，而待遇反少六十馀日。同为学校服务，何以待遇有厚薄之分？工学院全体教授助教除宁一人之外，皆发三十年八月起至卅一年七月底止之聘书，宁何罪何错，应受扣除二月待遇之"罚锾"？

金钱问题，原属小事，然待遇不平，令人精神不快。校长明达，此种情事想能知之甚详，亟盼于最短期内赐函指明一切，并盼换发聘书为感。耑此，即叩

教安

陈庆宁谨上

民国三十年元月二十二日

复陈庆宁函

迳覆者。案查台端原系补钱翠麟先生缺额，钱先生请准于三十年九月未开课前辞聘离职，由钱女士介绍〈台端〉接替钱女士，薪领至九月，台端薪自应自十月起始，当时即已解释清楚，乌得谓待遇不公？台端于课程尽责，甚感！以后有应调整，自当尊重系主任之意考虑。专覆，即希查照是荷。此致陈庆宁先生。

能○○启

民国三十年二月七日

吴宝静致熊庆来函

庆来校长钧鉴：

晚蒙不弃，得追随左右，不胜欣幸。奈来校之初，所作工作未能胜任，颇以为苦，后适有友人介绍至南菁中学任教。当时晚以留校工作既不能有助于钧座，而于己之所学亦非所宜，遂接该校聘约，下忱均曾面陈，想蒙鉴谅。现该校开学在即，而一时又未能觅得替代者，不得已谨恳准予离职，不胜负疚之至。日后如有机缘，自当效命，以遂初衷。耑此，敬颂

崇安

晚学吴宝静敬上

民国三十年二月二十三日

[国立云南大学校长批语]：准予辞职，本月份薪收回。

二十五日

云南大学拟聘向觉民函

迳启者。兹拟聘请贵校教授向觉民先生为本校文史学系兼任教授，自本年三月起至七月止，每周授课三小时，相应函达，请即惠予同意，并希见复为荷。

此致国立西南联合大学

校长熊庆来

民国三十年三月

王以忠致熊庆来关于在弥勒购米事由函

校长钧鉴：

麻电敬悉。奉命采购之米只有三弥石尚未收齐，电令由弥雇车运昆，因上行汽车全系商人包用或派运军糈者，故不易找获，必须由校专派来弥方能起运，且弥勒县府近奉上令，严禁食粮出口，并对以前粮政局所发之采购证于奉令之日起无效。前寄来之采购证兹随函奉上，今需昆明食粮供销调节处运销证一张才可起运此米，请派员至该处接洽取获是证寄下，以利通行。如不能取获，祈函示知，职当返昆设法，无论任何困难，自应完成使命，必将此项食米运昆。现刻弥勒米价每弥石已售式仟馀元，渐有上涨趋势，因此一般无知者即误认为职有囤积居奇情事，请函弥勒县政府证明确系校内采购食用，以兹公私两便。再者，职在弥所寄来口袋只够装三弥石，须再寄式拾只来弥，方足装一

熊庆来

车之数。餘俟后陈，谨先布覆。敬请

钧安

职王以忠叩

民国三十年三月十日

　　[熊庆来批语]：送总务处备文索领，并函县府证明。

十八日

致云南盐务管理局公函

　　迳启者。查本校现有教职员约三百一十七人，校工校警约一百餘人，学生817人，总共约计一千贰佰餘人，每人每月以食用食盐壹旧斤计算，每月约须食盐壹千叁佰旧斤。惟以近来市上价值过昂，且不易购买。兹拟请贵局每月准予发售食盐壹千三百旧斤，以资应用。相应函达，敬希查照惠允赐覆为荷。至纫公谊。此致云南盐务管理局。

校长熊庆来

民国三十年三月十三日

　　[批语]：准购十二担，每担照零盐六十五元收价。

崔之兰致熊庆来函

迪之校长先生尊鉴：

　　迳启者。敝系助理员吴绍良来系服务已将二载，过去校中职员加薪或调整待遇均因系院系职员，未加注意，而此次增加教职员薪金又未将吴绍良列入。兹拟请自本月份起加薪式拾元，以示公允，并资鼓励，尚乞核准通知总务处为祷。专此奉达，敬请

　　公安，并函复

学生崔之兰谨启

民国三十年三月十七日

致陈立夫函

立夫部长钧鉴：

　　敬肃者。职校训导长伍纯武本学期坚请辞职，请改为专任教授，俾能于学问多得致力，慰留不获，业已照准。训导长一职曾约王政担任，惟王政现在社会部工作，一时不能脱离，须下年方能前来，现暂改聘柳灿坤代理，不日即可到职。至伍纯武服务成绩则属平常，未有特殊表现，学生挽留者亦仅一部分，刻伍纯武已到政经系专任教授。谨此奉陈，敬请

　　钧安

职熊庆来敬启

民国三十年三月十九日

云南大学史料丛书·校长信函卷

杨克嵘为续聘事函熊庆来

迪之校长吾兄道鉴：

前上数函，谅邀洞鉴矣。本院各教授原聘约期已届满，致多数人恐不续聘或不便在泽①待聘。拟于考试后，即转昆明或另作他图。弟意为简省麻烦及减少将来往返程途一切计用，特函商吾兄，请尽七月十五日以前将新决定续聘主任及专任教授聘书寄下，以便转发，设时间耽延，则伊等返昆，而此后续聘时，又须学校派车送下也。如何之处尚祈速示。又前数函所陈各情，亦盼分别批答，俾便遵办。再本院毕业生考试日期，经商议决定于七月三日开始。胡禧同总经理拟由院先行送一聘书，俟教部核定，正式聘书交到时又再补送。校车开泽时间亦请饬于七月十五日左右为宜，因毕业生于此时即可首途矣，专此敬请

大安

弟杨克嵘顿

民国三十年六月二十六日

聘书于七月十三日由邮寄交，该院转送并函复。

查照此件交文书组存查。

七月十四日

范师武致熊庆来函

迪之校长台鉴：

自违芝宇，时殷葵忱。弟自客冬返里后，复为旧疾纠缠，以致久疏笺候，歉仄良深。顷承转发教部订颁国立专科以上学校教授休假进修办法，爰遵照具填履历表及进修计划各一纸，投邮送上，恳为转呈。惟兹事深蒙厚意关垂，尚待借重鼎力，俾获玉成。曷胜感荷。崇此奉达，敬颂

时安

弟范师武谨上

民国三十年七月九日

致张质斋函

植斋行长②吾兄左右：

日昨面聆教益，甚幸。所商承台端慨表同情，具见对于文化教育之热忱，良深感佩。奖座设置办法、西南文化研究室计划、政治经济研究室规程各一份，祈台端即加考虑，惠予鼎助，以一二办法转陈子安厅长核夺。弟意希望补助讲座十席，可称为"龙氏讲座"，科目拟在国学、史学、数学、理化等方面，每年约需国币七万二千元，拟请另补助二万八千元作为研究出版费。此外，西南文化研究室关系重要，亦切盼早日成立，所拟

---

① 泽，指当时工学院所在地会泽县城。

② 植斋，应为"质斋"，云南兴文银行行长兼总经理张质斋。

熊庆来

175

预算约拾壹万元，倘能筹足，工作推动自较便利，否则能得补助三五万元，亦可从事树立基础，先作每部分之研究，故在此方面亦希望补助。倘荷赞助，造福梓桑，裨益国家文化实非浅鲜也。专此，敬请

勋安

弟熊〇〇拜启

民国三十年九月二十四日

范师武致熊庆来函

迪之砚兄校长左右：

久疏尘教，时切葭思。前月念二日为令郎秉信世兄燕尔佳期，德门集祜，花烛增辉。翘首芝楣，曷胜藻颂。惟承赐喜柬，弟于前日方见惠掷，致迟申贺，歉甚罪甚！此次弟向教部请求休假进修一事，幸赖鼎力，得以玉成，感何可言。弟始于九月念五日接由大理省立中学转交本校来函通知已奉部令核准事，继于十月九日复由该中学转来一函，内附直系亲属人口调查表二张，当即照填投邮寄去，封面书明交云南大学文书组，且声明以后来示盼迳交大理城内仁厚里，勿再由大理中学转交，以免周折。不料昨日（十一月廿六日）接来函，仍系由该校转交，谓九月二十七日邮寄一缄迄尚未接复书，未谂已收到否，等语。查前月弟之覆函必无被邮局误投之理，而所填调查表谅经文书组收获，故恳即饬该组一查为盼。至领到部发之全年进修金，则请交中国银行直汇至大理城内仁厚里交弟本人誊收可也。崇此，敬请台安，并贺

潭喜

同砚弟范师武谨启

民国三十年十月二十七日

[国立云南大学总务处批语]：文书组查案详复。

十二月五日住大理城内仁厚里

梅贻琦致熊庆来函

迪之先生道席：

接准大函，奉悉一是。关于贵校拟借聘本校副教授李树青先生兼任社会学系课程一节，本校可以同意。专函奉复。顺颂公绥

弟梅贻琦拜启

民国三十年十月二十八日

致吴俊升函

函一：

士选①司长吾兄左右：

昨奉手教，敬悉一一。李有义先生旅费已由校中勉予如数补助。敝校本年经费拮据

---

①　士选，吴俊升的字。

异常，支出超出预算甚钜，弥补至感困难。三十一年度经费务祈鼎助，俾有相当增加。对于社会系并乞设法于蒙藏司边疆教育经费项下予以补助，庶得更有发展。执事等关切敝校素殷，当荷同情。专此奉恳，敬颂

勋绥

弟熊庆来顿

民国三十年十一月十五日

函二：

士选司长吾兄左右：

前上一缄，计登记室。比想以私延吉，为颂无量。此间经费常感不敷，要缘原有数目过低，一切拟计皆系据此编造，是以每论如何撙节，支出超过预算为数必钜。前所拟定实需预算（经常总数九十八万元）亦复超过，非独行政费不敷，薪俸亦然，而应有教员尚未聘足也。近日物价狂涨（如木炭于一月之内由每百斤三十元涨至九十元），维持益难。本年度经费除已准追加者外，事实上尚需另谋补救，始克济事。至次年度经费若与他校一律，仅就原有数字增若干贝呈，将更无法经持，亦祈鼎助。按此间现有规橅，参以他校经费标准，特予增加，庶得敷用。又铁道管理系已附工学院开办，惟值校中经费艰窘之际，教师既不得不增，而铁路公司又未果，补助欸无所出，势成百难，亦请酌增经常费。时局紧张，工院物赀尚有一部须运会泽，拟再呈钧部请拨迁移费五万元。连上诸节，统祈于中鼎力助成，至感至幸。专此，敬候

勋祺

弟熊庆来顿

民国三十年十一月十五日

王以忠为购米事致熊庆来函

校长大人钧鉴：

敬陈者。职此次奉派到弥采购教职员食米，刻已订购上中米十五石（系弥勒石），每石订购价合国币柒佰伍拾元，每弥勒石计重八百市斤，每市斤约合国币玖角肆分。除订购十五石之数外，尚在街期零购五石有馀，折合市斤四千馀百斤，每斤购合国币壹元。因弥属正积极采购军米一万包，弥米大有恐慌之象，且甲寨不许运往乙寨，故尔米价续有再涨之势，而且采购不易。顷接钧长来电，并要续再购五十公斤。刻有马孟仁先生来昆之便，祈从速将款交伊寄下，职俾便着手再购。又订购之十五石限期十二月底方能如数收清。现购四千馀斤业已购就，堆存舍下，若来弥装运时，祈早日电示，并将校中所存之蔴布袋如数寄弥，职俾便装运。再陈者，前学校向粮管局请求之证明文件，请钧长速派员至粮管局取回寄弥为要。近因粮委会派有委员二人在弥坐催军米，该委员称，要粮管局来函证方许载运出境，并请派员随同校车来弥压运。是否办理，盼速电示。馀俟再陈。谨此奉覆，敬请

钧安

职王以忠谨呈

民国三十年十二月一日

［国立云南大学校长批语］：已购或订购之米暂存弥勒，未购者停购，一面由校向粮

177

熊庆来

管局接洽。

十二月四日

杨克嵘致熊庆来函

迪之校长吾兄赐鉴：

　　迳启者。查会泽近日米价上涨不已，半月以来竟由每石价涨陆百余元狂涨至壹千余元。刻仍续涨不已，致员生活极感不安，纷纷来院面称："请求筹法购存食米，倘资救济而免影响员生生活。"复经十一月二十九日本院三十年度第一次院务会议各教员提议："请学校垫款定购食米六十石（会泽市石），陆续售与员生食用，庶不致影响生活。"当经议决"据情呈请校长核拨专款定购，免米价续涨而碍员生生活。"等情前来核查。兹事体颇属严重，关系员生膳食问题至巨，而会泽刻下之米价仍狂涨不已。近日员生已极感痛苦，若不速予设法救济，后患甚重，员生每月约需食米十石，拟购六十石（会泽市石），约敷半年之用，共需国币陆万余元，为未雨绸缪计用，特专函奉达。尚祈吾兄从速核拨专款来院，庶早定购，而免米贾与日俱增，今后影响无穷。专此敬颂。教安

弟杨克嵘手启
民国三十年十二月六日

呈教育部部长陈立夫

立公部长钧鉴：

　　敬肃者。职校训导长一职，刻系由农学院森林系主任张海秋兼代，职责繁重，不能久兼，前曾函呈拟请以任东伯到校任训导长兼文史系教授，而任君以隶帧幪，须得钧座俯允。窃以钧部人材荟萃，请特允到校相助。又职校经费因原日预算较其他大学院系相同者相差甚多，以后若照原有经费比例增加，双方经费相悬更远，恳祈根据实在情形予以根本之救济，至三十年度有增级者如农、医两院及生物系、社会系，有增班者如附属中学，有增系者如政治系、经济系之分设、铁道管理系之增设，即此数点已感困难，而其他院系教授尚需增聘，加以生活程度有加无已，上月所拟预算下月已不符实际，请将本年度及三十一年度经费特予增加。复查农学院建筑费，汤院长前在渝时曾蒙钧座面允发给五万，现追加之临时费仅为二万，而工程业已照五万设计，恳祈增发三万。如何之处，敬祈核示。专此，敬请

　　钧安

校长熊庆来敬肃
民国三十年十二月二十三日

函知严楚江先生请即返校

君白①吾兄教席：

　　暌违以来，行将一载，比想动定佳鬯，至为颂念。生物系自吾兄行后，迄今系由崔

---

① 君白，严楚江的字。

云南大学史料丛书·校长信函卷

之兰先生代理，惟吾兄现在假期已满，弟及系内师生均渴望返系主持，且系内一切设施过去经吾兄之惨淡经营，诚非易易，多年辛勤，想未能恝然于怀，愿即日命驾返校，共维发展，无任翘企。专此，敬颂

　　教祺

弟熊○○拜启

民国三十年十二月三十一日

吴俊升致熊庆来函

迪之先生大鉴：

　　顷奉顾次长交下上年十二月三十一日惠书，敬悉一一。贵校经临各费不敷之数，可移用空袭损失救济费挹注，已有部令饬知，费、李、张三先生米贴案亦由部另案核办。专复，顺颂

　　教祺

弟吴○○敬复

民国三十一年一月

杨克嵘致熊庆来函

迪之校长吾兄雅鉴：

　　迳启者。查本院总务室干事邵箕五、孙毓青已于卅年十二月三十一日离职，遗缺由常执中、张宏文担任，月薪仍照旧额各四拾元，外加津贴及家属救济金，自一月一日起薪，业经弟令饬该员等于一月一日到院工作。特函奉达，尚祈核饬有关各处组照办一切手续是荷。专此，敬颂

　　教安

　　附常执中、张宏文直系亲属人口调查表式份（略）。

弟杨克嵘启

民国三十一年一月九日

沈来秋致熊庆来函

迪公校长勋鉴：

兹有数事奉陈于左：

　　一、经济系副教授齐祖諲资历颇深，成绩优良，拟请自本学期起改聘为教授，月薪增为三百六十元。

　　一、经济系增设助教一职，拟即聘杜润生君（原系统计学助教）充任，月薪一百二十元。

　　一、经济系人数颇多，事务亦繁，拟请从本学期起拨给房间，以资办公。

　　以上均经分别面陈钧听，是否有当，敬乞鉴裁批交主管部分办理，至以为感。专请

　　勋安

经济系主任沈来秋谨上

民国三十一年一月二十八日

179

复沈来秋便函

来秋仁兄道鉴：

迳覆者。顷奉大函，备悉种切。经济系齐祖諲先生成绩优良，拟改聘为教授一节，自二月份起当注意调整。其增聘杜润生为助教，盼将杜君学历开示，以便办理。至经济系人多事繁，应拨房屋办公，自当通知庶务组照办。专此佈覆，顺颂

教祺

弟熊○○拜启

民国三十一年二月九日

杨克嵘致熊庆来函

迪之校长吾兄赐鉴：

查本院近因教职员学生人数增多，薪给垫付等款支出数亦大，且交通不便，僻居会泽，领汇临时款额需时较久，流动金数额甚微，诚难周转，一遇垫发米贴贷金等较多付出时，颇感束手，为过去一次非二万元以上不能清发。故电请汇款到后，始能办理。拟请将本院流动金数增为三万元，以利今后支垫款项之便，庶免临时拨汇往返时日之耽延。前经于一月二十二日函中述及此事，然迄未蒙核示，用再函陈，务祈速予核办为盼。专此顺颂。教安

弟杨克嵘启

民国三十一年二月十一日

为补助西南文化研究室及"龙氏讲座"经费致陆崇仁函

子安董事长仁兄勋鉴：

吾兄以经济长才奠建设宏基，三迤富源，既渐开发，西南文化亦荷推进，甚以为颂。兴文银行在执事领导之下，锐意经营，基础以固，发展蓬勃。近闻吾兄荣膺董事长兼职，硕画宏猷，更可积极推进，福利人群，正未有艾也。吾滇自抗战而还，已成后方重心，人才荟萃，可谓千载一时，西南文化灿烂之前途当孕育于此，是应把握机会，厚植基础。又云大蒙政府之扶掖，发展迅速，而一年来因种种困难，进步顿遭阻碍，不得不亟谋补救。弟因有重要而迫切之计划二，拟请鼎助，俾得实现。（一）设立西南文化研究室，敦请校内外之著名学者对于西南之语文、史地、社会、经济等问题作有计划之研究，以发扬西南文化。（二）设立讲座若干席，以谋延致及安定有特殊地位之教授，俾云大教育基础得以稳定，学术空气得臻浓厚。窃思主席龙公秉政以来，敬教劝学，为士林所共仰。本省前于各大学创设"龙氏奖学金"，大学同人甚为鼓舞，洵足纪念主座而嘉惠青年，今若以一部分讲座（希望有十五座）名之为"龙氏讲座"，则纪念主座之意义将更深，而提倡学术之功效将更著，总计需欤年约三十五万元，以二十万元为讲座经费，十五万元为西南文化研究室经费。吾兄关怀桑梓，于学术文化尤具热忱，兹特拟具计划书函奉台察，敢祈于兴文银行方面惠赐补助，俾"龙氏讲座"及西南文化研究室得以早观厥成，敝校因之得作更进一步之发展，是不独敝校蒙受厚赐，而吾滇文化尤沾惠无既矣。专此奉渎，敬颂

勋祺

云南大学史料丛书·校长信函卷

计坿西南文化研究室及补助讲座计划各乙份。（略）

弟熊〇〇拜启

民国三十一年二月二十一日

赵雁来致熊庆来函

（上缺）再启者。理化系工作日益繁重，为增加效率计，已于昆明招考练习生二名，计为郭乃恒、徐庆年二人。该员等已于本月初到校试用一月，工作尚属满意，拟续与聘用，即希赐与委用，并自三月一日起月给薪伍拾元，各项津贴在外，俾使安心工作为盼。谨此，即颂

时绥

弟雁来又启

民国三十一年三月二十四日

致缪嘉铭函

云台①仁兄先生赐鉴：

敬恳者。敝校师生约千人，需米不少，前已派员到弥勒采购食米壹百叁拾公石，现因急于运省，应照粮政局规定取获运销证，以便取运，曾经正式公函送达在案，迄今尚未颁发，特再函恳台端惠予批准迅办发证为荷。耑此，敬颂

勋安

弟熊〇〇顿

民国三十一年三月二十五日

熊
庆
来

缪嘉铭复熊庆来函

迪之校长仁兄惠鉴：

顷奉琅函，备悉壹是。查贵校员生工役暨眷属所需食米，前准函业经照册审查，计用膳者共五百陆拾伍人，照规定每人月以二公斗计算，实合应售壹百壹拾贰公石，眷属部分则照例应持户籍门牌迳向各该管乡镇之分销所照购，业于三月十八日以粮字第五九四号函复在案。至嘱填发运米证以便由弥勒采运晋省一层，因既经在省配销者即免予自行采购，格于规定，碍难遵嘱，方命之处，尚希鉴谅。耑此敬复，并颂

文祺

弟缪嘉铭谨启

民国三十一年四月一日

杨克嵘致熊庆来函

迳启者。查本院本学期矿冶系及采专因课程增多，乏人担任，特聘胡祎同为兼任导师，月薪二百五十元；屠密为兼任教授，月薪二百元；刘尧民为兼任教授，月薪一百二十元；

---

① 云台，缪嘉铭的字。

181

程子超为兼任讲师,月薪八十元;马龙翔为兼任讲师,月薪四十元;陈英竞为兼任讲师,月薪六十元;李文钟为兼任讲师,月薪一百六十元;洪彝铭为兼任讲师,月薪六十元;于秀蓉为助教,月薪连生活补助费共一百二十元。上列各员均自四月一日起薪,自七月卅一日止薪,均属矿冶系,请予鉴核备案,通知会计、出纳两室查照为盼。此上迪之校长兄。

弟杨克嵘启
民国三十一年五月二十八日

陶天南致熊庆来函

迪之先生惠鉴:

法律系兼任讲师孔容照先生于五月底因公赴渝后,民事诉讼课程由陈简青先生续授。上月经先生向弟面称另发聘书,当即转达陈先生,惟陈先生至今尚未收到聘书。弟现已辞职,但聘请陈先生一节系弟辞职以前负承转之责,不得不向先生陈述,以清手续,敬乞亮詧为幸。此颂

教祺

弟陶天南拜启
民国三十一年七月四日

[熊庆来批语]:*应补发聘书,并照孔先生待遇按时数致薪。薪金由五月份起发给。*

七月五日

严济慈致熊庆来函

夫子大人侍下:

本所①顾功叙先生应滇北矿务局之邀,将于下月初前往东川作物理探矿工作,在不致延长居留东川时间原则之下,受业极愿其能在贵校矿冶系作有系统之六至十次讲演,不识尊见如何?倘蒙赞同,祈由贵校发一邀请函件,并望先通知贵校矿冶系。至详细办法,自可由顾君到东川后与系中负责者商定。肃此,敬请

钧安

受业严济慈鞠躬
民国三十一年十月十六日

[熊庆来批语]:*已函覆严所长。*

十月十七日

丘勤宝致熊庆来信函

迪之校长尊鉴:

沈立孙兄已批准赵蓥章君来云大,赵君正在办结束,想旬日后即可离该公司来校服务,彼日内当来面谒尊座。前尊所批之聘书(存总务处)为月薪 360＋40/400,八月份起,现彼以与张耀曾同校同时毕业同时返国为理由,要求月薪 380＋40/420,要与张耀曾

---

① 本所,指国立北平研究院昆明物理所。

云南大学史料丛书·校长信函卷

同薪水，如无法拒绝其要求时，请予以批准，而由九月份或十月份起薪，同时请饬其早日搭校车或滇北公司车来泽授课为祷。所有彼所担任之铁路工程，现仍空着候彼。即请

勋安

丘勤宝

民国三十一年十一月六日

赵君北京大学毕业，川滇公司帮工程司。

[**国立云南大学校长批语**]：薪仍照 360 元致送，但每年另送来往昆明会泽间旅费式百元，分两次致送。起薪自八月始。

十一月六日

袁同功致熊庆来函

谨签呈者。窃查教育部此次选派出国研究人员七十五名，内列有农科十名，本校可分配一名。查职系中央大学毕业，业经七载，在本校服务亦已四年有半，曾以桐油为原料试制人造橡皮，成绩尚称优良，惜以限于设备，未获尽善。又曾将桉树蒸溜精油医治疥疮及无名肿毒，累著奇效。方今抗战正殷，前方抗战将士之被困于疥疮者实繁有徒，倘能以乘时派赴国外研究，俾资深造，他日亦或可报效社会国家于万一。职虽在校未满五年，而毕业已近七载，且研究从未间断，可否准以特殊人员保荐呈部，准予选派出国研究，以便深造，实为德便。谨呈校长熊。

职袁同功谨呈

民国三十一年十一月十五日

[**熊庆来批语**]：可用学校名义向教育部申请，为改进滇省农业起见，拟准加派农业人才一名。

十一月十五日

石充致熊庆来函

迪公校长钧鉴：

迳启者。查本系教授夏少非［飞］先生业经应聘，惟何日由黔起程来泽，无法确知，而校部以三十一年会计年度转瞬结束，迭次催令结账，迫不及待，其应领之十二月份以前各项薪津，本系不能久候其来泽领取，有碍报销，尚恳钧座鉴原，特予通融，暂为保留其薪津名额，俟夏先生抵达昆明时直接向钧座洽领，实深感盼。除由充函知夏先生查照并催其早日动身外，特函奉陈，并祈鉴核是祷。专此，敬颂

年安

石充谨叩

又高行健先生十月份以前薪、九月份以前米贴尚未见纪会计员发出，拟恳钧座嘱将该欤直汇高先生是祷。此外，前汇孟宪民先生盘川及八九月薪津预支共陆仟元，因系中仅经手十月份以后之账目，其八九月份均系纪国钊君经手，拟恳钧座烦请赵秘书或柳总务长督促纪会计员将该项手续就省清了是感。

民国三十一年十二月三十日

[**熊庆来批语**]：准暂保留十一、十二两月份薪津，前此各月既未到校授课，未便照

183

熊

庆

来

发。函复石主任，并送请会计室查照。

正月七日

王度致熊庆来函

迪公校长钧鉴：

敬肃者。窃本系各职员办事均属勤慎，职务亦颇纷繁，际兹生活奇高之秋，下级人员咸以待遇微薄，诚有难维生计之概。刻届学年终了，特将各职员薪金分别职务繁简，酌予增加，藉资鼓励，而示钧座待下以德之意。素仰钧座仁爱为怀，谅蒙俞允也。本系文书兼事务员雷希贤原薪捌拾伍元，增为壹佰壹拾元；事务员邱燮堂原薪壹佰元，增为壹佰式拾元；出纳员汤伟华、会计事务员段彩南原薪均柒拾元，各增为玖拾元；书记陈家鹄原薪肆拾元，增为柒拾元；司事王祖德原薪肆拾伍元，增为陆拾元。各员均自八月一日起照仍由中基及採专经费项下支付。特此陈闻，敬祈鉴核，并恳转知有关各处组，至深感盼。如何？仍祈示覆为祷。专肃，敬请

教安

王度谨叩
民国三十二年九月四日

[**总务处批语**]：似应俟将来调整职员薪俸时一并办理。如何？祈示。

民国三十二年九月十六日

张质斋致熊庆来函

函一：

迪之校长仁兄道席：

前奉手书，敬悉一是。关于龙氏讲座及西南文化研究室三十二年度之经费，事关本省教育文化事业，自应竭力进行，刻已签奉董事长批准，共补助国币肆拾万元，内中由敝行补助式拾肆万元，馀由劝业银行补助壹拾陆万元。至以后有无能力继续补助，应俟营业情形而定。等因。特函布达，即希瞀照为盼，并颂

教祺

弟张质斋顿
民国三十二年七月二日

函二：

迪之校长仁兄道鉴：

顷奉华笺，备聆一是。承嘱拨付龙氏讲座及西南文化研究室欵项一节，遵即按敝行补助数目先行拨付半数，计合国币壹拾式万元，即希查照，迅派妥员过行领取为盼。嵩此佈复，敬颂台祺

弟张质斋谨启
民国三十二年八月六日

孙棨致熊庆来函

迪之校长仁兄道鉴：

　　华翰祗悉。屡承枉驾，因贱躯染患时疾，请假医调，致失迎俟，良以为歉。关于贵校卅二年度龙氏讲座及西南文化研究室补助费，顷奉陆董事长核准，由敝行①担负国币壹拾陆万元，自应遵办，并仍照兴文银行办法，先拨半数八万元，馀俟续拨，此欵即由敝行开立往来户头陆续提取，似较方便，即希派员来行洽办为荷。专复，敬请

　　教安

弟孙棨顿具

民国三十二年八月九日

复张质斋函

质斋行长吾兄勋鉴：

　　顷奉华翰，敬悉一是。承贵行补助之龙氏讲座及西南文化研究室经费，以会计年度计，系自卅二年一月起至年底止，工作亦按时推动，未尝间断。现时间已过去一半，用欵系由校暂垫。本学期新聘讲座教授来自外省者，应优予致送旅费，亟待汇发，故敝校需欵甚感急切，可否仍恳贵行将该欵弍拾肆万元一次拨发，俾济应用，不胜感盼之至。耑此布恳，敬颂

　　公绥

弟熊〇〇顿启

民国三十二年八月九日

张质斋致熊庆来函

迪之校长仁兄道鉴：

　　昨日蒙枉驾过行，弟适以事他出，有失迓候，良深歉仄。留示业已拜悉，承嘱坿中建筑需欵拟用坿中名义立户，以云大所有之南屏街地契抵押，向敝行借欵国币壹拾玖万元，并仍以该契抵押，分向鑛、劝两行各借欵国币壹拾伍万元，由弟代为保证。弟查向敝行借欵，当如遵嘱竭力照办，至仍以该契分抵借欵，核与各行规则均不相符，而弟照例亦不便代为保证，此点应请吾兄谅解困难，歉难如命。又龙氏讲座及西南文化研究室三十二年度补助费本应一次拨发，惟近来适以敝行欵项较紧，不得已乃分两次拨发，亦请吾兄特予鉴原，毋任盼荷。专复，敬颂

　　道祺

弟张质斋拜启

民国三十二年八月十三日

[国立云南大学校长批]：另检抵押品向该行照借。至劝业银行已向孙行长商定，以存兴文之南屏地契为抵押，应再备一函致劝业正式说明，对于矿业银行可酌检抵押文契办理。

---

① 指云南劝业银行。

熊
庆
来

[承办人马荣昌签]：劝业已允借支十五万，订期二月，息二分六厘，矿业未奉批，结果如何，尚待探询。兴文透支不能，以已抵押之有价证件再抵押，学校请求张行长担保，亦与行规不符，未允。

复张质斋函

质斋行长吾兄勋鉴：

昨日奉商借欵一事，当承慨表同情，至深感荷。此项借欵全数用于附中建筑，拟另以附中名义开一户头，与前有户头并用，不致妨碍行方规定，责任当仍由弟负担也。借用数目拟定为国币拾玖万元，抵压仍为南屏街地契，所有一切手续自当派员前来办理。需要迫切，拟请台端即惠赐饬属照办，俾济眉急为荷。又此次需要欵数约五十万元，除贵行所借之数外，尚拟请兄转为向他行代借。兹已得云南劝业、矿业两行惠允，各借拾伍万元，拟即请执事代作保证，俾手续较简。此三项借欵均由售南屏街地价归还，现出售手续不日即可完毕，还欵期不致延长也，作保事亦祈俞允是祷。肃此奉恳，敬颂

勋绥

弟熊○○顿启
民国三十二年八月十四日

致刘文典函

叔雅先生史席：

久违道范，仰止良殷。弟忝长云大以来，时思于此养成浓厚之学术空气，以求促进西南文化，乃努力经年，尚少效果，每以为憾。尝思欲于学术之讲求开一新风气，必赖大师；有大师而未能久，则影响亦必不深。贤者怀抱绝学，倘能在此初立基础之学府作一较长时间之讲授，则必于西南文化上成光灿之一页。用敢恳切借重，敦聘台端任本校文史系龙氏讲座教授，月致薪俸六百元，研究补助费三百六十元，又讲座津贴壹千元，教部米贴及生活补助费照加。素识贤者以荷负国家文化教育为职志，务祈俯鉴诚意，惠然俞允。幸甚幸甚！附上聘书一份，至希察存。何日命驾来昆，并请赐示，以便懂迓。肃此布达，敬请

道祺

附上聘书一份（略）。

弟熊○○顿
民国三十二年八月二十一日

（八月二十四日校长室发下存卷。八月二十四日双号寄发宁洱转磨黑镇立中学。）

致昆明海关税务司公函

案准国立中山大学留滇办事处本年十月四日函称：

敝校留滇公物尚多，本学期因教学及研究上需用甚殷，特派员前来选运。兹已挑选完毕，正待起程回校，惟查公物出口经过海关时须有财政部免税证明始可放行。关于此项教育用品出口，敝校日前业已电请教育部转呈财政部发给免税证明在案，但至今尚未寄来，以致行程受阻，现拟恳请贵校长暂时担保此项公物出口，一俟财政部免税证明发

云南大学史料丛书·校长信函卷

下，即可免保。等由。准此，自应照办。查此项公物出口在半年期内敝校可予担保，拟请贵关查照，准予将是项公物放行，相应函达，至希惠允见覆为荷。此致昆明海关税务司。

附暂送拟运公物清单乙纸。（清单缺）

校长熊庆来

民国三十二年十月十三日

石充致熊庆来函

迪公校座钧鉴：

窃充荷蒙知遇，滥任教席，忽已四年。在此期间，因素志慕切生产工作，且矿系环境特殊，非别赖长才，难图发展。故连年瓜代之期，无不事前恳辞。情出至诚，非有虚饰。迭次均以钧座劝挽，中途打销。盖以钧座以身作则，虚怀若谷，为属下者实有恋恋莫尽之情。迟延及今，别无他故。本年矿系回校，一切困难均可根本解除，充亦得机辞退，私衷快慰，莫可言宣。现充业在资会供职，眷属月内亦可来渝。惟远离矱训，以后尚恳时赐南针，藉资遵循。临池神驰，依依不尽。耑此佈臆，敬请崇安。

石充谨叩

民国三十三年

熊师母、教务长、总务长、赵、冯两秘书均恳便中代候。

致云南省警务处公函

函一：

迳启者。查本校理学院赵院长雁来主持本校马坊分校，昆明及马坊两处均兼有课程，近以川滇铁路公司火车行驶时间无一定标准，车上乘客又复拥挤，乘坐甚感困难，现理学院又附设化工厂于马坊，因技术业务关系，须常川往来照应。兹拟自备小汽车一辆，来往昆明马坊之间，拟请贵处准予发给短期通行证一枚，相应函达，至希查照办理见覆〔覆〕为荷。此致云南省警务处。

校长熊○○

民国三十三年三月三日

函二：

迳启者。查本校理学院系设嵩明马坊，该地与昆明之间交通甚为困难，师生往返诸感不便。兹购获一九三六年雪佛兰小车一辆，牌号为国滇字第一五三六号，专作为该分校交通车辆，以备不时之需，拟请贵处转呈省政府准予发给通行证一枚，以便利驶，相应函达，至希查照办理见复为荷。此致云南省警务处。

校长熊○○

民国三十三年五月二十三日

熊庆来

致省参议会代电

云南省参议会由议长龚举、李副议长一平暨全体参议员诸公勋鉴：

报载贵会倡导全省尊师运动，于大学教师生活关怀备至，曷胜钦仰。查尊师重道乃我国文化之传统精神，年来时值非常，教师待遇不能适应物价，衣食萦怀，家用弗足，以经济压迫之故，往往受侮于市井、见弃于社会。正气沦亡，何以立国？诸公独见其大，成立决议，诚足以鼓舞良师，纠正恶习，佇将见浩气常存，抗建前途实利赖之。谨此电贺，并致谢悃。

国立云南大学校长熊〇〇（公出），教务长何〇〇代行拆

民国三十三年五月三十日

特别研究补助金委员会致熊庆来信函

迪之先生大鉴：

关于美国援华联合会委托办理特别研究补助金一事，前经本会订定规程，分区组织顾问委员会请为推荐接受人名单以凭核定发欵在案。兹查各区顾问委员会提出名单者尚属寥寥，而来缄申述感觉分配上之困难者已有多起，衡厥原因，则以规程中所定补助金之金额为数较钜，因而使名额较少，以致不敷分配。本会鉴于近来政府对于学术机关人员之待遇已有相当调整，而教育界之经济困难亦属普遍情形，维因欵项有限，难于大被皆欢，而在不失 KeyPersonnel 原意范围以内略为变通，亦系顾全现实应有之义。因于本月廿六日开会时提出讨论议决，脩改补助金规程二条如下：

（一）关于第二条候选人之资格原为三项，兹增订下列一项：丁、候选人如其他资格相同，在大学教学或施行研究之年数较多者（不拘在现在服务之机关或其他机关）应予优先考虑。

（二）关于规程第三条补助金金额卅四年度原定为甲种，每名十二万圆［元］，乙种八万圆。兹为使补助各单位便于分配起见，各处每名金额可由各区顾问委员会自行决定，惟在昆明、贵阳两区每额不得低于六万圆，其他各处每额不得低于四万圆。

查贵区补助费接受人名单已经提出，在新改规程所定办法之下是否应予另行考虑，即请迅为办理来缄示知，俾资核定发欵，是为企荷。专此，顺颂

道绥

特别研究补助金委员会敬启

民国三十四年一月三十日

云南大学特别研究补助金候选人名单

（一）乙种补助金候选人

何衍璿 蒋蕙荪 张福延 孙逢吉 黄国瀛 丘勤宝 曾 勉 李达才 王士魁 司徒尹衡 范 锜 白寿彝 陈 植 李清泉

（二）乙种半额补助金候选人

章辑五 费孝通 王世中 崔之兰 卢焕云 王树勋 于振鹏 殷之澜 周新民 楚图南 周家炽

史国衡致熊庆来函①

为恳请备文呈部保荐应美国国务院邀聘请部核准并转咨外交部颁发护照事。窃国衡服务本校五载于兹，于授课之馀，从事工矿事业人事之研究，所著《昆厂劳工》一书在美国哈佛大学以《China Enters The Machine Age》书名出版以后，颇得该方人士之重视，并认为与哈佛大学历年所作之工业人事研究不无相互发明之处。兹接美国国务院代理国务卿格鲁来电，通知赴美作更进一步之研究合作。窃以我国战时工矿事业中之人事制度、艺徒教育以及社会福利等设施，虽在极端困难之中，尤多难能可贵之贡献，此种情形尚未为外邦人士所瞭解。兹为宣扬我国社会事业藉正外人视听计，拟即接受此项工作，用特恳请备文呈部，请予核准，并转咨外交部颁发护照，以利进行，实为德便。谨上校长熊钧照。

晚史国衡敬启

民国三十四年五月十九日

[**国立云南大学校长批语**]：准照呈部。

五月十九日

致教育部部长快邮代电

教育部部长朱钧鉴：

接准财政部本年五月十七日库渝字第（7831）号代电开："贵校全体教授卯迴代电敬悉。查贵校前以举办合作社，需款週转，经由本部保证向中央银行昆明分行洽订透支壹百万元。上项透支期限订为一年，自民国三十三年五月二十八日起至三十四年五月二十七日止。现在该项透支合约即将期满，如因事实需要仍须赓续并增订透支款额，即请贵校先行呈经教育部核准通知本部后再凭办理。相应电请查照办理，并转致诸教授为荷。"等由。准此，查本校教授会前以孔副院长来昆，曾蒙饬由四联总处转中国银行拨借本校合作社资金国币壹百万元，作办理教职员福利事业基金。该社已具规模，惟资金有限，未能发展。本年入春以来，更因物价影响，资金短绌，不敷週转，困难殊甚，故电恳财部援例续借国币伍百万元，以作该社週转用金。兹既承允予增订透支款额，各教授仝人金以由学校呈请钧部担保转函××财部续增订透支肆百万元，连上年之壹百万元，共伍百万元，仍以学校名义承借归还，以维同人福利，等语。核查尚属可行，理合电呈鉴核，请祈钧部准予担保核转施行示遵，实为公便。

国立云南大学校长熊庆来叩

民国三十四年六月十三日发

致教育部部长代电

教育部部长朱钧鉴：

案查本校上年十一、十二两月份已领员生工警公共食堂食米，前准云南田赋粮食管

① 5 月 28 日国立云南大学以"字第00625 号"呈文致教育部，请予照准并转函外交部核发护照。

189

理处本年四月未列日函达，应由三十四年度配售粮额内扣回，或以代金缴交归垫等由，当经函请该处及所属储运处仍照是年一至十月份配售公米，价格每石国币壹仟捌百元计算，以代金折还归垫在案。顷准该田粮处及储运处本年六月九日函覆，以上年十一、十二两月拨发本校食米伍百壹拾市石，应按部颁代金标准及追加数每石陆仟元缴还代金等由。准此，查当时公米价格每石系国币壹仟捌百元，本校呈奉核定公费及贷金学生十一、十二两月米价亦系此数。再查此项食米，该处系以粮食部救济在昆国立校院食米名义借拨，当时拒收价欵，本校以公米价格既未变更，而又名粮部救济预科，当不致中途加价，遂仍照旧案每石收价国币壹仟捌百元分售员生工警食堂食用，现为时已半年有馀，加收价欵实属不易，况员生工警各月均有异动，不但离校者无法追缴，即在校者值此生活艰窘之际亦难希望照补。理合陈明困难，仰祈钧部鉴核，迅向粮部交涉，饬令云南田粮处每石仍照国币壹仟捌百元计算收价，以免亏累，不胜迫切待命之至。

国立云南大学校长熊庆来叩

民国三十四年六月三十日发

致重庆教育部部长电

重庆教育部长朱钧鉴：

申寒电奉悉。本校呈荐出国研究人员周家炽英文姓名为 CheoChia – Chih，张文奇姓名为 ChangWen – Chi。该二员英语程度据各该管系主任考核，均属流利，体格亦佳。除转饬赴日赴渝外，谨检具周家炽原缴英语程度证明书连同体格检查表电请××鉴核，准予办理出国护照。至张文奇一员，应缴英语程度证明书及体格检查表拠呈现正赶办，不及随呈，由该员赴渝时携带迳缴，合併陈明。

国立云南大学校长熊○○

民国三十四年九月二十七日

致周家模函

谨启者。本校生物学系副教授周家炽先生，前承教育部选派赴英国考察研究。顷接来电，令彼赴渝办理手续。兹为昆渝间交通困难，且生物系教员不多，学期中不便中途离开教职，故委托其介弟周家模先生在渝就近代为办理领欵手续，恳在可能情形中赐予方便。特此证明。敬请教育部高等司周司长公鉴。

国立云南大学校长〈熊庆来〉谨启

民国三十四年十月二十九日

致重庆中央银行业务局函

迳启者。案据敝校理学院生物学系副教授徐仁自印度来函，以参加印度两科学年会，一为印度国家科学院会议，于本年十二月廿四日至卅一日在乌达潘举行；一为印度国家科学会议，于明年一月一日至七日在朋加拿举行。因两地相距太远，需用各种费用及入会费印币五百盾，请转函请予照购，以资应用，等情前来。查徐仁副教授系奉教育部核准，于三十三年一月自费赴印度卢克老大学研究植物学，曾领有教育部第三十号自费留学证书及外交部交字第二○七二○号留学护照，并蒙中央信托局渝核字第六一五号函核准第一年生活用费式千四百元。兹据函因出席印度国家科学会议，需印币五百盾，事关联络中印学术，应请贵局准予照购外滙。相应函达，即希查照办理见复为荷。此致重庆中央银行业务局。

校长熊〇〇

民国三十四年十二月八日

致重庆中央银行业务局函

迳启者。查本校理学院生物学系副教授徐仁，奉准于卅三年一月自费赴印度卢克老大学研究植物学（教育部自费留学证书第卅号、外交部留学护照交字第 20720 号、昆明英国总领事于卅二年十一月十三日签字 880 号），并淂卅三年一月十四日外滙管理委员会渝管一字 2938 号（中央信托局渝核字第六一五号）核准第一年生活用费式千肆百盾。刻据徐仁教授自印度来函，呈请转函贵局，为"因拟出席印度科学年会，需用印币五百盾，至恳再代请。印方有两学会，一为印度国家科学会议，将于一月一日至七日在朋加拿地方举行；一为印度国家科学院会议，将于十二月二十四至卅一日在乌达潘地方举行。两地相距太远，入会费亦多。为将来中印学术上联络起见，拟为永久会员。请恳准予代请"。等情。查所呈属实，并于学术研究上必多助益，拟请贵局惠予允准照购。相应函达，至希查照办理为荷。此致重庆中央银行业务局。

校长〇〇〇

民国三十四年十二月二十日

周家炽致熊庆来信函

校长先生：

教部发下护照时，高等司之岳科长曾关照："倘出国日期决定，行前请函教部。切要！切要！"盖教部先仅发旅费，所规定之生活费以及研究费则由教部淂知出国日期后直接寄伦顿驻英大使馆，须本人凭护照去取，故请校长先生准予备一公文致教部高等教育司。因本人已定二月三日飞印转伦顿，赶三月开学在英上课也，希望经济无问题幸甚！专此，敬请

教安

后学生物学系周家炽谨上

民国三十五年一月十日

致教育部高等教育司代电

教育部高等教育司公鉴：

本校生物学系副教授周家炽奉准派赴英国研究，业已领获外交部官员护照第陆零柒捌号，现决定于二月三日乘机飞印转英，期于三月抵达英伦剑桥大学，如期上课，请转恳将该员生活费及研究费汇票直接寄驻英伦敦中国大使馆并关照印度与英伦有关方面，以便接洽，等情前来。覆查属实，用特电请××查照准予照办为荷。

国立云南大学校长熊〇〇

民国三十五年一月十二日

熊庆来

费家骅致熊庆来信函

校长钧鉴：

卅二年夏生毕业于本校农艺系，继即服务于本校任助教二年有半，从事大豆遗传研究，得益诚非浅。惟尚感学识疏浅，时盼有机深造。今幸接美国 Wisconsin University 来书，准生入该校研究院求学。今拟请校方发一公文呈请教育部发给出国护照及准购外汇，以便得机深造为幸。肃此敬请。教安

生费家骅敬上

民国三十五年一月十二日

吴中伦致熊庆来函

谨启者。兹淂印度美国快船公司来函，悉近有美国船舶驶美，鄙人前填寄乘客申请书已列入可以设法之中。际兹学校功课业已结束，故拟搭机赴印度加尔各荅侯［候］船转往美国。顷至军事委员会航空检所登记悉，须由学校备一公函致该所证明保证，始予登记。为特恳请校方发给致军事委员会航空检查所保证公函一封，以利嵩行，实为公便。此上校长熊。

云大农学院讲师吴中伦上

民国三十五年一月二十八日

褚衡致熊庆来函

为签请鉴核准予公函以便乘机返里事。窃职隶籍江苏，查自抗战开始，桑梓沦陷，举家逃散。职以青年抗战救国，责无旁贷，投笔从戎，随师转战湘桂黔滇数省，继因事故留落后方。服务本校以来，已历年所。值兹胜利来临，河山光复，还乡在即，上慰双亲倚闾之望，下为人子，稍尽天职，惟有恳请公函航空检查所允准，俾便成行，实叨德便无暨矣。谨签呈主任杨转呈教务长核转校长熊。

职褚衡谨签

民国三十五年一月二十八日

［熊庆来批语］：准予发给。

民国三十五年一月二十九日

致航空检查所公函

迳启者。敝校农学院讲师吴中伦君奉准赴美留学，拟乘机前往加尔各答候船转美，相应函请贵所查照，准予登记购买机票，以利遄行，至纫公谊。此致航空检查所。

校长熊○○

民国三十五年一月二十九日

周家炽致熊庆来函

校长先生：

刻得徐仁先生自印来函，谓印度之桑尼教授嘱稍迟数月回国，以便完成论文，故呈请先生准予转函中央银行请购卢比壹千五百盾作生活费及学费。不胜感激。敬请

教安

晚周家炽谨上

民国三十五年一月三十一日

致航空检查所公函

迳启者。兹有本校职员褚衡请准长假，偕其妻王亚平及幼女竹云回江苏原籍，拟乘机前往，请予专函证明，以便购买机票，等情前来。查属实情，相应函请贵所查照准予购买机票，俾得成行。至纫公谊。此致航空检查所。

校长熊庆来

民国三十五年一月三十一日

致重庆中央银行业务局函

迳启者。查本校理学院生物学系副教授徐仁，奉准于卅三年一月自费赴印度卢克老大学研究植物学（教育部自费留学证书第卅号、外交部留学护照交字第 20720 号、昆明英国总领事于卅二年十一月十三日签字 880 号），并淂卅三年一月十四日外滙管理委员会渝管一字 2938（中央信托局渝核字第 615 号）核准"由中央银行核滙贰仟肆佰盾"，又淂卅四年中行业政字 135 号核准壹千伍百盾。刻据徐仁〈副〉教授卅五年一月廿二日自印度来函称，印度卢克老大学之桑尼教授（印度古生植物学权威）嘱将返国之期后移至本年六月，以便完成研究论文，呈请转函贵局准予续购第三年度六个月之生活费及学费卢比壹千五百盾，俾两年研究工作之论文淂完善结束。等情。查该〈副〉教授因完成论文，须稍迟数月回国，所请续购外滙一节，拟请贵局惠予允准。相应函达，至希办理见复为荷。此致重庆中央银行业务局。

国立云南大学校长

民国三十五年二月四日

熊庆来

张文奇致熊庆来函

谨呈者。文奇自奉钧长及教育部选派赴英研究考察后，遵即将一切出国手续办理完毕，并拟于日内飞印转英，恳请钧长惠发公函两件，分致中国航空公司及航空检查所，俾凭购赴印机票，实沾德便。谨呈校长熊。

矿冶系副教授张文奇谨呈

民国三十五年二月六日

致航空检查所公函

迳启者。查敝校卅冶系副教授张文奇先生业奉教育部核准派赴英国研究，亟待乘机

飞印转英,用特函达证明,请烦贵查照,惠机票,至纫公谊。此致昆明

校长熊庆来○○

民国三十五年二月七日

致清华大学函

迳启者。抗战八年胜利降临,贵校对学术文化之贡献将占中国学术史中之重要篇章,尤其八年以来于艰苦生活之中对西南文化社会之调查工作,在中国边疆文化开一研究之新纪元,敝校僻在边隅蒙惠良多。现在贵校复员在即,对于将来边疆文化社会之研究工作势必暂时停顿,兴言及此,良用憬然。为使研究工作不致中断,使边疆教育得以维持,特拟订一合作办法,即将本校旧日之西南文化研究室及西南社会研究室合并扩充为"西南文化社会研究室",拟设讲座或导师若干人,聘请贵校历史、社会、国文等系教授担任,同时兼任敝校教授,任期至少以一年为限,待遇除照大学待遇外致送来往旅费及研究补助金(暂定为薪津总数十分之三),俾边疆文化教育工作得继续发展,不致停顿。贵校历史悠久,而教授先生亦为学术界先进,必能首先赞同惠予金诺。特将合作纲要抄稿奉上,即祈早日复示,以便积极商洽进行,勿任翘企。此致

清华大学

附送纲要一份

校长熊庆来

民国三十五年二月十一日

附: 西南文化社会研究合作纲要

清华大学、云南大学为发展西南文化教育及扩大西南社会研究调查之工作,拟定合作纲要如下:

一、云南大学西南文化社会研究室,特设讲座或导师若干人,商聘清华大学教授担任之,担任之期限,至少一年,又清华亦得借聘本校教授担任课程。

二、清华大学接到云南大学之书面商洽时,即应商约教授,函复云南大学致聘。

三、云南大学西南文化社会研究室讲座(或导师)除指导工作外,须兼任云南大学教授。每周任社会学系或文史系课程若干时,由云大加送聘书。

四、导师之待遇与云大专任教授相同,但依边疆教育工作人员办法,另加成数若干,并致送来往旅费及研究补助金(暂定为薪津总数十分之三)。

五、研究室之助理或研究生,得由云南大学申送入各校研究所深造。

六、以上各条,经云南大学校长及清华大学校长同意签字后,即发生效力。

七、为接洽方便计,研究室特设名誉指导若干员,聘请清华大学系主任担任,即负指导联络商洽之责。

八、云南大学刻正筹备将西南文化社会研究室改组西南文化社会研究所。俟成立时,此约仍继续有效。

国立云南大学

张文奇致熊庆来函①

谨呈者。文奇自奉派赴英研究后，遵将一切出国手续办理完毕，并已购妥机票，于三月十一日飞印转英。兹谨将护照号数、昆明英国总领事馆签照号数及英文姓名开陈于后，敬祈转呈教部即将留英应发各项费款电滙英伦，实沾德便。谨呈校长熊。

副教授张文奇谨呈

民国三十五年三月八日

致重庆中国航空公司公函

迳启者。查本校农学院蚕桑专修科技术员钱立民因担任育蚕工作，须于本月十五日以前赶往昆明参加育蚕实验，为免有误行期起见，拟请贵公司准予搭本月十五日以前班机飞昆。用特函达证明，即希查照惠予办理为荷。此致重庆中国航空公司。

校长熊庆来

民国三十五年四月九日

致国立中央研究院天文研究所所长张钰哲公函

迳启者。本校与贵所合办之昆明凤凰山天文台，原订由六月份起每月给予该台办公费国币伍万元，双方各负半数在案。兹据该台兼主任王士魁先生签谓，该台远在城外，各项开支因物价不［又］跌，原订办公费伍万元，经六月份试办后，此数实不敷用，祈予追加前来。查王主任所签各情尚属实在，敝校意拟自六月份起增加该台办公费为国币捌万元，照原议仍由双方各负半数，以利其工作之进行。用特函达，如荷同意，即希惠复，并转致该台知照为荷。此致国立中央研究院天文研究所所长张。

校长熊○○

民国三十五年七月二十日

吴迪似致熊庆来函

庆公校长赐鉴：

自渝别后，转瞬三载，私衷倾仰，莫罄言宣。敬维道履冲和，动定叶吉，为颂。似自卅二年夏脱离贵校后，即奉资委会令派往湖南，长湘南矿务局会计处。韶光荏苒，不觉又几度寒暑矣。庸庸碌碌，愧无建树，对此行政工作尤觉乏味，较之追随讲述之时，不啻天壤之别也。贵校何日开学？暑假内人事上有无变动？倘有新猷，尚祈示知。月杪庐山谈话会，吾公拟出席参加否？国事蜩螗，定多明见，想必有以翊赞中枢者，曷胜企盼。似于卅一年度承畀以副教授一席，兹因聘书业已遗失，拟请另赐证明书一纸，以资应用。劳神之处，当铭五中。公餘之暇，并乞不吝赐教为幸。专此，敬请

教安

吴迪似拜上

民国三十五年八月十七日

---

① 三十五年三月八日于本校。三月九日国立云南大学以字第 No.0243 号呈文转呈教育部核准。

熊
庆
来

赐教处：湖南株洲一〇一号信箱

致中国蚕丝公司总经理葛敬中公函

迳启者。查本校农学院蚕桑专修科副教授韩惠卿女士前因暑假赴沪，曾充贵公司业务视察，现本校业已开学，韩女士所任制丝课程无人接替，应请贵公司准其回校任课，以利教学。相应函达，至希查照惠允，无任公感。此致中国蚕丝公司经理葛、汤。

校长熊〇〇

民国三十五年十月一日

教育部学术审议委员会致熊庆来函

（第 14219 号）

迳启者。本会教员资格审查案内著作《分析学入门》一种，须付审查。素仰台端对于该项学科研究湛深，敬请惠予审查，酬金式万伍仟元由本部总务司另汇。相应检同该项著作暨审查意见表、评定标准表、空白收据各一份，函请查收，并希于一週内将原件审竣掷还为荷。此致熊庆来先生。

附送著作一册，审查意见表暨评定标准表各一份，空白收据一纸。

教育部学术审议委员会启

民国三十六年三月十二日

蒋同庆致熊庆来函

案查本科为便利员生实验实习，业经在呈贡自设桑园两区，并经租用小屯桑园一区，对于栽桑养蚕及制种三项，差堪应付，惟推广、制丝两项尚付缺如。现拟选择昆明附近蚕桑较盛区域之大姚、姚安、盐丰等三县开办蚕桑推广实验区一处，办理蚕种推广、育蚕指导、制丝改良等项，使本科事业完成整个体系。关于国内有关蚕桑校院设置蚕桑推广实验区者，江浙等省成例甚多，实为本校院科事业所必须，尤其区名实验，对本科具研究的意味，对本省具辅导的地位，均属并行不悖，且推广时间又在蚕期，学生停课从事实习，先生出发从事推动，既不影响课务，复可有助校院，亦属两全。本年春期，拟请韩惠卿、李萃农两先生前往试办，实地勘察，惟为维持对外关系，拟请李萃农先生担任区主任名义，韩惠卿先生担任区顾问名义，俾易推行，送经签请核办在案。查此项工作系就蚕期停课之机会行之，至所需经费，拟在本科生产费项下开支。凡此诸点，送经签请核办在案。现在蚕期已届，理合拟具卅六年春期推广工作计划大纲一份签请鉴核，并请由校函派李萃农、韩惠卿两先生办理暨分函云南省建设厅农林改进所暨大姚、盐丰、姚安等三县县政府惠予协助，以利进行，实为公便。此上代院长秦转校长熊。

计附呈卅六年春期推广计划大纲一份。（略）

农学院蚕桑专修科主任蒋同庆谨签

民国三十六年四月十日

[国立云南大学农学院院长批语]：所拟计划颇为切要，拟请准予照办。

四月十日

[国立云南大学校长批语]：函件照发。

四月十日

致云南警备总司令部公函

迳启者。查本校农学院自呈贡迁省后，该院蚕桑专修科育蚕试验缺乏桑叶，兹特援照云南蚕桑改进所成例，派助教李存礼率同技工徐德顺、张月近、张云宪、李惠等就市区内外采取野生桑叶，以供饲育。恐军警人民阻碍采摘，用特函请贵部查照，给予证明为荷。此致云南警备总司令部。

校长熊〇〇公出

代行拆教务长何〇〇

民国三十六年四月三十日

致中国蚕丝公司公函

迳启者。查本校农学院蚕桑专修科本年春期员生实习制造新品种沄文交华十正反交杂无毒秋蚕种，除推广本省之外，尚馀壹仟伍佰张，拟请贵公司就江浙一带蚕区统筹配发代为推广，相应函达，请烦查照办理，并冀见复，至纫公谊。此致中国蚕丝公司。

校长熊〇〇

民国三十六年五月三十一日

熊
庆
来

致江苏省蚕业改进管理委员会公函

案查敝校前函请贵会代为推销秋蚕种一案，兹准苏蚕字第一二七七号大函，以时期迫促，碍难照办，等由。准此，查本省云南蚕业新村公司今秋仍有一部分蚕种配发贵省推广，已定于八月七日浸酸转运，至于运输以及技术处理，均可统筹办理，拟请贵会仍予统筹配销壹仟张，相应再函奉达。如荷惠允，并希电复为荷。此致江苏省蚕业改进管理委员会。

校长熊〇〇

民国三十六年八月五日

[承办人批语]：查本案原函系请推销一千五百张，该会复文谓一千张，而蚕专科签稿又为二千张，错综不一，兹仍照原函一千五百张叙稿。是否，祈核夺。

[蒋同庆批语]：因销种困难，已出库伍佰张，改作明年春种，故今年秋种实存一千张。

七月二十九日

吴文藻致熊庆来函

迪之校长勋鉴：

久违道范，时切驰念。战后校中发展情形如何，常在念中。弟自去秋东渡，担任此间政治组工作已逾一年，祇［祗］以国内情况日非，国际地位日降，对外活动殊受影响。兹以外部人事处催办送审关于在滇服务须补证件，随函附上一纸，倘蒙同意，恳即签字后用航挂邮迳寄南京外交部吴其玉参事收。为防遗失计，并请在信封上写明"如吴参事不在部，请迳发交人事处处长收。"等字样。琐事相烦，不胜感激。专肃，敬颂

双安

弟吴文藻敬上

民国三十六年十月十六日

诸旧同事请一一代侯为荷。来函可由上海法华路本团（中国驻日代表团）上海通讯处庄禹灵主任转东京

附： 国立云南大学为吴文藻服务证明函

查吴文藻先生曾于民国二十七年九月至二十九年底担任本校英庚欵社会学讲座及英庚欵研究生之指导员，同时任本校社会学系主任，并于二十八年至二十九年间兼任本校文法学院院长诸职。特此证明。

国立云南大学校长〈熊庆来〉

民国三十六年十二月十三日

[国立云南大学校长批语]：照缮发。

十二月三日

石充致熊庆来函

校长钧鉴：

此间①竟发生同仁相约罢教之事，虽事已过去，但先例已开，似仍有继续加以注意及重视之必要，盖罢教一事不惟为矿系以前所未有，即求之联大及校本部，亦为充所未闻见。先生心绪性情如此，难免将来不影响学生。充向以死守原则为宗旨，此次不签名附和照常准时上课（开会签名均在王炳章室内举行），难免不触怒一部分同仁，惟以既受钧座付讬，职责所在，自当不敢苟且求全，惟张文奇、王敬甫二人则亦因照常上课，大受同仁攻击，其中更有以张文奇精神最受痛苦。张耀曾先生并当充前面嘱张文奇以后应力求做人，万不要自暴自弃，其对同事如此，可见其骄横傲慢，不知个人自由及教授所应严守之信条为何物矣。张耀曾君外表和顺，心有餘而力不足，年来与王炳章先生提倡河北同乡会，联络留学生，去春屡次在开系务会议时嘱充自动辞职，不知者以为系钧座所授意，实则充知其不确。此次张、王二先生援助揭先生（河北全乡）胜利（系充及丘先生调停），教授所应严守之信条已扫地无存，良懦者仅知依附（或受人愚弄）。充以后或将知难而退，经济地质教授人选，充以为应不惜重资聘请，并盼寒假前来校，不知钧座以为如何？肃此，敬请

钧安

石充谨上

民国三十七年一月二十三日

又，上次钱翠麟出面与充为难，亦系张耀曾倚婚姻之事为饵加以操纵，王先生则为高等顾问。又，当周家模先生出事之时，张耀曾则出面袒护方柄，王先生则攻击系中不

---

① 年代不详，疑为1945年或1948年。

究办，结果周先生认方柄为友人而对充误解。周先生被玩弄而不自知。充有口难辩。诸如此类之事，不胜枚举。

此函恳付炬。

许烺光致熊庆来函

迪之先生惠鉴：

客岁接奉大札，并蒙不弃，附寄聘书。惟以此间西北大学人类学系教职接任不久，一时乏替代人选，致未能如愿来昆，至以为憾。本年六月间愚与内子于美国社会科学研究协会（Social Science Research Council）及西北大学研究院之经济支持下，拟返国一行，研究对象为体质与性格关系，为期七月。此间本年秋季所应授课程由英国德汉大学（Durham）人类学教授那德尔先生（Nadel）暂代。愚抵香港后，计划为广东或湖北留三月，云南留三月。贵校社会学系此刻何人主持，教学情形必有长足进展，如今秋于短短三月中愚能有为力之处，望预行示知，当竭尽绵薄也。专此，敬祝教安。

后学许烺光手启
民国三十七年一月二十八日

熊夫人前劳代致意，恕不另。

［国立云南大学校长批语］：送杨象乾先生一阅。

二月十日

复许烺光函

烺光先生惠鉴：

别后时为驰念。展奉一月廿八日惠书，无任欣幸。贤伉俪年内即返国，并可来昆一行，得悉尤深欢忭。本校社会系现为杨象乾（名堃）先生主持，教员有金琼英、杨怡士、李慰祖等，学生亦已激增，系中精神颇好，惟旧人均已他去，殊觉怅念。台旆抵滇，当敦请作一有系统之讲演，［其裨益］倘兄能久留正式任课，尤当欢迎肃聘也。专复，顺颂研祺，并候夫人金安。

熊制〈庆来〉敬复
民国三十七年二月十二日

孙本文致熊庆来函

庆来先生大鉴：

去年为贵校推荐刘绪贻先生，未成事实，深引为憾。不知贵校社会学系现尚需人否（系指暑后）？兹有北洋大学教授杨堃先生颇愿来南方任教。杨先生在北方各大学执教近二十年，如能来贵校任课，必可加强社会学系。随函坿上履历一纸，藉供参攷。又杨先生之夫人张女士长于文学及法文，如贵校亦须延聘此项人才尤佳。杨先生曾函询昆明方面亦有匪惊否？便中亦祈示及为感。先生何日重来南京？希图良晤也。不了。此颂

　　教祺

弟孙本文顿
民国三十七年三月四日

熊
庆
来

附杨先生伉俪履历一呈。

杨堃，字象乾，河北大名县人，现年四十七岁。法国里昂大学理科硕士、文科博士。曾任河北省立河北大学、国立北平大学、北平师范大学、私立燕京大学等校教授，现任北洋大学教授（月薪五百六十元），能任社会学、民族学、当代社会学说、中国社会史、家族社会学等。

张若名，杨夫人，河北清苑人，现年四十六岁。法国里昂大学文科硕士、博士。现任北平中法大学教授（月薪五百六十元），可任法文、法国文学、文艺批评、小说研究。

[熊庆来批语]：杨先生即延聘，其夫人请凌先生斟酌再定。

三月十日

送请梅院长一阅，并转告梅怡士先生。

来

唐培经致熊庆来函

迪之校长吾师钧鉴：

睽违□□，弥切萦思。比维道履嘉胜，为颂为祷。生于上月中旬至穗，此间诸渐就绪，工作亦已展开。昆市想甚安谧，云大教学种种谅亦较为安定也。兹者云大已由部核拨壹千万圆作收容寄读生增班设备之用，知为廑系，谨此奉闻。专肃不一，顺请道绥。

生唐培经上
民国三十七年三月五日

致杨堃电

天津北洋大学杨教授象乾鉴：

决敦聘台端任社会系教授，正薪五百八十元，提前三个月发薪作旅费，盼俯就。需欹电示即滙。尊夫人亦愿借重，以名额限制，容决定再达。

校长熊庆来叩
民国三十七年三月十日

张文奇致熊庆来函

迪公校长钧鉴：

职自奉派来英研究，努力工作，不敢稍懈，研究结果，尚蒙各方所赞许，伦敦大学颁给工学博士学位，英国炼铝公司赠予发明奖状。不辱使命，稍慰钧怀。兹以工作完毕，于七月六日乘轮返国，八月间当可到达香港。如蒙赐示，请寄"广东、曲江、昇平路二号"。崀此，敬请钧安。

职张文奇敬呈
民国三十七年七月十二日

致杨堃函

象乾先生道鉴：

久仰光仪，把握莫由，望风企想，曷既钦驰。敬维撰祉绥和，为颂。顷接孙本文兄来函，藉悉执事愿南来讲学，极表欢迎，谨敦聘担任敝校社会系教授，月俸致送陆佰元（生补助及研究费照部章致送），并提前三个月起支送，作为旅费，尚祈俯允赞助。滇省僻处边隅，颇称安定。抗战以来，文化有长足进步，昆明实西南之一重要学术中心也。尊夫人敝校亦欲借重，惟以名额限制，俟教部核增，再行决定奉告。如何之处，即希电复为荷。耑此，敬颂

　　教祺

弟熊○○拜启
民国三十七年三月十六日

致孙本文函

本文先生道席：

奉读三月四日手书，敬悉一一。象乾先生学识深邃，夙所钦仰。今承介绍，极表欢迎。兹决聘请担任社会系教授，其夫人张女士亦拟罗致。俟本校名额核定，即可决定也。知关锦念，特此奉复，并颂

　　教祺

弟熊○○顿
民国三十七年三月十六日

华封歌致熊庆来函

庆来校长吾兄礼鉴：

比闻封翁大人仙逝，吾兄纯孝性成，当必哀毁逾恒。不过老伯福寿全归，今兹驾返仙台，尚祈吾兄节哀顺变，以当大事，是所企望。迳启者。小儿世锜，宿承吾兄栽培，兹已由贵校化学系卒业，将来拟饬其赴美留学，以资深造。惟在未出国期间，拟恳吾兄就贵校助教位置中予以枝棲，俾其教学相长，对于所学获收实习之效，不致日久遗忘，将来赴外留学，必受益不浅。想吾兄爱护小儿有素，当必俞允玉成也。耑膝奉恳，并颂礼安。伫候覆示。

弟华封歌拜启
民国三十七年七月十日

致空军总司令部公函

迳启者。查敝校航空工程学系自动驾驶仪与高空瞄准仪等课程授课人选尚阙［缺］，顷悉贵属昆明第十修理厂近已结束，人员将分别他调，该厂修造课课长郭佩珊一员对于上项学科颇有研究，敝校拟聘郭君担任上项课程一年，相应备文函商，请烦贵部查照，惠予借聘一年，并希见复，至纫公谊。此致空军总司令部。

校长熊○○
民国三十七年七月二十二日

熊庆来

周宗璜致熊庆来函

迪之校长吾师道席：

久违教范，曷胜神驰。年来学界之不安，深为扼腕。兹见报载，贵校风波已告平息，良以为慰。生在中正大学任教七年，以环境过于闭塞，乃于今春来此供职。内子宗清，近来执教于国立江苏医学院，担任生物学课程，久以不能从事潜修研究为苦，故决于今夏辞去。久慕滇省植物材料丰富，贵校生物学系设备充实，如有机缘，甚愿来滇于授课之暇，得从事研究，而免荒废所习，尤以得亲教益为快。课程方面，除细胞遗传为最有兴趣外，植物形态切片等课亦可担任，恳祈卓察赐示，至所感祷。专肃，敬请铎安。

生周宗璜谨上

民国三十七年七月二十三日

张励辉致熊庆来函

迪之校长惠鉴：

三月廿日曾上芜函，迄今数月，未蒙赐覆，殊为遗憾。现学期终了，不应再事拖延，务请查案于本月内明白示覆，以谋结束。如仍置之不理，迫不得已，势必寻求保障之方，而后果如何，非所计也。谨此，即请教安。

张励辉谨上

民国三十七年七月二十三日

复华封歌函

封歌先生台鉴：

前奉惠书，辱承关切，至感。近以校务忙迫，裁苔稽迟，歉甚。令郎世锜，成绩优异，原应留校相助，奈下年度员额已满，容有机缘，再图报命。专此佈复，顺颂时祺。

熊制〈庆来〉敬复

民国三十七年七月二十七日

秦仁昌致熊庆来函

迪之校长赐鉴：

猥蒙不弃，聘昌为本校森林系主任，愧不敢当，谨将聘书奉还，退让贤能，诸祈明督。敬颂日祺。

职秦仁昌拜上

民国三十七年七月二十九日

复秦仁昌函

子农①先生道鉴：

惠书奉悉。台端为吾校柱石，教学有赖诲导，行政亦承匡持。值此多事之秋，仰赖

———————————

① 子农，秦仁昌的字。

于贤劳者尤大，所有一职，仍望勉为担任。兹特将聘书奉上，至祈詧收是幸。专颂道绥。

弟熊制〈庆来〉敬启
民国三十七年七月三十日

附聘书一件（略）。

[国立云南大学校长批语]：王、何两先生同此稿。

复张文奇函

文奇先生台鉴：

　　顷接七月十二日大函，知已深造归国，欣幸无似。此间同人均涘盼台端返校，望驾即来，以慰怀想，并希于吉抵香港后，先惠一函为盼。专复，顺颂旅祺。

熊制〈庆来〉敬复
民国三十七年七月三十日

张维翰致熊庆来函

迪之吾兄校长道席：

　　久不晤教，渴念为劳。兹介杨名光（住高山铺四十四号）世兄奉谒，乞赐接谈。名光英敏力学，在北大政治系毕业后，先后任职于青年部及教育部，均有成绩，尤乐于任教，冀获教学相长之益。尚恳惠予延致，以成其志，曷胜感祷。耑此奉达，藉颂道祺。

弟张维翰顿
民国三十七年七月三十一日

熊
庆
来

马耀先致熊庆来函

　　为签请改叙教授名义并增加俸额事。查耀先于民国三十五年接奉我校聘任为土木系副教授、月俸以四百廿元待遇以来，两年渡过，进入第三年度，本日又接卅七〈年〉度聘书，仍以原职原薪聘任，将见三年之中，名义薪级一仍旧贯，毫无改进。复查耀先于民国十六年离开学校，服务社会，迄卅五年恰好为廿年，始终用其所学，未离工程界之本位，其间主持设计工作者十年、负责实地工作者十年，学理经验兼而有之。至迴溯在学读书时代，因勤学好问成绩优良，自初学以至大学近廿年之时光，历年考试均得最优等成绩，名列第一，友侪均知，非可妄陈。似此情形，加以在我校两年任教之成绩，均在洞鉴之中，拟请赐予改叙教授职级，并酌增俸额，以资体励，实为德便。谨签主任丘转呈校长熊。

马耀先谨签
民国三十七年七月三十一日

梅远谋致熊庆来函

迪之老校长先生道鉴：

　　赋质驽骀，供职无状。院系各兼职恳祈另简贤能，以免再误。谨敬奉还兼职聘书，专力教学。无任感祷，肃颂铎安。

附呈兼职聘书一帋，徐嘉瑞、朱驭欧两先〈生〉聘书各一帋，陈复光先生聘书一帋，文法学院院长牙章一方。

弟梅远谋顿

民国三十七年八月一日

致张励辉函

励辉先生台鉴：

赐函奉悉。来以事忙，未能时相晤叙，至歉，且农院负责人与台端相见时少，于工作亦有不接头处，致起误会，甚是憾事。兹拟补送本年度三月至五月三个月薪津，其余一切统托景荣先生面馨。专复，顺颂台祺。

熊庆来敬启

民国三十七年八月三日

王绍曾致熊庆来函

迪公校长钧鉴：

敬陈者。承蒙不弃，嘱于下年度继续负责航空系系务，祇〔祇〕以经三数年来试验结果，自知不适于斯职，故曾面恳钧座收回成命，并将聘书奉还。今又蒙赐书敦促，且语多奖饰，殊深感愧。本当受命，惟恐衷心痛苦，将无以自拔，实不敢再担负此项职责。盖晚性素急燥，且个性过强，遇事求其必成速成，此点即与我国社会习惯相背，事欲求其成反招致失败，因以自知不适于行政事务。此其一。再则家慈携幼小弟妹数人，困处保定危城，经济上、精神上均感困苦，祇〔祇〕以晚性倔强，不愿外露，实则对工作影响甚大，担负重课之外，无力顾及行政事务。此所以不敢再担任系务者二。此外，尚有二重大原因，一为延揽师资，一为毕业生之出路问题。晚归国日浅，且不善交遊，于上述问题均乏力解决，为公为私，祇〔祇〕有退避贤路，敬乞钧座速觅适当人选接替，以免影〈响〉下年开学。区区苦衷，尚乞垂詧。是所叩祷，谨请钧安。

晚王绍曾谨启

民国三十七年八月四日

李吟秋致熊庆来函

迪之校长励鉴：

敬覆者。秋之拙著尚未完成，拟于下学期努力研读，冀将初稿煞清，所有铁管系主任一席，碍难担任，敬将原聘书奉还，尚希鉴原为荷。此候教安。

附聘书一份（略）。

弟李吟秋谨启

民国三十七年八月六日

复王绍曾函

绍曾吾兄惠鉴：

赐书奉悉。航空系务得承吾兄主持，惨淡经营，基础以立，规模已具。本年毕业生优异，出人意外。弟□既为兄贺，尤足为吾校庆也。系务进展，正有待于贤劳，何可遽行引退？务恳仍照旧担任，以竟前功。承示困难各点，当另谋解决之方。临颖神驰，不尽欲言。附奉聘书，即祈哂收，勿再多劳往返也。耑覆，即颂教祺。

附聘书一纸（略）。

弟熊庆来谨覆
民国三十七年八月九日

杜棻致熊庆来函

查属院附设医院前因赵院长休假一年，暂由本人兼代，至本年七月底止业已届满。刻以医学院筹备开学，事务繁忙，不能兼顾，特签请即予另聘人员接替，以重业务。本人负责至八月底止，决不继续，务祈准予早日遴聘，以免该院业务停顿为祷。谨呈校长熊。

医学院院长杜棻
民国三十七年八月九日

致杜棻函

杜棻院长吾兄惠鉴：

日昨面谈，甚快。附设医院院长职务，承兄慨允继续主持，至深感纫。弟于日内赴穗。匆此佈达，顺颂教祺。

弟熊庆来敬启
民国三十七年

国立厦门大学校长汪德耀致熊庆来函

迪之吾兄大鉴：

迳启者。兹有法国友人 Vicmote Jean Michel De Resmadec（中文名甘茂德）先生来华已十一年余，曾在震旦大学任教及北平汉学研究所（巴黎大学所办，法文名 BentreSinologique）担任研究工作，现任北平辅仁大学教授。因时局关系，有意南下，因敝校法文教授已聘定，拟向吾兄介绍。甘先生能教法文、英法文学及文学史以及哲学等课程，英文亦能畅谈，中文及国语均不错，其太太为辅仁大学学生（一位北平小姐），与邵可侣先生（M. Redus）亦友善。贵校如尚有法文教授机会，甘先生定能胜任愉快也（希望薪金在 480~500 元）。彼之通讯处为北平台吉厂三条一号（前法国兵营）。如荷延聘，请迳函接洽，尤为感盼。弟定日内返厦，以后尚希时赐教言为幸。耑此奉恳，顺颂教祺。

汪德耀
民国三十七年八月十日

[**国立云南大学校长批语**]：法文教授已多，又限于名额，未便借重，以后有机会再

熊
庆
来

205

为注意。函覆。

九月□□

致马耀先函

耀先先生台鉴：

来示奉悉。台端学理经验素所敬佩，任教以来，泳资臂助。惟副教授最高薪额为四百廿元，未便再增，刻拟考虑改陞教授，希即将著作送下，以便提交聘任审查委员会讨论通过。专此佈复，顺颂教祺。

熊制〈庆来〉敬复
民国三十七年八月十一日

黄国瀛致熊庆来函

迪公校长道席：

迳启者。弟厚承谬赏，以系务相托，已四年于兹，自愧学识浅陋，建树毫无，深负我公付讬之盛意。现值本校更张之时，尤需名流领导，庶上可以对国家，下可以对青年。愚鲁如弟，理应急流引退，避位让贤。如再厚颜恋栈，必成画蛇添足，亦非我公爱弟之始意也。言短意赅，不尽所言。系主任兼职，祈另聘贤能，免遗误学校行政。不胜惶愧拜感之至。敬请钧安。

弟黄国瀛启
民国三十七年八月十二日

马骢致熊庆来函

迪之仁兄校长如晤：

兹有国立政治大学经济系毕业邓树坪，学识优良，热心教育，极有心得。现值云大开学之际，特为介绍。如有相需之处，尚希卓裁延聘，俾资贡献。专此，即颂时绥。

马骢启
民国三十七年八月十三日

致黄国瀛函

正学①主任吾兄道鉴：

来书奉悉。台端自兼任矿系主任以来，泳资臂助，且该系正图发展，仰赖于匡导者尤多。所有系主任一职，务盼分神担任，实泳企祷。专颂道绥。

弟熊制〈庆来〉敬启
民国三十七年八月十四日

---

① 正学，黄国瀛的字。

华秀升致熊庆来函

迪之校长仁兄勋鉴：

兹有门人周叔怀君，香港大学政治经济系毕业，曾任中学教员及校长、政界专员、秘书等职，其人品敦学厚，对于英语及政治经济学尤为所长。现在本已任职人企公司秘书，惟因昆市生活日高，家累綦重，月入薪金难敷支用，经商得公司主管同意，兼授校课，藉资弥补。弟与周君谊属师生，睹此情形未便坐视，用特代为函恳吾兄推情赐就贵校酌予教授英语及政经学钟点，俾尽所学，藉资维持，并附周君履历一份，尚祈鉴詧。倘荷俞允，感同身受。专此奉恳，敬颂勋绥。

附周君履历一份（略）。

弟华秀升敬启

民国三十七年八月十四日

复华秀升函

秀升厅长吾兄勋鉴：

大示奉悉。承介绍周君叔怀，自应尽可能借重，以副雅嘱，已将尊函及周君履历交由外语系酌量设法矣。先此佈复，顺颂勋祺。

弟熊制〈庆来〉敬复

民国三十七年八月

李培天致熊庆来函

迪之仁兄校长讲席：

自京返昆，忽忽匝月。冗务蝟集，未遑趋候，为歉。比维杏坛纳祜，著业延釐，为颂。兹有恳者，敝行总稽核刘广义君，河北人，曾毕业天津南开大学，服务银行界十余载，对银行实务一科造诣甚深，敝行及昆明商业银行之会计规程，即均为刘君所釐定，且曾在本市各公私商科学校专任银行会计及实务一科。教师数年，桃李门墙，几均在本市各银行服务，且以银行从业员素质日低，刘君函恳以自身所学，为国作育人才。兹闻贵校银行会计一科，讲师尚未聘定，用敢专函介绍，并嘱刘君亲前请益，尚祈不吝赐予指示为恳。专此，敬颂著祺不一。

弟李培天顿

民国三十七年八月十七日

[**国立云南大学校长批语**]：本校会计各课已有专任教授担任，俟以后有机会再注意借重。函覆。

八月二十一日

李耀商致熊庆来函

迪公校长钧鉴：

渝城奉别，瞬经六载。恭惟德履绥吉，起居佳祥，为颂。敬肃者。耀商新近到交部滥竽专员一职，因叙级发生问题，上月曾函託海秋兄转呈，恳钧座饬属查卷，发给服务

熊庆来

207

证明书一纸，俾资证明。耀商自民国十二年五月起至十六年八月止之期间，曾充任东陆大学教员（担任政治学经济学课程），此事务恳允准。竚候回示，顺叩崇安。

愚后学李耀商谨启
民国三十七年八月十七日

于南京市萨家湾交通部国际组

陈人龙致熊庆来函

迪之校长勋鉴：

东返后，曾肃寸缄，讨邀尘［麈］览。归后悉昆市又起学潮，学校损失綦重。此后善后复兴诸端，仍有待于吾公之辛勤擘画。遥望南天，系念何似。弟去岁辱蒙征召，留昆乙载，频荷厚爱，原拟下学期继续来校，再效棉薄，讵归来两月后，经济及家庭环境均有牵累，不得已就近应南京建国法商学院及政大两校之聘，去京任教，所有秋间返昆之愿，一时势不易偿，用特专函奉陈，敬恳准予辞去本校政治系副教授职务或准予休假，俾系中职得免虚悬。他日西行，有便定当再聆请诲，重供驱策也。专肃佈恳，敬颂勋绥。

弟陈人龙谨拜
民国三十七年八月二十三日

赐覆请暂寄"江苏常熟后花园弄六号"

[**国立云南大学校长批语**]：函覆：既有特殊困难，自未便强挽，惟盼以后再有机会借重。

八月二十六日

复李培天函

子厚①立委先生勋鉴：

展奉赐书，藉悉一是。承介绍刘君来校，自应尽可能借重，以副台命。惟据经济系主任言，本校会计各课程已有专任教授担任，不复需人如是，所嘱暂难设法，俟以后如有机会，再为注意。专此佈复，至希谅詧是幸。顺颂勋祺。

弟熊制〈庆来〉敬复
民国三十七年八月二十五日

空军总司令部致熊庆来函

事由：为借聘郭佩珊一员一案由

受文者：国立云南大学熊校长

一、学4213号公函敬悉。

二、贵校请借聘郭佩珊一员任教一年一节，自应照办。该员自三十七年八月十六日起应予停职留籍一年，前往贵校服务，至明年（三十八年）八月十五日止，期满仍回返

---

① 子厚，李培天的字。

云南大学史料丛书·校长信函卷

本军服役，希查照并转知为荷。

总司令周至柔

民国三十七年八月三十日

中国经济建设研究会昆明分会致熊庆来函

青云街国立云南大学熊庆来先生：

　　兹定于九月五日（星期日）准下午五时，假兴文银行三楼举行九月份月会，敦请云南锡业公司协理吕燕生先生演讲《云南之锡业》，并备节约叙餐。相应函达，至希准时出席，并请将坿条签复，以便筹备为荷。此致各会员。

中国经济建设研究会昆明分会启

民国三十七年

丘勤宝与熊庆来往来函

　　宝猥以微末，来校执教，追随我公悠忽十载。在此期中，谬蒙不弃，聘为土木系主任及训导长。惟蒲抑之资，虽竭尽棉薄，然未有建树，愧无以荅知遇，尤以近三年来政局不安，学潮迭起，劳怨交瘁，精神牺牲至重且钜，非仅无暇完成个人之著述而已。今幸蒙准予辞去土木系主任及训导长兼职，方期专心完成未竟数书，乃复奉三日聘书为工学院院长，自顾驽骀，且今后计划拟于课余之暇，从事学术著作，故恳辞工学院院长及土木系主任兼职，用特函陈，敬请鉴宥为祷。此上校长熊。

晚丘勤宝敬上

民国三十七年九月四日

天巍[①]吾兄台鉴：

　　来示奉悉。吾兄主持土木系及训导处，历有年所，功在学校，同仁一致称仰，不仅弟之所感也。今训导职务既勉允贤者卸去，则工学院必赖兄专力主持，以求发展，且众望所归，舍兄亦莫属也。至土木系主任更无变更可能，应仍请继续偏劳，一切泳资匡助，幸毋得过事谦抑为祷。专颂教祺。

　　附聘书一件（略）。

弟熊制〈庆来〉敬复

民国三十七年九月六日

教育部学术审议委员会致熊庆来电

（发文高字第 48530 号）

国立云南大学熊校长庆来勋鉴：

　　本会教员送审资格案内著作《分析学入门》一种，曾于卅六年三月十二日以发文第

---

　　① 天巍，邱勤宝的字。

熊庆来

一四二一九号送请台端审查，时逾年余，未蒙掷还。兹因亟待核定著者教员资格，特电请将原件检还并见复为荷。教育部学术审议委员会。

民国三十七年九月七日

致陈人龙函

人龙吾兄先生道鉴：

惠书奉悉。台端前在本校任教，深资臂助，正拟继续借重，使诸生多获教益，来示云云，殊觉失望。然既有特殊困难，则未便强挽，惟以后如有机会，仍盼随时匡导，再资借重。临颖神驰，不尽欲言。尚覆，顺颂教祺。

弟熊庆来敬覆
民国三十七年九月九日

致周宗璜函

宗璜先生勋鉴：

展读大函，快同觌面。昆明学潮解决，而整理善后诸端，均须于开学前赶办，心劳力瘁，可想而知。尊夫人拟来滇任教，自应尽可能借重，已商之系主任秦子农先生，以本期员额已满，以后有相当机会，再行函达。专此佈复，顺颂勋祺。

熊庆来敬复
民国三十七年九月九日

致汪德耀校长函

德耀校长吾兄道席：

顷奉惠书，快同面觌。承介绍甘德茂〔茂德〕先生，至感关注。惟本年度法文教授均已聘定，而又限于名额，无法增聘，以后如有机会，当为注意。专此佈复，顺颂教祺。

弟熊庆来敬复
民国三十七年九月十日

通信处：福建厦门大学

致国立北平研究院函

迳复者。顷奉大函，藉悉学术会议第二次大会定于九月九日贵院十九週年纪念日在平同时召开，曷胜欣庆，并承推○为会员，尤浃感幸。惟以校务羁身，道远时促，未克出席。兹附上研究论文两件，至希詧及为荷。此致国立北平研究院。

熊庆来敬启
民国三十七年九月十二日

附论文两件（略）。

致王伯琦函

伯琦参事①吾兄勋鉴：

久疏函问，企念为劳。前在京时面邀吾兄回校讲学，承允考虑，至深感幸。此间同人及同学盼兄返亦极殷切，法律系尤待主持。开学在即，务祈俯允，以慰众望。本校现已安定，学潮时所受损失，现正力求修补，会泽楼及校具日内即可修好，仪具亦已修理，补充一部分，上课可无问题。专此佈恳，顺颂勋祺，并候电示。

弟熊庆来敬启
民国三十七年九月十三日

致教育部学术审议委员会函

敬复者。前准贵会寄下《分析学入门》一种，嘱为审查，因忙久延，至憾。兹已评阅完竣，相应捡同该项著作暨审查意见表奉上，即希督收为荷。此致教育部学术审议委员会。

熊制〈庆来〉启
民国三十七年九月二十一日

附： **对《分析学入门》审查意见评语**

审查意见评语：

作者对于分析学之基本概念有透澈了解，讲述亦颇清晰，惜多浮文结撰，似费苦心，参攷取採亦善，惟该书仅为一编述性之作，而非创获性之研究结果，以作应讲师资格之论文虽未为合于理想标准，但在中国今日才难情况之下，可认为入选。

总评：

虽非有创获性之研究结果，但亦为苦心撰述。

民国三十七年

熊庆来

华秀升致熊庆来函

迪之校长吾兄勋鉴：

兹有前清华同学李郭舟君之姪李慰祖，现任贵校社会学讲师。此次携同眷属远道来滇任教，初抵昆明，所需居家设备自当简为购置，际兹物价高涨，连同经常支用，所费当属不赀。李君家非富有，仅以个人月薪支付，颇感艰难。幸其夫人张象☒女士亦北平艺文高中毕业，学识颇优，李君意欲为其就贵校谋一相当职业，以期增加月入，共维家用。弟与其叔郭舟既属知交，兹值其姪辈远道前来，且曾函嘱，自应加以照料，以全友情。用特代为转恳吾兄推情赐予，量材安置其夫人一职，俾李君生活稍为安定，得以共图报效。倘荷鉴允，感怀盛情，有如身受也。专此奉恳，并盼惠复。敬颂勋绥。

弟华秀升敬启
民国三十七年九月二十四日

---

① 伯琦参事，即国民政府教育部参事王伯琦，曾任云南大学法律系教授兼系主任。

复华秀升函

秀升厅长先生勋鉴：

展奉大函，藉悉各节。迪之校长已于前日（二十三日）因公赴京，尊嘱已转达。至慰祖先生来校任教，自当妥为照拂，惟其夫人就职一事，刻以限于名额，暂难设法，当请迪之校长予以留意。专复，顺颂勋祺。

弟熊制〈庆来〉敬复公出

代校长张〈福延〉

民国三十七年九月二十五日

刘功高致熊庆来函

庆公校长道鉴：

前上一函，久未奉复，未审登览否？高不修德，横遭飞祸，承蒙仁慈怜悯孤弱，发起子女教育基金之劝募，并已集有成数，存殁均感。惟此款迄今尚未奉到，不知何故。刻生活日趋艰窘，高六月回鄂，虽在教厅任一小职，所入实不足以自存，而一念及子女将来之教养无着，只有痛哭。原望公处捐款寄到，即在武昌建一茅舍，并畧置田产，俾子女教费有着。延颈企踵，已非一日。务恳我公速与汇寄，交高兄鲁绳月管理支配，至感至祷。又家兄绳月刻由武昌调篆汉阳，并闻。谨请崇安。

晚鲁刘功高上

民国三十七年九月二十五日

马光辰致熊庆来函

迪之校长钧鉴：

辰此次返京省亲，审知家母体力益衰，无人侍奉。辰天涯远游，于心难安。今兹返校，拟恳准假一年，俾可返里奉养，以尽人子之天职。至于系务，已商妥由王志民教授代理。特此，并候道安。

弟马光辰谨启

民国三十七年十月四日

复刘功高函

功高先生惠鉴：

两函均先后奉悉。○以校务忙迫，致稽裁苔，甚歉。晓山先生在本校任教有年，学问道德众所钦佩。惨遭不幸，悼念殊泯。至发起之募集遗族教育基金，赖同人及同学之协助，经募获国币肆千余万元。惟关于基金保管及用途，根据此间多数人意见，咸以基金固属不多，一则募集匪易，一则既系教育基金，应使有长期性，俾收实效。当经募委会第二次会议议决有下列两项办法：一、基金悉数购置卅六年美金公债短期年券后，本年四月一日第一期兑本还息时，所收息金因库券已停售，故购为黄金。二、基金由此间组织保管委员会，并由李绍武先生代表经济系负责保管，如支用基金时，须征询各委员同意，等语纪录在卷。至来书谓拟用全部基金购置产业一节，似不合基金之合理用途，且须征得各委员同意，○

云南大学史料丛书·校长信函卷

未便有所主张。又据李绍武先生签註关于十月一日第二次还本付息时，应有息金四十余美元，惟直至现在国行尚未有正式通知领取，仅规定先行换取整理公债，将来领到可汇寄台端，俾作教育费用，等语。特此附达，并希督及为幸。此复，顺问近祺。

熊〈庆来〉手复

民国三十七年十月六日

王伯琦致电熊庆来

昆明云南大学熊校长：

　　叔玉留京任务。毕君确娴经济商科。尊见何如？

　　祈速示。

琦

民国三十七年十月十六日

许烺光致熊庆来函

迪之先生赐鉴：

　　六月十二日来示，八月中旬始奉阅，敬悉蒙不弃见召返校，至以为感。光自卅三年秋来美后，始任哥伦比哥〔亚〕大学讲师一年，卅四年冬转任康奈尔大学人类学副教授（Cornell University）。此校规模甚大，我国闻人学者多出其门。今秋应西北大学之聘，改就此校人类学副教授（Northwestern University，Evanston，Ill）。三年来出版论文五六篇，另有二书，一书已由哥伦比亚大学付梓，今年十二月左右问世，另一书正接洽条件中。书出后当即寄奉乞正也。三年来虽小有贡献，但怀念祖国无时或释，如可能，明夏当作归计。先生得暇，能否将社会系情况，如教员人数、图书需要、住宅有无等略为示知一二，以便早作预备。再，光返回时，船必先抵上海，由沪去昆之旅程此刻以何者为最佳最便，并校中对旅费办法亦望一并见告。前在云大任教二年余，幸有所成，皆先生领导，有以致之，如能再返本校，当续尽绵薄也。专此，敬颂教安。

　　迪之夫人前望代致意，之毅兄及其他全人等全此。

愚许烺光手启

民国三十七年十月三十日

通信处：Francis L. K. Hsu

Departmentof Anthropolosy

Northwestern University

Evanston，Ill.，U. S. A.

[国立云南大学校长批语]：送张代教务长及梅院长一阅后函覆。

十一月十一日

　　[批示]：请梅院长批示，以便函复。旅费单身以提前两月起薪充之，有眷属三个月。

熊庆来

陈旭人致熊庆来函

熊校长钧鉴：

久未畅谈，更未互通华翰，深以为歉。近有机会出国深造，惟费用不够，久仰校长提拔后进，能否补助？旭人数千金圆，本人不行，是否在昆明富商中代筹。至为铭感，回国后有机将至昆明服务。此颂教安。

后学陈旭人敬上
民国三十七年十一月一日

新林院55号。欸到后书回条以为凭。

[熊庆来批语]：以世交关系，自愿尽力为助，但秉明留法，公费不敷用应接济，此外尚有一子入大学、一女一子入中学，经济极拮据，又因时局不好，富商亦不易为助，望……

十一月五日

张云致熊庆来函

迪之校长先生勋鉴：

都门把叙，至感欣幸，惜五日匆匆，未获深谈耳。关于国际天文台事，顷已接哈佛大学 Shapley 先生来函，谓此次瑞士会议对于建台事并无若何进展，现只集中于"一切科学计算中心"AllScience Calculational Center（or Computational Laloratory）之建立云。弟旬内拟返粤，以后赐教请迳寄广州中山大学天文台便可。又日前中国天文学会议决函请贵校开设一二天文学课程，以资提倡，盖王士魁先生乃天〈文〉学专家，对于普通天文学及天体力学等功课一时不需要若何设备者，谅无困难也。耑此奉达，并颂勋祺。

弟张云拜顿
民国三十七年十一月六日

[国立云南大学校长批语]：酌覆。

十一月二十一日

致汪德耀函

德耀校长仁兄勋鉴：

在京奉读手书，以俗冗未即裁苔，至歉。弟于本月一日返昆，尊处函电均经诵悉。关于交换教授各节，原则上极表同意，惟文渊兄在敝校目前课务亦甚繁重，泺资臂助，未克如命，抱歉至泺，且明地处偏僻，罗致于人才亦感不易，容以后情形较好，可再函商，兄必能见谅也。专此佈复，并颂勋祺。

弟熊庆来敬启
民国三十七年十一月六日

复陈旭人函

旭人世兄台鉴：

顷接来函，藉悉各节。世兄有意出国泺［深］造，至足嘉佩。来以世交，原应尽力

云南大学史料丛书·校长信函卷

为助，惟小儿秉明留法，以公费不敷，常须接济。此外，在大学中学者尚有二子一女，担负之重，不言可知。至于昆明商界，正以市场凋敝，亦未便向之启齿，心余力绌，实泳负之。特函佈复，并希谅之。此颂台绥。

熊庆来手复

民国三十七年十一月八日

复张云函

子春①吾兄先生惠鉴：

此次在京畅叙，至泳欣幸。别后曾赴台湾一游，于本月一日由沪返昆。昨奉手书，藉悉种切，泳感关注。至开设天文学课程事，尚不困难，当与王士魁兄等商谈进行，俟有所决定，当再函达。鳞鸿有便，尚希时赐教言为幸。此复，顺颂教祺。

熊庆来敬启

民国三十七年

致黄绵龄函

绵龄吾兄惠鉴：

在沪欢聚多日，□幸，惟相扰过多，甚不安耳！前日由中国银行电汇金元叁仟五百元，想已收到（实汇式千玖百元，连同弟所存之陆百元，计共如上数。前项存款可不再汇昆）。此款返昆后即条知电汇，会计室疏忽延搁，以致稍迟，至歉。教部拨给本校无线电机一座，由李清泉教授寄存华中矿局，颇有时日，兹将李先生亲函坿上，希即前往洽取，暂存贵处，并盼觅便运昆。又朱先生前购之徐悲鸿画款五百元，原系桥〔侨〕会捐款，并请向前途洽取汇昆为祷。此颂筹祺。

弟熊庆来敬启

民国三十七年十一月十日

致汪厥明、王仲彦函

厥明、仲彦吾兄道鉴：

此次在台欢聚，得以一倾积愫，已属至幸，复荷殷勤招饮，并偕游览，情意优渥，尤泳感纫。握别后于本月一日由沪返昆，校中一切平善，堪慰锦注。鳞鸿有便，尚希时惠好音，以慰企念。专此佈谢，顺颂教祺。

弟熊庆来敬启

民国三十七年十一月十一日

[**国立云南大学校长批语**]：再酌改函致叶树藩君，系台大助教，前本校农学院毕业。

---

① 子春，张云的字。

熊

庆

来

215

致海帆主任函

海帆主任仁兄勋鉴：

此次在台欢叙，承教甚多，且劳引导，并赖尊车代步，得于短时间内遍访知友，遍游名胜，情意优渥，感篆实泺！握别后即飞沪，于本月一日返昆。校中一切平善，堪慰注念。鳞鸿有便，尚希时惠好音。专泐佈谢，顺颂勋祺。

弟熊庆来敬启

民国三十七年十一月十一日

李怀致熊庆来函

校座钧鉴：

敬肃者。职以菲材，谬蒙厚爱，栽培大恩，永铭不忘。九年以来，兢兢业业者亦即思以报答于万一也。近以体弱多病，医嘱如得长期休养，尚可早告康复。况值国事如此，同人心情恶劣异常。以职不学无术而尸位要津，自度实非所宜。不幸而一旦引起纠纷，必将影响校政，且事务人员久任，实难免拖踏圆通，即流为敷衍。一旦主管交代，往往受其影响。钧座受政府之倚重、员生之拥戴，自必长期长校，然日后难免不有交代之日，斯时恐为职累，务恳准职交卸而作一结束，则公私俱得两全。此非危言耸听，实乃拳拳之衷也。临呈不胜感祷之至。肃此，敬颂勋祺。

职李怀谨呈

民国三十七年十一月十五日

[国立云南大学校长批语]：酌量恳切函覆。

十一月二十三日

徐廷复熊庆来函

迪之吾兄大鉴：

日前在台晤教，深以为慰。临行未及远送，憾甚！大局日趋险恶，人心极度不安，中央应速筹对策也。闻昆明地方尚称安静，物价上较平稳，诚不啻世外桃园，日内由内地来台者日多，物价暴涨，房荒亦日趋严重，一般公教人员及洁身自好之士无不叫苦连天，将来真不知如何了局。秦昉五同学近在昆明，作晤面时，祈代为致意。专此，即请大安。

弟徐廷复顿

民国三十七年十一月十六日

在昆各友好统此问候

[国立云南大学校长批语]：酌覆。

十一月二十三日

台北市济南路一号台湾省肥料运销委员会

云南大学史料丛书·校长信函卷

致陈省身函

省身吾兄惠鉴：

　　此次在京畅叙，至泍欣幸，复荷殷勤款待，尤为感纫。别后旋赴台湾一遊，彼处教育生产建设良有基础，祇以时间太暂，不无走马看花之感。本月一日由沪飞昆，沿途平善，校中一切安定，差堪告慰。惟时局如此，京中不免较受影响，尊兄何似，至为系念，尚盼随时见示一二为幸。前言之数学经济书名称为何？烦便中开示数学会卷宗。来曾嘱校中秘书处职员挂号航寄，来回昆责谓已寄，但又未寻出收据，所登记又不甚清楚。有此情形，于责任实说不过去，来深觉疚心，现仍在追究中。专此佈谢，顺颂研祺。

熊制〈庆来〉敬启

民国三十七年十一月十六日

致杭立武、田培林函

立武、伯苍①次长吾兄勋鉴：

　　在京承教，至泍欣幸。握别后旋赴台湾，署作教育生产方面之考察，本月一日复由沪返昆。校中一切安定，堪慰绮注。惟自币制改革后，物价激涨，同人生活困苦万状，教授会原有自二日起罢教三日之决议，适弟于是时返校，再三劝慰，遂打销前议矣。刻待遇虽经调整，而物价猛涨不已，且金圆券又贬值五倍，是以困难愈甚，切望再速作合理调整，俾安人心。各校向国行透支，能予延期甚善，但昆明央行尚未接获总行命令，拟请钧部从速转知总行电令昆央行照办，并应以追加后款数作标准。本校向钧部之其他各项请求均属实际需要，统乞鼎助促成，至所感祷。专此佈恳，敬颂勋祺。

弟熊制〈庆来〉敬启

民国三十七年十一月十七日

致升峰函

升峰厂长仁兄勋鉴：

　　此次在台，获承教益，既荷殷勤款待，复蒙派员陪同参观蔗田糖厂等处，浓情稠叠，感篆实泍。台湾教育及生产事业基础深厚，可谓人尽其力，祇以弟遊台为时太暂，不无走马看花之感耳。别后于本月一日由沪返昆，一切平善，堪慰锦注。昨与教中兄谈及尊况，渠亦泍致企念，台驾能拨冗来滇一遊，均甚欢盼。专此佈谢，顺颂〈勋祺〉。

弟熊制〈庆来〉敬启

民国三十七年十一月十七日

史春楫致熊庆来函

迪公校长尊鉴：

　　校长此次来京，因生公私事务繁杂，致少拜谒，私心深觉欠安。学校方面，在上学期学潮中虽受损失甚大，然经澈底整顿，当能安定一时，从此树立新风气，母校前途光

---

① 伯苍，田培林的字。

熊庆来

217

明在望。月来徐州大战，京中人心不安，近来虽云获胜，然自林彪部入关后，众料一二月内匪必再度大举进犯，京沪前途不可乐观，生拟早作撤退准备。校长倘能赐予栖枝，生当即欣然就道。生虽无能，然昆明省方人事关系尚佳，或能在对外接洽方面为校长有所分劳。倘有助教机会，请查生在校成绩，以作取舍标准，生不敢迳作请求。谨此奉恳，敬叩钧安。

生史春楫叩
民国三十七年十一月二十日

[国立云南大学校长批语]：本年度内，经济系增人特多，全校员额超过，无法添人，校外可代打听机会，有工作当力为推荐也。据此致函，婉覆。

十一月二十五日

致国立北平研究院函

迳复者。前准大函，署以本校介绍之秦仁昌、蒋同庆诸教授之著作，未准编埘中文提要，又该项论文已否在某种刊物发表（如已发表，须将发表年月及刊物名称开示，并盼能捡寄一份。）及将来是否另行发表，各等由。准此，当经分别通知去后。兹据秦仁昌教授复称，该项《〈古〉马蹄蕨属之研究》一文，并未在任何刊物发表，如承付印，将来愿获五十份之单行本，并拟具中文提要一纸前来。又蒋同庆教授所著之《家蚕中蚕期之嶋［雌］雄鑑别法》一文，已于本年二月由本校蚕桑专脩科印成，研究报告除拟具中文提要二份，并捡同已出版原文一份二册前来。准函前由，相应捡同原件随函汇请瞽照为荷。此致国立北平研究院。

熊制〈庆来〉敬启
民国三十七年十一月二十二日

埘件如文。

李书华致熊庆来函

迪之先生大鉴：

周康之兄来言：麻沃畬先生留法习颜料有年，曾任北平大学工学院教授，现任北京大学工学院教授，学术均优，云云。（弟与麻先生原不相识）康之兄并谓：麻先生行将赴滇，託为介绍。兹特专函介绍。贵校化学方面如需教授，尚祈直接面洽为幸。专此，敬颂台绥。

弟李书华敬启
民国三十七年十一月二十二日

复李书华函

润章①院长吾兄道鉴：

承介绍麻沃畬先生，至感关注。惟本年度化学系人员均经聘定，且员额超过，暂时

---

① 润章，李书华的字。

云南大学史料丛书·校长信函卷

无从增聘。以后如有机缘，当注意延揽。即祈转致周康之先生为荷。专复，顺颂台绥。

弟熊制〈庆来〉敬复

民国三十七年

致云南人民企业公司公函

迳启者。查敝校教职员工待遇自改币以来，因物价不断增涨，生活困难，所得几不能维持伙食，艰苦达于极点。现届严冬，无法添补衣服，拟请贵公司准由云南裕滇两厂照敝校实有人数廉价配售纱布，以资救济。敝校现共有教职员四百六十四人，工警二百二十二人，教职员眷属约二千人，总计约二千六百八十六人。兹特派员持函前来洽商，敬布查照惠予洽办为荷。此致云南人民企业公司。

校长熊〇〇

民国三十七年十一月二十三日

致海帆函

海帆主任仁兄勋鉴：

台北畅叙之乐，实不能忘□。弟于本月一日由沪返昆，当于十一日奉上一函，谅达左右。顷奉十六日惠书，备悉各节。时局险恶，人心惶惶，昆市自亦不能例外。币制改革后，物价波动甚激，同人生活尤感困苦。弟返滇若延迟一日，同仁便好有停教之举，来日大难，实冰凛慄。专复，顺颂勋祺。

弟熊庆来[1]敬复

民国三十七年十一月二十三日

陈省身致熊庆来函

迪之吾师道鉴：

在京握别，倏已月余，谅道履多吉。时局急遽恶化，令人悲观。生前日接普林斯顿Oppenheimer（即原子炸弹负责人）来电劝速赴美国。目前在此不能安心工作，颇拟应邀前往。惟政府为安定人心，教、外两部对于颁发护照，诸多刁难。忆昆明设有外交部特派员公署，声请护照者当不甚多，不知可否颁发赴美眷属护照（家属连本人共四人）？手续若何？至祈饬人前往询问示知，不胜感篆。炎夏已过，方冀可努力工作，不图又有此变化，国内进行工作诚属不易，为之痛心。暇盼赐示数行为感。专此，敬请道安。

生陈省身谨上

民国三十七年十一月二十三日

熊师母前均此请安

---

① 拟稿人在拟稿时，"庆来"大多以"〇〇"代替，以示尊敬，但正式发文时，均明确写出"庆来"。以下"张〈福延〉"同理。

致李怀函

公策①吾兄主任台鉴：

签函均悉。足下任职以来，泺资臂助。际此大局多故，学校维持特感困难，倚重尤殷。仍盼勉为其难，打消辞意，不胜企幸。此复，即颂近祺。

熊庆来手复

民国三十七年十一月二十四日

致陈省身函

省身吾兄惠鉴：

返昆后曾寄一函，计达左右。顷奉上月廿三日手书，备悉各节。时局如此，诚令人惶然不安。护照事经专人赴特派署询问，王特派员适于日前卸事，由李国清先生继任。据马秘书言，若由教部领得出国许可证，护照可照发，盼即积极向教部进行，兄或可先携眷来滇，若能在滇作相当时期之讲学，甚所欢迎也。特函奉达，尚盼覆音。顺颂研祺。

弟熊庆来敬复

民国三十七年十二月七日

致陆崇仁函

子安②董事长勋鉴：

迳启者。西南文化本有悠长之历史，发扬光大，自不容缓，但大雅不作，提挈无人。台端关怀文化，羽翼学术，其于云大扶持尤多。本年蒙由兴文、劝业两行拨歀二十万元，以作设置龙氏奖座及设立西南文化研究室之用，至深感荷，计划已照进行。龙氏奖座曾聘有相当专家八人担任，西南文化研究室亦已成立，聘有研究员、名誉研究员及编辑员进行工作，以出版图书为主要之工作，刻已出学报一种，并续印专刊五种。此涓埃成绩，皆出台端之赐，特将最近工作情形附上一份，即祈惠鉴，并伸谢忱。敬颂

勋祺

国立云南大学校长熊○○敬启

民国三十七年十二月八日

附：　云南大学西南文化研究室决定印专刊五种

云南大学三十一年度承云南兴文银行、劝业银行补助国币二十万元，设置龙氏奖座及成立西南文化研究室，已志前报。闻龙氏奖座由该校延聘相当良师多人担任，工作成绩甚好。至西南文化研究室组织有研究员多人，均该校教授兼任；名誉研究员多人，为国内专家。此外，有编辑员、特约编辑员各若干人，以出版图书为主要之工作，曾进行编纂二十四史云南文献辑录及滇人著述书目二种，翻译缅甸史一种，又徵集研究员著述

---

① 公策，李怀的字。
② 子安，陆崇仁的字。

若干种，计可刊行专刊五种及学报一种。专刊已决定者为张印堂之《滇西经济地理》、徐嘉瑞之《云南农村戏曲史》、方国瑜之《滇西边区考察记》、李田意翻译《缅甸史纲》及研究室编《二十四史云南文献辑录》，已陆续付印。该校对于该行等陆董事长及张行长质斋、孙行长章翊赞文化之热忱甚表感谢云。

[**国立云南大学校长批语**]：一月一日《朝报》、《民国日报》卅七年十二月十八日均已登出。

致楼克莱函

克莱先生惠鉴：

在京晤教，以事忙未获畅叙，为怅。战局好转，京中想安谧如恒。此间甚盼台端来滇讲学，如荷尊意赞同，即希赐复，以便敦聘。专此布臆，敬颂教祺。

熊庆来敬启

民国三十七年十二月十三日

通信处：南京中山大学

涂文致熊庆来函

迪公校长钧鉴：

久疏笺候，鹤跃良殷。迩维公私顺遂，道履绥和，为颂为祝。迳启者。兹有数事奉商，至祈抽暇示复为感：（一）此间国师同事刘重德先生之夫人陈书凤女士，云南昭通人氏，曾毕业于武昌文华大学之图书馆专科，兹拟于年底搭机飞滇省亲（离昭通已六年矣），返滇后拟在昆明谋一枝栖，如台端能为在云大图书馆委一位置，则至深感盼。（二）如陈女士能在昆明谋得位置，则其外子刘重德先生亦极愿于明年暑假后赴贵校担任英文教授之职务。（三）文在此间国师服务，已进入第六年阶段，若明年再得蝉联一年者，则于民三十九年秋季起始可得休假一年，届时如得机缘，亦极愿重游昆明，再次追随钧座或请台端介绍至昆明国师体育系服务，均所心愿也。

国事蜩螗沸羹，东北以及平津京沪人士避难来湘者接踵而至。天祸中国，曷胜浩叹！何（衍璿）、张（海秋）诸位先生想均仍在云大服务，俱在念中，敬乞转为致意是荷。家母于去秋由平搭机飞鄂转湘，今年已届八十二岁高龄，目下身体较前尤健，知关锦注，特以奉闻。匆匆不尽，敬颂道祺，并祝师母健康，府上全福！

后学涂文拜启

民国三十七年十二月十四日

通信处、湖南南岳国立师范学院

复许烺光先生函

烺光先生惠鉴：

接读十月卅日手书，欣悉此次有优越成就，曷胜汴颂。承惠允返校为助，尤泺感幸。社会系本期学生不多，现仅专任教授二人，刻拟添聘二人。图书约百余卷，惟1938年后出版者甚少，至希在美选定名著若干种，先将书目示知，以便购备。由沪来昆自以飞机为善，校中可提前两月致送薪津，藉以弥补旅费，如有眷属，则提前三月致送。兹将聘书奉上，即祈惠纳，并希早日命驾，欢盼者不止弟一人也。专此奉复，顺颂教祺。

弟熊庆来敬复

民国三十七年十二月十九日

范谦衷致熊庆来函

庆来校长先生伟鉴：

日前在十科学团体年会聚餐席上得聆清教，为慰，并谈及来昆任教事。弟现颇有意来昆贵校生物系任教。闻贵校秦仁昌先生改任省农业改进所职，谅贵校生物系必须有人负责，如贵校能拨给来昆航费及在昆有家眷住所，弟极愿离京来昆贵校任教。关乎生物课程，可担任遗传、细胞、动物学各种课程。如何之处，谨希示知。弟在金大系任生物学教授兼训导长职，因鉴于时局动荡，兼慕昆明风景文物，故有来昆之意。耑此奉闻，谨请勋安。

弟范谦衷谨上

民国三十七年十二月二十一日

复涂文函

奇峦①仁兄台鉴：

顷奉惠书，快同面觌。承介绍刘重德君夫妇，原应借重，刻以名额超过，无从设法，至泳怅歉。特函奉达，即希谅之是幸。专复，顺颂研祺。

熊庆来敬启

民国三十七年十二月二十三日

胡之真致熊庆来函

庆公校长勋鉴：

敬陈者。敝人现任海南大学化学系教授兼系主任，月薪五六〇元。兹因海南土共猖獗，治安可虑，亟思来滇工作。如贵校尚差化学或化工教席，敝人极愿充任。故特随函奉上敝人简历一份（载《海大简报》第三版），以供参考。如蒙量才聘用，即祈函覆，俾便将学经历证件寄上，以供教授会审查为荷。耑此，祗请公安。

胡之真谨启

民国三十七年十二月二十三日

附：

胡之真先生，江苏青浦人，美国俄亥俄大学化学工程师，美国哥崙比亚大学理科硕士，曾任经济部中央工业试验所简任技正，曾任国立浙江大学、国立贵州大学等校任教，现任本校化学系教授兼系主系〔任〕。

（摘自《海大简报》第三版）

---

① 奇峦，涂文的字。

仲跻敏致熊庆来等人信函

熊校长、熊太太、凌主任暨华月娥、徐庆森、李岱钧诸小姐：

由衷地谢谢诸位付给跻鸥兄的热心和帮助。

为了免得诸位的关怀，谨先将跻鸥由昆起飞到汉后之情形告知。跻鸥于八号到汉，因为先前此间与在汉亲友之接洽未妥，以致在鸥抵汉之日，无人在机场待接。累鸥在机内坐待一宿。九号，机场内人在彼衣袋内搜得一字条，遂依该字条送武大，又因种种原因，辗转甚久，且曾一度失纵及落水。至于其间详情，因汉口来信，未曾详述，故不获知。最后始能寻得，住汉数日，于十八号乘轮到沪。数天来观其行动，尚为良好，并定于明天送伊归里，与彼父母相见。

起初，当敏尚未知悉跻鸥神经失常之时，常惊讶每次投书云大，俱如鱼沈雁杳。自夏前迄今，五六阅月来，未得跻鸥之片纸只字，复因在昆无其他亲友，故没法探询他的下落。数週前忽然接得贵校外语系两电，一时竟摸不着头绪，继念既然送归，必有事故，所以覆电请送武大，意谓不论如何，待接彼归后，再探其究竟也。乃承贵校外语系同学于十二月十日寄来一信，述跻鸥之病源、病情以及送之东归之前后种种，极为详尽，无限感激。该"笔者"先生书中曾有"实惊讶跻敏君数月来未收到家信'昆明的哥哥疯了'"之语，想该先生或会将敏与跻鸥误认为同胞兄弟。鸥系敏之远房而非近亲之兄弟，平时与锡五叔未尝通音问，所以不能早获其情也。

跻鸥返里以后，必当不负诸位之期望，令彼家庭付予最大之照料，使能长期休养，恢复健康。

对于诸位先生暨诸位小姐的崇高的热心和辛苦的奔走，虽敏千称万谢，不足报高谊厚恩于万一，惟敏以后当将诸位付与跻鸥之善举转付于在痛苦与不幸中而期待慰安及援助者，以求诸位之善举得等是而下，惠及千万人而永垂不朽。敏所以报谢诸位者，如此而已。敬祝诸位永远健康！

仲跻敏

民国三十七年十二月二十六日

复胡之真函

之真先生惠鉴：

顷奉大函，藉悉种切。台端学术泓湛，原应借重，惟本校化学系教授员额已满，无从设法，容有机缘，当在延揽。专此佈复，至希谅之是幸。此颂教祺。

熊庆来敬复

民国三十七年十二月二十九日

致教育部部长朱家骅电

钧部本年七月二十日训字第四〇二九三号密电抄发本校。本校附中奸匪教员名单饬实查明，如果属实，应即予解聘具报。等因。奉此。当即密令附属中学校长安字查报去后。兹据密呈称遵查名单所列各员思想偏激，前经先后解聘在案。兹将各员解聘日期呈覆于后（一）李旭、董大成二员三十六年七月解聘，去向不明。（二）杨昭、黄知廉、徐守廉、董友松、李寿等五员三十六年十一月底解聘，去向不明。（三）华世芳一员，

熊庆来

此次解散学校时解聘，三十七年七月三日离校等情。据此查该李旭等八员已分别解聘离校，去向不明。经覆查属实，理合备文呈覆。敬祈钧部鉴核。谨呈教育部部长朱。

国立云南大学校长熊庆来

民国三十七年

致唐培经司长函

培经司长吾兄勋鉴：

京中握别，旋赴台湾署作教育及生产方面之考察，本月一日平安返昆。校中一切安定，学生均专心读书，差堪告慰。惟此间物价高涨，同人生活困苦异常，教授会曾有自二日起罢教三日之决议，经弟再三劝慰，遂打销前议，照常上课矣。本校添建校舍，以工料高涨，原拨之建筑费不敷甚钜，已另具文呈请补助，务恳惠予鼎助，切实签註，俾得批准。又校中员额不敷，极感困难，曾签请增加，想蒙批准，究竟数为若干，即祈示知。又已蒙部长批准，补助教授来校之旅费亦请代催促汇校。费神之处，无任感谢。专此，顺颂勋祺。

弟熊庆来谨启

民国三十七年

再恳者，本校机械系成立不久，设备至属简陋，热机实验方面者尤付缺如，教学泳感空虚。闻钧部接受美国方面之机电设备尚未分配完，或已分配于东北方面之大学至今犹未运出者，拟请钧部即拨与本校应用。又于日本赔偿机件中亦盼从优拨给，藉资充实为祷。再拜。

[**国立云南大学校长批语**]：速缮，并航快寄出。

孙文明致熊庆来函

迪公校长先生大鉴：

久违雅教，敬慕弥殷。此次承邀前往贵校任教，得偿心中宿愿，非常愉快与感激。现正积极整理行装，大约旬日后即可成行。惟交通工具万分困难，飞机一涨再涨，每张票一万一千金元以上（一家三口需三万数千元），绝对不敢问津，火车轮船亦随时宣告涨价，且逃难者异常拥挤，何日到达，殊难逆料。据云云贵交界时有土匪骚扰，不知确否，深为忧虑。沿途株洲、衡阳、柳州、贵阳等处倘有熟人，恳能惠函介绍，以便必要时请求协助而免延阻为祷。余容再陈。敬祝道安，并贺年禧。

后学孙文明谨启

民国三十八年一月三日

如蒙惠函，请由金陵大学孙文郁转。

复范谦衷函

谦衷先生台鉴：

正泳驰系，忽奉惠书，欣慰无似。承允来本校生物系任教，尤为感幸，至旅费一节，刻以校中经费支绌，无法拨汇，如台驾抵昆，可提前三个月支付薪津，藉以弥补旅费。

至宝眷住所，校中当为设法。专此佈复，即希赐示为祷。此颂教祺。

熊庆来敬启

民国三十八年元月十九日

复仲跻敏函

跻敏先生台鉴：

顷接来书，知跻鹍先生已平安抵汉，并拟于日内送其返里，从此得到长期休养，庶病体可日见痊愈，至为欣慰。各同事及各同学处当转达盛意。专复，即问台绥。

熊庆来手复

民国三十八年一月二十二日

杨铭鼎致熊庆来函

迪之校长钧鉴：

去秋旌驾适☒，未能亲晤，至以为怅。遥念在此数年安静空气中，学校地方均多长足进展之处。沪上日近前线战争景像将逐渐由南京移来此间，市府已有疏散公教人员之计划。其计划原非强迫疏散，目前亦尚未施行，然而大多数同仁以为中共如果占据京沪，其所改变之新生活方式以及其经济及兵役等制度，或为一般人民所不习惯，故政府实施疏散之时，晚亦随之撤退。惟此次之移动或将为晚此生最后之一移，故撤移地点则颇不易决定。经考虑再三，仍以昆明为宜，惟不知学校方面是否需要市政及卫生工程等学之教授，抑或有其他工作可资推荐者？素仰吾公爱载［戴］之厚，用敢冒昧就教，敬希拨冗指导，并乞将昆明一般衣食住行等情况便示知为感。耑此，敬颂道安。

晚杨铭鼎谨上

民国三十八年二月二日

夫人前内子附笔问候

通信处：上海徐家汇路 271 号

［承办人批语］：拟仍请校长核覆。

民国三十八年二月十日

缪以渊致熊庆来函

迪公夫子大人赐鉴：

光音［阴］荏苒，别来突忽半载，维玉体康泰，为无量颂。生离昆时，曾登府叩别，只以其时正值学潮，而公事务繁忙，未在家中，并以伧促成行，至不得亲聆临别教言，不胜憾然！客岁八月四日来美后，先在柯州矿学院研究。本期以柯校费用过昂（约五百美元学杂费），遂转来密苏里大学矿冶学院继续研究选冶，期于年内结束学业后再作短期实习，即作归计。

迩来报章所载，祖国政局危殆，共党气焰日旺，实不胜忧惧，谅故乡母校必安谧如恒，而我公领导教育十余年如一日，精神可佩。生异日归国，若蒙不弃，当仍追随左右，为母校母系効劳。远居异国，消息寥寥，尚恳不吝赐示，无任感祷。专此，敬请崇安。

学生缪以渊叩启

民国三十八年二月六日于 Rolla. Missouri

熊庆来

致陈雪屏函

雪屏部长先生钧鉴：

为本校经费及同人待遇事，迭经电呈钧部，谅邀鉴察，惟迄未奉到赐复，泆用惶惶！此间物价自农历年底以来，疯狂上涨，中等白米每石已达八千余元，木炭每石三千元左右，其它日用各品皆超过六七倍以上。二月份教职员薪津虽经勉强由库存及借款发付，然以金元过于贬值，于事无补，且此间通用本省银元（称为半开），现时市面物价多以半开计值，而本校悉发金元，愈感困难，加以战局影响，各地学生来昆借读者络绎而至，增加负担。现统计全校师生及教职员眷属三千余人已濒于断炊之境，自救无力，借贷不易。本日教授会开全体会议，有于最近不得钧部救济即全体辞职之议，情形甚是严重。瞻望前途，尤泆悚惧。务恳钧部对于本校教职员待遇、学生公费、工警薪饷及经临各费立即赐予调整，并将欹电汇至校，以济员生工警于涸辙，并使本校工作不致停顿。倘一时措置不及，可请如教授会代电之表示，暂电请滇省府设法救济。不胜迫切待命之至。专请勋祺。

熊庆来谨肃

民国三十八年二月十四日

[国立云南大学校长批语]：用学校信笺封另缮，航快发出。

致本校教授函

迳启者。法国政府及留昆法国人士对本校素甚同情，赞助之表示已非一次，举凡图书仪器之罗致、学术讲演之组织，在在尽力。中法友谊会之设，目的系求中法友谊之增进、文化之沟通，法人方面对本校同仁特表尊重，咸视吾等为中坚，抗战时期一度停顿，良是憾事。今恢复之筹备工作已粗就绪，最近法政府且拨四十万佛郎捐作该会经费。兹订于本月廿五日—星期五日—下午三时，假会泽院会议室举行茶会，讨论有关问题，并清点选票，甚愿本校留法、比、瑞同仁踊跃惠临参加，共襄盛举。此致

何衍璿先生　柳锦澄先生　梅远谋先生　张文渊先生　杜棻先生　宋玉生先生　赵崇汉先生　徐靖先生　彭望雍先生　张若名先生　杨堃先生　萧子风先生　由振群先生　金琼英先生　王云珍先生　张瑞纶先生　王树勋先生　朱彦丞先生　王士魁先生　卫念祖先生　马光辰先生　王绍曾先生　王志民先生　李清泉先生　诸宝楚先生　朱肇熙先生　叶日葵先生　朱锡侯先生　郭文明先生　张蓬羽先生　魏劼沉先生　蓝瑚先生　李念秀先生　石毓树先生　潘诵芬先生

熊庆来谨启

民国三十八年二月二十二日

致本校同仁函

启者。中法友谊会之组织目的，重在两国文化之沟通与学术之交换，于本校关系甚大，故法方对本校同人特别表示尊重，以组织重心置于本校，我同人对法国学术文化认识泆切，发扬国粹亦具热诚，于此组织自乐于促成。兹闻外界会友之选票早已填送，惟本校同人者尚多阙如，用特奉达。倘台端之票尚未填选，即请拨冗填就，掷交来人转送

临时委员会为荷。此颂

　　教祺

熊制〈庆来〉敬启

民国三十八年

　　名单附后

王绍曾先生　朱锡侯先生　杜荣先生　何衍璿先生　宋玉生先生　李丹先生　李念秀先生　李清泉先生　李枢先生　金琼英先生　徐靖先生　秦访［防］五先生　范秉哲先生　梅远谋先生　张其濬先生　张蓬羽先生　郭文明先生　彭望雍先生　赵明德先生　赵崇汉先生　刘学敏先生　萧子风先生　蓝瑚先生　石毓树先生　马光辰先生

致高克志函

克志先生大鉴：

　　迳启者。此次敝校员工断炊，承蒙先生优予同情，慨赠半开叁拾元作员工福利金，祗领之馀，莫名钦感。除将原欵发交敝校员工福利委员会应用外，谨肃芜函，并申谢悃。敬颂

　　台祺

国立云南大学校长熊〇〇谨启

民国三十八年三月四日

复缪以渊函

以渊仁学弟惠鉴：

　　展奉二月六日来书，备悉各节，至泝欣慰。迩来时局动荡，和谈亦尚无具体表现，人心至感不安。足下出国不易，在美若有办法，以多留时日，深求研习为善。矿冶系本年又增聘新教授二人，张文奇先生亦将返校，师资较前健全，而教部核定本校之员额则已聘足，拟再请核增。足下返国，校中有机会，自愿延聘回校，以续同堂之欢，而共求推进西南文化之巨轮也。尚希随时通函为幸。此复，顺颂研祺。

熊制〈庆来〉敬复

民国三十八年三月七日

复杨铭鼎函

铭鼎处长吾兄惠鉴：

　　时局剧变，至深延念。昨奉来书，得悉一切，无任欣慰。兄肯返校讲学，尤以为幸，即盼从速命驾，以慰同人及同学喁喁之望。聘书拟到校后补送，惟旅费一项以校中经费奇绌，祗能依照规定提前三个月支付薪津，藉资弥补。如需汇奉，亦盼示复。专佈，顺颂勋祺。

熊制〈庆来〉敬复

民国三十八年三月九日

熊庆来

徐佩琨致熊庆来函

庆来校长吾兄惠鉴：

久钦硕范，景企时殷。比维教祺增益，远颂无量。兹启者，平院南下一部分教职员数人（内郑学源君曾教授法文及担任秘书职务），遵从教育部意旨，随弟疏散到黔，沿途备尝艰辛。精神方面，极感痛苦。前在京时，曾悉西南各地大学人员尚觉缺乏，用敢冒渎介绍，尚祈推爱，设法安插。倘荷惠允，则感激之深，等同身受矣。耑此佈恳，祗颂道绥。

弟徐佩琨拜上

民国三十八年三月十八日

赐示请寄贵阳花溪贵大静晖新村十一号刘府转

[熊庆来批语]：函复因学校教授法文人员及秘书均无缺。

四月九日

致教育部部长代电

（卅八）国字第 0243 号

教育部部长陈钧鉴：

迩来金元贬值，物价腾贵，教职员工生活困难达于极点。昨蒙调整教员学术研究补助费，虽购买力仍属有限，但涸辙之鲋，滴水亦属大惠，惟是职员薪金微末，待遇向低，在此窘迫情形之下，所得不能维持最简单之生活，工人工资则仅食粗粝果腹亦不可能，实难使其安心服务，拟恳钧部对职员准予比照教员学术研究费给予特别津贴，对工人另筹紧急救济金，以资补助，而利维持，并祈示遵。临电不胜迫切待命之至。

国立云南大学校长熊〇〇叩

民国三十八年三月二十四日

致中央银行昆明分行公函

案奉教育部本年三月未列日第六八七号代电，以奉二月二十八日穗预字第四九五号院令核定学术研究费自本年一月份起调整为教授月支基数二〇〇元、副教授一五〇元、讲师一〇〇元、助教五〇元，依各区薪津计算标准支给，刻正洽商国库简化支付手续，以便及早领拨。等因。奉此，自应遵办。查本校有教授一〇六人、副教授三九人、讲师四一人、助教七九人，共二六五人，按昆明区薪津标准计算，一月份学术研究费应照基数加二四倍、二月份五〇倍、三月份暂照一五〇倍支发，共需金元券七，八六二，四〇〇元，惟是欺项现尚未奉拨下，在此生活窘迫之际，各全人催发甚急，应请贵行本中央重视文教人员之意旨，惠予通融，提前借垫，俾资支应，嗣欺项拨到即行归垫。兹派员持函前来面商，希即赐予洽办为荷。此致中央银行昆明分行。

校长熊〇〇

民国三十八年三月二十四日

学校职员致熊庆来信函

窃职员等因物价飞涨，生活无法维持，特提出要求三点：

一、请照三月三十日报载调整数目，于三日内如数发给，并照调整办法将四月份薪津照三月份薪津整数支给，暂维目前生活。

二、教职员待遇悬殊太大，请求作合理调整。

三、职员薪津请按月发给实物。

为求解决目前困难起见，自三月三十一日起至四月二日止，全体请假三日，静候核示。谨呈校长熊。

全体职员仝呈（国立云南大学职员联谊会印）
民国三十八年三月三十日

云大职员联谊会呈

查职员等为生活无法维持，提出三项请求。奉钧长核示三点，对同人生活问题甚为关怀，不胜钦感，当向同人宣佈后复经议决，在前三项请求未解决以前，暂提请求临时救济办法两项：

一、请将学校由存欺项下购储食米三百六十餘担全数配发同人济食。

二、请照省级机关救济办法一次借发半开每人式拾圆，以救眉急。

以上两项，为同人暂时鲜决目前困难之最低要求，尚祈鉴核採纳施行，不胜迫切待命之至。谨呈校长熊。

国立云南大学职员联谊会印
民国三十八年四月二日

王志民致熊庆来函

迪公校长钧鉴：

敬肃者。晚谬蒙委以机械学系系务，小才大用，不胜怵惧，屡恳另简贤能，庶晚得幸免遗误之咎。区区苦衷，未蒙谅督。谨再缕陈微意，仍恳收回成命，无任感盼。窃晚秉赋乖戾，乡长所忌。频年飘荡，未尝更事。其少也，常苦病累，屡学屡辍，及后勉入大学，亦未曾安心学问。居法十载，年齿已长。又值战乱，冻馁时虞。困而学之，了非虚语。出校一年，匆促返国，南北奔驰，席不暇暖者。又复再易寒暑。时客居南京，向往钧座以数学耆宿主持西南学府，窃愿以私淑弟子就学坛下，庶得重习旧业，而免日就荒芜，终成弃材。此晚欣然来归之私衷也。今机械系甫经成立，规划拓展，学属专长，因时制宜，端赖经历，岂学识毫无、未尝更事如晚者所能胜任？刿盗虚声、窃名位，今古同意，晚虽未学，亦何敢蹈此罪衍。此晚之不得不恳乞收回成命者一也。钧座每论校务，无时不以研求学术、勉力进修相勖，荒怠如晚，诚当奉为圭臬，黾勉以赴，尤恐不逮也。必系以系务重责，以晚之拙于应付，实有终日惴惴形神难安之苦，授课准备且不暇，复何望自修，有违晚来云大初衷，晚将不能无怨于钧座之厚于他人薄于晚矣。此晚之再恳收回成命者二也。系务推进，内外交涉，势所不免，而利辩争持，晚之所羞；交遊表白，晚之所畏。此其性格锢蔽、难负行政责任者，固属无可置疑。晚之不得不恳请收回成命者三也。晚昆季七人，家严年事已高，久经忧患，虽不乏儿孙扰膝，惟于晚与

熊庆来

季弟溺爱最深。适晚及季弟均漂泊在外，晚离家且近十五年矣，每奉家书，无不以归期相嘱"报亲日短"，晚实不能无惧。西南纵是乐土，晚亦情难久留，而系务措施、同学率导，理应连续一致，不宜屡有更张。是晚纵有能力纵有主张，而仁智异见，五日京兆，亦非所宜。此晚之不得不乞收回成命者四也。晚虽年逾不惑，而童稚依然与学生相类似，又复别有个性，若更系以系务，改易锢习，晚所未能。学生偏重情感，过从日久，亦步亦趋，晚之偏急薰染可虞，诚恐晚离去之日，学生将感不惯，继任主持导入正轨将感棘手。此晚不得不坚请收回成命者五也。值此时艰，钧座维系校政之苦，晚非不洞悉，第晚之无能分任劳怨。事实所限，如前缕陈，固非敢故违钧命也。至于钧座知遇提掖之恩，容当图报异日耳。谨此，敬请钧安。

晚王志民谨呈

民国三十八年四月四日

二 复王志民函

志民先生台鉴：

　　展诵来书，备悉一是。借重之诚，经于面谈中详述，务望亮詧，打消退意，积极负责，使机械系于困难中仍得维持，并求进步为祷。兹特将聘书奉上，仍盼以系务为重，勉为其难，毋庸过事谦抑也。专颂教祺。

熊制〈庆来〉敬启

民国三十八年四月八日

复徐佩琨函

佩琨先生大鉴：

　　惠书奉悉。承介绍郑君学源，至感关注。惟本期教授法文人员及秘书等职，均已满额，无法借重。方命之处，至希谅詧是幸。专复，顺颂教祺。

熊制〈庆来〉敬复

民国三十八年四月十一日

二 教授会致熊庆来信函

　　迳启者。关于本校教职员待遇问题，迄未解决。现在物价飞涨，仝人生活万分困难，爰于昨日（十七日）下午召开教授会及讲师助教会两常会联席会议，商讨应付办法。兹将决议案录请詧照，并祈采择施行，是为至荷。此致熊校长。

教授会谨启

民国三十八年四月十八日

附：　　　　　　　　联席会议决案

　　（一）请校方电教部今后同人薪津、学术研究补助费、办公费、米贷金等请折合半开发给，俾符实际生活情形。

　　（二）中央银行昆明分行于三月底藉口钞荒，既未清发三月份之薪津尾数，嗣又藉

云南大学史料丛书·校长信函卷

口支付手续不全，延至现在，尚未垫发四月份之预支数及学术研究费等。迩来大钞出笼，金圆券急剧贬值，半开银币在此半月中已涨至十馀倍之多，同人所得，不值调整公布时之十分之一，此项损失应由中央银行昆明分行负债［责］赔偿。

（三）本会前电教部及省府请求按照实际情形调整待遇发给银币，事隔多日，迄无回电。现在物价飞涨，同人生活无法支持，应请校长与省府交涉，从速依照前电所请各节施行，以解全人倒悬。

（四）以上三项，如于二日内未能圆满解决，则于校庆日以前召开教授会、讲师助教会及职员联谊会三方全体大会，共商讨［对］策。

（国立云南大学教授会印）

民国三十八年四月十七日

呈教育部部长杭立武

为呈报本校讲师助教会等停教罢工情形，请予鉴核。事查昆明早经用滇铸半开银币计算，自本年三月份起，所有领用金元券之公教人员，即感生活无法维持，以致有省立学校教员罢教，省级机关人员拒绝领薪之事。云南省政府乃于该月借发省级公教人员半开各十元，工役各六元，并允自四月份起，所有薪饷概发半开，始将事态改善。本校为谋临时救济计，于三月底亦曾向省政府借得半开银元一笔。照省级公教人员救济办法，发员工教职员各十元，警各六元，以资济急，而安定员工生活。旋省府于四月初补发三月份省级公教人员薪饷，即以三月份最低市价每元半开，合金元券五千元，扣还所借半开银元，同时又预发四月份省级公教人员半开，各二十元，工警各六元。本校于四月九日部发三月份薪饷时，遂亦援省级公教人员例，将所借半开如数折合金元券扣还云南财政厅，以了债务，而开洽借新款之门。惟该厅以折算半开价格系为优待省级公教人员，而定本校是否可以照办，尚待请示。告以款暂由校带回，如何办理，当即函复校长。此项扣款既未付出，应仍暂行拨领，期于员工小有补益。俟财厅复函到后，再行扣还，但本校讲师、助教、职员联谊会及工警联谊会等三团体，以省府既未向学校催索，学校不应扣还。历时数月金元券价值已变，拒不领受，要求学校照扣还日之市价折成半开二元五角赔还。校长以此项要求虽属过甚，但员工生活确属困苦，允予考虑催电补救，旋准财政厅来函。请本校将此项扣款缴中央银行代收攒了手续。本校即将该款照交央行，四月二十一日同时又向滇省府得半开一笔，转借员工教职员每个人二十元，工人每人六元。于还款事并报告行政会议，以事关本校信誉，及便于洽借新款以维同人生活起见，扣还财厅借款并无不合之处，且财厅既有复函告以交款办法，款亦交去，自无损失补救问题。遂议决关于赔还借款，三联会要求由校负担赔偿损失半开，应无庸议。三联会乃获悉行政会议二决案，遂联合于四月二十八日起停教罢工，于行政会议加以攻击，除仍坚持必须赔偿半开外，更提出：（1）财政公开。（2）改组福利委员会。（3）垫发职员进修费。（4）改善工警食堂等四项要求。而参加行政会议之三处处长及五院院长则愤而全体辞职。该三联会之表示，教授会未表赞同，一部分团体中人亦认为不是该团体等之代表既感情用事，不能不慎重处理。校长乃召集校务会议讨论，金以赔偿损失，虽不合理，但员工生活如此困厄，应予补救。遂议决赔偿半开一事，虽不合理，但数目不多，宜由校设法在福利金项下照数拨发，以资补救。至其他问题：（1）所谓财政公开，本校对于财政向即公开，若以方式尚有未尽，或尺度尚须放大，皆无不可如校务会议讨论经费问题

熊庆来

时，可由各会派代表列席，该团体等认可为满意。（2）改组福利委员会，该会本系由教授中推人办理。除原有之教授会代表外，议决由讲师助教会、职员联谊会、工警联谊会及学生系级代表会各推代表参加。（3）职员进修费因无此名目，自难由校垫拨，但员工等收入较少者可于接获钧部预发款后多借发若干倍，以资补助，同时电钧部代为要求。（4）改善工警食堂可由改组后之福利会办理，该讲助会等遂于五月三日一律复职，所有三联会停课罢工所经过情形理合呈请鉴核。示尊。谨呈教育部长杭

国立云南大学校长熊庆来

民国三十八年五月六日

梅远谋致熊庆来函

迪之校长尊兄道席：

兹为生活逼迫，率眷东归。本拟候驾返昆，当面请罪告别，因航期预定，不容稍留。失之交臂，殊为歉仄。院系空职，除牙章亲呈张代校长外，他无可交代者。至院系家具文件，统托李绍武弟保管。追随左右，来日方长，回首滇云，不尽依依。顺祝铎安。

弟梅远谋顿

民国三十八年六月一日

[**国立云南大学校长批语**]：事前未悉，归来因迟一日，未晤，不及挽留，至憾。盼仍返校。函覆。

六月七日

致姜亮夫函

亮夫厅长吾兄勋鉴：

教部刘参事求南兄于昨日抵昆，当相约趋候，适值公出未晤，至怅。求南兄拟于日内晋谒卢主席，希为先容，并盼将会晤地点时间示知，以便前往。专此，即颂勋祺。

弟熊制〈庆来〉敬启

民国三十八年六月十一日

致杭立武函

立武部长先生勋鉴：

此次在穗，深承关切指教，至感。〇[①]于三日午后二时平安抵昆，堪告注念。蒙核垫港币壹千伍百元，曾随身带回发放，惟第二次垫支之港币壹万叁千伍百元，〇动身时以款未到穗，未获领取，当托总务司交刘参事求南带滇，现刘先生亦已到昆，将款带来。校中虽仍困难，尚未复教复工，但员生所得安慰不少。现正与刘参事商讨进一步之救济办法，省政府方面已有关切表示，惟至盼中央对于待遇能有根本之改善，俾学校得恢复常态。本校除生活艰苦停教停工外，无其他意外问题。专此奉达，敬颂勋祺。

熊制〈庆来〉谨启

民国三十八年六月十四日

---

① 拟稿人员在拟稿时，以"〇"代表发文者自称，以示尊敬，而在正式发文时改写为"来"。

云南大学史料丛书·校长信函卷

致姚碧澄函

函一：

碧澄院长吾兄惠鉴：

此次在穗，辱荷优款，至泳感幸。下榻贵院，一住旬余，搅扰既多，付值未允，不安孰甚。握别后于三日午后二时平安抵昆，堪慰锦注。校中尚无意外，惟生活问题仍未能有较根本之解决。医学同人甚好，皆渴想吾兄。据报载广州已部分疏散，贵院想不至迁动，至念。梁、陈二君之文凭已嘱註册组详查，情形如何，稍待即函达。专此佈谢，顺颂时祉，并祝潭府幸福。

弟熊制〈庆来〉敬启

民国三十八年六月十四日

内子附笔问候。

函二：

碧澄院长吾兄惠鉴：

前函计达左右。梁、陈二君毕业证书迄未发下，已嘱文书组将实习证件补呈矣，即希转致前途为盼。专此，即颂道绥。

弟熊制〈庆来〉敬启

民国三十八年六月十八日

白小松致熊庆来函

迳启者。查黔灵中学礼堂教室建筑工程迭经借垫，现已完成十分之八，而本届学期终了，刻正准备攷试，月底即行休假，所有此项工程之账目须于放假以前办理结束。前恳鼎力代募之捐款册据，谅已集有成数，敬祈费神，俾于日内交下，俾资汇办，不胜翘祷之至。此致熊迪之先生。

私立黔灵中学校董事会董事长白小松谨启

民国三十八年六月二十日

复梅远谋函

一晷①院长吾兄道席：

弟于三日由穗飞昆，悉尊驾已离滇，不胜惊愕，怅然若失。后二日由李绍武君交来手书，展诵之余，尤感不安。事前未知吾兄将行消息，而返校又以一日之差不及挽留，为憾尤泳。刻值多事之秋，吾兄为校中柱石，数年相处，匡导实多。为公为私，兄亦何忍恝然以去！仍盼惠然返驾，不胜企祷。现六月份中央经费及省府救济费均已领到，刻正发放，明后日可复教复工矣。早欲作书，以未识吾兄行踪，未果，亦是歉憾。专此，敬颂旅祺，并盼复示。

弟熊制〈庆来〉谨启

民国三十八年六月二十日

熊庆来

---

① 一晷，梅远谋的字。

233

通信处：重庆小龙坎树人小学李主任芳裁转。发信日期提前三日。

复五联会函

迳复者。大函奉悉。关于下年度各教员聘书即进行办理致送，特此函复，即希查照为荷。此致五联会。

熊制〈庆来〉敬复

民国三十八年六月二十二日

致兴辉函

兴辉先生台鉴：

此次在穗，既承优款，复得偕游，感幸曷极。握别后于三日午后二时平安抵昆，校事目前已得勉强维持，但在币制未改革前，终无根本解决办法。刻已于本日复课复工矣。闻广州政府机关有部分迁渝，中山大学则有迁海南之说，不知确否。鳞鸿有便，至希时惠德音。专此佈谢，顺颂台绥。

弟熊制〈庆来〉谨启

民国三十八年六月二十七日

[**熊庆来批语**]：均住广州文明路国立中山大学。

复黄国瀛函

正学主任吾兄惠鉴：

昨接手书，备悉各节。刻值多事之秋，有赖于匡持者甚多。仍乞勉为其难，打消辞意，不胜企祷。专颂教祺。

弟熊制〈庆来〉敬复

民国三十八年六月二十七日

杭立武致熊庆来函

迪之校长先生台右：

展奉六年［月］十四日惠书，敬悉种切。关于各校员生生活，部中甚为关切，现以币制改革势在必行，以后教职员待遇当可调整，尚祈鼎力维持校政，速谋复教，以求安定，毋任企祷。专此奉复，祗颂教绥。

弟杭立武拜复

民国三十八年六月二十九日

致李书华函

润章副院长吾兄道席：

在穗得获畅叙，至沵欣幸。返校后以事冗，致稽函候，为歉。承嘱交刘君等之港币陆拾元，当即送去，取有收据，想彼等亦有函寄台端矣。又至嘱及以后刘君等薪津由敝校代转发事，贵院代电已奉到，曾批交总务、会计两处知照，如部款拨到，自当照办，

云南大学史料丛书·校长信函卷

但部方尚未有文来也。专此，顺颂道绥。

弟熊制〈庆来〉敬启

民国三十八年七月四日

附收据一纸。

通信处：广州盘福路西华二巷 42 号北平研究院广州办事处

致杭立武函

立武部长先生勋鉴：

展奉上月廿九日手示，知前函已达道☑。刘参事返穗，曾讬其转陈一切，谅邀鉴察。校中已于上月廿七日复课复工，本期当可顺利结束。现币制已再度改革，公教人员待遇将有合理调整，甚幸，惟迄无标准公佈，均感惶然不安耳。专此佈复，敬颂勋祺。

熊制〈庆来〉敬启

民国三十八年七月六日

致基督教青年会函

敬复者。前奉大函及本届征募捐册等件，原应尽力，以副台嘱。惟以时局动荡，金元作废，本校经费既异常竭绌，同人均自顾不遑，无法征募。兹特将原件奉上，即希詧收。方命之处，并祈谅原是幸。此致基督教青年会。

熊制〈庆来〉敬启

民国三十八年七月六日

熊庆来

五联会致熊庆来函

迳启者。查本学年度行将终了，各教员聘书前经催请办发，已奉覆，即可发出。现已七月中旬，各同人纷纷询问可否于最近办发之处，敬希示覆为祷。又教部拨到六月份薪饷及省府七月份维持费，前经催请速予拨发，目前全人生活困难，应请从速办理，是为至荷。此上校长熊。

国立云南大学教授会、讲师助教会、

职员联谊会、工警联谊会、系级代表会联合会启

民国三十八年七月九日

复五联会函

迳复者。大函奉悉，兹分别荅复如下：一、下年度聘书正办发。二、教部拨到六月份薪津，因央行坚持须扣还三百亿借款，迄未接洽妥帖，刻已由诸总务长及财委会王树勋先生前往商洽。至省府七月份维持费，正办理洽领手续中，相商函复查照。此致五联会。

熊制〈庆来〉敬复

民国三十八年七月九日

235

柳灿坤为申请退休函①

敬陈者。窃坤服务教育，继续不断，几二十一载。现因年逾六旬，精力就衰，难以胜任，按诸教育部退休条例，已可自行申请。应恳准予转呈发给退休证书，并照规定给予各种退休金，俾遂馀生。实深感激。谨上校长熊。

坿缴云大服务证明书一件、省立普洱中学服务证明书一件，共二件。（缺）

柳灿坤上

民国三十八年七月十日

致黄龙先司长

龙先司长吾兄勋鉴：

在穗获承教益，至幸。兹有请者，本校同人以无力担负子女入学所缴各费，特附设员工子弟学校，已于上期成立，旋经备文连同简章呈请备案，随奉指令，未邀核准，同人等均感失望。兹于昨十六日以〇五三九号文再为呈复，并缕述各项实际情形及该校设置必要，务恳体谅群情，准予变通设置，实沴企祷。专此佈恳，敬颂勋祺。

弟熊制〈庆来〉敬启

民国三十八年七月十八日

华秀升致熊庆来函

迪之吾兄校长勋鉴：

久疏拜访，渴慕弥殷。近维道履绥和，为颂无量。迳启者。兹有吴颖一员，系国立四川大学政治系及华西大学哲史研究所毕业，在川时曾任华西大学哲史系讲师，回滇后曾任职于财厅，并任教于市立中学，现已辞去财厅职务，拟至贵校任一讲师，担任一年级国文及中国通史，以展所学，而资磨鍊，请为介绍前来。查吴君品学俱优，心性纯洁，在职极能努力。弟知之较审，特为函请吾兄酌予安插。吴君并称，万一贵校文史系讲师无缺，请酌用在政治系等语。如何之处，悉听鸿裁。专此代托，顺颂铎安。

附吴君简历一张（略）。

弟华秀升拜启

民国三十八年七月十九日

[国立云南大学校长批语]：目前名额已满，以后有机会再为延揽。酌覆。

七月二十二日

复华秀升函

秀升厅长仁兄勋鉴：

手书奉悉。承介绍吴君，至感关注。惟目前名额已满，无法延揽，以后如有机缘，当为设法。专此佈复，顺颂勋祺。

弟熊制〈庆来〉敬启

民国三十八年七月二十三日

---

① 9 月 10 日国立云南大学致呈教育部，请准"发给退休证书及年退休金暨一次退休金，以资激劝"。

云南大学史料丛书·校长信函卷

致五联会信函

迳复者。本月六日来函奉悉。关于四月份伙食津贴已向部催发，七、八两月份薪津亦经催发，并于前週与查院长①会衔电部，请派员用现银乘机送昆。至周鸿业离校问题，已由训导处嘱其从速出校，相应函复查照。此致五联会。

熊制〈庆来〉启

民国三十八年八月十二日

致空军总司令部公函

迳启者。查敝校航空工程学系前因自动驾驶仪与高空瞄准仪等课程缺乏人选，曾函准贵部三十七年八月卅日第 15087 号公函惠允借聘郭佩珊先生一年，聘期至本年八月十五日届满。现以该系教员人选颇难物色，郭佩珊先生担任课程甚为繁重，拟请贵部再准借聘一年。事关维持教育，相应函达，至希查照惠允见复为荷。此致空军总司令部。

校长熊〇〇公出

代行拆农学院院长张〇〇

民国三十八年八月十六日

致赵公望函

公望吾兄勋鉴：

惠书奉悉。台端有意返校，全力为助，曷胜欢幸。惟关于员额分配，过去未甚平允，近时因多争执，现正由行政会议通盘另行分配，将来如有机会，当与有关院长及系主任商洽借重也。先此佈复，顺颂勋祺。

弟熊制〈庆来〉敬启

民国三十八年八月十七日

致浦光宗②函

光宗局长吾兄勋鉴：

本校附设员工子弟学校，兹经决定改组为私立云南中学，拟请校友会参加，共同发起，即希台端商请会中诸校友推选董事数人，共策进行。事关教育，想台端必乐予赞助也。筹备在即，立盼示复，以便召开董事会议。专颂勋祺。

熊制〈庆来〉敬启公出

代行拆张〈福延〉

民国三十八年九月九日

[国立云南大学校长批语]：即缮发。

九月九日

熊庆来

---

① 查院长，即国立昆明师范学院院长查良钊。

② 浦光宗时任云南省公路局局长，系云大第一届本科毕业生。

237

致李德家函

德家主任先生台鉴：

　　查熊君锡元、张君时俊到校以来，安心服务，勤于治学，且已担任课程，甚属难得。关于提升讲师事，昨曾提出聘任委员会，经会议讨论，佥以与规定尚有不符之处，需待提出充足证件再行审查。等由，纪录在卷。特函奉达，至希转告熊、张两君查照为荷。此颂

　　教祺

弟熊〇〇敬启
民国三十八年十二月一日

致王伯琦函

伯琦参事吾兄道席：

　　在穗快晤，至幸。刘参事返穗，曾托其面致一切，谅邀督及。兄肯返校为助，弟与本校知友均泝表欢迎，但有启者，教部前曾有界兄以联络员名义来昆之说，消息传来，适值昆明〈人〉士攻击所谓"政治垃圾"，因之牵涉兄事，此间报纸议论纷纭，反映之恶，学生不免有所影响，兄来不宜提及部中名义，以免无谓之枝节，此点想早在兄体察中也。专佈，敬颂勋祺。

弟熊制〈庆来〉敬上
民国三十八年

　　附聘书（略）。

王伯琦致熊庆来电函

熊校长迪之：

　　拟践前约来昆，如何？请电示。

王伯琦
民国三十八年

熊庆来致教授会、讲师助教会、职员联谊会、
工警联谊会、系级代表会函①

　　迳复者。本校不幸，日感艰危。大函奉悉，校务承同仁及同学诸多匡助，至泝铭感！时局剧变，〇以力薄，不能使同仁安心工作、同学安心读书，除让贤外，似无他法。承会衔慰留，尤感！仍盼共体时艰，以维学校，不胜企祷。此复。

熊制〇〇敬启
民国三十八年

---

　　①　日期不详，疑为 1949 年 4 月前后。

云南大学史料丛书·校长信函卷

复王伯琦函

伯琦参事仁兄勋鉴：

前电奉悉。承允莅校为助，实泺感幸。本年度法律系教授原已满额，尊电到后颇费斟酌，函复稽延，实由于此。现经决定敦聘台驾莅校，惟旅费一项以校中经费奇绌，无法汇拨，祇能依照规定提前三个月支付薪津，藉资弥补。经于□月□日电京促驾，不知已邀誉及否，但迄今未得复示，泺用悬系。特再函达，即祈从速示复为祷。专颂勋祺。

弟熊制〈庆来〉敬复

民国三十八年

云大教师致熊庆来函①

查此次银行团贷款，原为救济教职员工急需，利率虽高，然经学校数度交涉，未能降低。仝人等金以为近数月来，百物空前暴涨，生活实已无法维持，若淂此款週济，不无稍苏窘困之处。至利息一项，仝人等意愿担负。用恳钧长仍予照借，以符众意，实为公便。谨呈校座熊。仝人等谨呈

李永龄②　林治华　雷光汉　沈鸿範　王清泉　宋凤娇　张天玉　郭先兴　马振奇
萧　颖　李　垚　蒋裕光　张新秋　陈黛珍　周廷灿　杨德铭　宋为藩　杨华芬
于世芳　张立诚　罗祉仲　姜佩琼　苏淑芬　徐振芳　丁兴华　刘培之　冯　洸
严宗云　董佩生　王学哲　朶应景　周　耀　刘　谦　施有寿　冯嘉葆　陈酒隆（代）
李蕙卿　邹景荣　王德谦　徐培昌　徐绍卿　楚世锠　罗详生　燕勋赓　熊勋武
方品瑞　唐梅冰　王成璘　熊履绥　段宝珍金宗佑　刘诗芬　赵希哲　曾云鹏
徐若梅　王少钦　傅蕊清　赵　谦　曾以厚　张伯如　刘守先　杨瑞霞　周淑轩
任锦媛　张性聪　熊秉智　王烈祖　郑复善　张志承　陈凤英

致张静华函③

静华校长台鉴：

敝邑吕驻龙君，曾在西南联大师范学院国文系毕业，历任泸西师范、省立武定师范文史教员，为人诚恳，学亦切实，深愿在台端指导下工作。兹值学期结束，教席必有更易，特为函介，倘荷酌予延聘，则不仅彼个人之幸也。崇渎，敬候教安。

熊制〈庆来〉敬启

一月六日

---

① 日期不详，疑为 1949 年 4 月前后。
② 以下签名，大多加盖个人印章。
③ 此条年代不详。

致周鸿经函①

纶阁②校长吾兄大鉴：

久未笺候，良溁驰系。迩来京沪情形紧张，想兄筹划应变，备极辛劳，时在念中。敝校远居后方，虽较安定，但以经费支绌，物价飞涨，维持亦颇感困难也。兹恳商者，敝校森林系林产化学课程田教授出国晋修，讲授乏人，且系四年级课，不能不开。兹与农院张院长海秋兄磋商，知贵校森林系之该项课程担任教授不衹〔衹〕一人，拟借聘梁希先生来校讲学一年。在梁先生来滇期间，贵校该项课程似不致有影响。除已迳电梁先生外，用特函商，务盼俞允为荷。耑此，顺请教安。

弟熊制〈庆来〉敬启

元月十三日

梁元芳致熊庆来函③

迪之校长吾兄勋鉴：

敝同乡陈君西凯现在贵校农科毕业，查系高材生，拟求吾兄俾予栽培，使任助教，藉此教学相长，更资深造，而广历练。倘有机会，务希留意。其兄东凯先生亦在贵校服务，是一门盛事也。专此拜恳，敬颂时祺。

弟梁元芳拜启

一月二十四日

[国立云南大学校长批语]：已为介绍至建所农改所，渠现住农院，与教授亦多接近机会，而便研求。据此函覆。

一月二十五日

致张静华函④

静华特派员仁兄勋鉴：

承示吴蔚人先生拟来滇就职一节，至感关注。原应延揽，以副台命，惟本校员额已满，目前实难设法，至希婉致。前途容有机缘，当再借重。专复，即颂勋祺。

熊制〈庆来〉敬启

元月二十二日

---

① 此条年代不详。
② 纶阁，周鸿经的字。
③ 此条年代不详。
④ 此条年代不详。

致梁元芳函①

铭放②处长仁兄勋鉴:

惠函奉悉。陈君西凯前以本校农院员额已满,无法位置,特函介建厅农业改进所任职,刻下仍在农院居住,与该院各教授亦多接近,研究机会颇多,如仍愿在本校为助,俟有机缘,当为设法也。专复,顺颂勋祺。

熊制〈庆来〉敬启

元月二十五日

致顾功叙函③

功叙先生道席:

顷接严济慈先生来函,谓台端已应滇北矿务局之邀,将于下月初前往东川作物理探矿工作。窃以阁下对于镶冶造诣极深,良为敬服。现敝校矿冶系既疏散会泽,敢祈先生于工作之馀惠莅该系,作六次至十次之讲演,俾该系师生得畅聆教言,藉资进益。想先生以宏宣文化为职志,敬乞俞允,无任感祷。除已通知矿冶系外,专此奉达,诸维督照。
敬颂

道安,并祈赐复

弟熊○○拜启

○月○日

张维翰致熊庆来函④

迪之吾兄校长惠鉴:

☐岁以来,尚疏访候,比维春祺其［?］适,定符颂私。兹有请者,顷接友人杨幼炯兄(湖南人,西林兄亦与相谂。)自上海来函,谓近值时动荡,无意于议席生活,拟舍其立法委员现职来滇,冀于贵校文法学院得一专任教授,当本其二十年来教学之心愿,继续培育下一代之青年,等语。窃以杨君历在京沪各大学担任教授,于政治法律等课程均极擅长,尤善作政论文字亦其［?］,用特专函介绍。倘荷惠予延聘,必能专心任教,嘉惠青年也。如何,敬希惠复。专颂道祺。

弟张维翰顿

二月八日

[国立云南大学校长批语]:本校文法学院员额已满,无法借重,婉覆。

二月十日

---

① 此条年代不详。
② 铭放,梁元芳的字。
③ 此条年代不详。
④ 此条年代不详。

241

熊
庆
来

张维翰致熊庆来函①

迪之吾兄道席:

承嘱代募文史讲座助金事,昨日向顾君少怡言之,已允助四万之数。此君于文化事业甚热心,其子顾? 斌亦肄业贵大学经济系,所居在巡津街豹园隔壁,请便中一访,或派员往洽。手颂时绥。

弟张维翰顿
二月二十一日

致崇贤函②

崇贤校长仁兄勋鉴:

本校註册组主任张友铭先生之公子延智,现在贵校初三肄业。友铭兄家庭担负极重,至希念系清寒子弟,核给奖学金(以前曾获得奖金),俾免失学,不胜企感。此颂教祺。

熊制〈庆来〉敬启
二月二十一日

致张维翰函③

蓴鸥监委吾兄勋鉴:

手书奉悉。关于募集文史讲座助金事,承向顾君募得肆万元,至感关注,日内当往访洽也。以后尚祈随时赐教,俾此西南学府得日趋于健全之境。专此佈谢,敬颂勋祺。

弟熊制〈庆来〉敬启
二月二十四日

饶重庆致熊庆来函④

迪之校长道鉴:

昨奉覆示,实深感激,提拔后进,尤觉欣佩。舍姪事已蒙同意,似可直接处理,若提交聘委员,又恐别生枝节,且舍姪之为此并非急切功名,实因伊父年逾七旬,而为子者应行养老为务,故弟请特别关垂,一以奖进后学,一以完成其孝亲之忱,此弟所以琐渎台端不避嫌疑者也。近因患湿疹,不克恭候起居,尚希原鉴。专此,敬叩崇安。

教授饶重庆鞠躬
三月七日

---

① 此条年代不详。
② 此条年代不详。
③ 此条年代不详。
④ 此条年代不详。

云南大学史料丛书·校长信函卷

中国农业银行张桢经理致熊庆来函[①]

庆来校长吾兄勋鉴：

数日未晤，时思丰仪。比维兴居多吉，为颂为慰。兹者前本行储蓄部主任郭树人兄于三十五年春应甘州大学函约赴美深造，先后于甘州大学及哥仑比亚大学研究院专门研究工商管理及货币银行，复于末一学期从哥仑比亚 GeorgeSoule 教授习英国战后财政问题，致力甚多。顷郭兄学成归国，于数日前兼道来昆，深欲在云大方面谋一教席。桢与郭兄谊属同仁，私交甚厚，而郭兄于一九四一〈年〉毕业于国立北京大学，离校后先后服务于本行总处经济研究处任研究员及本行昆明分行任储蓄部主任，其学养之深、任事之勤，深为本行同仁所共誉，复又三年积学，负笈万里，其有供献于国家社会者必甚大，云大方面如能酌情延聘，在郭兄固长才得展，而在桢亦稍尽推贤荐士之责也。谨此佈悃，馀不一一。顺颂

教祺

弟张桢谨上
民国三月二十五日

附： 　　　　　　郭兄可开之功课列后

一、经济分析 Economic Analysis（或高等经济理论）
二、美国战后经济问题 Postwar Economic Problems
三、英国财政问题 Financial Problemsin British Economic Reconstruction
四、公司经济学 Corporation Economics
五、消费经济学 Consumers Economics
六、美国政府 American Government

范承枢函请熊庆来提升饶骥[②]

庆来校长尊兄道席：

查法律系助教饶骥君前于法律系卒业后即在校担任助教，已满四载，资学俱优，足可胜任讲师之职。饶君亦弟曩在法律系所授门徒，深知其法学已足为人师，用特函请惠予提升，以期拔擢真才，藉资鼓励后进为感。耑此，敬颂

教安

制弟范承枢顿
三月二十六日

致顾毓琇函[③]

一樵仁兄道席：

迳启者。查昆明物价腾贵，生活高昂不仅食米一项，日趋上涨，其他一切必需用品，

---

① 此条年代不详。
② 此条年代不详。
③ 此条年代不详。

熊庆来

莫不皆然，而房租奇昂，较各地尤高数倍，本校教职员生活，既极清苦，层层重负，维持实感困难，近联大方面，因鉴于上项情形，特自三月份起，增发房租津贴，其办法为教职员每人月发津贴二十元，直系家属每人月发津贴五元，以资救济，弟以本校教职员生活同感困难，难以独异，惟以校内经费支绌，照旧维持已属不敷，若欲加发津贴，事实上万难办到，而教职员苦况若斯，设法补救更不能缓，兹就本校现有教职员人数，依照联大办法计算，每年至少需国币十五万元，特拟就预算一份，随函附奉，敬恳吾兄俯察本校同仁困苦，鼎力陈请部座钧核，照联大办法，准予具领，如不能专案呈请增加，祈于核定预算时，特予列入，以资补救，感激者不止弟一人也专此奉读，敬请勋安，并希，赐覆。

弟熊庆来拜启
四月十二日

教授会致熊庆来函[①]

迳启者。兹有数事叩询，敢请赐以答覆为荷。此致熊校长。

教授会谨启
七月四日

①学术研究费何日发放？
②五月薪津有否向央行催索？今日回话如何？
③四月份膳食津贴已交涉有头绪否？结果如何？如无结果，已电教部设法否？

复教授会函[②]

敬复者。本月四日大函奉悉，兹分别答复如下：一、学术研究费正办理发放中。二、提拨五月份薪津情形，已详复五联会函。三、四月份膳食津贴，昆央行迄未奉令，已电部代催。相应函复查照为荷。此致教授会。

熊制〈庆来〉敬启
七月五日

王森堂致熊庆来函[③]

迪之夫子钧鉴：

迳启者。生前为住房事，曾上书夫子代为设法，其后为此事曾数度请求张教务长，但终以学校缺乏空房，不得搬入，故直至现时生仍在钱局街租房居住，不但来往不便影响进修，同时房租高昂，实难负担，且生所租房屋七月底即届期满，届时房租恐需增加数倍，同时房租需预交三月，以生现时之收入断难续租，故特恳请夫子就本校后门内新近由教室改成之宿舍惠拨一间，予生居住，不胜祷盼。专此，即请

道安

生王森堂
七月十二日启

---

①　此条年代不详。
②　此条年代不详。
③　此条年代不详。

云南大学史料丛书·校长信函卷

皮名举致熊庆来函①

迪之校长吾兄赐鉴：

久违至念。兹有一事相烦，务恳予以助成。刘君重德，北大外文系毕业后，曾任国立中央大学外文系讲师、国立河南大学外文系副教授，教书成绩甚佳。弟代理本院院务时，即特约来英语系任教，所教英语语音学、文法修辞及散文选读等课，胜任愉快，极受学生欢迎，缮译一门亦有心得，渠曾译十九世纪文学名著《爱玛》一书三十余万言，散篇文章更无论矣。在本院本极相安，唯以其夫人籍隶云南，离家多年，时动乡思，大有回滇之必要，至希吾兄提携，赐以教授位置，使其计划实现，则不仅刘君之幸，亦贵校青年学子之福也。弟日内将返长，如承俞允，最好迳电刘君接洽，以免辗转耽搁时日。领情之处，容再特函致谢。专此，敬颂暑祺。

弟皮名举拜上
七月二十三日

致杭立武函②

立武尊兄次长勋鉴：

迳启者。顷阅报载，政院公布调整公教人员待遇分区支给标准，昆明仍列第三区。按昆明物价并不低于京沪，况京沪更有廉价物品配售，而昆明全无，照此标准支给，非惟原有人员难安于位，即新聘教员亦势必变卦，影响至巨。又此次调整等区，譬如汉口、衡阳、长沙等地米价均低过昆明，而调整等区反较昆明为高，重庆、成都米价亦低于昆明而与昆明同等，似亦有欠平允，应恳迅呈政院将昆明提高为第二区，并照前次办法按京沪区差额发给特别补助费，以利维持，而免困难，不胜盼祷之至。此上，敬颂

勋绥

弟熊庆来顿启
八月二十三日

复皮名举函③

名举院长吾兄道席：

七月廿三日惠书奉悉，承介绍刘君重德，至感关注，经与有关系主任商洽，奈下年度教授均已聘定，而又限于名额，无法延揽。方命之处，实泳抱歉。以后如有机缘，当再谋借重也。专复，顺颂教祺。

弟熊制〈庆来〉敬复
九月二日

---

① 此条年代不详。
② 此条年代不详。
③ 此条年代不详。

致叶树藩函①

树藩仁棣惠鉴：

　　此次在台欢晤，获悉足下于研究服务皆有良好表现，泳以为幸。承陪游各处，并与汪、王两教授招宴，尤属欣感。台湾学术生产建设成绩斐然，祇以为时太暂，不无走马看花之感耳。别后于本月一日由沪返昆，校中一切平善，差堪告慰。鳞鸿有便，尚希惠我好音为盼。专此，顺问时祉。

熊制〈庆来〉手启

十一月十三日

致孙洪芬函

洪芬吾兄总干事勋鉴：

　　久未函候，至以为歉。矿系东迁，不日即可照常上课。教员方面尚属得人，秦慧伽兄虽未来，冯淮西兄则已正式受聘，惟按清华休假条例，不得不回校服务一年，弟为长久借重计，准其告假暂回清华。至蒋导江、石充、徐象数、宁钦明诸兄照旧留校，袁见齐兄辞职，已聘王炳章先生继任。关于采矿及热机功课，上学期系由采矿专修科所聘教授张耀曾先生兼任，以其成绩甚佳，现仍请渠兼任。关于土木及电机，现聘周家模先生担任。周君毕业于比国 Liége 大学，成绩优越，并在该校充任助教而有甚好之研究工作，为其指导师所称许，给与极有力之证明书，于上年曾任同济大学教授（授课可用英文）。王炳章君学于地质学，造诣甚深，著作颇多，历任清华大学教员、中山大学教授，讲授经验亦富，翁先生亦以为教授上选，来函同意延聘。周王两先生事，于开学前曾以公函徵求台端同意，今未奉赉，想是函未得达。因人才不易得，詠霓先生及龚仲钧先生已同意，尊处想亦无异议，加以开学期促，故已发聘，手续未备，尚请原谅。本学年因迁徙关系，实验恐难完全开班，惟学程仍可齐备也。滇中生活较高，吾兄殷相提醒之点，弟已特加注意，于同人待遇酌为改等，现虽仍感困难，但同人共济精神颇佳。吾兄于云大关注殷切，敢以告慰。前闻尊驾于年内将来滇一行，甚幸！何日抵昆，尚祈兄先期电示，俾便趋迎也。专此，敬颂

　　俪祺，并潭府均安

弟熊庆来顿

十一月十五日

致章益函电②

友三③司长仁兄勋鉴：

　　迳启者。顷奉教育部巧电，以关于国立专科以上教职员增加薪给案已奉院令核准，本年度八至十二月津贴各校教职员购置学术研究书籍及用品共叁拾万元，分配数目俟另令知照。等因，仰见政府体恤之至意。惟查滇省自今岁以来，物价暴涨，超过上年五六

---

① 此条年代不详。
② 此条年代详。
③ 友三，章益的字。

云南大学史料丛书·校长信函卷

倍，而入秋以后，霪雨为灾，物价又复狂涨，云大经费既属有限，实不易于维持。至于职员工警待遇既不足与滇省各机关相比，而在国立各大学中更不及二分之一，均有预算可查。当兹薪桂米珠之际，人怀去志，对于校务影响匪轻，曾沥陈教部请予调整，并请依照全体教职员本年度核准预算薪额总数酌予增给数贝呈，以便分配在案。兹奉巧电，各国立专科学校共津贴教职员购置学术研究书籍及用品三十万元，津贴总数虽经院定，而分配之权仍在教部，务恳执事念本校情形特殊，于此次津贴分配时特加体恤，俾职员生活稍得调整，教员亦稍有餘力购置参考书籍，则教学行政均将受惠无穷矣。琐渎陈词，尚祈亮察。敬颂

勋安

弟熊庆来谨启
十一月二十一日

致陈立夫函[①]

立夫部长钧鉴：

敬呈者。窃查近来物价狂涨，昆明尤甚，联大、云大教职人员深感痛苦。顷闻委座拨发联大国币贰拾万元，以作补助教职员生活之用，仰见委座于宵肝勤劳之餘，犹轸念教育界之清苦，闻风曷胜感奋，惟本校方面今尚未得补助消息，一般同人喁望云霓，情若待哺。校长固知国家处此屯遭之际，非竭力忍受无以奠定最后胜利，无如现在教职员生活之艰苦殆达极点，校长责任所关，不敢默然。窃以雨露无私，委座悯念之意于两校必无不同，虽本校曾得地方署为补助，但大都用于学术方面，无补于教职员生活问题，以是敢恳钧长转呈委座准予援联大例，特拨本校国币拾万元，以资补助。倘本校同人得与邻校同沾委座广大之泽惠，则必群相奋勉，于工作收更大之效能也。迫切呈请，无任仰祷。专此，敬请

钧安

校长熊庆来谨上
十一月二十四日

致宗仁函[②]

宗仁先生大鉴：

本日晤谈甚快，刻已与凌主任达〈扬〉及请足下再于十七日上午九时驾临本校一谈为幸。此颂台祺。

熊制〈庆来〉敬启
十二月十六日

熊庆来

---

① 此条年代不详。
② 此条年代不详。

致唐培经函①

培经司长吾兄勋鉴：

迳启者。前以法国驻滇总领事商请与越南河内医科大学交换教授讲学，经商定由本校及河内医科大学交换教授一人，讲学日期定为一月，双方费用由法政府负担，并已派河内医科法籍教授吉贝博士来校讲学。本校方面经医学院推定教授范秉哲博士前往，范教授允即前往，并拟于讲学期满偕其夫人（亦习医，在本校医学院毕业）自费转往法国本土考察研究，为期一年。查范教授任教本校已十有余年，学问甚淼，经验宏富，倘得再赴欧研究，所获必大。经于本年十一月廿三日以学字第四八三八号文呈报钧部，并捡具法领馆证明文件及履历相片、健康检查表等件，请祈转咨外交部分别发给护照，以利遄行。范教授自己方面存有外汇，可不向政府请求。至祈鼎力促成为祷。专颂勋祺。

弟熊制〈庆来〉敬启

十二月十六日

致胡小石函②

小石吾兄道席：

在京晤教，得畅叙一切，至以为快。时局如此，令人惶然不安。此间似较安谧，讲学为宜。弟及用特再伸宿约，倘兄肯惠然返校，不仅弟一人之幸也。如何？即希电示，以便寄奉聘书。又此间尚需英国文学教授一人（弟曾有书致楼克莱兄）及航空教授一人，兄有便劳代为物色是感。专此佈臆，敬颂教祺。

弟熊制〈庆来〉敬启

十二月十六日

致邓飞黄函③

子航④厅长仁兄勋鉴：

滇中判袂，企念为劳。近想嘉猷日懋，为颂。兹有讬者，李君隽籍隶长沙，毕业商业专门学校，原任职汉口第二补给区司令部采购委员会，现以该机构裁併，编遣返湘。李君人极忠实，文笔清畅，尤富办事经验，奈家贫亲老，未便远觅工作，用特函介前来，至祈惠予接见，量材录用，曷胜感祷。专颂勋祺。

弟熊制〈庆来〉敬启

---

① 此条年代不详。
② 此条年代不详。
③ 此条年代不详。
④ 子航，邓飞黄的字。

云南大学史料丛书·校长信函卷

致荣卢函①

荣卢校长吾兄勋鉴：

　　兹有本校法律系教授赵崇汉先生之夫人潘家凤女士，毕业于中法大学，曾任北平孔德学校高小及初中部级任教师，其人诚笃负责，教学经验亦富，国语尤所擅长，用特专函介绍，务希惠予延揽，不胜企感。专颂教祺。

熊制〈庆来〉敬启

　　附简历一份（略）。

汪德侚致熊庆来电②

云南大学熊校长迪之兄：

　　宥电奉悉。聘文渊兄务请特予协助，本学期如不能来，乞准许下学期来。幸甚。弟汪德侚。

致张维翰函③

蕈鸥④监察使仁兄勋鉴：

　　手书奉悉。承介绍杨君幼炯来校任教，至感关注。原应借重，以副台命，惟本年度文法学院员额已满，无可设法。容有机缘，再求延聘。方命之处，至祈鉴谅是幸。专复，敬颂勋祺。

弟熊制〈庆来〉敬复

熊
庆
来

---

①　此条年代不详。
②　此条年代不详。
③　此条年代不详。
④　蕈鸥，应为"莼沤"，张维翰的字。

三、严格学籍管理　慎重处置学生事务

为了加强学籍管理，熊庆来主持制定了《国立云南大学学则》，对学生入学、注册、选课、考试、请假、旷课、转院转系、休学、退学、奖惩、毕业学位等作了明确的规定。这些规章制度更加细化了对学籍的管理，使之有章可循。但是在实际生活中，经常发生与学生管理制度相背驰的事情。如教育部规定国立大学要统一招生考试，统一录取分数线，但是有的人却提出"少数民族学生要加分"；学校规定外校生要具备齐全的证明材料才能到云大借读，但是有的外校生因为战乱，避难到昆明，很多材料已经损毁、丢失，并不能按要求提供相关材料；有的官员替考试不及格的学生说情，要求从宽处理；对因故延误考试日期的学生希望给予补考；等等。熊庆来对待这些问题从不徇私，坚持照章办事，对于违反校规校纪的学生，他本着"教育为主，惩罚为辅"的原则，只要学生认识到自己的错误，便从轻处理。对于要求参加抗战救国的学生，则给予极大的支持，为参军抗日的学生保留学籍，给抗战牺牲的学生建立纪念碑。熊庆来虽不支持学潮，但是他对参加学潮的学生的处理持谨慎态度。

给学生王泽民批函

具呈人寻甸学生王泽民。呈一件为恳请依照部章规定优待夷苗族学生入内地升学从宽收容为旁听生由。呈悉。查苗夷子弟升学优待办法，奉教育部令，得比照修正待遇蒙藏学生章程办理，惟查章程第十条之规定，保送机关应为所在地之省县政府及各级学校等语。兹该生自行请求，与章不符，碍难照准。若该生有志升学，仰即遵照法定手续呈由原籍县政府保送来校，再凭核办可也。此批。

校长熊〇〇

民国二十六年八月

致教育厅厅长陆崇仁两份信函

函一：

子安①仁兄厅长勋鉴：

迳启者。兹有本校本届法律系毕业生杨尚清、戴铨苍、何朝举、田树勋四名，成绩均在甲等，李学铨一名成绩亦列乙等，均曾在昆明地方法院实习两年。兹有志赴贵厅清丈评判方面服务，特为绍介，烦请惠予延揽，量加录用。如荷裁成，感同身受矣。专此，即颂

勋绥

弟熊庆来顿

民国二十六年八月七日

---

① 子安，即陆崇仁的字。

云南大学史料丛书·校长信函卷

函二：

子安仁兄厅长勋鉴：

　　兹有本校本届法律系毕业生武振纲、樊兴源二人，成绩均列乙等，曾在昆明地方法院实习两年。兹有志赴贵厅清丈评判方面服务，特再为绍介，烦请惠予延揽，量加录用。如蒙裁成，则感同身受也。嵩此，即颂

　　勋绥

弟熊〇〇顿

民国二十六年八月九日

致南京教育部周枚孙次长电

南京教育部周次长：

　　云大学生骤增，经常费仅十五万，英庚欸补助教席事，请鼎助。

弟熊庆来

民国二十六年九月二十日

周启贤①致熊庆来函

迪之仁兄校长勋鉴：

　　本年学生集训，定期于九月一日开始，因参加单位较多，需要多数营房，除已函商教厅借用昆华区各学校一部分校舍外，兹拟借用贵校附中全部房屋（楼房留为学校办公地点除外）及牀棹炊具，两月后集训完毕，即行全部璧还。事关军训，谅荷赞同，即祈转知杨主任于本月廿六日将上项房屋器具点交曾大队长负责接收，将来仍由该大队长负责交还。又贵校教官张维鹏经委充集训第三大队长，合并奉闻。专肃，并颂

　　撰祺

弟周启贤顿

民国二十七年八月二十四日

　　[**熊庆来批示**]：可照允即�，并通知杨主任。

熊庆来（印）

二十五日

学生陈文贤致熊庆来信函

　　敬呈者。生现年十九岁，安徽省定远县人，自幼生长杭垣，曾肄业于浙江私立蕙兰中学高三。兹因抗战暴发，家乡沦陷，亡命西来，饱嚐孤苦零丁之味，受尽流离失所之苦，幸浔教部救济，复入国立贵州中学继续学业，攻读数月，苟告卒业。本想就此就业，以维生计，无奈一因谋事无术，二又无一技之长，恐不克立足于社会也，故决意随同学赴筑投攷统一招生，意欲谋一求生之道。及至揭晓，生被分发至西北工学院化工系，唯该校路途遥远，交通困难，且因流亡已久，亲友分散，川资难筹，有误时日，不克赴校，

---

　　① 周启贤，时为云南国民军事训练处处长。

大失所望。虽有志于求学，奈为环境所迫，无可奈何。近随亲戚来滇，另谋设法，以求入学之门。顷见报载，贵校本年新生少数来滇，并延期去年底截止报到，今已期过，未卜有无缺额、能否破格收容拜读于门下，并请转意教部请示核准，不胜感盼。生素闻钧座怀有仁慈之心，深肯助力于苦难学生，望垂念学子求学之切心及君子成人之美意，大力成全于生，虽则蛇雀无知，亦当感恩犬马唧环图报于后，使生求知有所，入学有门，不致彷徨无歧，蹉跎光阴。是所至盼，望即赐覆。长跽在望，专俟佳音。此呈国立云南大学校长钧鉴。

晚生陈文贤谨呈
民国二十八年元旦

件赐高山铺 78 号戎君实转交

近闻贵校土木系尚有名额，未卜能借读否？又及。

附： **通 知**

事由：通知陈文贤君据请求来校肄业或借读未便照准

顷据该生以蒙招生委员会招考取录，被分发西北工学院，因受困难，不克赴校，请求逾格收容肄业，或在工学院借读，等情前来。查此次考录新生之分发，系由部核定，所请收容之处，未便照准。其借读一节，因学生报到业已截止，俟下学期开始，备具各种借读手续来校註册可也。特此通知陈文贤君查照。

校章
民国二十八年一月六日

学生刘韻华致熊庆来函

呈为呈请准予缓缴借读证书事。窃生系民国二十六年秋攷入国立中山大学医学院，甫及开课，而广州已迭遭敌机空袭，同时奉家长电命遽尔回滇。迩来因广州失陷，中大迁往何处，生实不知，故领向中大要求借读证书一事，实无法做到，故特陈明理由，恳钧长谅解生之苦哀［衷］，暂缓通融，一俟中大地址查明，自当要请给予证书，敬呈钧长备查不悮。肃此谨呈。

借读生刘韻华谨呈
民国二十八年一月二十一日

附： **通 知**

事由：通知借读生刘韻华应缴借读证书准延期十日

顷据该生以中山大学不知迁往何处，请求缓缴借读证书等情前来，查该生所呈各节不无可原，应准缓缴十日，合行通知刘韻华君。

校章
民国二十八年一月二十一日

云南大学史料丛书·校长信函卷

学生芮镇侯致熊庆来信函

校长钧鉴：

迳启者。生自入校三载于兹，虽天资鲁钝，尚不后人，惟家父六十仍充耕夫，家母衰老尤操舂臼，室内空空几仅四壁，父母虽有爱子之真诚，不欲使子女中途退学，其奈事实何？生居校中，远隔田亩，而叱牛之声时绕〈耳〉畔，泪湿枕褥，几无间夕。嗟乎，天地生人何其不均如是！

近来百物高涨，生活程度倍增，生之学业有功亏一篑之险，言念及此，不觉泪下。夫人之最苦者莫如失业，青年之最痛者莫如失学，况生三载寒窗，虽苦尤甘，但斥诸墙外仁人闻之，必流同情之泪。生身受其苦者岂堪言喻！然事实如斯，非叹息所能解决。生拟就三法，请求父母多方设法一也，自己加倍俭省二也，请求学校介绍副业三也。

校长爱生等如子女，切不致使呱呱之婴儿死于道而不顾定有良法以救其溺也，况生入校三年，不惟用尽父母血汗，亦受尽学校培植之苦心，苟中途辍学，个人之负痛已深，更觉难对父母及学校也。

转念思之，今日社会事业不发达，半日工作寥若晨星，据生所知，仅有报馆之编辑。编辑事务，以生过去观之，虽有人介绍，亦恐有碍职守，但据朋友相谈，并不困难，即以相识者观之，苟淂身司其职，亦不致有负于人。生见半日工作仅有斯途，故罄而言之，设有其他事项淂半工半读，使生不致中途退学，设将来稍有寸进，皆校长之赠与也。肃此，敬请

福安

文法学院法律系三年级学生芮镇侯谨呈

民国二十八年三月十六日

熊庆来

致牛若望函

一件：函请《益世报》介绍芮镇侯课外工作由

若望先生台鉴：

敬恳者。本校文法学院法律系三年级学生芮镇侯入校以来，尚属用功，但以生活程度倍增，该生家境又复清寒，如使其中途辍学，殊为可惜，用特函请介绍，［敬］特予培护，如能有成，弟亦感同身受矣。崇此拜托，敬颂

撰安

校长熊〇〇谨启

民国二十八年三月二十八日

致费仲南先生函

仲南先生左右：

敬覆者。顷奉手教，敬悉种切。当即召该班学生诘问，据称该生等出席人数较日常为少之原因，系缘上课时该班多数学生适因有事到校长室陈述，谈话时间稍长，致上课时间已过，等语。查其情词尚属恳切，当经严加诰诫，现本学期将届结束，不得再有旷废情事，致干惩处，并该生等言将致函先生表示歉意，仍请到校授课。除再加申儆外，

请对该生等特加原谅，仍继续上课，则感荷无既矣。专此，敬请

教安

弟熊○○敬启

民国二十八年六月十六日

致萧蘧信函

叔玉①仁兄如晤：

迳启者。法律系学生记过佈告已缮就，即将张贴，但该系学生现又表示悔悟，到弟处面陈，并承认备函向费先生道歉，刻已将函稿面呈，均详加审核，尚属诚恳，已饬该生等缮正盖章，呈训导处转呈，并由弟面加申诚。该生等情词尚属恳切，俟其呈送前来再为赍送。特先奉闻，敬请

刻安

弟熊○○敬启

民国二十八年六月十六日

唐山工程学院学生来云大实习事茅以升与熊庆来往来函

迪之校长仁兄道鉴：

久不晤教时深企慕缅。想兴居纳祜，允符忭颂。兹敬恳者，本院因迁平不久，实验设备尚付缺，如现本届採冶系四年级，将于九月间毕业。对于冶金实习势不可少，拟于毕业考试完毕后，指派数人前往贵校专门实习二星期，并请准予假宿，膳食自备用。特专函奉商。敬希惠允，见复至详细办法，当再函达，专此奉托，敬颂

教祺

弟茅以升拜启

民国二十八年六月二十三日

以升仁兄先生讲席：

顷奉手翰敬悉一是。贵校矿冶系学生将派数人，来敝校专门实习自当应命，惟敝校矿冶系设备尚未完成。贵校学生来此，恐仍无实习机会，有负尊命，深用遗憾。特复敬祈鉴谅为盼。专颂

教祺

弟熊○○谨复

致吴文藻便函

文藻吾兄先生惠鉴：

迳启者。查本年统一招考业已停止，奉令自行招生。本校现正积极准备单独在昆明招考，其招生办法简章业经拟就呈报教部核准在案，并奉令在外地分设招生办事处，以便各地学生应考。兹特决定在重庆分别招考一次，拟请吾兄在渝设立办事处，负责主持，

---

① 叔玉，萧蘧的字。

云南大学史料丛书·校长信函卷

其一切所需费用自当由校汇上，以利办理，襄助人员请由中央大学或其他大学代为约定，尚祈俞允，至为感荷！其简章办法刻正赶印，俟印就后当即寄奉。专此佈达，顺颂

　　道祺，并祈示复

弟熊〇〇拜启
民国三十年五月二十六日

致国立第二中学公函

　　案准贵校二中函字第二〇〇号公函，以本年各大学统一招生办法废止，各中学毕业学生分别赴各校投考，路途遥远，交通不便，贵校本年暑期高中部毕业学生共五班，约共式百餘人，拟商请本校于招生时在合川设立办事分处，以便就近应考，等由过校。查本校本年招考新生，除在昆明本校举行外，已决定在重庆招考一次，请即转知各毕业学生前往该地报名应考，相应函覆，请烦查照为荷！此致国立第二中学。

校长熊〇〇
民国三十年六月四日

致国立中央大学公函

　　事由：为本校讬代办招考新生各项印件已分别寄上请查照惠赐办理由

　　查本校此次招收本年度新生，关于在渝招考事件，承蒙贵校惠允代办，至为感谢。报名及考试日期业已分别送登重庆中央日报及大公报，招生简章壹百份已分作两包航快寄上，并另以快邮寄叁百份，请代为发售。报名单壹千张、准考证五百份亦已快邮寄上，若邮递延误，请照样代为付印。至于试题，已检出廿一种，密封航快寄奉交贵校註册组主任亲收，请照需要数量代为复印，如考试时某科遇有警报须另行补考时，请即电示，当另将题目补寄。各科试题原稿祈于考后掷还，俾便汇存，考试日程请酌予排定，考试时限为国文、英法文、数学〈各〉两小时零四十分，其他五科①〈各〉一小时零廿分。报名截止，请将人数电示，以凭筹办一切。相应备函奉达，敬希查照惠赐办理，至为感荷！此致国立中央大学。

校长熊〇〇
民国三十年七月十六日

致陈立夫电

重庆教育部部长钧鉴：

　　查职校近有文法学院一部分学生秘密在外开会，希图联络其他部分同学鼓动风潮，校本部学生有盲从，或被胁迫加入者。闻曾派代表至呈贡农学院煽动，但被严予拒绝。校本部及其他各院同学多深明大义，未为所动。惟校长深虑背后有人煽惑，阴图利用学生以遂私人企图。于十二月三十一日夜，有以非法组织云大学生校务改革促进会名义具函二封，潜投校长及职校总务长，妄干校政。窃以自奉命长校以来，殚精竭力，不敢稍

---

　　① 其他五科，或为"六科"，即物理理化、化学、生物、公民、中外史地中外历史、中外地理。

逸。因仰念国家财政艰难，于用费力求撙节，更恪遵钧部整饬学风，明令于学生不当行为纠正甚严，以是不免引起部分人之不满。但学校当此维持艰苦之际，学术工作尚能照常推动，学校纪律亦已渐趋严肃，今忽发现此轨外行动，实堪痛心，校长责任所在，不敢畏怯。刻正积极调查，查明拟严予惩处，以正校风，俾不负钧长整顿大学教育之至意。是否有当，敬恳电示祗遵。附呈抄函二件。

国立云南大学校长熊庆来

民国三十一年一月二日发

呈教育部部长陈立夫函

立夫部长钧鉴：

敬呈者。职校文法学院有少数学生受人利用，蕴酿风潮，曾于冬日电呈在案。校长训导无方，致学生由此妄举，深自引咎，事关学风，尤不敢不积极负责，力求整饬。据调查学生列名者多系盲从，或受威胁，或被蒙蔽。农学院生则首先反对，理工两院学生闻亦未签名，且闻背后实有人支持或鼓动。现该生等除前窃递之信件外，尚在秘密活动中，校长拟于明日纪念周恺切训示，并查明首从，分别惩罚，以肃校风。窃校长从事教育于兹二十年，志在事业，辛勤，未尝稍懈。自奉命长校以来，更体念作育人才之重要，尤殚精竭力，日求校誉之增进，再则校长于校务行政无不事事公开，教授同人之意见，固虚怀采纳，即于学生亦曾设有意见箱，及关系改革校政之建议，以正当方法呈报，无不尽量接受，且清白自矢自问，尚无失德，该生等对校长所指摘，如有具体事实，愿受应得之处分，如含沙射影破坏纪律，则当此整饬学风之际，校长亦不敢稍事姑息，影响学风，又总务长正直清白，任事负责，为众所公认，持态度严肃，辨事未肯迁就，难免有忤于人，但其操守能力在前此汇呈钧部之教员资格审查证件中当能见其梗概，其他情形由汤院长惠荪面呈。专此敬叩。钧安

校长熊庆来谨呈

民国三十一年一月四日

学生陈尚藩致熊庆来信函

迪公校长吾师钧鉴：

晨间负荆趋谒，洒荷不咎既往，轸念有加，益使内疚神明，感愧交集。窃生此次猥以受惩之身，蒙许自新之路，原以自挝不遑，安敢妄存希冀？第念生期届毕业，九仞一篑，服务之能力未充，报国之志愿难遂，用是敬恳网开一面，法外施仁，准予留校复学，庶不尽弃前功。素仰吾师仁明宽厚，定荷大德玉成，是则生异日苟有寸进，皆出吾师所赐也。肃此，敬叩

铎安

学生陈尚藩谨上

民国三十一年二月三日午后

学生高自强致熊庆来函

窃学生高自强，向充政治学会干事，去冬因本校教授多人有离校消息，群情惶惑，

云南大学史料丛书·校长信函卷

共商对策，一时道聽途说，遽以主政者缺失累累、非澈底变革校务无从发展，致有罔法干上之举。生以政治学会幹事地位，被推为校务改革促进会幹事，当以激于情感，未加审虑，遂与其谋，后多方探询，始知钧长谋校之苦心、外人传语之诳误，一时难收，遂乘间返家，以阻进行。回校后兹事已熄，蒙钧长逾格宽容，仅予最轻之处分。生接受之餘，感愧无极，仅申悔悟之诚，伏祈钧鉴。谨呈校长熊。

学生高自强

民国三十一年二月十日呈

陈立夫致熊庆来函

迪之先生：

一月四日大函敬悉。云大少数学生酝酿风潮既经制止平息，颇为欣慰，尚望以后对于校风力加整顿，以振国家纲纪为要。专此佈覆，顺候教祺。

陈○○启

民国三十一年三月二日

复陈立夫函

立夫部长钧鉴：

钧函奉悉。查职校少数学生酝酿风潮，昨经查明首从，分别惩处，且该生等亦知反省，除接受惩罚外，并呈递悔过书表示痛悔，所有详情当正式另案呈报。现校内秩序甚好，读书空气亦较增浓厚，颇堪告慰钧座。校长此后更当遵谕，力加切实整顿，俾校风愈趋严肃，仰副厚望。专肃，敬请

钧安

校长熊○○谨肃

民国三十一年三月十一日

熊庆来

呈教育部部长陈立夫函

查本校此次少数学生，暗中煽动风潮，当经将详情于冬代电呈报鉴核在案。校长以学校纪纲不容稍紊，校风不可不肃。当兹国难方殷，抗战加紧之时，学生行动，尤宜严加整饬。弟念国家作育人才之不易，爰将此次肇事学生，分别详细调查，将其情节较重者，加以惩处，以示儆戒。就中有陈尚藩一名，平时操行已差，此次风潮，复居首鼓动甚力，且在其寓所，屡召同学集会，发表宣言，情节甚重，又曾宪邦一名，肆意煽惑，出刀威胁同学，亦不可恕，该二生均予以开除学籍之处分。高自强一名，虽自知此种行动之越轨，仍甘居于首要地位，予以记大过二次，并予以停学一年之处分。其情节较轻者，分别记过示惩。现该生等除接受惩罚外，并已向校呈递悔过书，校长奉职无状，当生活高涨之时，人力财力两俱缺乏，辨理实有未周，供给亦有缺陷，以后当督饬各处人员，加以检讨，对于学校纪律，学生风气，尤当恪遵钧长功令，认真整饬。除由校分别公布外，以上处理情形，是否有当，理合具文呈请钧部鉴核示遵。谨呈教育部部长陈

国立云南大学校长熊庆来

民国三十一年三月二十八日

陈立夫致熊庆来函

迪之校长台鉴:

三月十一日来函诵悉。云大前有少数学生酝酿风潮,经台端处置得宜复告平息,至以为慰。嗣后尚希力加整顿,以期蔚成善良校风丕变为盼。此复,并颂时绥。

陈立夫启

民国三十一年四月九日

致云南省卫生实验处公函

迳启者。敝校会泽分校现发现伤寒病症,患者已死一人。兹为预防起见,拟请贵处赠给伤寒霍乱混合预防疫苗一百份,俾便分别注射,以资防制。夙仰贵处长饥溺为怀,痌瘝在抱,谅邀惠允。相应函达,即希查照办理见覆为荷。此致云南省卫生实验处处长缪。

校长熊〇〇

民国三十二年六月一日

应征通译学生呈熊庆来函[①]

为呈请改徵调为自由投考事。窃本年初通译员之需要极为迫切,本校当局响应应徵,实为贤明措施,生等亦以此为报国良机,踊跃应徵,当时并无异议,但时至今日,通译员之需要暂不迫切,而译训班当局以第二期素质未能尽善,徵调办法实为失策,乃有改徵调为招考之决定。窃以该班当局既有如此之决定,本校自不能例外,设仍维徵调,原意反违译训班当局本旨,唯译训班当局处被动地位,自不能迳请本校改变征调本意,是以恳请查明实情,迅作贤明决定。生等毕业在即,功课贻误亦为不小,设蒙即作改徵调为自由投考之决定,俾能安心向学,将来报国有道,则生等之幸,亦国家之幸也。理合具文呈请,如何之处,尚祈批示祗[祗]遵。谨呈校长熊转教务会议钧鉴。

应征通译学生谨呈

土木系:王之梅 刘衍祥 高国泰 陈叔香 陈 源 于买得 刘治隆

理化系:黄锦焕 赵克诚 尚 玮

鑛冶系:沈崇震 甘振虬 李尚贤 李希勋 牛乃麒 熊国桢 胡光沛 宋汝义
陆景云 王 云 胡承祖

经济系:马汝骅 熊镇权 纳钟明 马 愚 蔡宜天 何伯擎 陆泽浦 余维晋
巩树森

政治系:李 彤 陈 键

农艺系:雷宗岳 容德沛 叶祖蒨 阮兴业 杨树縠 胡以仁

森林系:陈庆昌

生物系:林文宣

[熊庆来批语]:准予提校务会议。

民国三十三年五月十九日

---

① 此条年代不详,据此语推定时间。

致中央防疫处函

迳启者。现值夏令，疫病盛行，敝校马坊分校因僻处乡间，医药设备缺如，拟请贵处惠赠足供一百四十人注射之伤寒霍乱混合疫苗，俾该校员生得以分别注射，以资预防。如需备价之处，自当照缴。兹派员前来接洽，相应函达，至希查照惠予赠给为荷。此致中央防疫处。

校长熊〇〇

民国三十三年五月三十一日

侨生蔡宜天致熊庆来信函

呈为呈请准予免除受训迳充繙译员事。窃侨生平时经济全赖南洋父兄维持，太平洋战事爆发后，供养中断，不惟生须自行维持，即祖母及诸姑母之生活亦责无旁贷，于是两年来不得不遵尔进出校门内外，大学学业虽未完成，而谋生之事不能不兼，以致两皆不当，内心之痛苦不难想见。兹者大四同学奉令应徵为繙译，当此国步方艰，凡有利于国家民族者，不论巨细，义所不容辞，繙译之事侨生更当不后人，生知之稔，亦力可为者，本当依令入营受训，听候派遣服务，以尽国民天职，奈以训练期达两月，此中除三餐外别无薪津，个人生活虽无问题，奈何耄年祖母供养无着，逮又以大义所在不容诿卸，徘徊其间者久，是以迟迟未能先陈因呈请也。后阅侨务委员会 33 管字第 2466 公函得知政府体贴侨生蹇厄，准许申请缓徵，惟恐二者性质不同，不能相提并论，乃询之有关旁面人士，知大学生应徵事类属兵役，是以入译员班后一切管理派遣待遇均依军法从事，用敢于五月卅一日呈文训导长转呈钧长准予缓徵，嗣于翌三日遵照批示"迳呈译训班核呈"，该主管人以事属校务，以〔与〕彼无干对，乃有六月十七日之呈请，复蒙批以"应照通例办理"。原不该喋喋不休，为国捐躯，义所当然，况区区犬马之情乎？然以终不忍不慰高龄老祖、国破家残之痛！且生又非规避不为。现在生已正式入航委会编译室充任通译，服务之义未尝稍乖，而国法又许以缓徵，伏请钧长体察下情，准免训服役，庶生得忠孝两全，无任感荷之至。谨呈训导长范核转校长熊。

侨生蔡宜天呈

民国三十三年六月二十九日

〔**国立云南大学训导长批语**〕：如侨委会已有通知，准侨生申请缓役，似可照准，惟须补缴在航委会编译室服务证明书。

七月三日

〔**熊庆来批语**〕：併案办理。

七月五日

致教育部部长电文

教育部部长陈钧鉴：

本校公费生大部分家境清贫或来自战区，暑假期间即七、八两月如无公费颁发，生活不能维持，与贷金生相比，似有偏枯，但可否发给公费，应请迅赐核示，俾资遵循。又战区生及自费生拟照过去成案办理，战区生以无家可归、自费生以确属清寒而均参加暑期服务者，仍继续发给七、八两月份贷金。是否有当，理合一併电请鉴核示遵。

国立云南大学校长熊庆来叩

民国三十三年七月一日发

熊庆来

学生尚玮致熊庆来函

为呈请准予参加第四期译训班受训事。窃理化系四年级学生尚玮本应参加第三期译训班受训，惟当时因身患胃病不能参加，曾经请求缓期受训，刻第四期受训期开始，故特恳请准予参加此期受训。此举虽时有先后，而生报效之心实则一也，且上期应受训同学林文宣、熊镇权二君已蒙恩准收入第四期受训，想钧长谅能矜愍愚诚，俯念生之苦衷，聽生微志，允准加入受训，俾生报国有途，则沾感无涯矣。谨呈校长熊鉴核。

学生尚玮谨呈

民国三十三年九月五日

[熊庆来批语]：准予备函保送①。

九月十四日

致陈立夫函

案奉钧部本年七月三十一日高字第三七一三八号训令略开；"准司法行政部函据云南高等法院首席检察官请将该校学生殴伤窃盗邱荣昌案内肇事各生查明函送侦讯一案令仰详情明具报以凭核办。"等因，奉此，自应遵办。查此案之造因，厥为昆明物价太高，谋生困难，贫民铤而走险者日多，以致本校及各分校叠出盗窃案件，防不胜防，师生咸以为苦，本年三月二日半夜有窃罪一人潜入东宿舍，学生见其怀挟毡毯，遂加究诘，乃该窃贼立即逃窜至大门附近丛林暗处隐蔽，学生群起追及，询以过去遗失衣物是否也彼窃去，彼辞语吞吐，众生愤怒加以殴打，旋交校警暂行管押，拟待天明送请警局法办，不意次晨竟尔毙命，此事发生时，职未得闻知，至三月三日早升旗时据军事教官张廉报告始知上情，询之训导长谓其时适已就寝，军事主任教官则未在校，校长一面以公函告示地方法院，一面饬训导处对于犯案之首要学生认真调查。且升旗时对诸生严加训斥。地方法院当日派员检验尸体，令买棺装殓。后尸亲邱用九领尸始悉窃贼为其弟荣昌及本校会泽分校事务员邱奕堂弟三子，沾染鸦片甚深，不务正业，且有宿疾，当日之死疾病及烟瘾发作亦是重要原因。犯案学生姓名当时未能详知，地方法院传讯张教官廉及校警班长陆文忠，该陆文忠始供称窃贼邱荣昌系学生杨赋基拿获云云。肇事地点系在会泽楼石阶下，教职员宿舍则均在会泽北面相距颇远，且时已深夜，教职员均已就寝，经多方查询并无在旁目击其事者。此案曾由地方法院检察处数度侦查提起公诉，杨赋基亦数次出庭听候审讯，现正在审查之中，该生当时犯罪情形如何，于法应予何种处分，自当听候法院审理判决。至于其他伙殴学生，以事发深夜，教职员中既无在场者得可指正，学生中经多次盘诘亦矢口否认，事关刑罪，干系青年名誉前途者至重至巨。其有下手嫌疑者，自当依法送办，但在未得相当证据前在学校方面似亦未便贸然攀指开单押送，以自卸责任。伏思此类意外事件，职及训导处人员事前既未能防止偷窃，事后又未能查出全体犯案学生送交法院究办，深自引咎。应请钧部严予处分，以赎前愆。奉令前因，理合备文呈复，请祈鉴察核办示遵! 谨呈教育部部长

国立云南大学校长熊庆来

民国三十三年九月十一日

---

① 1944 年 9 月 14 日国立云南大学致函军事委员会译员训练班"准予收受"。

云南大学史料丛书·校长信函卷

致教育部电文

重庆 5148 钧鉴：

昆明物价猛涨，学生副食自二月份起已达三千餘元，原发副食费不敷甚钜。前奉会字第 14611 号调整生活费代电，关于学生副食标准，××钧部正在审虑，现学生纷纷请求加发，应如何办理，敬祈核示祗遵。

国立云南大学校长熊庆来叩

民国三十四年四月六日发

李汉勋请将李维恭骨灰运昆致熊庆来函

昆明国立云南大学校长熊及各教员勋鉴：

迳启者。久鲜音徯，惭荷良深。兹者小儿维恭肄业贵校，业经七载，淂沾化雨之恩，感荷奚似！此次卒业时奉令徵调，勋虽再再阻止，而小儿均以爱国情殷，不负国家及师长之使命，期翼早日胜利，淂遊海外，力求深造，而毅然从军，蒙分发十四航空队担任翻译工作，于兹半载。此次调赴芷江前线担任陆空联络翻译，忽于六月九日接奉外事局昆明办〈事〉处函知云："顷接十四航空队电，译员李维恭于十四航空队担任陆空连络翻译，在芷江区前线地带于五月廿一日遇敌，中弹殉职。除已呈报军委会特别褒奖及抚卹并优待其家属外，其捐国详情俟查明后又再函知。"等语。奉读之餘，悲痛不已，尤以其母爱子心切，几已痛不欲生。其尤悲惨者，遗有高年之祖父母［父母］及年仅十九岁之妻、未满週龄之孤子，伤心惨目，有如是耶！勋寡识诗书，稍知大义，取义以成仁，对国家固已尽一国民之天职，而对个人之损失及悲伤莫甚于此也。现事已至此，亦无挽救之方。其所难安者，小儿维恭既为国捐躯，誓不愿将其遗骸抛弃于外，用特函恳钧座商同外事局，虽任何困难，须将小儿维恭之遗体搬运回昆，以慰幽魂，而免悬念。素仰钧座慈善为怀，当不致见却，此恩此德，将永世不忘也。施恩情形，敬祈赐覆为祷。专此，敬请

文安

李维恭家长李汉勋叩

民国三十四年六月十七日

［熊庆来批语］：由校备函，请军委会外事局转请第七十三军，将李维恭骨灰设法运昆，以慰亡者家庭。

七月十八日

致教育部部长函电

教育部部长朱钧鉴：

本校学生罢课事件已于戌寝日将经过情形电呈××钧部在案。三十日本校大多数教授联名发表劝学生复课书，劝道复课。本校亦正拟布告，勒令上课，不意军人与在街衢宣传之学生发动冲突，十二月一日午前联大师范学院及北区新校舍处门口军人又复与学生激烈冲突，酿成惨案，死伤近二人。本校门口亦有军人闯入，捣毁校警岗亭及学生壁

熊庆来

报木牌，致事态扩大，复课问题之处理顿增困难，除详情经面请周司长转呈外，谨电呈报。

国立云南大学校长熊庆来

民国三十四年十二月六日发

附： **陆军第七十三军司令部代电**

［（卅五）副卓字第 7061 号］

昆明云南大学校：

准南字○○○一号公函①敬悉。查李翻译官维恭当敌犯新化时随美军联络组，配属于第一线任陆空联络工作，五月廿一日在十五师四四团阵地内被击中弹穿左胸，经军卫生大队救护，甫下火线即行毙命，旋由军战斗指挥所指派少校荣誉坿员荣亚疢办理后事。准函前因，即饬本部前新化留守处主任卓卓查明具复。兹据该员报称，李翻译官维恭遗体经以戎装大殓入杉木棺，并以工兵架桥之两瓜钉扣紧，惟未加漆，葬于新化南门外毛姓茔山内，即通洋溪大道左侧第一小山头，地名圆珠岭，距城约一华里许，出南门经兴隆街向洋溪大道前进，过铁路路基后即由左手小路上岭，登岭后再向左走约十五公尺处即其墓矣。坟作长方形，南北向，周围垒以小石，上盖草皮，墓门正对新化西门及亚新地学社之间，墓后有土埂一道，成半弧形，再左亦有民间新坟一塚，形式与李墓相做，惟坟面曾覆黄土，未盖草皮耳。其详细方向及位置如坿图。等情。相应检同图式电请查照为荷。武昌陆军第七十三军军长韩濬、副军长李琰。寅副卓佳。

（附件图略）

[**熊庆来批语**]：抄送李君家属查照（原件及图归档备查）。

三十五年三月二十一日

章辑五致熊庆来函

迪公校长钧鉴：

前奉手教，祗悉一一。弟自上月廿四日已就本校校长职，刻正筹备迁校工作，责任繁重，尚祈不遗在远，时锡南针为祷。兹恳者，内子因具领还都补助费关系，请烦发给卅四年九月三日前在云大之服务证明书，以便证明。此颂

道绥

弟章辑五拜启

民国三十五年五月一日

[**熊庆来批语**]：复函致贺，并由总务处查案给证。

民国三十五年五月六日

---

① 1946 年 1 月 4 日南字○○○一号公函，系国立云南大学请查复李维恭在芷江区前线阵亡及遗体埋葬地点函。

云南大学史料丛书·校长信函卷

杜棻致熊庆来信函

查公费留学名额中有中法交换五十名，拟请专陈教育部准在中法交换名额中分配属院每年十名，俾使成绩优良之毕业学生多得出国深造机会，文中并拟叙明：（一）本校医学院采用法国医学教育制度已近九年，毕业学生已有两班，现分配在昆明各医院及云南各县境服务，成绩颇形乐观。（二）本校医学院采用法语，毕业学生之成绩优良者自以至法国深造为最宜，因而在战前曾向法方数度接洽。现中法既订有交换公费生办法，即请就该项名额内准由本校每年保送十名，藉以发展边区医学教育等理由。本年考送期近，仅就管见所及签请鉴核，准饬主管处组拟文呈部，倘能获准，不惟属院毕业学生多得深造机会，云南医学前途亦有利赖。如何之处，敬候核示施行。谨呈校长熊。

医学院院长杜棻

民国三十五年五月三十一日

致杭立武信函

立武次长仁兄勋鉴：

违隔清尘［麈］，久疏笺候。每怀雅范，时切钦迟。比维政祉云臻，履祺日畅，为颂。兹启者，敝校医学院系采用法国医学教育制度，学生均谙法语，且因历史地理关系，本校与法国学术上之联系素甚密切，并收容有法国交换留学学生。此次政府考选公费留法学生名额至广，敝校拟呈请钧部准予自本年起每年保送医学院毕业成绩优良学生十名公费留法，藉资深造。台端关垂云大有加无已，尚祈不吝鼎助，惠予促成，西南医学教育前途实深利赖。除正式备文请求外，特此布悃，敬颂

勋绥

弟熊〇〇拜启

民国三十五年六月二十六日

熊庆来

学生赵鼎盛致熊庆来信函

迪公校长大人尊鉴：

日昨蒙召茶会，适以家有病人，未克趋赴，谨致谢忱，并祈谅之。兹专陈者，前阅报，知母校附中因受学潮影响，政府已下令解散。窃以办教育首重培养与疏导，不能妄施高压，更不能对纯洁青年狂加摧残。附中为本省有数中学之一，亦为母校精华之一部，学风优良，历年毕业同学考取各大学之百分比俱估首位，或服务于各机关团体之附中同学均成绩斐然，深得社会人士赞誉，然两年来竟两度惨遭解散，此当局者之罪抑附中同学之过，识者自有公论。钧长德高望重，为滇省教育界先进，多年主持附中，爱护青年，不遗余力，务祈一爱再爱，转请当局速令附中复校，庶使数百青年不致因失学而彷徨歧路，亦使云南教育多留一线生机。生为感念母校培育之恩，顾惜在校数百同学之前途，对政府如此措施深觉不可抑制之悲痛与愤怒，除在议会联络同人俾力建议政府收回成命以图挽救外，用敢直陈刍见，谨祈采择，不胜企祷。耑此，敬请

崇绥，并叩熊师母大人福安

受业生赵鼎盛谨呈

民国三十五年八月二十七日

为分发青年军入校学习事蒋经国致熊庆来函

迪之先生道鉴：

久钦雅范，承教无由，引领云天，景企奚似。比维道履绥和，为颂无量。全国青年从军于强敌深入之际，受命于国家危急之秋，抱定牺牲决心，争取最后胜利。志虽未酬，然其报国忠忱诚足矜式。故于退伍之后，政府珍之惜之，妥为安置，务期所学有成，蔚为国用。兹有学生杨柱等奉教部核准，分发贵校肄业。诸生应以尊师重道，恪守校规为向学准绳。迭经本处告诫嘱咐，刻腑铭心。务祈惠予训导，严加管束，使能在先生教育之下，仰沾化雨，时坐春风，养成优秀青年蔚为建国干部，幸甚、幸甚，专此奉达，敬候

道安

蒋经国拜启

民国三十五年十一月

熊庆来复蒋经国函

经国处长先生勋鉴：

顷奉台示敬悉一切，查教部先后核准，分发本校肄业青年从军学生，计共十三人。已如期来校注册报到者，有杨柱、闻超鹏、王世清、谢祖勋、陈汉等五人。本校开学刻已月余，各该生等均尚能励志勤学。敝校各负责方面自亦当随时注意其学业及操行也。专此奉复，顺颂

勋祈

熊庆来敬复

民国三十五年十一月二十七日

教育部训委会致熊庆来函电

国立云南大学熊庆来校长密鉴：

据报云大本届政治系毕业生蒋阜南为中共在该校学运主要负责人。此次考取自费留学，所需费用延安已电允全部资助，等情。令行电仰将该生在校肄业期内，言行切实查明具报为要。

教育部印

民国三十六年正月初六发出

致周鸿经、嗷逸司长函

纶阁、嗷逸吾兄司长勋鉴：

敝校附属中学此次为变动人事并求改进校务发生学生罢课事，其初步处理情形昨已电部报告，特再将经过详为兄等述之：（一）附中校长杨春洲因有共党嫌疑，前曾奉令调查办理具报，经查并无实据，惟该员有办事才，在社会上颇能活动，与多方面人士接近是实，外传加入其他政党活动，或系出于误会，且彼曾登报声明本学期末该员请辞校长职，为改进附中计，当予照准。该校校务目前系暂组织校务维持委员会负责，由大学

云南大学史料丛书·校长信函卷

聘教授秦仁昌、副教授杨桂宫、农场主任蔡克华诸先生为委员（并聘该校教员四人举行会议一次后辞职）。诸先生皆方正，具有热忱，拟于附中加以整顿而促其发展。（二）解聘之教员五人，除熊朝隽壹人（上次报告误为谭元塾）系教课不善，李忻一人部令谓有共党关系（但调查并无实据，且闻因管束学生过严，尚引起学生反感。）外，其馀李旭、吴大希、董大成等三人思想确属偏激（有中共党籍否不得知），故予以解聘。（三）该校学生藉挽留杨校长及续聘全体教师为名，曾向来（指：熊庆来本人）请愿，因不予接受，于六月廿七日起罢课要挟，迭经劝告，均不听从，除全体来大学请愿三次外，复派代表逐日向来（指熊庆来）晓晓要求，以冀达其目的，来始终告以"已有之决定不能变更"严予拒绝外，因全体学生群聚校内，便于作要挟举动，业照该校预定日期于七月十三日宣布暑假，并一面通知各家长将子弟领回。大学全人对此处置甚表同情，校务会议曾通过议案以示支持，校务维持委员会并发表对附中问题意见五点，兹捡奉一览。（四）暑假宣布后，留校学生尚有二百馀人，以补课为名，意欲集群力继续要求。为便于控制起见，七月份公费拟不发给，至解聘之教员除李忻、熊朝隽已离校外，其馀人员不免有暗中鼓动学生之嫌，待本月底约满后当不能不离校，以后问题或易于解决也。（五）附中校舍问题，该生等要求亦涉及。查该校校舍系暂借用旧日庙产，地点狭窄，屋宇简陋，甚不合用。闻本年度将追加临时费，拟由大学代为请求四亿，至盼鼎力为助，俾得核拨作该校教室宿舍建筑费用，如是学生生活可以改善，而负责者亦得鼓励而增加勇气。尚此布达，毋任盼祷。即颂

勋祺

弟熊庆来拜启
民国三十六年七月

熊
庆
来

云大附中学生致熊庆来信函

熊校长钧鉴：

我们为了坿中的前途，自己长期安〈心〉的学习，不得已而採取罢课请愿的行动，迄今已两个月有馀，终于能得到熊校长合理的解决——□□□□□及续聘除五位而外所有留校老□□□□□要求虽然相去甚远，但熊校□□□□□兼教育家之盛名，今后坿中□□□□□导下继续发展，实为坿中前□□□□□青年学生之福。因此，我们全校五百多同学衷心感谢校长英明合理的解决，使坿中早日安定，我们亦得及早安心读书。

这次我们的行为，出于挽留校长挽留老师的热忱，由于要求的迫切，在态度上不免有过激过火的地方，我们相信熊校长是最爱护青年、最了解青年的，熊校长当能以我们纯正赤诚的动机及要求的合理性而原谅我们，同时，我们的初衷是完全善良的，我们不愿意做得有一丝一毫与我们的心愿相背的地方。为了弥补我们一些枝节上的过失，我们全体同学诚恳请求校长给予我们全体同学以处罚，因为这行动是属于全体同学决定的，任何个人都是代表团体执行任务，他的一切都必得由团〈体负〉责，少数人不应代全体受过，否则是不公平、〈不合〉理的，且会引起全校同学最大的不安。

听说，校长有把我们初中搬到省训团之意，我们希望这不是事实，因为假使是事实的话，对我们同学将是续罢课请愿之后一个极大的打击。盖坿中自创办以来，即高初中合为一体，一个整体不容分为两部分，且于学校管理亦非常不便。龙头村是我们居住了四年的校址，去年为了扩充校舍，我们每个同学都出了建筑费，校舍尚新，今一旦抛弃，

实为同学所绝对不愿。我们希望校长能在安定的原则下发展坿中,在坿中的传统作风下发展坿中。

又听说校长这学期不预备招收高中新生,我们也希望这不是事实。每年招收高初中新生,不仅是坿中之惯例,且为全国中学一定之常轨,今忽更改,实无必要,且许多社会人士的子弟都等待着投玫坿中,校长站在教育的立场当不致使许多青年失去良好的学习机会,况坿中正需要发展,不广招新生、扩充学校规模,实不足以发展坿中。我们为坿中的发展请命,更为云南的青年学生请命,请求校长从速招收高初中新生。

以上几点,都为我们诚恳的要求,想校长必能本着数十年来办教育的精神及发展坿中的心愿接纳我们的合理要求。坿中方步入安定状态,我们希望不要再有新事件发生,我们期待着校长英明的领导,领导着我们走向安定、进步与繁荣。

云大坿中全体仝学启 (云大附中学生会章)

民国三十六年八月二十四日

致云南省政府公函

迳启者。查本校工学院矿冶工程学系四年级学生李维恭系云南省大理县人,前应徵译员,分发第十四航空队充任翻译官,于民国三十四年五月日军犯湖南新化时随美军联络组,配属于第一线任陆空联络工作,中弹阵亡。查该生系本省一有为青年,在校尚志笃学,素为师长所器重,入伍服务,则为盟友所称许,不幸遇难,实堪惋惜。本校员生曾发起建立纪念碑亭,拟请贵主席赐予题词,以彰忠烈。如蒙惠允,并请早日赐下,俾便摹刻。相应函达,即希查照办理见复,至纫公谊。此致云南省政府主席卢。

校长熊○○

民国三十六年九月三日

罗庸致熊庆来函

函一:

迪公校长道鉴:

迳启者。兹有平沪来滇学生数人,拟在云南大学借读或旁听,敬希核示,并希惠予赐覆为荷。顺候春釐。

弟罗庸敬启

民国三十七年二月一日

计开:

李　鑑　女　年二十岁　河北邯郸　北平私立华北学院经济系一年级肄业

李　骁　男　年十九岁　云南昆明　上海交通大学先修班肄业

卢昌华　男　年二十二岁　云南昆明　上海震旦大学政经系肄业一年

许祥麟　男　年二十二岁　云南昆明　北平中法大学文史系肄业一年

以上各生如蒙准予借读或旁听,当通知其来校办理手续。

云南大学史料丛书·校长信函卷

函二:

迪之校长道鉴:

前奉环云承允各生依手续入学,无任感谢!中惟李骁一名,前在上海同济大学证件遗失,曾由弟具一证明书呈教务处,恳再转达教务长,如能准其在先脩班试读或旁听,感激不尽。专此再陈,敬叩教安。

弟罗庸敬启
民国三十七年三月二日

[熊庆来批语]:函复已照准註册。

三月二日

复罗庸函

膺中①先生道席:

手示奉悉,李骁借读事已如命照办矣。专复,顺颂教祺。

弟熊制〈庆来〉敬复
民国三十七年三月二日

致禾嘉校长函

禾嘉校长仁兄台鉴:

兹有本校前附中高三学生秦式儒因被同学胁迫,曾参加前次学潮,刻经审释出狱,惟以附中尚未恢复,而该生向学情殷,且能痛自改悔,并延妥保为之保证,拟转学贵校,用特检同该生悔过书及在校成绩单,至希督及,准予转学,无任感荷。专颂教祺。

熊制〈庆来〉敬启
民国三十七年三月二十五日

[国立云南大学校长批语]:此件请特别保存。

致云南蚕业新村公司信函

迳启者。查贵公司为培养蚕桑人才,适应本省需要,前托本校在农学院蚕桑专修科增收蚕桑奖学金学生五名,并订定蚕桑奖学金办法一份,双方同意施行在案。现有该科学生王梅芬、杨希云、李人士等三名依该办法填具申请书暨保证书前来申请,为特检同该生等申请书暨保证书各二份备文送请查照办理,核给奖学金。又教育部奖学金办法系每人每月发给二公斗三公升之食米贷金及副食费(照中央公务员生补费七分之一按月调整发给)。惟该三生等原籍均在迤西,近来家乡接济来源断绝,自三月份起拟请在每月初按昆市中白米实际价格及上月份生补费标准发给半开,该生等凭本校农学院证明直接向贵公司昆明办事处具领,以资迅速,月终仍依教育部核定标准多退少补,以清手续为荷。此致云南蚕业新村公司。

(王梅芬、杨希云、李人士蚕桑奖学金申请书及保证书略)

校长熊〇〇
民国三十七年五月

熊庆来

---

① 膺中,罗庸的字。

学生董宝臧致熊庆来函

窃生今暑卒业于本校航空工程系。兹因目前正值戡乱期间,各飞机工厂均紧缩范围,暂不添人,势将遭受失业之苦。现由友人设法揽入川滇、滇越两路局工作,暂作栖身,以维生活。恳请钧座准予赐一介绍书,以俾谒见该局局长林凤歧先生接洽工作。如蒙恩准,则生得免受失业之苦。曷胜铭感。敬呈校长熊。

学生董宝臧敬呈

民国三十七年六月二十九日

舒秉权致熊庆来函

迪之校长阁下:

久耳鸿名,仰慕时殷。识荆无缘,曷胜怅惘。比维启迪咸宜,春⊠马融之帐;桃李盈墙,风生沂水之滨。兹恳者,舍弟炳舜原在文山开广初级中学修业三年,去冬正值毕业考期,适地方匪乱,无法续读,遂别家到昆就学,惟因仓猝离校,未经领获证明,故到昆后报考发生困难,如再因循,贻误学业匪浅。权以远戍塞外,不遑顾及,特饬其前来贵校坿中投考,请宥予离乱失学之苦,本树人育材之旨,准其免证投考高级部,若学力不及格,准其插入初级部三年级就读,以资造就,而免向隅。倘异日学成,皆阁下之所赐,而权亦感激无既矣。除饬舍弟炳舜面陈外,特函奉恳,尚祈允予收纳为荷。专陈,并候教安。

舒秉权谨启

民国三十七年六月三十日自辽宁锦州市

刘达致熊庆来函

迪之仁兄校长勋右:

久违謦教,缅想贤劳。兹有恳者,表姪女李文熙,金江中学毕业,昆明师范学院肄业一年,有志投考贵校农学院蚕桑专修科,乞予从宽录取,以成其志。知兄作育青年,不遗余力,对于女子教育尤具热忱,用敢冒昧奉书,至祈玉成,无任感企。专此,顺颂铎安,诸维鉴照。

弟刘达拜启

民国三十七年七月十六日

[**熊庆来批语**]:函复后送教务处存查。

民国三十七年七月二十九日

复刘达函

国民政府战罢顾问委员会刘达先生勋鉴:

前奉大函,以令亲友李文熙投考本校农学院,嘱予从宽录取一节,经查该生以成绩未及格,碍难取录。方命之处,至希谅詧,以后有读书机会,再当尽力设法也。专复,顺颂勋祺。

熊制〈庆来〉敬复

民国三十七年

云南大学史料丛书·校长信函卷

关于学潮致南京教育部部长电

南京教育部部长朱钧鉴：

　　盘踞本校会泽楼学生已于近日由职陪同卢主席劝告下楼共 355 人，本校学生约 30 人。现正由警备部处理中。谨电闻云南大学校。

熊庆来叩

民国三十七年七月十八日发

熊庆来就"七一五"经过电呈南京教育部部长

教育部部长朱钧鉴：

　　查盘据本校会泽楼学生，恃其群众，反客为主，责之不理，劝之不搬，移砖瓦木器于三楼顶，作防御掷击之用。各情曾经先后电呈，并函省政府协助处理，各在案。省府为积极安定社会秩序，清除奸匪，职业学生起见，于本月十四日与××钧部刘参事英士会商，翌晨五时派警暨进入本校，包围会泽院，警察入校后，盘据之学生即敲击面盆，用砖瓦木器石子等物与警暨抵抗，双方均有创伤，少数学生虽已就范，但一部分仍不悔悟，退至屋顶固守，警察无法进入。直至十六日下午时，卢主席到校视察，因便前往训话，校长及本校训导长亦陪同前往，始遵命下楼。人数总计三百五十人，其中本校学生约三十人，其余为天祥、建民、长城、金江、求实、昆华女师等中学学生及中学教员，且有身份不明非学校员生之人十余名，现警备部在分别处理中。关于损失，于学生盘据会泽院之初，校长鉴于情形险恶，即嘱有关人员将会泽院内所有图书仪器分期撤迁，计第一步先迁校长室、教务处及注册组重要文件，第二步搬精细贵重仪器及将阅览室图书集中图书馆，第三步拟迁移粗笨仪器家具。第一二步计划也已完成，不料正进行第三步迁移工作时，军警即进入学校，措置不及，以致生物、物理两系部分仪器遭受损失，图书也已集中于图书馆尚未发觉损失，仅阅览室木器被破坏，军警当局于何时进校以及采用何种方式，校长事前未悉，损失情形现正清查整理中，俟清理完毕，即行呈报，又附属中学解散及学生迁入南菁学校情形，已饬该校迅速一并具报，以凭转呈。此次本校为首肇事学生，俟查明即开除学籍呈报外，谨将经过情形电报××鉴核。

国立云南大学校长熊〇〇

民国三十七年七月二十一日

熊庆来致教育部部长代电[①]

南京教育部部长朱钧鉴：

　　本校会泽楼此次因风潮影响遭受破坏，其内部器物亦蒙受重大损失（仪器外），欲求恢复原状，约需国币两百亿元。今为积极修理重要部分。俾应开学后需要。拟恳钧部准予即先拨国币一百亿元，以资从速进行。即请鉴核示。尊无任恳祷。

国立云南大学校长熊庆来叩

---

①　此条年代不详。

269

云南大学校长致教育部函

騮公部长钧鉴:

昆明学潮解决,刘参事返京当已报告一切。此次事件,云大虽有责任,但不能负全责。刘参事在此亦一再表示,且实际情况复杂,刘参事所注意者恐未周。

钧座领导士林,向饱学者态度,对书生素甚爱重,因敢直陈数点,俾明真相而免隔阂。(一)曩日昆明为民盟中心,学校每为民盟所扰,至学风丕变。复员后,本校效力求纠正,思想不纯正之教员解聘殆尽。上年助学运动采取断然处置,各学校教授一致支持,获得圆满结果,为钧部所称许。(二)此次学潮中,学生上次整理后尚未能全部痛改前非,此次仍有严重越轨行动,告诫不听,曾经再度宣布解散,来暨教授同人,处理整个学潮,亦着重主张严厉办理,冀得长久安定。(三)盘踞会泽院楼生学生,来及一部分教授同人均主张各机关首长带警察若干,同往劝告,不听再围困而胁之以威,必见令其退出。此办法事前曾向卢主席、何总司令、刘参事建议,未邀采纳,而逐用警察进攻至二楼后,相持达两日,退至三楼者,终因卢主席之劝告而和平退下。可见当时仅用包围警告之法,亦可有效而免于损失。(四)图书无甚损失,贵重文件仪器多已迁他处。(五)此次确有善良学生被逮捕受绑扎之苦,职员亦有被殴伤者,但本校为顾全大局,不使声张,或作不平之鸣,以免引起严重枝节问题。现一面恢复秩序,一面推动经常工作,招生考试现正报名。仅此驰呈,敬祈鉴察。并叩。崇安

熊庆来

民国三十七年七月二十四日

李希哲致熊庆来函

□□[迪之]吾兄台鑑:

弟由京返昆后,承卢主席召见,关怀边境治安,委回任景谷县长,自维以本县治本县,义务所系,无可固辞,只得勉维其艰,惟行政方面素乏常识,烦时赐指导,俾资遵循,是所感祷。再敝亲李承瑞(天南高中卒业)、冯国祥(五华高中卒业)拟投考贵校,该生等品性纯良,勤慎求学,堪以造就,请祈关照,逾格收录,俾达其升学目的。乌屋之谊,亦同沾感矣。此颂文绥。

弟李希哲顿

民国三十七年七月二十四日

致杭立武次长函

次长吾兄勋鉴:

迳启者。昆明学潮解决,刘叅事返京当已报告一切。此次事件并非一单纯之学潮,情形复杂,京中所传或与事实不甚相符,用再以一二事奉告: 1. 策动学潮之重要者闻为学校以外之人,次为中学教员,至大学及师院学生自治会之人系受其利用者多。2. 弟及教授同人对此次事件自始即主张严厉处置,冀得学校之永久安定,但觉不可过于操切。3. 欲令盘据会泽楼上之学生就范,当初弟及学校同人曾建议由各机关首长及各家长并率警若干入校严厉告诫,迫令下楼,不聽再加强围困。此办法弟曾言于军政当局,未邀採纳,甚属遗憾,而军警入校后学生退至三楼者终因卢主席之劝告而相率下楼,可见弟等

所言办法似可有效。4. 十五日自会泽楼退下之人共 356 人，云大学生仅 30 人，其他为各中学员生及身份不明之人。（云大坿中已于事前宣佈解散，一部分好事学生系住南菁。）5. 图书无甚损失，贵重文件仪器多已迁于他处。（事前以情形严重，曾条谕迁移，惟以发动太促，未及迁完。）6. 关于处理参加学潮学生，弟及教授同人始终持严厉态度，可由当时披露于报端文告及校内迭次佈告证之。7. 本校一般教授同人态度平正，故于所谓各界上卢主席书及大中学教员告社会人士书（措词祖护学生），校中除一二教员外，无人负责列名。以上事实，刘参事想亦洞悉，特为缕陈左右，至祈亮督是幸。专颂

勋祺

弟熊制〈庆来〉敬启

民国三十七年七月二十六日

致舒秉权函

衡三①师长勋鉴：

顷奉大函，以令弟炳舜拟投攷本校附中，原应设法，惟坿中刻已奉令鮮散，无法报命。特函奉达，至希谅督是幸。此颂勋祺。

熊制〈庆来〉敬复

民国三十七年七月二十八日

周季贞致熊庆来函

夔举吾兄惠鉴：

日昨晤谈，甚畅。随同进谒之小孙周平初，年十九，肄业于遵义省立高中学校，本学期毕业，其父母在滇，以数年不见，命来昆明投考云大。兹幸学潮已靖，照常招生，饬即报名应考。闻云大校长熊君迪之籍隶弥勒，弟曾补授弥勒县缺，未经到任，署广西直隶州，弥为属邑，两次因公赴弥，接见邑之士绅，晤其尊翁献廷先生。霁月和风，尚能记忆及之。现熊君长云大，平初愿受业其门，拟入矿冶系，尚希格外拭拂。学校已定于八月二日考试矣。惟弟此次旅滇，于旧交世好疏于往还，熊君迄未谋面。吾兄乡邦前辈，乐育后生，敢乞一言介绍，俾得负笈入门，及时求学，则无任感盼矣。暇时当再走谒。祇［祗］颂道安。

弟周季贞顿

民国三十七年七月二十九日

周平初试卷号数二〇三〇

[承办人批语]：周平初，年十九岁，贵州遵义县人，遵义省立高级中学毕业，投考云南大学，试卷号数二〇三〇。

熊庆来

---

① 衡三，舒秉权的字，时任陆军第 184 师副师长。

杨旭初致熊庆来函

迪公校座钧鉴：

惠露泽风，润敷三迤莘莘学子，敬仰与感德曷深。生今任教滇西丽江中学英文讲席，望公训示时颁，用资遵循。恳呈者。顷校中毕业生杨君汝璧，本期来昆升学，了以平时瞻崇吾公之素愿。生特函介晋谒，乞念边区，逾格录取。肃此，奉叩钧安。

生杨旭初谨呈

民国三十七年七月

教育部中等司为云南大学附中罢课及校舍建筑费事致熊庆来函

迪之先生勋鉴：

七月二十三日惠函及附件敬悉。关于处理贵校附中罢课情形，具见苦心，深盼早日平息，以免影响学生课业。至附中校舍建筑费事，本部现无专欵可拨，希由最近增拨贵校建筑扩充改良费内统筹支配为荷。专复，敬请

教绥

曹○○、周○○敬启

民国三十七年八月一日

由云龙致熊庆来函

迪之姻仁兄惠鉴：

日昨叨扰，谢谢。顷周君季贞函托其孙应考，嘱祈照拂。此次应考者多，又特加严格，本不应再渎，姑念周君前曾宦滇，其孙亦尚英敏合格，特将原函呈阅，企予以注意，照格取录可也。岢此，敬请潭安。

姻愚弟由云龙拜上

民国三十七年八月二日

李种德致熊庆来函

迪之校长尊兄惠鉴：

迳启者。小儿志鸿，久叨教诲，毕业于贵校附中高级中学，兹有志升学报名，诣贵校投考大学，特恳格外关切，从宽取录，以宏造就，厚赐栽培，曷胜感祷之至。岢此奉托，敬请教安。

弟李种德拜启

民国三十七年八月二日

再者，前有公函送上，弟在缅将廿年，志鸿系缅生长，并在腊戍化南学校毕业（与中学同等），领有证书，因缅甸沦陷，逃难遗失，屡函请补发，但因负责人当时被敌杀死，校舍亦全毁，尚未取获。特此声明。

[承办人批语]：已复。

九月四日

云南大学史料丛书·校长信函卷

高荫槐致熊庆来函

迪之校长仁兄台鉴:

　　兹有敝亲赵欣华,系五华高中毕业,现攻贵校经济系。查赵在五华中学甚为用心,成绩亦极优异,惟此次报攻人员闻有数千之众,请兄赐予取录收校,以宏造就,是为至感。该生报攻号数为(0486)。专此奉恳,即颂道安。

高荫槐顿

民国三十七年八月二日

　　[承办人批语]: 已复。

复高荫槐函

荫槐先生勋鉴:

　　前奉大函,以令亲赵欣华投考本校一节,经查该生成绩及格,业已取录,特函奉达,请释锦念。专颂勋祺。

弟熊制〈庆来〉敬复

民国三十七年

杨玉生致熊庆来函

迪之校长钧鉴:

　　迳启者。兹有晚前在保山师范任内学生安庆云君,学行甚优,思想纯正,特鼓励前来尊校报考新生,惟恐学科少不及处,敬祈赐予上进之良机,则感同身受也。专此奉恳,敬颂教安。

晚生杨玉生谨上

民国三十七年八月四日

张维翰致熊庆来函

迪之校长吾兄惠鉴:

　　敬恳者。兹有敝署苏科长镜川之子苏涟,曾在贵校附中高级毕业,现在投考云大医学院。该生平日操行成绩尚佳,此次又未参加学潮,洵属青年中可造之才。用特函介,尚乞推爱予以取录,以宏造就,是所感祷。专此,敬颂勋祺。

弟张维翰启

民国三十七年八月四日

　　[承办人批语]: 已复。

九月四日

致范承枢函

承枢处长仁兄勋鉴:

　　兹有本校社会学系毕业生彭光前,籍隶四川,人甚忠实,在学成绩亦尚优良。闻贵处刻拟加强机构,扩大社会服务工作,想尚需人,用特函介,至祈推爱录用,不胜企感。

熊庆来

专颂勋祺。

弟熊制〈庆来〉敬启

民国三十七年八月四日

杨树桐致熊庆来函

校长先生鉴：

　　舍弟树基在贵校修业，在前不断通信，近两月来忽然音沈信杳，不知是身体欠适，或另有移动？家中老母风烛之年，对此惦念，枕席不安，殊堪顾虑。祈转令吾弟迅速寄函家中。设吾弟有移动时，希费神询明动定函☒为祷。肃此，恭祝教安。

杨树桐鞠躬

民国三十七年八月五日

方国定致熊庆来函

迪之校长赐鉴：

　　敬恳者。敝友之子郑治国，毕业昆工高中机械科。乃父郑继泰，宣劳党国，历有年所，现在亦属退役在乡。治国此次投考贵校，俾有深造机会，特函介绍，敬祈推爱，予以收录，国定亦当感同身受也。设成绩较差，亦请收为旁听生，俾得进修，而免失学。无任感荷。专肃奉恳，祇〔祗〕颂教绥。

方国定谨启

民国三十七年八月五日

王巍致熊庆来函

迪之校长尊兄勋席：

　　揆违榘范，拜晤时稀。迩维公私畅适，动定时庥，是颂是祷。兹有敝戚张恩仰、张恩聪两君来昆投考贵校，冀求深造，报考手续业已遵章办讫，用特函恩惠予从宽取录，遂其侍闻絃歌之志。如叼玉成，不啻感同身受也。余容面谢。专肃，并颂崇釐。

晚王巍拜上

民国三十七年八月七日

经济系四年级杨中兴致熊庆来函

　　窃生杨中兴，系本校经济系四年级生，因家处异乡，在此人地生疏，少亲乏友，故久未谋得一职。客岁蒙钧长介绍，投考昆明中国银行，幸承该行取录，时因生学业未卒，致无法进行工作。今生已毕业，而职业仍无着落，意欲返中行就职，曾再三与该行主管人员磋商。兹获该行当局意思，仍需原介绍人去函申述，方能入行。惟闻钧长与中行经理朱季远氏，情属莫逆，如蒙赐介绍信申述，当能准予入行工作。特恳钧长鉴核，准予介绍信一封，俾生能入行工作，是为德便。谨呈校长熊。

经济系四年级学生杨中兴呈

民国三十七年八月八日

云南大学史料丛书·校长信函卷

[国立云南大学校长批语]：酌为备函介绍。

民国三十七年八月九日

致季远经理函

季远经理仁兄勋鉴：

本校经济系毕业生杨中兴，去岁由来函介，诣贵行投考，承蒙录取，惟当时该生以尚未毕业，复回校研读，致未能如期报到。兹该生既经毕业，拟仍返行追随左右，听候驱策。特为函介，务祈酌予录用，以竟其志。耑肃，顺颂筹祺。

弟熊制〈庆来〉谨启
民国三十七年八月九日

李郁高致熊庆来函

迪之校长仁兄阁下：

先生学术道德，蜚声国际，弟子姪婿女得列门墙，悉沾雨化，感幸何如！兹有外孙女薛蘅君，本年投攷贵校，未蒙取录，但钻仰志切，问学情殷，请逾格准予入先修班肄业，以免失学。如荷俞允，感纫无暨。耑此奉恳，并请教安。

弟李郁高拜启
民国三十七年八月十二日

陈常致熊庆来函

庆来校长赐鉴：

迳启者。敝亲尹华公之长子尹大绥（天南毕业），本届投考贵校中国文学系，初试业蒙取录，复试及口试闻尚大致不差，惟无绝对把握。窃以尹华公逝世后，舍妹抚其遗孤，备历艰辛。兹幸不辱先志，初试及格，至为欣慰，若能复试取录，获入吾滇之最高学府，则其母苦守冰霜，不致失望，而常亦可无负尹君矣。用特肃函，奉恳尊兄转嘱主持教师，若尹大绥之成绩不致太差，务乞予以取录，至其操行思想，常知之有素，愿代完全负责也。专肃预谢，敬颂道绥。

愚小弟陈常敬启
民国三十七年八月十七日

通信处：圆通街连云巷七号

[承办人批语]：已复。

九月四日

复李郁高函

郁高先生勋鉴：

大示奉悉。承嘱令亲薛蘅君拟入本校先脩班肄业一节，以本届先修班遵照教部规定，性质已有变更，无法录入，有方台命，至希谅之。倘以后有其他读书机会，当再奉告。专复，顺颂勋祺。

弟熊制〈庆来〉敬复
民国三十七年八月十八日

范承枢致熊庆来函

迪之校长赐鉴：

昨承介绍社会系毕业生彭光前到处工作，自当勉力设法，惟是该生思想行动是否纯正，与奸党有无关系，为目前政府用人之先决条件，至希查明，由学校保证示覆，以便办理。兹有敝亲韩明珠投效本校法律系，第一试业已录取，惟第二试尚未放榜。该生理化一科较差，其余史地公民尚可。务祈推爱，特予留意赐以取录，俾遂升造之志。勿任感荷！耑此，敬颂教安。

弟范承枢手启
民国三十七年八月十八日

空军第五总站站长何百清致熊庆来函

庆来校长吾兄惠鉴：

兹有林建松君，系大同中学高中毕业，因毕业后证书稽迟颁发，故失却攷试时机。刻下证书虽已奉发，然攷试时间已过，而林君求学心切，不愿虚费大好韶华，意拟暂时肄业贵校先修班，籍作学业进修之准备。因仰吾兄热心培育青年，用特为之函介，敬祈惠予修容，毋任感幸同之。专此，敬候教祺。

弟何百清顿上
民国三十七年八月二十三日

致杨文清函

镜涵①厅长吾兄勋鉴：

兹有请者，本校政治学系毕业生马守先，籍隶云南漾濞，毕业于敝校政治学系，人甚诚笃，在校成绩甚优，思想纯正（课外活动从未参加）。贵厅刻尚需人，该生甚愿在执事领导下工作。用特函介，至祈惠予录用，不胜感祷。专此，顺颂勋祺。

弟熊制〈庆来〉敬启
民国三十七年八月二十三日

丁光仁致熊庆来函

迪之校长尊兄勋鉴：

迩因公务倥偬，雅教罕亲，敬维道履绥和，为颂。兹有恳者，弟旧部曾子敏于八一三之役抗日阵亡，伊子恒吉纯洁好学，前肄业国立重庆大学商学院一年级，因家庭环境暨志趣之关系，失学将近一载，此行远道负笈来昆求学，适贵校招攷已过，仰吾兄化雨广被，掖进遗族子弟有如饥渴，特专函上达，敬乞破格优待，予以试读法律系或社会系之机会，匪特该生感同再造，而弟亦深为感激矣。肃此，敬候道安。

小弟丁光仁敬叩
民国三十七年八月二十六日

---

① 镜涵，杨文清的字。

云南大学史料丛书·校长信函卷

[国立云南大学校长批语]：可准其在法律系非正式旁听，下年再招考转学。

九月二十一日

陈竹鸣致熊庆来函

迪公校长赐鉴：

敬请者。敝同乡郑光寿来昆攷大学，因途中阻滞，到昆大学攷过，倘无法补救，又将延误一年。该生系在重庆复兴学院一年级上学期，下期因病未去。此次拟投攷新生，前已误一年，今后再误，对学业影响甚大。能否体念镇雄边区学生甚少，特别予以通融补攷，收校造就？敬恳卓裁赐示。附上该生註册证，阅后请掷还。尚此，并请教安。

陈竹鸣敬肃
民国三十七年八月二十七日自圆通街 92 号发

刘润之致熊庆来函

迪之校长仁兄大鉴：

小儿刘倜，在联大即今日之师院附中六年级毕业，原已考取师院教育系正额生，因羡慕云大为云南最高唯一学府，且在吾兄主持之下尤使后辈钦仰，故彼又投考云大文法学院，并误填中大为第一志愿。昨日贵校取录新生出榜，未见其名，乃恍然填写志愿书时误填中大为第一志愿，想系归中大阅卷去取，惟弟及小儿之意均准备使入云大，以中大在外有种种不便也。兹拟拜托吾兄请查阅其投考成绩，如堪造就，即请变通，准其转入云大，如蒙俯允，则其所考取之师院教育学系及其所希望之中大均可放弃。至于该生之品行，弟可完全负责，毫无问题。如何，仍希卓示。专此奉恳，敬颂教祺。

弟刘润之启
民国三十七年八月二十九日

伍百锐致熊庆来函

迪之学长兄勋鉴：

敬肃者。兹有通海人吴长庚，由市立高中毕业，原拟投考贵校，因母丧延误，刻拟入贵校先修班肄业，以待来期报考。此君虽非天下英材，亦实是有志之士，希齿录而胎育之，或亦足增乐趣。特书介绍，顺颂教安。

砚弟伍百锐拜
民国三十七年八月二十九日

致教育部部长朱家骅函

案奉钧部本年八月二十四日训字第四六三五〇号密代电开："据有关机关报称'查此次昆明学生发动反美扶日、反迫害学潮，系北平方面学联派一美籍教授名威尔斯斯帝尔（Willes Stell）前来策动，刻在云大任教授职，暗中主持昆明学联及策动学潮'等情。仰查明，如确系事实，应迅将该教授 Willes Stell 解聘，具报为要。"等因。奉此。查本校并无美国籍教授威尔斯斯帝尔（Willes Stell），其人理合备文呈覆。请祈钧部鉴核。谨呈

熊庆来

277

教育部部长朱

国立云南大学校长熊庆来

民国三十七年九月二日

致于乃仁院长函

伯安①院长仁兄惠鉴：

　　兹中央机器厂云慕洁女士，原在贵州大学文学系肄业，今欲转学贵院，倘能予以补考收容，至幸。特此介绍，至希亮鉴为荷。此颂大安。

熊制〈庆来〉敬启

民国三十七年九月二日

杨文清致熊庆来函

迪之仁兄勋鉴：

　　敬恳者。敝厅王主任秘书澄波之女公子启仁，天祥中学高级部毕业，成绩优异，性行纯谨。当贵校招生之际，适在病中，不获与考，拟请吾兄推爱，准予收入大学先修班肄业，以遂其向学之志，则感荷无既矣。尚此，敬颂勋绥。

弟杨文清拜启

民国三十七年九月四日

徐仁致熊庆来函

迪之校长钧鉴：

　　久违雅教，时深切念。谨惟道履康泰，阖弟谭绥，为无量颂。前闻昆明学潮波及云大，会泽院竟被据为攻击目标，致损失极大，闻悉之余，颇为惋惜，想生物学系受损当在所不免，显微镜及仪器切片恐已同遭破坏矣。可惜可惜！生去年本拟来滇采集标本，后因北大功课缺人，未能前来，今春曾赴湘赣调查地质，原拟来滇，后以路费无着，未能如愿，致折回北平，颇为怅怅，然究以不能一亲教益敬候起居为歉，更以不能重覩旧作于损失之前亦觉歉仄。今春生曾寄拙作三篇，请为指正，不知收到否？余后肃。此请教安。

生徐仁敬上

民国三十七年九月九日

高荫槐致熊庆来函

迪之吾兄勋鉴：

　　敝戚王家藻，本年报考云大，初试已蒙取录，后惟理化稍差，复试致落孙山，而其平素刻苦潜修，颇堪造就，且家境清寒，远道负笈，念其志愿可嘉，客岁曾在贵校先修班旁听，虽经学校允准提为正生，惟恪于部规，未克如请，今特具函，敬希吾兄惠予教

---

①　伯安，私立五华文理学院院长于乃仁的字。

云南大学史料丛书·校长信函卷

导，鼎力栽培，准其入社会学系试读，不致失学彷徨，远摈宫墙之外，则感逾身受矣。即颂教安。

弟高荫槐拜启
民国三十七年九月九日

舍弟竹秋附候

复高荫槐函

蕴华①先生惠鉴：

  顷由令亲王家焘君交到来书，承嘱准其入社会学系试读一节，因限于校章，难于如命，详情已面告，王生只有待下年再行投考矣。青年求学，根基最重要，彼借此于国、英、数等科多事补习，将来入校获益必较大，想台端亦以为然也。专复，顺颂勋祺。

弟熊制〈庆来〉敬启
民国三十七年九月十日

竹秋先生并祈致意。

致乐韶成函

韶成局长仁兄勋鉴：

  弟仍因为先父修墓事，于明日再赴西山一行，拟再借贵局之小拖兜一用，盼即赐允交来人领取为感，明晚回城即奉还也。专恳，顺颂勋祺。

弟熊制〈庆来〉敬启
民国三十七年

熊
庆
来

乐韶成致熊庆来函

迪之校长尊兄道鉴：

  顷接第十区行政督察专员老同学罗志仁兄电话云，其女公子罗兰现肄业贵校外语系，刻因在大理医院割治盲肠炎，行动困难，嘱代请假，免违校规。等语，用特专函代达，即希准给病假两周（从开学之日起），至为感荷。尚此，敬颂教安。

小弟乐韶成顿
民国三十七年九月十日

[国立云南大学校长批语]：教务处酌办，并由郑先生拟覆。

九月十一日

复乐韶成函

韶成局长仁兄勋鉴：

  昨奉大函，以罗专员之女公子罗兰肄业本校外语系，因开学在即，而罗生病未全愈，拟请假两周各节，查校务会议议决，本学期考试定于本月廿五日至卅日举行，逾期不再

---

  ① 蕴华，高荫槐的字。

279

补救，即希转致该生应于考期前赶到，否则当休学一年。特函奉达，至祈督照为幸。专颂勋祺。

弟熊制〈庆来〉敬复

民国三十七年九月十四日

致张佶和函

佶和①院长勋鉴：

前以各省高院书记官人才缺乏，去岁教育部准司法行政部函，转令敝校选送志愿就法院书记官职之毕业生名单呈部。查本校政治系毕业生罗志仁，经报核准，发交云南高等法院派用有案，旋经前院长孙传见，嘱其稍待，遇缺即补，等语。刻执事下车伊始，需才必多。该生思想纯正，在校成绩亦优，用特专函介绍，至祈惠予接见，逾格裁植，俾该生不负所学，实泺感幸。专颂勋祺。

熊制〈庆来〉敬启

民国三十七年九月二十日

致绍文函

绍文先生台鉴：

来函敬悉。中大招生，託敝校代考，第一试系与敝校混合揭晓，第二试则中大欲另行发榜，令郎寿宁投考中大，其成绩已迳送该校，想不日可有消息也。特函奉达，至希督照为幸。此颂台祺。

弟熊制〈庆来〉敬启

民国三十七年九月二十二日

致王政函

子政②［正］厅长仁兄勋鉴：

兹有本校政治系毕业生岳士勋，籍隶云南寻甸，前经参议会及该县多数人士推荐为寻甸县教育局长，谅邀督及。查该生品学优良，思想纯正，有志为桑梓服务，用特专函证明。如荷录用，当能于该县教育有所尽力也。专颂勋祺。

弟熊制〈庆来〉敬启

民国三十七年九月二十四日

复丁光仁函

光仁先生勋鉴：

前奉大函，以曾恒吉来昆求学，因试期已过，拟入本校试读各节，查本校不收试读生，惟曾生既属遗族子弟，而又向学情殷，可准其在法律系非正式旁听，下年度再报考

---

① 张佶和，时任云南昆明地方法院院长。

② 子政，王政的字。

转学。特函奉达，至希谅詧是幸。专复，顺颂勋祺。

熊制〈庆来〉敬复

民国三十七年九月二十八日

茅以升致熊庆来函

迪之吾兄校长道右：

　　兹有恳者，舍亲陶君抃久，本年毕业上海市立复兴中学，暑假中因病未能参加各大学入学考试，致有失学之虞。陶君求知心切，且不惮远道跋涉，拟求一读书深造之地，以免居家荒废。素仰吾兄培育后进，夙抱热忱，如贵校尚有余额，陶君甚愿负笈前来应试就读。特函奉恳，至祈推爱，惠予设法，俾陶君得免失学，无任企感。专此，顺颂道绥。

弟茅以升拜启

民国三十七年九月三十日

覆示请寄上海九江路 103 号 207 室

张佶和致熊庆来函

庆公校长赐鉴：

　　九月廿日惠缄敬悉。承介绍罗志仁君至本院任书记官，良感，唯以书记官一职现无缺额可补，经暂派为通译办书记官事，俟后遇缺即补。耑此敬覆，即请秋安。

张佶和再拜

民国三十七年十月二日

杨鸣岗致熊庆来函

迪翁校长钧鉴：

　　迳启者。窃生自去岁肄业母校，正幸得依墙下，俾开茅塞，不料月前因家慈病危，告假返里，不幸生母李氏终于不治，乃于昨弃养逝世。兹择于阳历十一月二十六日发引，哀恳钧长提赐匾额一方，以光泉壤。如蒙惠赐，请于先期邮寄，俾得制悬，则殁存均感无既矣。肃此，敬请教安。

生杨鸣岗泣叩

民国三十七年十月三十日

通信处：元江定安镇

[熊庆来批语]： 由庶务组购好连史纸一张，请郑秘书题輓词四字寄出。

十一月六日

杨毓英致熊庆来函

迪公校长钧鉴：

　　生自离校后，在沪时尝上寸笺后，因时局稍定，决意北上，于上月初在平见孙越崎先生，颇蒙嘉许。现经济部东北特派员办事处已撤消，生改隶鞍山钢铁公司，一切均安好，可请勿念。目前云大校友在东北方面甚少，据生所悉，尚有张耀曾先生（前矿冶系

熊庆来

教授）及陈迪武两人在本溪湖煤矿，张子珍（矿冶系卅二毕业）亦在钢铁公司采矿部。生系在炼铁部，深感我云大毕业校友多株守西南一偶，外边太少发展，吾师应设法开导在校同学极力向关外发展，为国努力，为校争光，此乃千载一时之机会也。目下校中近况如何？有无新教授？矿冶系近况如何？深为悬念。忆昔离校时吾师再三嘱咐，勿与学校失去连络，然生在此未获半点母校消息，殊为憾事。尚祈吾师公余之暇惠赐数言，以作南针，幸甚幸甚！耑此问候，敬颂道安。

矿冶系毕业生杨毓英敬上
民国三十七年十一月二十二日

师母暨阖府均此问好

[国立云南大学校长①批语]：酌覆，并送训导长一阅。

十一月二十三日

二

李郁高致熊庆来函

迪之校长吾兄台鉴：

兹恳者。敝友之女舒瑞珍，前卒业于南菁高中，赴沪攷入大厦大学文法学院经济系肄业，近以社会动荡，政府限价，使远道负笈之只身女子无从设法伙食，安心攻读，特耑返昆明，托弟转恳吾兄请准予暂入贵校经济系一年级旁听，以免荒废时光。如荷逾格收列门墙，则弟与该生当庆感不已也。耑此奉恳，即颂教安，并候复知。

弟李郁高拜启
民国三十七年十一月二十六日

[梅远谋签批]：须先缴验原校学籍证始准旁听，俟缴齐原校委托函，再核改为借读生。

十二月六日

[熊庆来批语]：〈照〉签註〈函〉复。

十二月六日

黄美之致熊庆来函

迪之校长吾兄道鉴：

兹因有舍亲朱友恭先生之公子名心一，系肄业上海震旦大学经济系一年级，又女公子名心素，肄业南京中央大学医学院一年级，顷因环境关系来滇，恐于学业荒废，曾经面恳台端惠允该两生暂入贵校旁听，用为函介，趋领尘教，即希裁成为荷。专此奉恳，敬颂勋绥。

愚弟黄美之拜启
民国三十七年十二月一日

朱心一　男　二十四岁　籍贯浙江镇海　上海震旦大学法学院经济系壹年级肄业
朱心素　女　十九岁　籍贯浙江镇海　南京国立中央大学医学院牙本科壹年级肄业

[熊庆来批语]：送教务处，准收为旁听。

十二月九日

---

① "国立云南大学校长"，为对来函的批语所盖的红色方形印章文字，应为校长室人员所盖。此外，校长室人员代熊庆来起草的许多信函，经熊庆来审阅后加盖"熊庆来印"。

云南大学史料丛书·校长信函卷

朱光彩致熊庆来函

庆来校长先生道鉴：

京都晤教，至感快慰。比维敬业乐群，道履康胜，为颂。敬恳者。顷有刘主席雪亚公之令孙刘家麟、刘家骧二君，分别在之江大学及焦作工学院二年级上学期肄业，以烽火弥漫，弦歌中辍，意欲前来滇南转读贵校，俾得完成学业，嘱专函恳商。弟以其志可嘉，特为函介，尚祈推爱，允列门墙，则云情所需，不仅两君躬被已也。耑恳，顺颂绛祺。

附简历一纸。

弟朱光彩谨启

民国三十七年十二月六日

刘家麟　之江大学土木工程系二年级上学期，现年二十岁。

刘家骧　焦作工学院矿冶系二年级上学期，现年二十二岁。

致健吾局长函

健吾局长仁兄勋鉴：

上月卅日晚在丘先生处晤教畅谈，甚幸。关于蒙化奖学金事，有可补充奉告者。殷、杨、李三先生于卅日早过访，对于此事承提示补救办法两点：1. 酌拨公费名额与蒙化籍之云大学生。2. 对于在云大之蒙化籍生优给免费名额。弟以教育为职志，凡有裨于地方人才之培养策励，自应尽力为之。兹将答复殷、杨、李三先生函稿录奉，即祈鉴督为荷。此颂

勋祺

弟熊制〇〇启

民国三十七年十二月七日

张质斋致熊庆来函

迪之校长吾兄勋右：

益华银行舒总经理子烈兄之女公子舒瑞珍，前在南菁学校高中毕业，后赴沪在大夏大学肄业。兹以时局不靖，转回昆明，拟恳通融，准予收为一年级转学生。如或碍于规定，则恳收入先修班，以免久旷学业，则感激盛情，非仅身处者一人已也。耑此奉恳，并颂教安。

弟张质斋再拜

民国三十七年十二月八日

致黄美之函

美之经理仁兄惠鉴：

大函奉悉。承介绍朱君心一等来校旁听，经与教务处长及医学院长商洽，均允予照办，以副雅意。现朱心一已註册上课矣。知关锦注，特以奉闻。专此，顺颂筹祺。

熊制〈庆来〉敬启

民国三十七年十二月九日

熊庆来

致张质斋函

质斋经理吾兄勋鉴：

　　大示奉悉。承介绍舒生瑞珍转学本校，此事前接田管处李处长郁高来信代其请求旁听，经与系主任商洽，据称如该生缴验原校学籍证，可以照办，业经函复李处长有案，至转学则非经过在规定期间举行之转学考试不可。如该生愿意旁听，即请令其携带证件前来洽办可也。此复，即颂筹祺。

弟熊制〈庆来〉敬复
民国三十七年十二月九日

致何百清函

百清站长仁兄勋鉴：

　　来示奉悉。承嘱林君建松以投考误期，拟入本校先修班肄业一节，原应照办，惟本届先修班因遵照教部规定，性质有所变更，无法录入，倘以后有读书机会，当再函达。方命之处，尚希谅詧是幸。专颂勋祺。

熊制〈庆来〉敬复
民国三十七年

致陈洁灵、梁檠安同学函

洁灵、檠安①同学弟台鉴：

　　此次在穗，得获畅叙，并承殷殷招待，至幸至感。两君毕业证书经查迄未发下，实习证件于昨廿七日转呈教部，发文号数系（0425）。兹附寄致普文治先生函一件，希即亲至部中洽领，以免往返，徒费时日，且恐部中搁置也。专此，即颂近祺。

熊制〈庆来〉敬启
民国三十八年六月二十九日

致普文治函

文治吾兄大鉴：

　　十九日惠函奉悉，一切费神，至感。兹有本校医学院毕业同学梁檠安、陈洁灵二君，因服务证件不合格，文凭迄未发下，现已将服务证件于昨廿七日以〇四二五号文补呈到部，因恐部中以事多延搁，特嘱梁、陈二君到部洽领，至希台端代托有关部分办理，以免往返，徒耗时日。有费精神，无任感谢。专此，即颂台祺。

熊制〈庆来〉敬启
民国三十八年六月二十九日

再本校附设员工子弟学校备案事，至请代催核准从速批示为祷。

---

①　拟稿时有此收件人并排格式者，在正式发文时，一般均为分别致函。

云南大学史料丛书 · 校长信函卷

致竹安函①

竹安校长先生台鉴：

　　兹有学生陈鸿泉，原肄业长城中学，现以学费昂重，该生无力负担，拟转入贵校完成学业，即希收录，不胜企感。此颂教祺。

熊制〈庆来〉敬启
二月二十一日

金铸九致熊庆来函②

迪之校长吾兄道鉴：

　　敬恳者。有曾副长官鼎铭少君世麟，原肄业西北工学院管理系，因受战事影响回滇，拟借读于贵校，特为函介，希予延见洽谈为荷。再讲座补助金，经与朱健飞兄言及，至表同情，嘱转达请迳洽云，又及。专肃，并颂近祺。

弟金汉鼎上
二月二十五日

复金铸九函③

铸九先生台鉴：

　　台端功在乡国，名重社会，于教育学术复著热忱，至深佩仰。顷奉手教，甚以为幸。曾君借读事自可照办。讲座补助金承向健飞先生言及，至感关注，日内当往访洽也。专此佈谢，顺颂勋绥。

熊制〈庆来〉敬启
二月二十八日

张琳致熊庆来函④

校长大人钧鉴：

　　敬肃者。生日前因事返里，藉便来个旧，奉缪先生之介绍，已冶妥在锡业公司工作，顺便处理家务。生前月曾在中国电力制钢厂工作半月，因未奉聘书，故仅系私人勖勤性质，且该厂技术室不知何时可以成立，目前工作甚少，为得实际工作机会，为照料家务，决定暂在个旧工作。秉信老师因生初到，尚未往拜谒。敬祈大人时赐教言，藉资秉循，无任渴祷。谨此，敬请钧安。

生张琳拜启
十月二日

　　[国立云南大学校长批语]：酌覆。

十一月三十日

熊
庆
来

---

① 此条年代不详。
② 此条年代不详。
③ 此条年代不详。
④ 此条年代不详。

致继健函①

继健厂长仁兄勋鉴：

　　弟昨偕率敝校师生卅余人赴贵厂参观，辱荷厚款，并于诸生惠予训话，殷恳之意已不能忘，复以校车发生故障，承派贵厂车远送，隆情尤深感纫。贵厂设备完善，学生获益甚多，惠赠之指北针一物，数闻设计良巧，当珍存之也。特函奉达，藉申谢悃，至希亮詧。专颂勋祺。

弟熊制〈庆来〉敬启
十一月三十日

---

① 此条年代不详。

四、重亲情守原则　敞心扉更近人

中国人自古很重视亲情，亲友之间相互帮助是常见的事。熊庆来生长在云南，亲友众多，七大姑八大姨，三朋四友总有不少，他们有什么事，总要请熊庆来帮忙。在熊庆来亲友的眼里，他什么事情都能解决，总有亲友找他帮忙解决孩子入学、自己的工作等等事宜。熊庆来是个重情讲义的人，对亲友求办的事情，不能不管，但涉及学校事务，他在处理时也是很讲原则的，从收集的书信中可以看出，熊庆来从不以权谋私，处理亲友的谋职升学等问题，同其他人一样，公平公正，他的一个侄儿从北京朝阳大学法律系毕业，想在云大谋一个助教，他也如实告知学校人满为患，安排不下。在读初中的女儿生病请假，他仍按学校规定，认认真真地写请假条，说明原因。在与亲友信中，他也叙友情、谈人生、谈家庭琐事、谈自己的苦恼、谈对未来的打算等等。他这样敞开心扉，诚恳地与亲友交流思想的态度，更能看到熊庆来高风亮节的人格魅力。

为浙大在云南报刊登广告事竺可桢与熊庆来往来函

迪之我兄校长惠鉴：

敝校开学已将一月，而二三四年级借读生尚未到校。兹附上所拟通告一则，即请代登贵处日报。所需广告费若干，俟函知后，当即汇奉。屡渎清神。至感、至感此颂

时祺

弟竺可桢谨启

民国二十七年十一月三十日

藕舫仁兄惠鉴：

手示及通告奉悉。贵校借读生尚未到校，嘱为登报通告，业已照将。空载三日，共合报费国币壹拾捌元。兹奉上原登通告及报社广告费收据，即请查照为荷！专此敬颂

教安

弟熊〇〇谨启

民国二十七年十二月二十四日

王公宇致熊庆来函

迪之姨父尊鉴：

迭承关垂，感戴无涯。月前到昆，两次晋谒，适逢京都之行，不克亲临请安，深引为憾。想福躬安泰，为祷。侄以处境险恶，深冀谋得枝栖，以安心志，无如命恶运塞，连遭折磨。后晤亚耕姐丈，承允为推荐，不胜欣慰。以困难甚多，嘱暂行转家，敬候机会，但不识命运之神能予我一线光明否也。谨以奉闻，敬请福安。

侄王公宇谨上

民国三十七年三月五日

李鸿祥致熊庆来函

迪之老友惠鉴:

敬恳者。敝表姪钟峻卿,毕业大学经济系,株守家园,终非久计。现闻中央银行需职员多名,恳请给函介绍,谋一枝栖身。如蒙俯允,无任感祷。专此奉恳,敬颂勋安。

李鸿祥顿
民国三十七年四月二十二日

住址:福照街杯湖精舍

[国立云南大学校长批语]:函覆大意如:钟峻卿事,曾闻中央银行赵经理谈过数次,彼谓央行用人,经须由总行核准,于资历极认真,但有机会,当为设法。今为时已久,尚无确覆,恐希望不大,宜请另为介绍。来有机会为之推荐,当再函报。

四月二十二日

王公宇致熊庆来函

迪之姨父大人尊鉴:

自违教诲,想慈躬安泰,为祷。敬恳者。自先母逝世,家庭情形一再剧变,苦难尽言。侄历年生活,全恃作事收入与少数房租籍以维持。现赋闲已久,房子既被天船收回,家下又被王杭把持,故目前生活已陷绝境。去腊王杭出售昆明房屋,深冀所得署事分配,讵知彼竟捡入私囊,置弟兄之死活于不顾,虽请人婉言,徒费唇舌,彼并声言设有过问家事者,则以手枪对付。自思财帛固有分定,免强无益,惟有置之而已。侄唯一企求者,能得事做,即可自慰矣。月前至昆,承亚耕姐丈关垂,允予介绍,因时间难定,嘱回家待机,以求成之心甚切,思姨父慈惠逾恒,不计屡渎。恳请如唔亚耕姐丈,祈为婉言,如将来能得席地,实感不朽矣。专此,敬请福安。

侄王公宇谨上
民国三十七年四月二十九日

熊熙仁致熊庆来函

庆莱[来]伯父尊鉴:

久未修书道安,深觉赧然,祈大人开怀见谅为幸。姪于今暑毕业于朝阳大法律系,八月中旬拟赴昆明就读于云南大学研究院,欲追随大人左右,埋头礦研学问,以期他日对国家社会有涓滴贡献,不知大人以为然否? 若云大有助教之缺,恳祈大人惠予安插,则更合姪之志愿矣。烦劳之处,待姪回昆明后面谢。余后禀。敬祝教安。

姪熙仁敬上
民国三十七年四月二十九日

[国立云南大学校长批语]:云大法律系名额有限,近年毕业生甚多,现无机会,惟足下果欲回滇,当代向法院方面询问,有机会下当为介绍。函覆。

八月五日

王占祺致熊庆来函

迪之仁兄校长大鉴：

多日未晤，殊深企念。近想兴居纳福，公私顺适如颂，为慰。兹有恳者，弟有世交徐健雄君，在昆明民众教育馆服务已有十五年之久，情形熟习，人亦精明干练，现任训练部主任。日前该馆馆长出缺，同事中颇愿推渠继任，嘱弟从旁□□。弟与此间教育界□［甚］少接近，无能为力。夙仰吾兄乐于奖掖后进，且与现任教厅厅长姜君相知有素，不揣冒昧，代为请求，务乞毋力，便中予以嘘植，玉成其事，则感荷隆情，无异身受也。专渎奉恳，顺颂勋绥。

弟王占祺拜启

民国三十七年六月六日

[**国立云南大学校长批语**]：酌覆。

六月二十三日

王公宇致熊庆来函

迪之姨父大人尊鉴：

久违教诲，想福体安善，为祷。屡渎清神，不胜惶愧。侄求职心切，均归失望，唯一可恃者，惟姨父处之一线生机耳。祈逾格矜怜，不计位置，不计薪资，请于可靠范围内（云大或附中）暂予一职，则饮水思源，实不忘姨父之所赐也。将来如有他就，即退让贤能。如蒙俯允，请署赐数言，即束装前来，以听驱策。临书神往，无任盼祷。专此，敬请福安。大孃均安。

侄王公宇谨上

民国三十七年六月十七日

[**国立云南大学校长批语**]：函呈贡县长丁燕石君代介绍。

九月九日

王爵致熊庆来函

熊公校长钧鉴：

自昆别后，匆匆将已一月。留昆时多承相助，铭感五内。想必公私顺遂，为祷。上海方面，各机关均感人满之患，无法按插。物价不断猛升，住在这大都市裡，各处均甚困难，故决定十七日离沪返坛。丁中江先生未知已否来京，职拟前往一访，唯感住所问题恐难负担，为此拟在邓府巷府上借用一席之地，不知可否？若有相伐之处，并请另函介绍。劳神之处，后当图报。专此，敬颂金安。

熊夫人台前请安，恕不另。

职王爵敬上

民国三十七年七月十五日

赐复请寄江苏金坛县西门元吉泰号

熊
庆
来

289

复王爵函

王爵赐鉴：

来书阅悉，南京敝寓房屋有无空闲，来远在昆明，无法得悉，且最近拟飞京述职，到时亦需自住。有方台命，请即见原。丁中江先生现尚留昆，特闻。耑复，即颂近祺。

熊制〈庆来〉手覆

民国三十七年七月二十三日

厉德寅致熊庆来函

庆来吾兄勋鉴：

中原硕望，久仰旌旗。漠漠江云，曷胜翘企。迳启者。窃以崇老晋德，今有父亲之节象贤继武，古有绍箕之言五伦之序，父子最亲。华封三祝以寿为首。德寅略读经史，每思古人有进德之修，今世有祝嘏之盛，更植桑梓父老海内亲朋纷纷倡议征文，德寅海隅末学，窃愿仰仗大德鸿词，俾八旬父母含饴融洩，似亦尊亲之大道也。

家父寿详，幼而聪颖，长有俊德，养性知天，爱人济世，兴学植林，热心公益。家母吴太夫人，慈祥敏慧，治家有方，侍夫教子，克尽妇道。德寅每念养育之恩，敢卸娱亲之责?! 故勉遂众议，同祝遐龄。素仰高风亮节，令德昭彰，德寅不自揣度，愿以征文发起人相邀，俾藉景星庆云之光辉，作劝世崇老之雅举。谨随函附上征文启事草稿一份，恳赐指正示知为感，祗〔祇〕叩勋安。

厉德寅拜启

民国三十七年八月二日

复厉德寅函

德寅经理仁兄勋鉴：

顷奉大函，备悉一是。令八秩双寿征文，承执事不弃鄙陋，自应列名发起。特函佈复，顺颂筹祺。

熊制〈庆来〉敬复

民国三十七年八月四日

致翁文灏函

咏霓①院长先生勋鉴：

本日欣逢六秩华诞，遥想德望日隆，勋猷丕著，引领吉晖，曷胜忭颂。弟以道远，未克躬亲趋祝，肃函奉贺，至祈谅詧。专颂勋祺。

弟熊制〈庆来〉敬启

民国三十七年八月四日

---

① 咏霓，翁文灏的字。

张质斋致熊庆来函

迪之校长吾兄勋席：

顷奉赐示并抄件，拜聆种切。小女申请出国事，累凟清神，兹幸将教部手续办妥，实出长者之赐，敢不拜教。耑此佈谢，敬颂教安。

弟张质斋再拜

民国三十七年八月四日

致周大奎函

大奎校长世兄台鉴：

昨接来示，欣悉贤伉俪有弄璋之喜，贺之红蛋已拜领，谢甚。内人病卧多日，俟就痊当再访贺。即此奉覆，顺问教祺。

熊制〈庆来〉敬启

民国三十七年八月六日

冯驾藩致熊庆来函

迪之先生道席：

拜别以来，将近十载，想念之情，与时俱积。遥想兴居佳胜，为慰且颂。弟在香港华侨工商学院执教，业已两年，诸事尚好，祈勿远念，惟时感学力日衰，马齿益增，尚希时赐教言，加以指导也。令郎明世兄自在巴黎分袂以后，未晤已十余年，想现在大学毕业服务社会，曾学何科，时深驰念。回首巴黎，颇有前尘如梦、往事如烟、不胜今昔之感矣。叔存兄好似去春过港赴美，尚未返国，未识先生常与渠通信否？专此奉候，敬颂道安。

弟冯驾藩谨启

民国三十七年八月六日

通信处：香港沙田　华侨大学　冯叔平（驾藩）

复熊熙仁函

熙仁贤侄台鉴：

接四月二十九日来函，知已毕业，欣慰之至。惟云大法律系名额有限，加以近年毕业生甚多，刻难安插。惟吾贤侄果欲回滇，当向法院询问，如有机会，即为介绍。特函佈复，顺问时祉。

熊制〈庆来〉手复

民国三十七年八月六日

致周润琮、刘鸿璧函

润琮、鸿璧同学贤伉俪鉴：

昨日（星期日）辱承柬召，○为人证婚，未克分身趋陪，内子亦卧病，亦不克践约，深以为憾，特函奉达，并致谢意，即颂幸福。

熊制〈庆来〉敬启

民国三十七年八月八日

熊庆来

徐越雄致熊庆来函

迪之学兄校长勋右：

握别以来，驹光时逝。回忆方言共研，剪烛谈心，前景犹在，沧桑迭更。比维学府勋高，故人多吉，为颂。弟自方言出校，即奔走粤赣鄂湘，北伐、抗战诸役，书剑飘零，愧无建白于邦国。前年经张监察使尊鸥先生约襄监政，主持贵州办事处，因赋性耿介，检举贪污，迭经艰险，无补事功，因是摆脱。离乡多年，思归甚切，年内可携眷返滇。以兄多年老友，知我尤泳。知荷垂注，特藉书候，一陈近状。政暇并祈嘉谟时惠，以启蓬衷为祷。岿候，敬颂勋绥。

学弟徐越雄拜启

民国三十七年八月十五日

灿坤、敬业、秀升、丽东、仲湛诸兄如相晤，乞代致意。

坿呈纪念册一页，乞书寄箴言，以为座铭为感。

回函件乞寄贵阳市和平路九十号弟收可也。

复徐越雄函

越雄学兄惠鉴：

展读大函，快同面觌。近想履祺佳胜，为颂。弟于本年三月因出席国大代表晋京，公毕后正拟返昆，适接家电，先君于四月卅日逝世。丧失甫毕，继以学潮，嗣学潮解决，而整理善后诸端均需于开学前赶办。心力交瘁，可想而知。闻台斾年内返昆，良叙在迩，乐何如之。专复，顺颂时祉。

熊制〈庆来〉敬复

民国三十七年

致陈省身函

省身吾兄研席：

来书奉悉。新中国数学会拟于双十节与中国科学社在首都同时举行年会，甚善，来极表赞同。会章名册等件，因来理事长职务任满，前泽涵先生来昆曾与商谈，因其时立夫先生尚未归国，以将各件邮寄庄圻泰兄处为妥，旋即照寄，存校之会员名单则以此次军警入校解决学潮被毁，无法抄寄，即请迳向圻泰兄函索。杨武之先生已离昆，并闻。来自京返昆，治父丧甫毕，便有学潮，应付颇苦，今幸已结束。专复，顺颂教祺。

弟熊制〈庆来〉敬复

民国三十七年八月二十二日

致冯驾藩函

叔平[1]先生道鉴：

顷奉惠书，快同面觌。近想履祺佳胜，为祝。弟于廿六年回滇主持云大，至今忽忽十余年。留欧在校任教者颇多，人事甚称和谐，教学及研究工作均能推动，学生计千余人。弟于本年三月因出席国大代表，晋京公□［出］，正拟返昆，适接家电，先君于四月卅日逝世。丧事甫毕，继以学潮。数月以来，心力交瘁。刻学潮幸告解决，而整理善后，头绪尚多。小儿秉明自联大毕业，任通译官两年，后经考取公费留学，刻尚在巴黎研读。知关锦注，顺以奉闻。叔存兄久未通音，不识近状何如？专复，即颂教祺。

弟熊制〈庆来〉敬启

民国三十七年九月九日

致丁燕石函

燕石县长仁兄勋鉴：

兹有请者，舍亲王公宇毕业于学校，写作俱佳，人甚忠实，以家境清寒，急待觅取工作。特函介绍，至希惠予栽植。如县中无相当位置，即盼于贵治其他各机构一为设法。如有成局，即希见示，以便函致王君，令其趋谒。费神之处，至感高谊。专怖，顺颂政祺。

熊制〈庆来〉敬启

民国三十七年九月十日

致王公宇函

公宇贤侄台鉴：

迭次来函均收到。吾侄之事，原拟于开学时在附中勉为设法，刻以附中停办，而大学则有人满之患，心余力绌，想能见谅。兹已致函呈贡丁县长燕石，望彼处能有机会，俟得覆再函告。匆复，顺问近祉。

熊制〈庆来〉手复

民国三十七年九月十日

通信处：盘溪后街孙宅转

致李德馨函

德馨仁兄惠鉴：

前次台驾来省，得悉稍迟，方欲约叙，而已南返，怅甚。前将舍间田契缴陈，讬代办理分析手续，如已办妥，即请掷交敝亲姜君纯嘏代收。渎神至感。

能〈庆来〉再托

民国三十七年九月十一日

寄弥勒县西正街李德馨

① 叔平，冯驾藩的字。

致刘家俊函

可亭①仁棣惠鉴：

来惨遭父丧，复为学潮所累，终日碌碌，遂致久未通音，歉甚歉甚！今幸学校已趋安定，会泽楼损坏处亦可于日内修复。于本日起，已令学生开始报到，补考后即上课矣。贤弟向美申请入校覆函二件及证件附奉，即祈查收。足下上月代汇下之房租已收到。房客狡猾无信，纳租屡有问题，至渎清神，甚感不安。过去房租即照原定米量计算，已属不多，乃复争议，使贤弟多费口舌。各房客之不恕于此，可见过去房租自当如来函所告解决，惟今后币制变更，公教人员待遇曾又调整，租金不得不重加改定。昆明生活程度较京沪为低，但房租则极普通之屋每间亦须月租金元玖元或米四公斗，故敝宅邓府巷屋之租金亦请贤弟为参酌此间及京中情形，作合理之改变为感。来留与校友会用之屋已应用否？林姓想已迁出，任姓屋亦祈令其迁让为荷。

熊制〈庆来〉敬启

民国三十七年九月十二日

致季和厂长函

季和厂长仁兄勋鉴：

作晤叙快甚。兹有敝亲赵焕竹女士，中山高工毕业，人甚诚朴勤敏。闻贵厂职员刻尚需人，用特函介，甚望惠予提携，赵女士必能努力工作也。专恳，顺颂勋祺。

弟熊制〈庆来〉敬启

民国三十七年九月十五日

致恩钜函

恩钜局长仁兄勋鉴：

兹有族侄文楷毕业军校及政治干部训练班，人甚忠实勤敏，耐劳负责，思想纯正，办事亦有经验。闻贵局刻尚需人，用特专函介绍，至祈惠予裁成，俾得效力。无任企感。专颂勋祺。

弟熊制〈庆来〉敬启

民国三十七年九月二十日

致南菁中学函

迳启者。查贵校学生熊秉慧，今以患病虽已痊愈，体质尚弱，应在家随时调理。兹将医院证明坿上，即希准予通学，以便休养为荷。此致南菁中学。

家长熊制〈庆来〉敬启

民国三十七年九月二十日

附证明一件（略）

---

① 可亭，刘家俊的字。

云南大学史料丛书·校长信函卷

致刘大钧函

大钧仁棣礼鉴：

　　顷奉讣，惊悉尊大人遽归道山，曷胜怆悼。吾弟昆季纯孝性成，而尊大人年登大耄，福寿全归，尚冀节哀，以襄大事。〇以道远未克躬亲执绋，谨函驰唁，统祈谅詧。专佈，顺颂礼祺。

熊制〈庆来〉敬启
民国三十七年九月二十一日

　　通讯处：无锡大河上廿五号秦宅

丁燕石致熊庆来函①

迪之校长老伯崇鉴：

　　日昨两奉手示，敬悉种切，承嘱安插令亲王公宇及云大附中职员李鑑二君，敢不遵命设法位置，无如敝县自今春奉令紧缩以来，早已人浮于事，毫无缺额可资插足，县中及附属各机关亦已有人满为患，目前实无法可设，惟有稍假时日，一有位置，立即函请劝驾不误，惟方命之处，尚希鉴照是荷。谨覆，敬颂道祺。

侄丁燕石拜启
九月二十三日

张和生致熊庆来函

庆来先生：

　　我是北京大学物理系二年级的学生，因为实在事非得已，才向先生写这封信，请先生原谅。

　　本年所开的必修科高等微积分，是採用先生所著《高等算学分析》一书，教师一再说明此书的优点，但此书久已绝版，生跑遍全城西单东安和琉璃厂各书肆，竟毫无所获，校内同学更少有此书，有者亦珍藏研读，不肯相让，而且本校图书馆只有一本此书，不准借出，阅者太多，无法插足，但是这本书又是绝对必需者，故恳告知现在何处有售此书，或先生有多余者相让。素仰先生提掖后学，想必有所教也。临书迫切，不胜期待。此颂秋安。

后学张和生敬上
民国三十七年十月四日

　　通讯处：北平景山东街北京大学西斋宿舍 102 号

复张和生函

和生君惠鉴：

　　来函诵悉。《高等算学分析》一书，坊间不易得，来处亦无存余。是书尚多错误与缺点，来早欲补正未果，甚以为憾。今似已绝版，书局以印刷费高无利可图，故无新版出，来当向书局商洽，促其续版也。专此佈复，顺颂台绥。

熊制〈庆来〉敬启
民国三十七年十一月六日

---

① 此条年代不详。

致石麟函

石麟处长吾兄惠鉴：

欣闻荣膺新命，曷胜忭颂。兹有敝族姪文楷，毕业于政训班学校，人精敏忠实，办事亦有相当经验。执事下车伊始，人事必有更动，用特函介前来，祈惠予接见，加以考察，倘荷锦用，不胜感祷。专此奉达，并颂勋祺。

熊制〈庆来〉敬启

民国三十七年十一月六日

附履历一纸（略）

致光远函

光远吾兄先生惠鉴：

京中畅叙，至泳欣幸。别后旋赴台湾，署作教育建设方面考察，祗以时间太暂，不无走马看花之感。本月一日由沪返昆，沿途平善，校中一切安定，差堪告慰。惟时局扰攘不安，泳用系念。徐卅固守，京中想仍安谧。有暇尚盼赐以教言为幸。专佈，顺颂教祺。

熊制〈庆来〉敬启

民国三十七年十一月十六日

致汤惠荪函

惠荪次长吾兄勋鉴：

此次在京欢叙，至泳欣幸。别后于本月一日由沪返昆，沿途平善，校中一切尚属安定，堪慰锦注。惟昆明物价波动亦剧，同人生活实极艰苦，不知调整待遇事政府是否又再度考虑？徐卅固守，京沪当仍安谧。尊眷有必要时似可来滇，若来盼先期示知，自当尽力照拂也。专佈，顺颂勋祺。

弟熊制〈庆来〉敬启

民国三十七年十一月十七日

致华罗庚函

罗庚吾兄惠鉴：

前奉手书，至深欣幸。嘱查之书，当命图书馆查寻，谓是书未在售与本校数内。时来以校务纷忙，未能亲自作覆，嘱秘书室代覆，旋即因□□京返滇，询及似尚未覆。稽延如此，至深歉仄！尊况当愈佳善，研究收获必愈宏富，甚颂甚祝。此次十科学团体在京举行联合年，来曾参加数学会，经议决改名为中国数学会，新字已取消。专此奉达，顺颂研祺。

弟熊制〈庆来〉敬复

民国三十七年十一月二十日

马荣标致熊庆来函

迪之亲翁校长赐鉴：

迳启者。舍弟任标肄业同济工学院测量系，本月奉准回滇寄读，敬恳惠赐一继续学习机会，为国育才，如将来学有成就，实亲翁之赐也。肃函奉托，顺颂文安。

姻愚侄马荣标顿

民国三十七年十二月十日

[**承办人批语**]：该生教务处已准其借读，是否应复信？

复马荣标函

荣标姻台大鉴：

来书奉悉，令弟任标已经教务处允予註册旁听矣。知注特闻，专复，即问近祉。

熊制〈庆来〉手复

民国三十七年十二月十三日

致普文治函

文治先生惠鉴：

在京畅叙，至幸。返昆后以校务忙迫，尚未通问，为歉。兹有讬者，教部秘书处来函，示以弟所得胜利勋章即可领取，拟请足下就近代为领出，并祈觅妥便寄昆。费神之处，至泳感谢。专恳，顺颂勋祺。

熊制〈庆来〉敬启

民国三十七年十二月十五日

普文治致熊庆来函

迪之校长前辈道席：

前驾临京门，得亲麈教，获益甚多，至深感慰。展奉瑶书，敬领壹是。我公胜利勋章已遵即代向本部人事处领出（经向秘书室洽询，系由人事处代转发），暂由晚保管，有妥人赴昆，当为寄奉，请纾麈系。兹以风云弥漫时势非常之际，昆明远处后方，吾乡想较平静，云大谅仍教学安定也。此间因受战事迫切，一般人心不免惶惶。部中一向尚镇定，中大等校早已结束，闻下期开课将无定期矣。顷悉抗战期间，中美贷款拨交世界贸易公司购买各校图书仪器，云大尚有六千余美金，可由校迳函该公司洽办。又本部向美购买剩余物资，已由司签准核拨云大一万四千三百美元，部中将行文学校矣。知为绮注，併此奉闻。专肃不一，顺请道绥。

晚普文治顿复

民国三十七年十二月二十日

致马幼波函

幼波司令仁兄勋鉴：

兹有请者，昆明建设中学创办迄今七载，毕业生人数众多，成绩颇佳，以原有校舍

熊庆来

不敷应用，已自国防部空军总司令部洽购飞机第一制造厂作为校舍，价款肆万捌仟元。该厂以事关教育，对于价款允予十年付清。弟忝列校董之一，洙以该校稍具基础为幸，刻修缮工程业经招商承包，限期完工，以便开学。日前突有保安第十团新兵约二三千人开入驻扎，以致工程停顿，无法进行，用特专函奉达，并由该校周校长大奎趋前请教，务恳惠予鼎助，即令保安第十团另觅地址迁驻（据闻三公里空屋甚多），以便兴工，而维教育，不胜企祷。此颂勋祺。

弟熊制〈庆来〉敬启
民国三十七年

致汤惠荪次长函

惠荪次长吾兄勋鉴：

前接来书，得悉宝眷已疏散，兄无后顾之忧，悬悬之怀为之释然。顷闻兄已摆脱地政部次长职，此间至盼驾返讲学，倘承俯允，于西南文化之推进续加匡导，则感幸者不仅弟一人已也。如何？望乞覆示，以便寄奉聘书。崇肃，敬候台祺。

弟熊制〈庆来〉谨启
民国三十八年元月十三日

汤惠荪致熊庆来函

迪之先生道鉴：

顷接自京转下手教，荷承殷殷厚爱，嘱仍回云大任教。隆谊高情，曷胜铭感！滇省气候和煦，人情敦厚，弟实心向往之。弟自辞脱地政部职务后，即应蒋梦麟先生之邀，至农村复兴委员会工作，以该会迁至广州，遂携眷于上月中旬由杭来穗农复会工作，当非久计，惟目前局势日非，交通不便，来滇则路途过遥，事实上困难甚多，有违厚意，深为怅憾，尚祈鉴谅是荷。专此，敬请教安。

弟汤惠荪拜启
民国三十八年二月九日

通信处：广州沙面珠江路十八号中国农村复兴委员会

普文治致熊庆来函

迪之校长前辈道席：

久违麈教，弥切萦怀。敬维道履嘉胜，祉猷并懋，定允下颂。京市风云紧急，时局转变迅速，各机关先后迁粤办公，教部于上月底开始疏散。为配合实际情形之需要，全部仅留百余人随来穗，其余均已分别分发坿属机关及学校服务。本司因业务关系，各科尚留二三人。晚仍奉令随部来穗（于本月十二日抵此），佩金司座视察华南各校，现暂留厦大。此间尚正筹佈种种，正式办公时间尚未确定也，谨此奉闻。昆市及云大想较安定，便暇敬希赐我教益，无任感祷。专肃不一，顺请道绥。

晚普文治顿拜
民国三十八年二月十六日

再者，晚前代领前辈之胜利勋章已随带来穗，妥为保存，将来有妥人当设法代

［带］昆，敬请纾念。

赐教：广州文明路八号教育部。晚又及。

致普文治函

文治先生台鉴：

南京别后，时为念及，展奉二月十六日手书，甚以为幸。此次部中于仓卒间迁穗，均获平安到达，至足欣慰，刻下想已部署週妥矣。昆明安谧，校中亦尚安定，惟物价飞涨，金元贬值，同人生活时有不能维持之虞。此间食米每石价需现银拾元，即薪津照调整之数计，多者亦不过得米一石耳。敝校经费最近仅领一至六月之十二倍调整数俾量计算，仅能支发一个〈月〉之四十八倍。今开学在即，在在需款，凡经调整，应增发之经费祈足下惠为注意催促是感。承代领之胜利勋章现北平研究〈院〉物理研究所所长严慕光先生（名济慈）于日前来穗，不日仍将返昆。倘有便晤及时，可请交其带滇。渎神至感。专复，顺颂台祺。

熊制〈庆来〉敬复

民国三十八年二月二十一日

普文治致熊庆来函

迪之校长前辈遵席：

展奉二月廿日瑶翰，敬领种切，至慰至感。此间各单位工作均已渐次展开（佩金司座于上月中旬抵穗）。关于经费事，经向总务司财务科洽询，云大本年自二月份增发之员工薪饷及经常费等款，已由部函国库催请拨汇。又学生公费已于二月廿三日由部垫发。知为廑系，谨此奉闻。严慕光所长俟来部，勋章当拜请携昆。专此奉复，顺请道安不备。

晚普文治谨上

民国三十八年三月一日

复普文治函

文治仁兄台鉴：

展奉三月一日大函，藉悉部中各单位工作已渐次展开，至泝欣慰。本校已如期开学（三月一日），一切尚称安定，堪慰绮注。昆明安谧，惟物价不断上涨，同人时感生活不安耳。鳞鸿有便，尚希时惠好音。专复，即颂台祺。

熊制〈庆来〉敬复

民国三十八年三月八日

复石麟函

石麟处长仁兄勋鉴：

大示奉悉。舍侄文楷刻已另有他就，承惠允录用，至感，特此佈达谢忱。专颂勋祺。

熊制〈庆来〉敬启

民国三十八年四月十二日

熊
庆
来

致李鸿祥函

仪庭①师道鉴：

前奉手教，敬悉一切。令亲锺峻卿君事，曾与央行赵经理面谈数次，据称该行用人需经由总行核准，对于资历尤属认真，未便即为位置，惟有机会当为设法。今为时已久，尚无确复，希望恐已不大，似宜另行设法。生如有可以为力之处，自当随时注意也。专佈，即颂时祉。

生熊制〈庆来〉敬复

民国三十八年四月二十二日

致普文治函

文治吾兄惠鉴：

此次在穗既承惠助，复荷邀聚，至幸至感。〇于三日午后二时平安抵昆，堪慰锦念。杭部长第二次批准拨垫云大之欸港币壹万叁千伍百元，于三日午后始可领取（因部欸系自港运穗，是日始可到穗），弟不及具领，因託刘参事带昆，但彼于昨日可来而尚未到此间，希得此欸至迫切，倘刘参事一时不来，请兄代向总务司催促，设法汇来为感。又部长另允拨云大扩充改良费金元券式百亿亦盼总务司是祷，能为兑换港币汇来，以应急需。尚有启者，本校附设员工子弟学校，关于备案，〇在穗曾与高教司徐帮办谈及，设无问题，兹查经于本年五月廿七日以〇三八七号文连同简章呈报钧部请求备案，惟迄未奉到核示。兹再抄录简章一份，即祈转陈，并请代为催促，速予核准，不胜企祷。专颂勋祺。

熊制〈庆来〉敬启

民国三十八年六月八日

附简章一份（略）

于恩迺致熊庆来函

迪之校长尊鉴：

晚奉敝政府令派，来重庆领事馆工作，已于五月一日到职。晚与令郎秉民同学于巴黎朝夕相处，将近两年，实为晚之最亲热的中国朋友，惜晚离巴黎时颇为仓卒，至未得秉民的信件。晚在此每日仍努力学习中文及会话，将来如时间许可，晚拟进重大或其他学院继续学习，并恳校长随赐指示，则不胜感激之至。余容续上。草此，敬请钧安。

晚于恩迺敬上

民国三十八年六月九日

复于恩迺函

恩迺仁兄台鉴：

接读来函，知奉派重庆领馆工作，并拟仍入重大或其他学院研究，至泳欣幸。小儿秉明在巴黎多承教益，甚以为感。报载广州各部已有部分迁渝，不知确否？公余之暇，

---

① 仪庭，或为"仪廷"，李鸿祥的字。

并盼时惠好音。专复，即颂公祺。

熊制〈庆来〉手复

民国三十八年六月十四日

普文治致熊庆来函

迪之校长前辈道鉴：

大驾莅穗，得亲道范，聆教良多，至为欣感。展奉六月八日惠书，敬稔种切，尤深怅慰。云大员工子弟学校请备案文，晚于总收发室查见上星期五将到部。此事系分由中等教育司主办，业已分托有关经办人多予帮忙，谨先奉闻。刘参事求南系上週飞昆，谅已相晤矣。部中需拨之各欵，治另当随时与总务司联络，并为催托，以争时效也，诸请释念。佩金先生已赴巴黎，司中暂由黄龙先参事代理。黄亦高等司老同事，一切业务仍照常进行也。最近部中将拟疏散部分人员去渝，以工作关系，治仍留部（留部人员系随部座行动而行动也）。目前以关中捷音频来，局势似稍安定，去渝同事将又缓行。余容再禀。尚希不遗在远，时颁教益，俾有遵循也。崇肃奉复，顺请道绥。

晚普文治顿首

民国三十八年六月十九日

致刘求南函

求南参事吾兄勋鉴：

展奉手书，知已平安抵穗，欣颂无似。示及各事均已诵悉，甚感。此次莅滇，诸承匡导，祗以校务纷迫，简慢良多，愧纫交并。中央日报社符君之借款半开拾元当即着人送去，兹将收据附上，即希詧阅。邹君之洋毛衣当日返校即交还。其他嘱及之事，亦已为处理，知注并闻。报载广州政府机关已有部分迁渝，不知教育情形何如？敝校日来上课情形尚好，曾由校务会议议决，于一週后即结束放假。部垫之港币壹万叁千五为何欵项，尚未奉电，请费神再催总务司为荷。鳞鸿有便，尚希时惠好音。专复，顺颂勋祺。

弟熊制〈庆来〉敬启

民国三十八年六月三十日

致卢汉函

迳启者。聘书奉悉，来承钧座不弃，畀以贵府顾问名义，曷胜感幸！惟○以菲材，不谙政治，厕身群贤之列，恐不免遗不舞之讥，但桑梓义务，委卸又觉不可。自忖于教育学术问题较稍认识，于此方面以后自当尽所知，以备蒭荛之献。特函佈谢，至希詧照是荷。此上卢公主席。

熊制〈庆来〉敬启

民国三十八年七月七日

普文治致熊庆来函

迪之校长前辈道席：

久未函知，至以为念。比维道履绥和，为颂无量。最近治将有一机会返昆，公假一月，下星期内可离穗飞昆，当来拜见，藉聆教益也。余容面罄。专肃不一，即请遵绥。

晚普文治拜上
民国三十八年七月十九日

[国立云南大学校长批语]：至昆即盼迳来大学，此间可下榻。函覆。

七月二十七日

致普文治函

文治吾兄台鉴：

顷奉惠书，知台旆即将返昆一行，曷胜欣忭。抵昆后希迳来本校，当为下榻，藉图畅述也。专此奉复，余待面谈，即颂台绥。

熊制〈庆来〉敬复
民国三十八年七月二十七日

致刘求南函

求南参事吾兄勋鉴：

前奉惠书，当复一函，计达左右。久未通问，想近况佳胜，如所祝也。关于弟休假问题，前托面达，不知部长表示何如？弟羁绊于行政已久，深愿得出外一遊，以稍换空气，而于学识署求增进。至盼兄能为促成，至所感幸。战局又变，广州情况不免复受影响，至为驰念。专此肃问，并颂勋祺。

弟熊制〈庆来〉敬启
民国三十八年七月二十九日

致汤惠荪函

惠荪吾兄勋鉴：

昨奉手教，欣悉一切。示以贵会拟在滇设立办事处，不知已决定否？如兄能来滇一行，尤所欢盼，弟当扫榻以待也。本校现尚安定，弟承长云大已十有二年，深感疲惫。月前本决意引退，再三呈请辞职，未能邀准，校中同仁同学又复强留，不得已仍暂行维持。然前途茫茫，困难层出，何以谋发展？！殊堪悚惧，尚望知我者有以教之为幸。专此，顺颂勋祺，并盼赐复。

弟熊制〈庆来〉敬启
民国三十八年七月二十九日

普文治致熊庆来函

迪之校长前辈道席：

此次返滇，在昆赐教甚多，并多蒙关爱，无任铭感。拜别后，晚已于日昨安返抵里。

离乡背井十余载，景物多异，殊深感慨。在里将有相当时日耽延，再返昆请教。全国大专以上学校校长会议先生有否参加，便中请多赐示为祷。耑肃不一，顺请道安。

赐教（暂时）华宁维新镇。

晚普文治顿首拜

民国三十八年八月九日

［国立云南大学校长批语］：酌覆。

八月三十日

复普文治函

文治吾兄台鉴：

接奉惠书，藉悉吉抵珂乡，欣慰无似。弟于卅一日飞穗，参加全国大专以上学校校长会议，一切详情俟返昆后当再函达也。专复，即问近祉。

熊制〈庆来〉敬复

民国三十八年八月三十一日

致唐培经函

培经吾弟台鉴：

八月七日惠书奉悉。兹将张起醺女士证件照办附上，希即转交。来于卅一日飞穗参加全国（大）专上校长会议，约一週内返昆。校务诸多棘手，两辞未获邀准。局势日劣，殊泺悚惕。小儿秉明尚冀多加指导是幸。匆复，敬颂旅祺。

熊制〈庆来〉敬复

民国三十八年八月三十一日

复远荣函

远荣学弟台鉴：

顷接本月三日来书，备承关注，至泺感纫。来自承乏云大以来，实已心力交瘁，近虽两上辞呈，迄今未邀核准，校中同人及同学又复强留。际此时局动荡之中，来日大难，殊堪怵惕。承示来川讲学一节，窃所甚愿，倘他日得以摆脱一切，则遊踪所至，当图快晤于望江楼畔也。来于本日飞穗，出席全国专上校长会议，约一週返昆。专复，顺颂教祺。

熊制〈庆来〉敬启

民国三十八年八月三十一日

致张静华函①

静华校长台鉴：

敝邑吕驻龙君，曾在西南联大师范学院国文系毕业，历任泸西师范、省立武定师范

---

① 此条年代不详。

文史教员，为人诚恳，学亦切实，深愿在台端指导下工作。兹值学期结束，教席必有更易，特为函介，倘荷酌予延聘，则不仅彼个人之幸也。崇渎，敬候教安。

熊制〈庆来〉敬启
一月六日

致查良钊函①

勉仲②院长吾兄道席：

兹有严慕光先生之公子严武光，原肄业南菁，现拟投考贵院初三。慕光兄与敝校关系甚深，本年曾担任物理一课，可视为教员同人之一。用特函达，希惠准该生参与考试，不胜企感。专颂敬祺。

弟熊庆来敬启
二月二十一日

致子静函③

子静校长仁兄惠鉴：

兹有学生陈文义报攷贵校，已蒙取录，惟该生家境清苦，母氏孀居，全凭针织以维生活，实无力担负学杂各费。为此特函奉恳，至祈体念寒微，逾格予以优待，不胜感祷。专颂教祺。

熊庆来敬启
三月二十三日

邱天培致熊庆来函④

迪之校长吾师钧鉴：

顷奉赐书，嘱为令族侄文楷安插一稽征处职，自当于可能范围之下尽力设法，俟四月一日接事后再为奉达。崇肃，敬请钧安。

受业邱天培上
三月二十六日

熊哲帆致熊庆来函⑤

庆来学长我兄道席：

暌违教范，倏逾十年。缅怀昔游，时萦梦縠。比想春风化雨，桃李满门，为颂无量。弟承乏川康路政以来，忽已三载，力薄汲深，愧无建树。幸贱躯矍健，差堪告慰耳。近

---

① 此条年代不详。
② 勉仲，查良钊的字。
③ 此条年代不详。
④ 此条年代不详。
⑤ 此条年代不详。

云南大学史料丛书·校长信函卷

以第四区路局新旧届交接案，弟奉令监交，原拟亲身来昆办理，藉挹清芬，乃以公务纷繁，临时因事不克分身，致乖心愿，怅歉何似！兹以本局人事室主任杨树椿代弟来昆监交之便，特嘱其专谒台阶，代候兴居，尚乞便惠数行，以慰渴怀为幸。专此佈臆，藉颂健祺。

弟熊哲帆再拜
六月二十八日

［国立云南大学校长批语］：酌覆。

七月十二日

复熊哲帆函①

哲帆局长学兄勋鉴：

　　由杨主任树椿交到手书，展诵迴环，快同觌面，幸也何如。闻兄主持川康路政，绩效卓著，甚颂甚颂！弟承乏云大，瞬逾十载，心力交瘁，而以困难层出，理想计划多未能实现，为愧为憾！近以时局动荡，百端棘手，已两上辞呈，未邀核准，校中员生亦复坚留，摆脱不易。来日大难，殊深悚惕。杨君以行期匆促，未克稍尽地主之谊，尤以为歉。鳞鸿有便，尚希时惠好音。专复，顺颂勋祺。

弟熊制〈庆来〉敬启

袁丕佑致熊庆来函②

　　（上缺）弟介绍。弟知其专诚可爱，故冒昧将履历片附上，请予以见，谈后自能作长期决定，供驱驰也。至弟所任《专书选读》一门，承示日内自当将成绩表送请註册组查照。校务吾兄近日操劳，临颖不胜念切之至。此颂教祺不另。

姻小弟袁丕佑拜启
七月六日

　　附履历二纸（略）。
　　嫂夫人及国瑜诸兄均此并候。

复袁丕佑函③

蔼耕姻兄道鉴：

　　手书奉悉。周、赵两君并已晤谈，周君志平事曾与方国瑜商及可延聘，以补缪鸾和君缺额。赵君愿服务本校，且承尊嘱，自乐于延致，惟刻以名额所限，暂难安插，容有机缘，当再延揽。专复，敬颂研祺。

姻弟熊制〈庆来〉敬启
七月十九日

熊庆来

---

① 此条年代不详。
② 此条年代不详。
③ 此条年代不详。

致位北县长函①

位北县长仁兄勋鉴：

　　日前辱承枉过，得畅叙一切，幸甚。近想政履多祜，新猷愈著，为颂为颂。关于本省配征兵额一案，云南国大代表曾在京向有关方面请求核减。兹接云南省政府秘书处函，以核减之情形相示，此事想为执事所关怀，兹特附上，至希鉴及，并转告县参议员为荷。专此，顺颂公祺。

熊庆来敬启
八月十七日

致林一民函②

一民校长仁兄礼鉴：

　　奉讣惊悉令慈仙逝，曷胜悲悼。弟因道远，未克躬亲执绋，兼以邮递稽迟，奉讣之日已在展奠之后，致生刍之献亦付缺如，歉憾奚似。特函佈唁，至希节哀，为国珍重。专此，顺颂礼祺。

　　令昆季均此，恕未另。

熊庆来敬启
十二月二十九日

　　通信处：江西南昌佑民寺侧一号附二号国立中正大学南昌办事处

致何绍周函③

绍周总司令仁兄勋鉴：

　　敝亲赵橘因嫌羁押贵部，兹据县邑绅民吴绍祺等拟具公呈请求释放，嘱予转陈鉴督。弟在乡时少，于地方事不大过问，亦不甚明了，惟赵橘为世家之子，平素好客多言，遭受嫌疑或由于此。公呈列名诸人，大都为邑中正绅，所云当属实在，尚祈明察，酌予矜全为感。此颂勋祺。

　　坿公呈一份（略）。

名另具（附盖章名片）

佚名致熊庆来函④

庆来校长大鉴：

　　贵亲赵橘被押警总看守所已久，庭讯结果有通匪坐地分肥之嫌疑，据法官放出消息，如有机关或地方首长代为证明时，可望获释，盼能代为设法是感。又其身染嗜好，正戒除中，惟体格欠佳，其恳赐予营养食物少许。以上所讬，万分迫切，祈照应照应。

恕不具名启

---

① 此条年代不详。
② 此条年代不详。
③ 此条年代不详。
④ 此条年代不详。

致吴醒夫函①

醒夫校长仁兄勋鉴：

　　闻台旆仍返天南主持，曷胜欣幸。贵校文史教员吕驻龙君为人纯厚，任教以来，成绩当在洞鉴，与同学相处闻亦融洽，下年度至希惠予续聘，吕君亦甚愿在台端指导下尽力也。专颂教祺。

熊庆来敬启

＝

熊
庆
来

＝

---

① 此条年代不详。

后 记

　　《校长信函卷》为云南大学史料丛书之一，由云南大学、云南省档案馆合作编辑而成。

　　校长信函是反映学校活动的重要内容。本卷收录的是董泽、华秀升、何瑶、熊庆来四位校长任职期间的信函，少量为电文，时间跨度从 1920 年至 1949 年，内容涉及从筹备私立东陆大学到省立、国立云南大学时期校舍建设、教师聘用、行政管理等方面。全书结构由引言和史料部分组成，既有对该任校长任职期间的客观、全面叙述，又有大量的档案资料辑录。该书的出版，能够为读者了解、研究云南省这一历史最悠久的高等学府以及云南教育事业发展情况提供第一手材料。

　　本卷资料主要来源为云南省档案馆馆藏档案，部分为中国第二历史档案馆馆藏档案西南联大史料。特别应提及的是，在工作中，云南省档案局馆给予大力支持和热情帮助，本卷具体分工为：刘兴育负责课题的立项、组织工作，材料的查找和选材、编排，引言的撰写等；夏强疆负责具体业务指导，档案文献部分的标点、注释；李春雷、李波、冯彦杰、朱军、赵慧慧、卫巍等参与资料整理及文字录入、前期校对工作。省档案馆蒋一虹、杨萍、张玲参与部分校对工作。中国第二历史档案馆的资料由云南大学档案馆陶乔双提供。相关领导、专家学者和工作人员为本书的出版提供意见或建议，在此不一一列名，谨致谢忱。

　　云南大学出版社对本书的出版给予大力支持和帮助。

　　由于编者学识、经验等原因，在选材、校对等方面难免有疏漏或失误之处，敬请读者指正。

　　该书出版后，受到读者好评，但也发现一些不完善的地方，借此次九十年校庆，再次补充核实存疑之处重新修订出版。

编　者

2013 年 4 月